◇现代经济与管理类系列教材

管理运筹学

(第3版)

茹少峰　申卯兴　编著

清华大学出版社
北京交通大学出版社
·北京·

内容简介

本书共 16 章，内容包括绪论、线性规划（模型及图解法、单纯形法、对偶模型、灵敏度分析、线性规划的应用）、运输问题、整数线性规划、目标规划、动态规划、图与网络分析、网络计划技术、决策分析、对策论、排队论、存储论。各章按照“问题—模型—求解—应用”这样的结构组织编写，旨在突出运筹学定量管理的原理和方法。本书对基本概念、基本理论、基本算法做了系统的介绍，对模型求解，既重视基本算法的介绍，又强化计算机软件包的使用，通过例题介绍了运筹学在经济管理、金融工程、工商管理及工程优化设计等领域中的应用。各章后均附有习题，以帮助学生复习基本知识和检查学习效果。

本书可作为高等院校经济管理类和理工类相关专业高年级本科生、研究生、MBA 的教材。

图书在版编目（CIP）数据

管理运筹学/茹少峰，申卯兴编著. —3 版 . —北京：北京交通大学出版社：清华大学出版社，2022.8（2025.2 重印）

ISBN 978－7－5121－4757－7

Ⅰ.①管…　Ⅱ.①茹…　②申…　Ⅲ.①管理学-运筹学-高等学校-教材　Ⅳ.①C931.1

中国版本图书馆 CIP 数据核字（2022）第 118849 号

管理运筹学
GUANLI YUNCHOUXUE

责任编辑：吴嫦娥
出版发行：清 华 大 学 出 版 社　邮编：100084　电话：010－62776969
　　　　　北京交通大学出版社　邮编：100044　电话：010－51686414
印 刷 者：北京时代华都印刷有限公司
经　　销：全国新华书店
开　　本：185 mm×260 mm　印张：19.25　字数：493 千字
版 印 次：2008 年 3 月第 1 版　2022 年 8 月第 3 版　2025 年 2 月第 3 次印刷
定　　价：56.00 元

本书如有质量问题，请向北京交通大学出版社质监组反映。对您的意见和批评，我们表示欢迎和感谢。
投诉电话：010－51686043，51686008；传真：010－62225406；E-mail：press@bjtu.edu.cn。

前　言

管理运筹学是一门研究资源优化配置及其应用的学科，是数学、计算机、管理学、经济学等综合性交叉科学。该学科运用科学方法，特别是数学方法来解决工业、商业、政府部门及国防部门中有限资源的统筹安排问题，为决策者提供最优决策方案，以实现科学管理。该学科具有显著的特点，强调定量性、系统性、交叉性、应用性与实践性。管理运筹学在管理活动中不仅可以帮助管理者解决战术层次的问题来降低成本、提高利润，也可以帮助管理者解决战略性的问题建立并保持长久的竞争优势。因此，运筹学课程已成为工商管理、管理科学与工程、金融工程、旅游、会计、应用经济学等本科专业的专业基础课，也是工商管理、技术经济学、应用经济学等硕士研究生的基础课。毫无疑问，通过此课程的学习，可以为培养学生的数学思维能力和定量决策能力打下扎实的基础。

本书编写的原则是：强化学生建模能力；用大量的实际例题来训练学生如何用数学语言描述管理决策问题；增加教材的可读性、可理解性和启发性；按照“问题—模型—求解—应用”这样的结构循序渐进组织编写，对一些概念做出了几何解释，便于学生理解；对于求解算法，通过例题来叙述；突出运筹学应用，在模型的求解中应用计算机软件包并加强对求解结果的分析，不过分强调数学原理，以免击垮学生的学习兴趣与信心。

本书从2008年3月第1次出版至今，先后印刷十余次，累计销售5万多册，全国有70多所大学使用，深受广大读者喜欢，使编者深受鼓舞，同时深感责任重大。本次修订时，对各章公式、数字、图、表、文字等进行了校正、删减。对部分章节内容进行了删减与补充；第3章删去单纯形表中换基迭代和最优解检验的数学证明；第6章补充了数据包络分析的原理；第11章补充了逐次逼近算法；此外，对各章的习题也分别进行了增删。

本书共16章，第1版内容编写分工为：第1～14章由西北大学经济管理学院茹少峰编写；第15～16章由西京学院申卯兴教授编写；全书由茹少峰教授进行总纂。本次修订时，对教材使用过程中存在的问题进行了调研；西京学院申卯兴教授，西北工业大学柴华奇教授，西安交通大学徐寅峰教授、徐青川教授，西北大学数学学院张波副教授，西北大学经济管理学院张文明老师等提出了宝贵建议，之后在吸取各位同行意见基础上，由茹少峰教授完成章节内容的修改补充，各章习题补充由张文明老师完成。

在本书修订出版之际，感谢选择使用本书的教师和学生，感谢对本书的完善不吝赐教的运筹学同行，感谢他们的鼓励和无私的帮助，同时也要感谢北京交通大学出版社吴嫦娥副编审。

一本高质量的教材一定是在不断吸取读者和同行的建议进行反复修改、适应时代要求不断开拓创新的过程中形成的，本书编者愿意执着地从事这一工作；但由于编者水平有限，书中难免存在不妥或错误之处，敬请读者提出宝贵意见。

茹少峰

2022 年 6 月于西安

作者简介

茹少峰：博士，教授，博导。现任西北大学经济管理学院数理经济与经济统计系主任，陕西省运筹学学会副理事长，先后从事“管理运筹学”“概率论与数理统计”“数理经济学”“动态最优化”等课程的教学工作，主要开展生产率及其经济效率评价研究，先后发表论文 50 余篇，获中华人民共和国科学技术进步二等奖，获陕西省科学技术二等奖，获陕西省教学成果一等奖。曾参与国家“863”计划项目、国家自然科学基金项目，主持国家社会科学基金重大项目子课题和教育部科研项目多项。

申卯兴：博士，教授，博导。西北大学数学专业学士，西安交通大学管理科学与工程专业硕士，华中科技大学系统工程专业博士。空军首批高层次科技人才，军队院校育才奖获得者。现任西京学院应用统计学专业带头人，中国运筹学会理事，陕西省运筹学学会副理事长，中国运筹学会企业运筹分会理事等。先后承担“运筹学”“系统工程”“现代决策理论与方法”“最优化的向量空间方法”“灰色系统理论”“管理学原理”“项目管理”等课程教学。现主要从事运筹学、统计学、管理学、系统工程等的科研与教学工作。在国内外期刊及学术会议等发表学术论文 160 多篇，被 SCI、EI、ISTP 检索 20 余篇。出版专著、教材 12 部。主持或参加国家“863”计划项目、国家自然科学基金项目、高等学校骨干教师资助计划项目、国家航空科学基金项目等科研项目 20 余项，获军队科技进步奖、空军军事理论研究优秀成果奖等 16 项。

目 录

第1章

本章要求明确运筹学的性质、特点和主要研究内容；理解定量决策和定性决策的区别和联系；掌握定量决策的过程和步骤；深刻认识定量决策的重要意义。

绪　论

运筹学（operational research）是近几十年发展起来的一门新兴的应用性学科，是依靠定量方法进行决策的科学。运筹学是指通过运用科学方法研究某一系统的最优管理和控制，或者分析研究某一系统的运行状况，以及系统的管理问题和生产经营活动。其特点是研究方法的定量化和模型化，特别是运用各种数学模型。运筹学的目的是基于所研究的系统，力求获得一个合理运用人力、物力、财力和各种资源的最佳方案，以使系统获得最优目标。科学技术的发展，特别是计算机技术的高速发展，赋予了运筹学新的生命力，为应用运筹学解决实际问题提供了更新、更丰富的手段和方法。运筹学正在被广泛地应用到经济管理、工农业生产、商业金融、系统工程、国防科技等领域中，并发挥着越来越重要的作用。

1.1 运筹学的诞生和发展

运筹学起源于第二次世界大战期间，但在这之前已有许多蕴含运筹学思想和方法的案例。在我国古代文献中就有不少记载，如田忌赛马、丁渭主持皇宫的修复等故事。田忌赛马的故事是讲齐王与田忌赛马，规定双方各出上、中、下三个等级的马各一匹，如果按同等级的马比赛，齐王可获全胜，但田忌采取的策略是以下马对齐王的上马，以上马对齐王的中马，以中马对齐王的下马，结果田忌反而以二比一获胜。显然在这一故事中，田忌要明白自己和齐王的马匹哪个是上、中、下，这已包含了定量决策的思想。丁渭主持皇宫修复的故事发生在北宋时代，皇宫因火焚毁，由丁渭主持修复工作。他让人在宫前大街取土烧砖，挖成大沟后灌水成渠，利用水渠运来各种建筑材料，工程完毕后再以建筑垃圾填沟修复大街，做到了方便运输，加快了工程进度。这一故事中包含了系统化、最优化、定量化的管理思想。在国外，19 世纪后期，弗雷德里克·W. 泰勒（Frederick W. Taylor，1856—1915）使工业管理成为科学，由于他在这方面的巨大贡献，被人们称为科学管理之父。泰勒 18 岁从一名学徒工开始，先后被提拔为车间管理员、技师、小组长、工长、维修工长、设计室主任和总工程师，他以现场操作工人动作的统计数据及相应统计分析为基础，制定出相应的劳动定额和标准操作方法。泰勒的“铁铲研究”就是将定量科学方法用于管理问题的一个典型案例。铁铲研究是关于提高人们铲掘矿石和煤炭的生产率问题。管理部门认为大铁铲可以使一个人的装运量达到最大程度，尽管看来似乎是一种合理的设想，但是泰勒对此产生了疑问，并设计了一系列实验去驳斥这样的设想。他认为铁铲太大，工人就容易疲劳，运转就缓慢；铁铲太小，就必须来回奔波。实验证明，一个“一流的工人”当铲起的重量为 20.5 磅时效果最好。由于矿石的密度有很大的差异，铁铲的大小应按每种矿石的种类来设计。经过这样的改革以后，生产效率大幅度地提高了：每人每日产量由 16 吨增加到 59 吨，员工人数由 400～600 人减少到 140 人，装煤成本由每吨 7 美元降至 3 美分，日工资由 1.15 美元增至 1.88 美元。此外，早期科学管理时代的另一位先驱者是亨利·L. 甘特，他以对生产活动按时间表安排而著名。1917 年，丹麦工程师埃尔郎在哥本哈根电话公司研究电话通信系统时，提出了排队论的一些著名公式。存储论的最优批量公式是在 20 世纪 20 年代初提出来的。在商业方面，列温逊在 20 世纪 30 年代用运筹学的思想分析商业广告、顾客心理。1939 年苏联学者康托洛维奇在解决工业生产组织和计划问题时，提出了线性规划的模型，并给出了“解乘数法”的求解方法。由于当时未被领导重视，直到 1960 年康托洛维奇出版了《最佳资源利用的经济计算》一书后，才受到国内外的一致重视，为此康托洛维奇获得了诺贝尔经济学奖。线性规划是乔治·丹齐格（George B. Dantzig）在1947年发表的成果，所解决的问题是美国空军军事规划时提出的，并提出了求解线性规划模型的单纯形法。

在第二次世界大战期间，英国空军就有了飞机定位和控制系统，并在沿海设立了雷达站用来发现敌机，但在一次防空演习中发现，由这些雷达站送来的常常是互相矛盾的信息，需要加以协调和关联才能改进作战效能。1938年7月，彼得塞雷达站的负责人罗伊提出立即进行整个防空作战系统运行的研究，并且用“operational research”一词（在美国称之为“operations research”）作为这一方面研究的描述。为此，英国成立了专门的小组——空军运筹学小组。这一小组的成立标志着这一学科的诞生，当时主要从事警报和控制系统的研究。1939—1940年，空军运筹学小组的任务扩大到包括防卫战斗机的布置，并对未来的战斗进行预测，以供决策之用。这个小组的工作对后来的不列颠空战的胜利起到了积极的作用。第二次世界大战中，运筹学被广泛应用于军事系统工程中，除英国外，美国、加拿大等国也成立了军事运筹学小组，研究并解决战争提出的运筹学课题。例如，组织适当的护航编队使运输船队损失最小；改进搜索方法，及时发现敌军潜艇；改进深水炸弹的起爆深度，提高毁伤率；合理安排飞机维修，提高飞机的利用率等。这些运筹学成果对盟军大西洋海战的胜利起了十分重要的作用。战争结束后，英、美及加拿大军队中运筹学工作者已超过了700人，也正是由于战争的需要，运筹学有了长足的发展。1948年，美国麻省理工学院率先开设了运筹学课程，之后许多大学群起效法，使得运筹学成为了一门学科，内容也日益丰富。1950年，美国出版了第一份运筹学杂志；1951年，莫尔斯和金伯尔出版了《运筹学方法》一书，这是第一本以运筹学为名的专著，书中总结了第二次世界大战中运筹学的军事应用，并且给出了运筹学的一个著名的定义：运筹学是为执行部门对它们控制下的“业务”活动采取决策提供定量依据的科学方法。

20世纪60年代以来，运筹学主要用于处理大型复杂问题，诸如军事问题、教育问题、污染问题、交通运输问题、人力资源管理问题等，还广泛应用于这样一些部门：能源、预测、会计金融、销售、存储、计算机与信息、城市服务、保健与医疗等。

在我国，运筹学的研究和应用起步较晚，20世纪50年代才由钱学森和许国志等人将运筹学从西方引入。在1957年将“operational research”翻译为运筹学，源于《史记·高祖本纪》一书中的语句“运筹帷幄之中，决胜千里之外”，包含运用、筹划、以谋略取胜等含义。

1.2 运筹学的性质和特点

对于运筹学，目前尚没有一个统一的确切的定义。英国运筹学学会给运筹学下的定义是：运筹学是运用科学方法（特别是数学方法），来解决工业、商业、政府部门及国防部门中有关的人员、机器、材料和资金等大型系统的指挥和管理方面出现的问题，其目的是帮助管理者科学地决定其策略和行动。美国运筹学学会下的定义为：运筹学是研究用科学方法在资源不充足的情况下如何最好地设计人-机系统，并使之最好运行的一门科学。德国科学界相关定义是：运筹学是从事决策模型的数学解法的一门科学。我国运筹学研究工作者认为：运筹学是指应用系统的、科学的、数学分析的方法，通过建立、分析、检验和求解数学模型，而获得最优决策的科学。

综上所述，可见运筹学的研究领域非常广泛，强调定量性、系统性、交叉性、应用性与实践性。运筹学就是在系统思想指导下，面对客观现实系统中的资源环境，充分利用自然科学和技术科学的各种科学工具，以数学模型为中心，坚持量化方法为主导，为实现某个目标而进行优化或决策的技术方法，是一门综合性学科。运筹学处处体现着“又好又快又省”的高效率思想，是与人类改造自然、利用自然的主基调相符合的，是一门思想性、方法性学科。运筹学的特点表现为以下几个方面。

(1) 引进数学研究方法。运筹学是一门以数学为主要工具，寻求各种最优方案的学科。

(2) 系统性。运筹学研究问题时从系统的观点出发，研究全局性的问题，研究综合优化的规律，是系统工程的主要理论基础。

(3) 重视实际应用。在运筹学术界，有许多人强调运筹学的实用性和对研究结果的“执行”。把“执行”看成运筹学工作中的重要组成部分。

(4) 跨学科性。由有关专家组成的小组综合应用多种学科知识来解决实际问题，是运筹学应用的成败及应用广泛程度的关键。

(5) 理论和应用的发展相互促进。运筹学的各个分支，都是实际问题的需要或以一定的实际问题为背景逐渐发展起来的，新的理论逐渐出现，并指导实际问题的解决。

1.3 运筹学的主要研究内容

运筹学发展到现在，虽然只有五六十年的历史，但其内容丰富，涉及面广，应用范围大，已形成了一个相当庞大的学科。运筹学的主要分支有：线性规划（linear programming）；整数规划（integer linear programming）；目标规划（goal programming）；动态规划（dynamic programming）；网络模型（network models）；工程计划（project scheduling，PERT/CPM）；决策分析（decision analysis）；对策论（games theory）；排队论（queuing theory）；存储模型（inventory models）；仿真（simulation）；预测（forecasting）。它们中的每一部分都可以独立成册，自成体系。

线性规划、整数规划、目标规划、动态规划统称为规划论，规划论研究两个方面的问题：一方面是对于给定的人力、物力、财力，怎样才能发挥这些资源最大效益；另一方面是对于给定的任务，怎样才能用最少的人力、物力和财力去完成。

网络模型主要研究生产组织、计划管理中最短路径问题、最小生成树问题、最大流问题、最小费用最大流问题等。

工程计划主要研究如何以网络图为工具来反映和制订某项工作的计划，选择最优的计划方案，如何根据网络计划来控制和调整各项工作的进度和资源的运用等问题，使总的工作按预定的目标最优完成。

决策分析研究如何根据预定目标，在几种不同的行动方案中作出抉择的一种过程，主要内容有：风险决策的决策树方法；贝叶斯决策及信息价值，效用曲线的决策方法；层次分析法的原理和方法。

对策论是研究具有利害冲突的各方，如何制定出对自己有利从而战胜对手的决策策略。

排队论研究如何将排队时间控制在一定的限度内，使排队系统的服务质量和成本达到平衡。

存储论研究的基本问题是，对于特定的需求类型，以怎样的方式进行补充，才能最好地实现存储管理的目标。由于存储论研究中经常以存储策略的经济性作为存储管理的目标，所以费用分析是存储论研究的基本方法。

仿真模型主要研究对事物的变化过程如何建立模型来描述，然后通过对模型的研究来了解事物的变化规律。

预测论是指假设事物的发展变化是连续的，依据事物发展变化的历史数据和变化趋势研究未来的变化趋势或规律。

1.4 解决问题与制定决策

利用运筹学解决问题的一般步骤如图 1-1 所示。

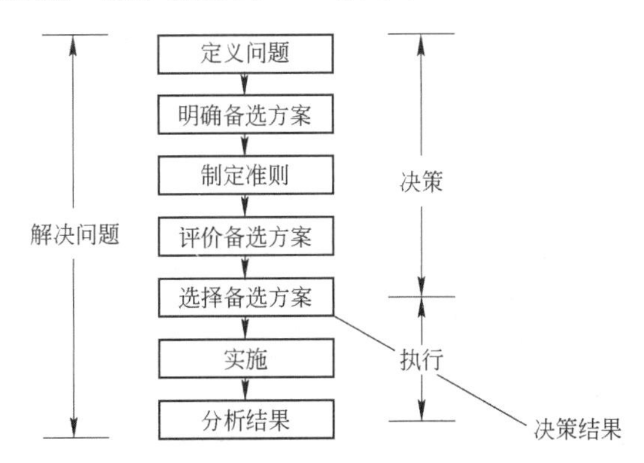

图 1-1 利用运筹学解决问题的步骤

(1) 明确问题，定义问题；
(2) 找出一组备选方案；
(3) 制定分析这些备选方案所用的准则；
(4) 评价这些备选方案；
(5) 选择一种备选方案；
(6) 实施；
(7) 分析结果，检验是否达到预期的效果。

将解决问题的这 7 个步骤分为两个过程：决策过程和执行过程，其中前 5 步为决策过程，后 2 步为执行过程，在运筹学中我们只研究第一个过程，即学习如何进行决策。

现举例说明这一过程。假设你失业在家，希望找到一个有着辉煌前程的工作。经过几番求职以后，有 4 家公司答应录用你，其公司地址分别在北京、西安、上海、深圳。对于你来说，就有 4 种备选方案，如表 1-1 所示。

解决问题的第一步就是制定出分析备选方案所用的准则，也就是进行取舍。显然，公司提供的起薪是一项很重要的因素。如果你认为起薪是决定取舍的唯一准则，那么，你就选择起薪最高的公司。这种只依赖一个准则进行决策的问题通常称为单准则决策问题。但是，对于你来说工作的发展潜力和工作地点也很重要，那么，这两项就成为另外两个准则，在作决策时这三项准则都需要考虑。准则多于一个的决策问题称为多准则决策问题。

决策的下一步是按照制定的准则对备选方案进行评价。仅按照起薪进行分析很容易，因为是数值之间的比较。但是，如果按照起薪、发展潜力和工作地点这些因素综合考虑进行取舍就有困难，因为发展潜力、工作地点是定性的指标，需要进行量化，假设用一般、好、非常好这几个级别来衡量发展潜力和工作地点，将数据列于表 1-1 中。

表 1-1　4 种备选方案

备选方案	起薪/元	发展潜力	工作地点
北京	8 800	一般	好
西安	8 600	非常好	一般
上海	8 650	好	非常好
深圳	8 850	一般	好

现在要选择一种备选方案，或许对你很困难，因为这三个因素不是一样的重要，也没有一个方案在各个因素上都是最优的，有关的决策方法在后面介绍。

1.5　定量分析与制定决策

1. 决策过程的划分

仔细分析决策过程，可将前 3 个步骤称为“构造问题”，后 2 个步骤称为“分析问题”，如图 1-2 所示。

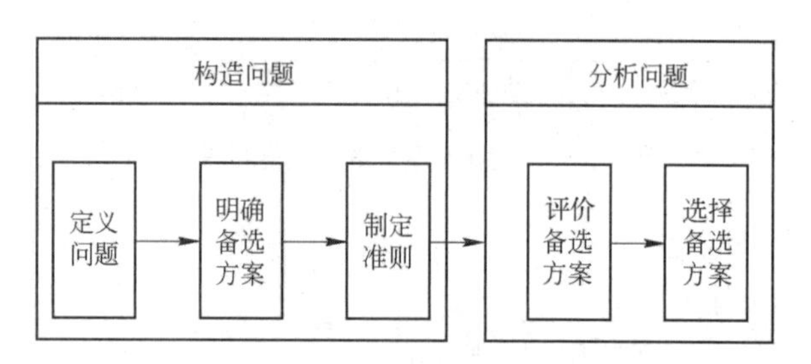

图 1-2　决策过程的划分

在构造问题阶段，要弄清问题的目标、可能的约束、问题的可控变量及有关参数，搜集有关资料。将笼统的问题转化为清晰明确的问题，当决策专家和管理者都认为构造问题已完毕时，就进入分析问题阶段。分析问题可利用两种基本形式：定性分析和定量分析。

决策时主要依靠管理者的主观判断、经验、直觉，这种形式是定性分析。在进行决策时，如果管理者有相似的经历，或遇到的问题较简单，应该首推这种分析方式。

定量分析是指首先从问题中提取量化资料和数据，对其进行分析后再用数学表达式把问题的目标、约束条件和其他关系表示出来，最后通过一种或多种定量的方法，得出决策结果。如果管理者缺乏经验，或研究的问题是复杂问题、特别重要的问题、新问题、重复性的问题等，定量方法就显得非常重要了，管理者应该予以重视。实际上，在解决具体问题时常常采用定性分析和定量分析相结合的方法。

2. 定量分析

（1）建立模型。模型是对客观实体或事态的描述。它有不同的表现形式，其中数学模型就是把问题中可控因素、非可控因素、要达到的目标用数学表达式表示出来。数据准备是建立数学模型的首要任务，目前常利用数据库获取数据。

(2) 模型求解。模型求解是运筹学的核心内容。目前常采用计算机软件包进行求解，常用的软件包有 QM，LINDO，LINGO，QSB，Excel，Management Scientist，CPLEX 等。

1.6 数学模型举例：成本、收益和利润

例 1-1 某塑料制品公司生产各种各样的塑料盒，几种产品可以在同一生产线上制造。如果有新产品，就需要对生产线改造，这个成本称为建造成本（固定成本）。已知塑料盒建造成本为 3 000 美元，每生产一个塑料盒，其劳动力和材料成本为 2 美元。

解 设生产塑料盒的数量为 x 个，则成本数量模型为

$$c(x)=3\ 000+2x$$

$c(x)$ 的一阶导数 $c'(x)$ 就是边际成本（marginal cost）。边际成本是指在产量变化时，总成本的变化率。

设每个塑料盒的售价是 5 美元，那么销售 x 个产品的收益模型为

$$r(x)=5x$$

$r(x)$ 的一阶导数 $r'(x)$ 就是边际收益（marginal revenue）。边际收益是指在销量变化时，总收益的变化率。决策中重要的是利润，管理者会依据利润进行决策。设生产 x 个产品全部售出，则公司的利润模型为

$$\begin{aligned}p(x)&=r(x)-c(x)\\&=5x-(3\ 000+2x)=-3\ 000+3x\end{aligned}$$

如果公司售出 500 个，则获得的利润为

$$p(500)=-3\ 000+3\times500=-1\ 500$$

如果公司售出 1 800 个，则获得的利润为

$$p(1\ 800)=-3\ 000+3\times1\ 800=2\ 400$$

将 $p(x)=0$ 的 x 值称为盈亏平衡点（breakeven point）。显然，对于本题当 $x=1\ 000$ 时，$p(x)=0$，即盈亏平衡点是 1 000。盈亏平衡点是一个非常重要的量，是管理者进行决策的重要参数。

以上这些模型就是数学模型，而且是简单的数学模型。运筹学中的数学模型要复杂一些，本书在后面的章节中会逐渐介绍。

1.7 运筹学的应用

在介绍运筹学的简史时，我们发现运筹学在早期的研究和应用主要在军事领域。第二次世界大战后运筹学的应用才开始转向民用，在社会经济、工农业生产等方面得到了长足的发展。下面是运筹学在经济管理中某些重要领域的应用。

(1) 生产计划。使用运筹学方法从总体上确定最优的生产、存储和劳动力安排计划，以谋求最大的利润或最小的成本，主要用线性规划、整数规划方法来解决此类问题。此外，运筹学还可以应用在日程表的编排、合理下料、配料问题及物资管理等方面。

(2) 存储管理。存储论应用于多种物资库存的管理，确定某些设备的合理能力或容量及

适当的库存方式和库存量。

(3) 运输问题。用运筹学中有关运输问题的方法，可以确定最小成本的运输路线、物资的调拨、运输工具的调度及建厂地址的选择等。

(4) 人力资源管理。可以用运筹学方法对人员的需求和获得情况进行预测；确定合适的人员编制；用指派问题对人员进行合理分配；用层次分析法来确定人才评价体系等。

(5) 市场营销。运筹学方法可用于广告预算和媒介的选择、竞争性的定价、新产品的开发、销售计划的制订等方面。

(6) 财务和会计。涉及预测、贷款、成本分析、定价、证券分析与管理、现金管理，使用较多的运筹学方法是统计分析、数学规划与控制决策分析。

(7) 网络流控制问题。用运筹学的网络流规划问题，解决网络系统中各流量的分配、控制，获得网络最佳设计和优化控制。

(8) 设备维修、更新和可靠性、项目选择和评价。

(9) 工程的优化设计。在建筑、电子、光学、机械和化工等领域有广泛的应用。

(10) 控制和管理。涉及路网运输的管理、控制和分配与分布，包括如何有效地疏散和集中人流，有效地利用时间，等等。

(11) 计算机和信息系统。运筹学用于计算机的内存分配，研究不同排队规则对计算机工作性能的影响。

(12) 城市管理。对各种紧急服务系统的设计和运用。如救火站、救护车分布点的设立。此外，还有城市垃圾的清扫、搬运和处理，城市供水和污水处理系统的设计等。

习题

(1) 什么是运筹学？其特点有哪些？

(2) 请列出应用运筹方法进行决策的步骤。

(3) 简述定性决策和定量决策的异同。

(4) 熟悉 QM，Excel 软件包。

(5) 简述运筹学的应用。

第 2 章

本章要求掌握线性规划模型的建立和线性规划模型的特征；掌握两个变量线性规划模型的几何作图求解方法；掌握两个变量线性规划模型可行域的特点及最优解存在的位置；熟悉用计算机软件 QM 求解线性规划模型的步骤。

线性规划模型和图解法

在20世纪30年代末，苏联数学家康托洛维奇首先提出线性规划模型之后，随着军事、经济、生产等各方面线性规划模型的陆续提出，人们对线性规划模型的求解和应用展开了系统的研究。1947年乔治·丹齐格（George B. Dantzig）提出线性规划模型的求解方法——单纯形法后，线性规划理论日趋成熟，并使其成为运筹学这一学科的基石。随着计算机技术的不断发展，成千上万个约束条件和决策变量的线性规划模型得以迅速地求解，为线性规划在经济管理等领域的广泛应用创造了有利条件。

2.1 线性规划方法应用的典型情况

线性规划方法应用的典型情况如下。

（1）生产的组织与计划问题。合理利用现有的人力、物力、财力，作出最优生产计划。

（2）运输问题。一个公司有若干个生产单位和销售单位，分布在不同地区，根据生产单位的产量和销售单位的销量，制订产品调运方案，使得总运费最少。

（3）合理下料问题。一批数量一定的材料，由于生产的需要，要求裁出不同规格的材料，如何裁截下料，既满足生产需要，又使得所用的材料数量最少。

（4）配料问题。用若干种不同价格、不同成分含量的原料，以不同的配比混合调配出一些不同价格、不同规格的产品，在原料供应量限制和保证产品成分含量的前提下，获取最优配料方案。

（5）营销管理问题。要从广播、电视、报纸、杂志这几种媒体中选择一种组合，使其在广告费用预算条件下广告效益最好。

（6）投资组合问题。选择一组股票或证券进行投资，使之有最大的回报率。

（7）人力资源管理问题。由于工作需要，在不同的时间段需要不同数量的劳动力，如何安排才能用最少的劳动力来满足工作的需要。

2.2 线性规划模型

1. 生产组织与安排问题

例2-1 某工厂在计划期内要安排生产产品1和产品2两种产品，已知生产单位产品所需要的设备台时、原料A和原料B的消耗、产品的利润及资源的限制情况如表2-1所示，应建立怎样的数学模型能判断工厂应该分别生产多少个产品1和产品2，才能使工厂获利最大？

表2-1 原材料消耗、利润及资源限制情况

条件	产品1	产品2	资源限制
设备台时	1	2	8台时
原料A	4	0	16 kg
原料B	0	4	12 kg
利润/元	2	3	

解　在应用运筹学知识解决实际问题时，数学模型的建立是首要的任务。建立数学模型就是将用语言文字表达的问题转化为用数学语言表达。关于数学模型的建立，没有灵丹妙药，没有统一的方法可循；只能是逐个问题去学习模型的建立。这样不断地积累建模的经验，逐渐培养分析问题和建立模型的能力，然后遇到新问题时才有可能建立正确的数学模型。

描述目标：本题的目标就是分别生产多少产品 1 和产品 2，使工厂利润最大。

约束条件 1：生产产品 1 和产品 2 所用设备台时数之和不能多于 8 台时。

约束条件 2：生产产品 1 和产品 2 所用原料 A 数量之和不能多于 16 kg。

约束条件 3：生产产品 1 和产品 2 所用原料 B 数量之和不能多于 12 kg。

定义变量：设生产产品 1 的数量为 x_1 kg，生产产品 2 的数量为 x_2 kg。将这两个变量称为决策变量。

设总利润为 z，则 $z=2x_1+3x_2$，称为目标函数，根据以上分析及变量的定义写出数学模型为

$$\max z=2x_1+3x_2$$

$$\text{st}\begin{cases}x_1+2x_2\leqslant 8\\4x_1\leqslant 16\\4x_2\leqslant 12\\x_1,\ x_2\geqslant 0\end{cases}\tag{2.1}$$

其中，st 为 subject to 的缩写，约束条件中的前三个不等式为前约束条件，后两个不等式为后约束（非负约束）条件。目标函数 $z=2x_1+3x_2$ 中，如果对 x_1 和 x_2 的取值范围不加限制，那么 z 就没有有限的最优值，因此约束条件就是关于 x_1 和 x_2 取值范围的限制。

称此模型（2.1）为线性规划模型。其特点为决策变量在目标函数和约束条件中的幂次均为 1，即目标函数和约束条件都是决策变量的线性函数。

例 2-2　M&D公司生产两种产品 A 和 B，基于对现有的存储水平和下一个月的市场潜力的分析，公司管理层决定 A 和 B 的总产量至少要达到 350 kg。此外，公司的一个客户订了产品 A 125 kg 必须首先满足。产品 A，B 的制造时间分别为 2 h 和 1 h，总工作时间为 600 h。原材料成本分别为 2 元和 3 元。确定在满足客户要求的前提下，成本最小的生产计划。

解　设产品 A，B 的产量分别为 x_1，x_2（kg），则数学模型为

$$\min z=2x_1+3x_2$$

$$\text{st}\begin{cases}x_1\geqslant 125\\x_1+x_2\geqslant 350\\2x_1+x_2\leqslant 600\\x_1,\ x_2\geqslant 0\end{cases}\tag{2.2}$$

2. 营养问题

例 2-3　某公司饲养动物以供出售。已知这些动物的生长对饲料中的三种营养元素特别敏感，分别称为营养元素 A，B，C。已求出这些动物每天至少需要 700 g 营养元素 A、

30 g营养元素B，而营养元素C每天恰好为200g。现有5种饲料可供选择，各种饲料的营养元素及单价如表2-2所示，为了避免过多使用某种元素，规定混合饲料中各种饲料的最高含量分别为50，60，50，70，40 kg，求满足动物需要且费用最低的饲料配方。

表2-2　所用饲料的营养元素（g/kg）及单价

营养元素	x_1	x_2	x_3	x_4	x_5	需求/g
A	3	2	1	6	18	700
B	1	0.5	0.2	2	0.5	30
C	0.5	1	0.2	2	0.8	200
价格/(元/kg)	2	7	4	9	5	

解　设$x_j(j=1, 2, 3, 4, 5)$为混合饲料内包含的第j种饲料的数量，则营养问题的数学模型为

$$\min z=2x_1+7x_2+4x_3+9x_4+5x_5$$

$$\text{st}\begin{cases}3x_1+2x_2+x_3+6x_4+18x_5\geqslant 700\\x_1+0.5x_2+0.2x_3+2x_4+0.5x_5\geqslant 30\\0.5x_1+x_2+0.2x_3+2x_4+0.8x_5=200\\x_1\leqslant 50,\ x_2\leqslant 60,\ x_3\leqslant 50,\ x_4\leqslant 70,\ x_5\leqslant 40\\x_j\geqslant 0,\quad j=1, 2, 3, 4, 5\end{cases}\tag{2.3}$$

3. 人力资源分配的问题

例2-4　某昼夜服务的公交线路每天每个班次所需司机和乘务人员情况如表2-3所示。

表2-3　每个班次所需司机和乘务人员情况

班次	时　间	所需司机和乘务人员	班次	时　间	所需司机和乘务人员
1	6:00—10:00	60	4	18:00—22:00	50
2	10:00—14:00	70	5	22:00—2:00	20
3	14:00—18:00	60	6	2:00—6:00	30

设司机和乘务人员分别在各时间段上班，连续工作8 h。问该公司招聘多少司机和乘务人员，既能满足工作需要，又能配备最少司机和乘务人员？

解　设$x_i(i=1, 2, 3, 4, 5, 6)$表示第i班次开始上班的司机和乘务人员数，在第i班工作的人数应包括第i班上班的人数和第$i-1$班开始上班的人数。这样建立的数学模型为

$$\min z=x_1+x_2+x_3+x_4+x_5+x_6$$

$$\text{st}\begin{cases}x_1+x_6\geqslant 60\\x_2+x_1\geqslant 70\\x_3+x_2\geqslant 60\\x_4+x_3\geqslant 50\\x_5+x_4\geqslant 20\\x_6+x_5\geqslant 30\\x_i\geqslant 0,\quad i=1, 2, \cdots, 6\end{cases}\tag{2.4}$$

从以上这些例子可以看出，这些数学模型的共同特征有以下 4 个方面。

(1) 每个问题都用一组变量（x_1，x_2，…，x_n）表示某一方案，这一组变量称为决策变量，如果给定这些决策变量一个满足全部约束不等式（或等式）的具体数值就代表一个具体的方案，通常要求这些决策变量取值是非负的。

(2) 存在一定的关于决策变量取值的限制条件（称为约束条件），这些条件都可以用关于决策变量的一组线性等式或不等式来表示。

(3) 都有一个目标函数，并且这个目标函数可表示为这组决策变量的线性函数，按研究问题的不同，目标函数实现最大化或最小化。

(4) 线性规划模型由约束条件和目标函数两部分组成，这两部分是不可分割的整体。

2.3　简单最大化问题图解法

2.3.1　两个变量最大化线性规划模型的图解法

1. 基本概念

(1) 可行解（feasible solution）：满足所有约束条件的决策变量的取值，称为该线性规划模型的可行解。

(2) 可行域（feasible region）：可行解的全体称为可行域。

(3) 最优解（optimal solution）：使目标函数值达到最大或最小的可行解称为线性规划模型的最优解。

(4) 最优值（optimal value）：最优解代入目标函数所得的值称为最优值。

(5) 凸集（convex set）：如果集合 C 中任意两点连线上所有的点都是集合 C 中的点，则称该集合为凸集。

2. 两个变量的线性规划模型的图解法

例 2-5　以例 2-1 中所建立的线性规划模型为例，介绍两个变量的线性规划模型的图解法。

解　图解法求解两个变量的最大化线性模型分为两步。第一步，确定约束条件对应的可行域。如式（2.1）中满足不等式 $x_1+2x_2\leqslant 8$ 的点在以 $x_1+2x_2=8$ 为边界的半平面内。由于该直线将平面分割为右上半平面和左下半平面，在一个半平面内任意选取一点，代入直线方程 $x_1+2x_2=8$ 左边后所得值大于 8，则另一个半平面内任意一点代入该直线方程左边所得值一定小于 8，因此只需在任意一个半平面内找一个具体的点代入直线方程的左端，就可以确定满足约束不等式的点集，由此可以判定满足不等式 $x_1+2x_2\leqslant 8$ 的所有的点在以 $x_1+2x_2=8$ 为边界的左下半平面内。在式（2.1）中共有 5 个约束不等式，按照这样的方法就可以确定满足每一个不等式的点集，这 5 个半平面的交集就形成了如图 2-1所示的多边形区域 $OABCD$，多边形区域 $OABCD$ 内及边界上的点就是线性规划模型的可行解（可行点），多边形区域 $OABCD$ 称为线性规划模型的可行域。显然，它是一个凸集。

第二步，在可行域中找一点使目标函数值最大。将 z 看作参数，则 $z=2x_1+3x_2$ 表示坐标平面上的一族平行线，直线 $2x_1+3x_2=z$ 上的任意一点的坐标对应的目标函数值均为 z，

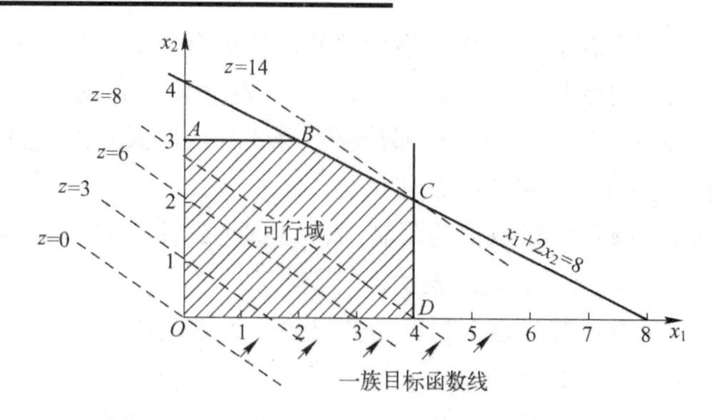

图 2-1　最大化线性规划模型的图解法

称这样的直线为等值线（或等高线）。

令 z 分别取值 0，3，6 等，就可以作出一族等值线，由此观察目标函数值变化时等值线的变化规律。由图 2-1 可以看出，对应的等值线离原点越远，z 取值越大。只要选取等值线中既与可行域有公共点，又尽可能与原点距离远的那一条就可以了。即向右上平移目标函数线，使可行域在目标函数线的左下方，目标函数线与可行域的交点就是最优解。由图 2-1可以看出，通过 C 点的等值线满足这一要求，解方程组

$$\begin{cases} x_1=4 \\ x_1+2x_2=8 \end{cases}$$

可得 C 点坐标 $x_1=4$，$x_2=2$，对应的目标函数值为 $z_{\max}=2\times4+3\times2=14$，因此例 2-1 中最优生产方案为产品 1 生产 4 kg，产品 2 生产 2 kg，最大利润为 14 元。从图 2-1 中可以看出等值线与可行域只有一个交点，因此该线性规划模型的最优解是唯一的。

2.3.2　松弛变量

例 2-5 中用图解法已求得了例 2-1 线性规划模型的最优解和最大利润这两个信息，管理者还想知道在此最优方案下，设备台时数和原材料的使用数量，即资源的使用和剩余情况。这一信息的获取和最优解、最优值信息的获取同等重要，在约束不等式中左边是在方案 (x_1, x_2) 下实际使用的资源数量，右边是给定的资源限制，因此将最优解代入约束条件的左边，就可以求出资源使用和剩余信息，计算如表 2-4 所示。

表 2-4　剩余资源量的计算

约束条件	需要的资源数量	资源限制	剩余资源
设备台时	$1\times4+2\times2=8$	8	0
原料 A	$4\times4=16$	16	0
原料 B	$4\times2=8$	12	4

从表 2-4 可以看出设备台时、原料 A 无剩余，而原料 B 有剩余，为 4 kg，原料 B 资源的剩余称为该资源的松弛。显然，各种资源的松弛信息是在求得最优解之后求出的。为了在求最优解的同时也将各种资源的剩余信息得到，这一想法是可以实现的，只要引入一个资源剩余变量，修改约束条件和目标函数就可以实现。

资源限制减去实际使用的就是剩余资源，因此，在每一个小于等于形式的约束条件中加

一个变量使不等式成为等式，这个变量称为该约束条件的松弛变量（slack variable）。松弛变量表示这种资源未使用的能力。对于例 2-1 中的线性规划模型引入以下松弛变量。

设备台时的松弛变量设为 x_3，则 $x_3=8-(x_1+2x_2)$，原料 A 的松弛变量设为 x_4，则 $x_4=16-4x_1$，原料 B 的松弛变量设为 x_5，则 $x_5=12-4x_2$，移项整理得，约束条件为

$$\text{st}\begin{cases}x_1+2x_2+x_3=8\\4x_1+x_4=16\\4x_2+x_5=12\\x_j\geqslant 0,\quad j=1,\ 2,\ \cdots,\ 5\end{cases}$$

由于未使用的资源对利润没有贡献，因此，在目标函数里加入松弛变量且系数为零。显然，有多少种资源（约束条件）就有多少个松弛变量，对于例 2-1 增加 3 个松弛变量后，其模型修改为

$$\max z=2x_1+3x_2+0x_3+0x_4+0x_5$$

$$\text{st}\begin{cases}x_1+2x_2+x_3=8\\4x_1+x_4=16\\4x_2+x_5=12\\x_j\geqslant 0,\quad j=1,\ 2,\ \cdots,\ 5\end{cases}\tag{2.5}$$

当线性规划的所有约束条件都用等式来表达且决策变量非负时，这种形式就称为线性规划模型的标准型。

模型（2.5）中有 5 个变量，其中 2 个为决策变量，3 个为松弛变量。此时，该模型就不能用图解法求解了。用后面介绍的单纯形法来求解，其解为：$(x_1,\ x_2,\ x_3,\ x_4,\ x_5)^{\mathrm{T}}=(4,\ 2,\ 0,\ 0,\ 4)^{\mathrm{T}}$，这样不但求出了最优解，而且求出了资源剩余信息。

在线性规划的标准型中，松弛变量的系数为零。系数为零的变量代表未使用的资源，不对目标函数产生任何影响；但在实际中，可以出售未使用的资源以使公司获利，从这一角度看，松弛变量就变成了表示公司可以出售多少未使用资源的决策变量。

2.3.3　顶点和最优解

将例 2-1 目标函数的系数进行一些改变：现在假设每生产一单位产品 1 可获利 1 元，每生产一单位产品 2 可获利 5 元，约束条件不变。显然约束条件不变，可行域就不会变，此时目标函数为 $z=x_1+5x_2$，最优解有什么变化呢？仍用图解法进行求解，如图 2-2 所示。

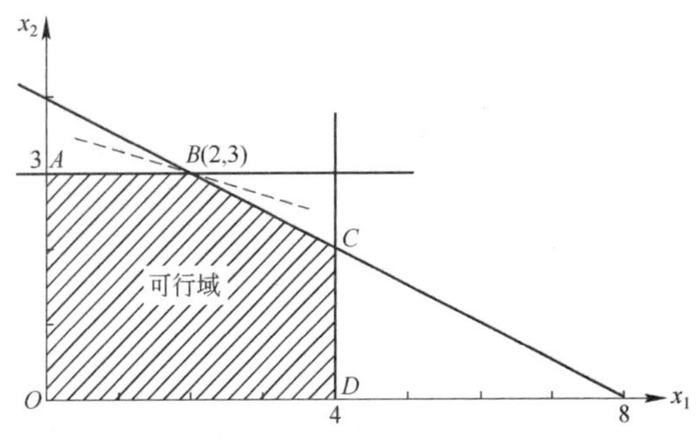

图 2-2　目标函数系数变化后的图解

从图解法中，可以看出最优解由原来的 $C(4,\ 2)$ 变为 $B(2,\ 3)$ 点，发现最优解的位置仍在可行域的顶点（vertex point）上。因此，可以猜想线性规划模型的最优解可以在可行域的顶点上找到，实际上这一猜想在后面给出了肯定性的证明。

2.4 简单最小化问题图解法

2.4.1 两个变量最小化线性规划模型的图解法

例 2-6 用图解法求解例 2-2 中的线性规划模型。

$$\min z=2x_1+3x_2$$

$$\text{st}\begin{cases}x_1\geqslant 125\\x_1+x_2\geqslant 350\\2x_1+x_2\leqslant 600\\x_1,\ x_2\geqslant 0\end{cases}$$

解 在例 2-2 中线性规划模型可变换为在直角坐标系中，首先确定各约束不等式所对应的可行域，其方法如最大化图解法，其交集为图 2-3 中的三角形区域 ABC。

其次，在可行域中找一点使目标函数值最小。在目标函数 $\min z=2x_1+3x_2$ 中，令参数 $z=0$，2，…，作出等值线。由图 2-3 直接可看出在顶点 C 取得最优解。C 点坐标为 $x_1=250$，$x_2=100$，所以最优值为 $z_{\min}=800$。

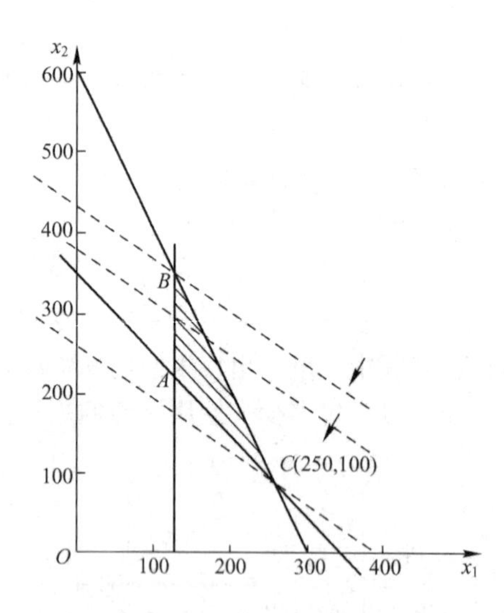

图 2-3 最小化线性规划模型的图解法

2.4.2 剩余变量

例 2-6 中应用图解法已求得了例 2-2 中的线性规划模型的最优解和最小成本，除了最优解和最小成本外，管理者还想知道在此最优解情况下，总产量满足最低要求 350 kg 以外，是否有多生产的产品；A 产品除满足最低要求 125 kg 以外是否有多生产的产品，以及加工工时是否用完。这些信息的获取和最优解、最优值的获取同等重要，将最优解代入约束条件的左边，可以求出这些信息。计算如表 2-5 所示。

表 2-5　产品剩余和资源松弛信息计算

	约束条件	资源限制	剩余信息
A 产品	250	125	125
总产品	250+100=350	350	0
加工工时	2×250+1×100=600	600	0

由表 2-5 可以看出总产品的最低需求已经达到且无多余生产出来的产品，加工工时已用完，无松弛；A 产品的产量在已满足其最低要求下多生产了 125 kg，多生产出来的这一部分产品就称为该产品的剩余。

在求解最优解的同时为了得到产品的剩余量，就在任何一个大于等于形式的约束条件中减去一个变量使不等式成为等式，这个变量称为该种约束条件的剩余变量（surplus variable）。由于剩余不参与目标函数值的计算，因此剩余变量在目标函数中的系数为零，将该模型引入松弛变量和剩余变量后为

$$\min z=2x+3y+0s_1+0s_2+0s_3$$

$$\text{st}\begin{cases}x-s_1=125\\x+y-s_2=350\\2x+y+s_3=600\\x,\ y,\ s_1,\ s_2,\ s_3\geqslant 0\end{cases}$$

利用第 3 章的单纯形法求解此模型，可以同时得到最优解、最优值、剩余信息和松弛信息。

2.5　图解法的特殊情况

2.5.1　无穷多最优解

在图解法求解中，通过平行移动目标函数直线使其可行域在直线的一侧，此时目标函数和可行域所交顶点就是最优解。一种特殊情况，就是目标函数直线和可行域边界的一条边重合。如果将例 2-1 的线性规划模型改变为

$$\max z=x_1+2x_2$$

$$\text{st}\begin{cases}x_1+2x_2\leqslant 8\\4x_1\leqslant 16\\4x_2\leqslant 12\\x_1,\ x_2\geqslant 0\end{cases}$$

由于约束条件不变，图解法求解如图 2-4 所示。

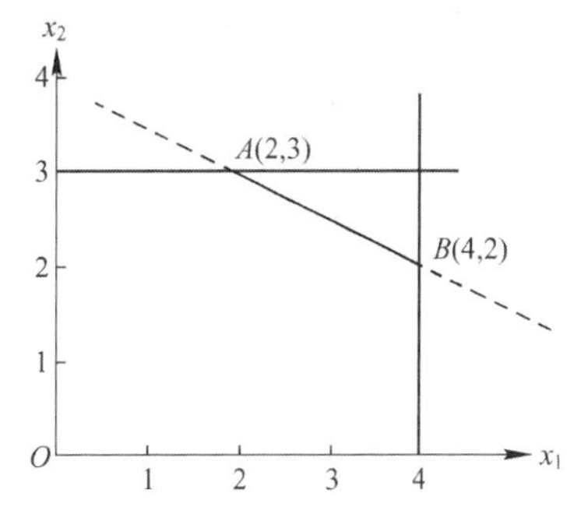

图 2-4　无穷多最优解的情况

最优解为：$A(2,3)$，$B(4,2)$。而且在 A，B 两点线段之间的任何点也都是最优解，因为线段 $\overline{AB}$ 上的点都使得目标函数值最大，此时，称线性规划模型有无穷多最优解。对于一个线性规划模型来讲，有无穷多最优解（alternative optimal solution）是一个好消息，因为这样有多种决策变量的组合可供选择。实际上，这无穷多最优解可以用顶点

A 和 B 表示，设线段$\overline{AB}$上一点为 P，则 $P=(1-t)A+tB$，$t\in[0,1]$，因此，如果两个顶点为线性规划模型的最优解，则有无穷多最优解。

2.5.2 无可行解

无可行解（infeasibility solution）是指不存在满足全部约束条件的解。

例 2-1 中如果增加约束条件，要求生产产品 1、产品 2 至少 3 kg。此时数学模型为

$$\max z=2x_1+3x_2$$

$$\text{st}\begin{cases}x_1+2x_2\leqslant 8\\4x_1\leqslant 16\\4x_2\leqslant 12\\x_1\geqslant 3\\x_2\geqslant 3\\x_1,\ x_2\geqslant 0\end{cases}$$

用图解法求解该模型如图 2-5 所示。

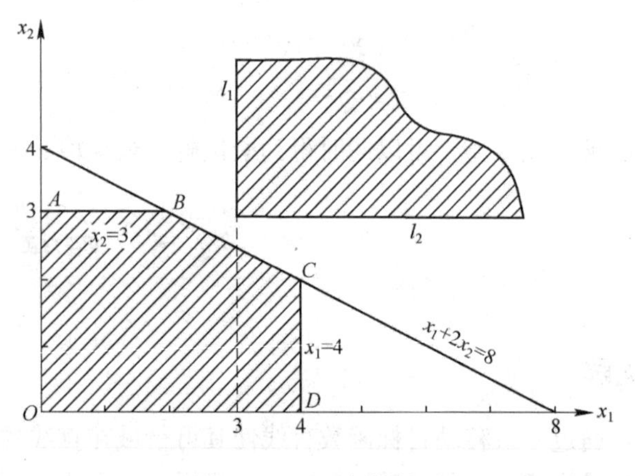

图 2-5 无可行解情况

从图 2-5 可以看出满足约束条件

$$\text{st}\begin{cases}x_1+2x_2\leqslant 8\\4x_1\leqslant 16\\4x_2\leqslant 12\\x_1\geqslant 0,\ x_2\geqslant 0\end{cases}$$

的区域为多边形 $OABCD$ 包围的区域。而满足约束条件：$\begin{cases}x_1\geqslant 3\\x_2\geqslant 3\end{cases}$的区域为直线 l_1 和 l_2 相交的右上阴影区域。显然，这两个区域不相交，即可行域为空集，从而无可行解。

这一情况表明，现有的资源无法生产满足最低需要（3，3）的产品，进一步可以准确地告诉管理者如果要生产（3，3）的产品还需要多少资源，计算如表 2-6 所示。

表 2-6　所需资源数量的计算

资　源	最少资源需求	可用资源	需增加的资源
设备台时	1×3+2×3=9	8	1
原料 A	4×3=12	16	无
原料 B	4×3=12	12	0

从表 2-6 可以看出，只要再增加设备 1 台时，就可以生产满足最低需求的产品。因此运用线性规划的方法，不仅可以确定出管理层的计划是否可行，而且如果不可行还可以对计划进行改正。造成无可行解的原因是管理层的要求太高，表现在模型上就是约束条件太多出现了矛盾现象。解决的办法是在约束条件中增加资源或去掉一个或多个约束条件。

2.5.3　无界解

如果一个线性规划模型的解无限地变大或变小，却不违反任何约束条件，把这样的最优化问题的最优解称为无界解（unbounded solution）；如果一个线性规划模型中出现了无界解的情况，那就证明遗漏了一些约束条件。

例 2-7　用图解法求解以下线性规划模型。

$$\min f=2x_1+2x_2$$

$$\text{st}\begin{cases}x_1-x_2\geqslant 1\\ x_1-2x_2\geqslant 0\\ x_1,\ x_2\geqslant 0\end{cases}$$

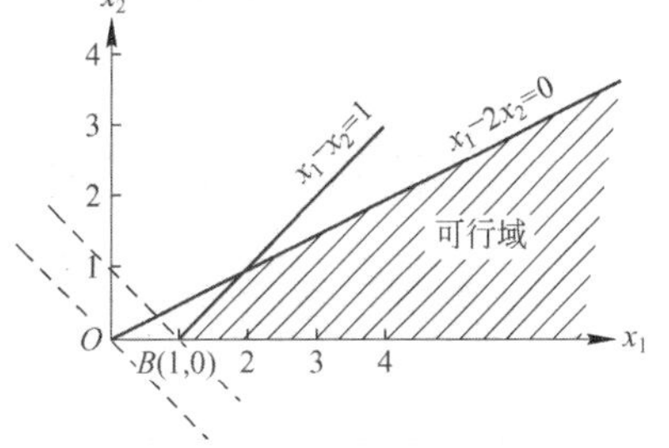

图 2-6　无界解情况

在直角标系中，确定约束不等式对应的可行域，如图 2-6 中的无界凸区域阴影部分。

在目标函数 $f=2x_1+2x_2$ 中，令参数 $f=0$，2，…，作出等值线。由图 2-6 直接可看出在顶点 B 取得最优解。B 点坐标为 $x_1=1$，$x_2=0$，所以最优值为 $f_{\min}=2$。

如果是求目标函数 $f=2x_1+2x_2$ 的最大值，则由图2-6看出，不论设参数 f 取多大的正数 M，等值线 $2x_1+2x_2=M$ 总可以与可行解区域有交点，这时线性规划的最优值无上界，这种情况下线性规划模型的最优解为无界解。

2.6　线性规划模型及图解法的启示

（1）从建立的线性规划模型中可以看出，线性规划数学模型的一般形式为

$$\max(\text{或}\min)z=c_1x_1+\cdots+c_jx_j+\cdots+c_nx_n,\quad j=1,\ 2,\ \cdots,\ n$$

$$\text{st}\begin{cases}a_{i1}x_1+a_{i2}x_2+\cdots+a_{ij}x_j+\cdots+a_{in}x_n\leqslant(\text{或}=,\ \geqslant)b_i,\quad i=1,\ 2,\ \cdots,\ m\\ x_1,\ x_2,\ \cdots,\ x_k\geqslant 0,\ 1\leqslant k\leqslant n\end{cases}$$

（2）当线性规划模型的可行域非空时，它的形状是有界或无界凸多面体，特别是两个变量时可行域为凸多边形。

（3）若线性规划模型存在有界最优解，则最优解必定在可行域的某个顶点上取得。

2.7 QM 软件求解线性规划问题

QM 是 quantitative methods（定量方法）的缩写。

1. QM 的使用

在实际工作中，常用计算机软件包求解线性规划（LP）模型。商用的计算机软件能解大型的线性规划模型，运筹学常用的软件包有 QM，QSB，LINDO，LINGO 等。各种软件包的使用略有不同，只要精通一种就能处理其他的软件包。本教材仅介绍 QM 软件的使用方法。

步骤 1：双击 QM 软件图标，运行该软件。

步骤 2：选择“Module”按回车键；选择“Linear Programming”按回车键；选择“New”按回车键。

步骤 3：在出现的窗口中确定约束方程个数、变量个数，选择最大值或最小值，并按“OK”确认。

步骤 4：输入数据。

步骤 5：选择“Solve”按回车键运行。

步骤 6：在“Windows”窗口中查看结果（最优解、最优值、迭代过程、影子价格）。

2. 使用 QM 软件求解例 2－1 中的线性规划模型

选择线性规划模块，输入目标函数系数和约束条件，如图 2－7 所示。

Print Screen　Step　Solve

nstruction: Enter the value for constraint 3 for rhs. Any real value is permissable.

Objective
◉ Maximize
○ Minimize

<untitled>

	X1	X2		RHS
Maximize	2.	3.		
Constraint 1	1.	2.	<=	8.
Constraint 2	4.	0.	<=	16.
Constraint 3	0.	4.	<=	12

图 2－7　数据输入

单击“Solve”按钮，进行求解，结果如图 2－8 所示。

<untitled> Solution

	X1	X2		RHS	Dual
Maximize	2.	3.			
Constraint 1	1.	2.	<=	8.	1.5
Constraint 2	4.	0.	<=	16.	0.125
Constraint 3	0.	4.	<=	12.	0.
Solution->	4.	2.		$14.	

图 2－8　求解结果

习题

1. 用图解法求解两个变量线性规划模型的最优解和最优值。

$$\max z=2x_1+3x_2$$

$$\text{st}\begin{cases}x_1+2x_2\leqslant 6\\5x_1+3x_2\leqslant 15\\x_1,\ x_2\geqslant 0\end{cases}$$

2. 用图解法求解以下线性规划模型，并指出哪个模型有唯一解、无穷多最优解、无界解或无可行解。

$$\min z=6x_1+4x_2$$

$$\text{st}\begin{cases}2x_1+x_2\geqslant 1\\3x_1+4x_2\geqslant 3\\x_1,\ x_2\geqslant 0\end{cases}$$

$$\max z=4x_1+8x_2$$

$$\text{st}\begin{cases}2x_1+2x_2\leqslant 10\\-x_1+x_2\geqslant 8\\x_1,\ x_2\geqslant 0\end{cases}$$

3. 某公司从中心制造地点分别向位于城区北、东、南、西方向的分配点运送材料。该公司有 26 辆卡车，用于从中心制造地点向分配点运送材料，其中有 9 辆每辆能装 5 t 的中型卡车，12 辆每辆能装 2 t 的轻型卡车和 5 辆每辆能装 1 t 的微型卡车。北、东、南、西 4 个分配点分别需要材料 14，10，20，8 t。每辆卡车向各分配点运送材料一次的费用如表2－7所示，建立运送材料总费用最小的线性规划模型。

表 2－7　车辆运送一次的费用　　　　元

车型	北	东	南	西
中型卡车	80	63	92	75
轻型卡车	50	60	55	42
微型卡车	20	15	38	22

4. 某工厂生产 A，B，C 三种产品，现根据合同及生产状况制订 5 月份的生产计划。已知合同甲为 A 产品 1 000 件，价格为 500 元/件，违约金为 100 元/件。合同乙为 B 产品 500 件，价格为 400 元/件，违约金为 120 元/件。合同丙为 B 产品 600 件，价格为 420 元/件，违约金为 130 元/件；C 产品 600 件，价格为 400 元/件，违约金为 90 元/件。有关各单位产品生产过程所需工时及原材料的情况如表 2－8 所示，试以利润最大为目标建立该工厂生产计划的线性规划模型。

表 2－8　产品使用的原料、工序、资源限制、成本

条件	产品 A	产品 B	产品 C	资源限制	工时或原材料成本
工序 1	2	1	2	4 600 工时	15 元/工时
工序 2	3	1	1	4 000 工时	10 元/工时
工序 3	2	3	2	6 000 工时	10 元/工时
原料 1	3	2	4	10 000 kg	20 元/kg
原料 2	4	3	2	8 000 kg	40 元/kg
其他成本	10	10	10		

5. 某公司从事某种商品的经营，现欲制订本年度 10—12 月份的进货及销售计划。已知该种商品的初始库存量为 2 000 件，公司仓库最多可存放 10 000 件，公司拥有的经营资金

80万元。据预测，10—12月份的进货及销售价格如表2-9所示。若每个月仅在1号进货1次，且要求年底时商品存量达到3 000件，建立该问题的线性规划模型，使公司获得最大利润。(注：不考虑库存费用)

表2-9 进货和销售价格

价格	10月份	11月份	12月份
进货价格/(元/件)	90	95	98
销售价格/(元/件)	100	100	115

6. 某饲养场饲养动物出售，设每头动物每天至少需700 g蛋白质、30 g矿物质、100 mg维生素。现有5种饲料可供选用，各种饲料的营养成分含量及价格如表2-10所示。要求建立选用饲料的规划模型，使其既满足动物生长的需要，又使费用最小。

表2-10 饲料的营养成分含量及价格

饲料	蛋白质/(g/kg)	矿物质/(g/kg)	维生素/(mg/kg)	价格/(元/kg)
1	3	1	0.5	0.2
2	2	0.5	1.0	0.7
3	1	0.2	0.2	0.4
4	6	2	2	0.3
5	18	0.5	0.8	0.8

7. 某企业需要找人清理5间会议室、12张桌子和18个货架。今有两个小时工A和B可供该企业雇用。A一小时可清理1间会议室、3张桌子与3个货架；而B一小时可清理1间会议室、2张桌子与6个货架。A的工资每小时25元，B的工资每小时22元。为了使成本最低，应雇用A和B各多少小时？(用线性规划图解法求解)

8. 某外贸公司专门经营某种杂粮的批发业务。公司现有库容5 000 kg的仓库。1月1日，公司拥有库存1 000 kg杂粮，并有资金20 000元。估计第一季度杂粮价格如表2-11所示。

表2-11 第一季度杂粮价格表

月份	进货价/(元/kg)	出货价/(元/kg)
1	2.85	3.10
2	3.05	3.25
3	2.90	2.95

如果买进的杂粮当月到货，但需到下月才能卖出，且规定“货到付款”。公司希望本季度末库存为2 000 kg，建立该问题的线性规划模型使三个月总的获利最大。

9. 一艘货轮分前、中、后三个舱位，它们的容积与最大载重量如表2-12所示。现有三种货物待运，已知有关数据列于表2-13。

表2-12 三个舱位的容积和最大载重量

项　目	前　舱	中　舱	后　舱
最大允许载重量/t	2 000	3 000	1 500
容积/m^3	4 000	5 400	1 500

表 2-13　三种货物的数量、体积、重量和运价

商　品	数量/件	体积/(m^3/件)	重量/(t/件)	运价/(元/件)
A	600	10	8	1 000
B	1 000	5	6	700
C	800	7	5	600

为了航运安全，前、中、后舱的实际载重量需要保持一定的比例关系。具体比例关系为：前、后舱载重量与中舱载重量的偏差不超过 15%，前舱和后舱载重量的偏差不超过 10%。建立该货轮载 A，B，C 各多少件使运费收入最大的线性规划模型。

10. 时代服装公司生产一款新的时装，据预测今后 6 个月的需求量如表 2-14 所示。每件时装用工 2 h 和 10 元原材料费，售价 40 元。该公司 1 月初有 4 名工人，每人每月可工作 200 h，月薪 2 000 元。该公司可于任意一个月初新雇工人，每雇 1 人需一次性额外支出 1 500 元；也可辞退工人，每辞退 1 人需补偿 1 000 元。如当月生产数超过需求，可留到后面月份销售，需付库存费每件每月 5 元；当供不应求时，短缺数不需补上。建立 6 个月总利润最大的线性规划模型。

表 2-14　每个月的需求量

月份	1 月份	2 月份	3 月份	4 月份	5 月份	6 月份
需 求	500	600	300	400	500	800

11. 某厂生产 A，B 两种食品，现有 50 名熟练工人，已知一名熟练工人每小时可生产 10 kg 食品 A 或 6 kg 食品 B。两种食品每周的需求量见表 2-15。该厂决定到第 8 周末培训 50 名新工人，两班生产。已知一名工人每周工作 40 h，一名熟练工人用两周时间可培训不多于三名新工人（培训期间熟练工人和新工人都不参加生产）。熟练工人每周工资 360 元，新工人培训期间每周工资 120 元，培训结束参加工作后每周工资 240 元，生产效率同熟练工人。在培训过渡期，工厂决定安排部分熟练工人每周工作 60 h，加班 1 h 另加 12 元。又若预定的食品不能按期交货，每推迟交货一周赔偿费是：食品 A 为 0.5 元/kg，食品 B 为 0.6 元/kg。建立 8 周各项费用总和最小的工厂生产计划线性规划模型。

表 2-15　两种食品每周的需求量　　t

食品	第 1 周	第 2 周	第 3 周	第 4 周	第 5 周	第 6 周	第 7 周	第 8 周
A	10	10	12	12	16	16	20	20
B	6	7.2	8.4	10.8	10.8	12	12	12

第3章

本章要求掌握线性规划模型的可行解、基本解、基本可行解、基本最优解、最优解等概念和这些概念之间的关系；熟悉单纯形法的原理和求解线性规划模型的基本思路和步骤；能够用单纯形表法求线性规划模型的基本最优解；会使用计算机软件求解线性规划模型。

线性规划模型的单纯形法

单纯形法（simplex method）是目前求解一般线性规划模型最常用的一种方法。本章主要介绍单纯形表法的原理和求解一般线性规划模型的步骤。

3.1 线性规划数学模型的结构及特征

线性规划模型的一般形式为

$$\max(\text{或}\ \min)z=c_1x_1+\cdots+c_jx_j+\cdots+c_nx_n,\ j=1,\ 2,\ \cdots,\ n$$
$$\text{st}\begin{cases}a_{i1}x_1+a_{i2}x_2+\cdots+a_{ij}x_j+\cdots+a_{in}x_n\leqslant(\text{或}=,\ \geqslant)b_i, & i=1,\ 2,\ \cdots,\ m\\ x_1,\ x_2,\ \cdots,\ x_k\geqslant 0,\ 1\leqslant k\leqslant n\end{cases}\tag{3.1}$$

其中，a_{ij}，b_i，c_j是已知数，$x_j(j=1,\ 2,\ \cdots,\ n)$是待决策的变量，$c_1x_1+\cdots+c_jx_j+\cdots+c_nx_n$ 称为目标函数（objective function），c_j 称为价值系数（cost coefficient），向量$\boldsymbol{C}=(c_1,\ c_2,\ \cdots,\ c_j,\ \cdots,\ c_n)$称为价值向量。由系数 a_{ij}组成的矩阵

$$\mathbf{A}=\begin{pmatrix}a_{11} & \cdots & a_{1n}\\ \vdots & & \vdots\\ a_{m1} & \cdots & a_{mn}\end{pmatrix}$$

称为约束矩阵（constraints matrix），列向量 $\boldsymbol{b}=(b_1,\ \cdots,\ b_m)^{\mathrm{T}}$称为右端向量 RHS（right-hand side vector），$a_{i1}x_1+a_{i2}x_2+\cdots+a_{ij}x_j+\cdots+a_{in}x_n\leqslant(\text{或}=,\ \geqslant)b_i(i=1,\ 2,\ \cdots,\ m)$和 $x_1,\ x_2,\ \cdots,\ x_k\geqslant 0$ 称为约束条件（subject to）。$x_l\geqslant 0(l=1,\ 2,\ \cdots,\ k)$ 称为变量的非负约束条件。其余的变量可取正值、负值或零值，称这样的变量为符号无限制变量或自由变量。线性规划模型的特征是，一组决策变量 x_j，$j=1,\ 2,\ \cdots,\ n$。一组约束条件，一个目标函数，目标函数和约束条件都是线性的。

3.2 线性规划模型的标准形式

在线性规划的一般模型式（3.1）中，目标函数有最大化和最小化，约束条件有大于等于、小于等于、等于这 3 种形式，决策变量有非负约束和无非负约束。这就导致了线性规划模型的多样性，多样性给讨论线性规划模型求解带来了不便。因此，定义一个标准形式的线性规划模型，将其他形式的线性规划模型都转换成标准形式，这样只需讨论标准形式线性规划模型的求解方法。

3.2.1 标准形式

标准形式定义为

$$\max z=c_1x_1+\cdots+c_jx_j+\cdots+c_nx_n,\quad j=1,\ 2,\ \cdots,\ n$$
$$\text{st}\begin{cases}a_{i1}x_1+a_{i2}x_2+\cdots+a_{ij}x_j+\cdots+a_{in}x_n=b_i, & i=1,\ 2,\ \cdots,\ m\\ x_1,\ x_2,\ \cdots,\ x_n\geqslant 0\end{cases}\tag{3.2}$$

标准形式模型特征为：约束条件为线性等式，所有变量全部大于等于 0，右端常数项大于等于 0，目标函数求最大值。说明一点：有些教材在定义标准形式时，目标函数是求最小值，而不是最大值。

关于标准形式有以下几种等价的形式。

简写形式

$$\max z=\sum_{j=1}^{n} c_j x_j$$

$$\text{st}\begin{cases}\sum_{j=1}^{n} a_{ij}x_j=b_i, & i=1, 2, \cdots, m\\ x_j\geqslant 0, & j=1, 2, \cdots, n\end{cases} \tag{3.3}$$

矩阵形式

$$\max z=\boldsymbol{CX}$$

$$\text{st}\begin{cases}\boldsymbol{AX}=\boldsymbol{b}\\ \boldsymbol{X}\geqslant\boldsymbol{0}\end{cases} \tag{3.4}$$

列向量形式

$$\max z=\boldsymbol{CX}$$

$$\text{st}\begin{cases}\sum_{j=1}^{n} x_j\boldsymbol{P}_j=\boldsymbol{b}\\ \boldsymbol{X}\geqslant\boldsymbol{0}\end{cases} \quad 其中\ \boldsymbol{P}_j=\begin{pmatrix}a_{1j}\\ a_{2j}\\ \vdots\\ a_{mj}\end{pmatrix} \tag{3.5}$$

其中 $\boldsymbol{X}=(x_1, x_2, \cdots, x_n)^{\mathrm{T}}$，$\boldsymbol{A}$，$\boldsymbol{b}$，$\boldsymbol{C}$ 的定义与3.1节中的相同。

3.2.2 一般形式的线性规划模型转换为标准形式

1. 目标函数的转换

如果原模型是求最小值 $\min z=\boldsymbol{CX}$，则等价地转换为 $\max z'=-\boldsymbol{CX}$。

2. 约束条件的转换

对于 $\sum_{j=1}^{n} a_{ij}x_j\leqslant b_i$，引进非负变量 x_{n+i}，用 $\sum_{j=1}^{n} a_{ij}x_j+x_{n+i}=b_i$，$x_{n+i}\geqslant 0$ 代替这个不等式约束，其中变量 x_{n+i} 为松弛变量。

对于 $\sum_{j=1}^{n} a_{ij}x_j\geqslant b_i$，引进非负变量 x_{n+i}，用 $\sum_{j=1}^{n} a_{ij}x_j-x_{n+i}=b_i$，$x_{n+i}\geqslant 0$ 代替这个不等式约束，其中变量 x_{n+i} 为剩余变量。

3. 变量的非负约束的转换

若 x_k 是无约束的变量，则令 $x_k=x_k'-x_k''$，且 x_k'，$x_k''\geqslant 0$。

例 3-1 将一般线性规划模型转化为标准型。

$$\min z=-x_1+2x_2-3x_3$$

$$\text{st}\begin{cases}x_1+x_2+x_3\leqslant 7 & \text{(a)}\\ x_1-x_2+x_3\geqslant 2 & \text{(b)}\\ -3x_1+x_2+2x_3=5\\ x_1, x_2\geqslant 0, x_3\text{无限制}\end{cases}$$

解 令 $x_3=x_4-x_5$，且 x_4，$x_5\geqslant 0$，约束不等式（a）加入松弛变量 x_6，约束不等式（b）加入剩余变量 x_7，这时标准形式为

$$\max z'=x_1-2x_2+3x_4-3x_5+0x_6+0x_7$$

$$\text{st}\begin{cases}x_1+x_2+x_4-x_5+x_6=7\\x_1-x_2+x_4-x_5-x_7=2\\-3x_1+x_2+2x_4-2x_5=5\\x_1,\ x_2,\ x_4,\ x_5,\ x_6,\ x_7\geqslant 0\end{cases}$$

例 3-2 将一般线性规划模型转化为标准型。

$$\min z=x_1+2x_2+3x_3$$

$$\text{st}\begin{cases}-2x_1+x_2+x_3\leqslant 9\\-3x_1+x_2+2x_3\geqslant 4\\4x_1-2x_2-2x_3=-6\\x_1\leqslant 0,\ 2\leqslant x_2\leqslant 6,\ x_3\text{无约束}\end{cases}$$

解 令 $x_1'=-x_1$，$x_3=x_3'-x_3''$，$x_2'=x_2-2$，其中 x_1'，x_2'，x_3'，$x_3''\geqslant 0$，$2\leqslant x_2\leqslant 6$ 等价于 $x_2'\geqslant 0$，且 $x_2'\leqslant 6-2=4$，将 $x_2'\leqslant 4$ 作为一个约束条件加入约束方程组中，并引入松弛变量 x_4，x_6和剩余变量 x_5，就得到

$$\max z'=x_1'-2x_2'-4-3x_3'+3x_3''+0x_4+0x_5+0x_6$$

$$\text{st}\begin{cases}2x_1'+x_2'+x_3'-x_3''+x_4=7\\3x_1'+x_2'+2x_3'-2x_3''-x_5=2\\4x_1'+2x_2'+2x_3'-2x_3''=2\\x_2'+x_6=4\\x_1',\ x_2',\ x_3',\ x_3'',\ x_4,\ x_5,\ x_6\geqslant 0\end{cases}$$

令 $z'+4=z''$，则得到了标准形式

$$\max z''=x_1'-2x_2'-3x_3'+3x_3''+0x_4+0x_5+0x_6$$

$$\text{st}\begin{cases}2x_1'+x_2'+x_3'-x_3''+x_4=7\\3x_1'+x_2'+2x_3'-2x_3''-x_5=2\\4x_1'+2x_2'+2x_3'-2x_3''=2\\x_2'+x_6=4\\x_1',\ x_2',\ x_3',\ x_3'',\ x_4,\ x_5,\ x_6\geqslant 0\end{cases}$$

3.3 基、基本解、基本可行解

3.3.1 基、基本解、基本可行解的定义

考虑标准形式的线性规划模型

$$\max z=\boldsymbol{CX}$$

$$\text{st}\begin{cases}\boldsymbol{AX}=\boldsymbol{b}\\\boldsymbol{X}\geqslant \boldsymbol{0}\end{cases}\tag{3.6}$$

假设矩阵 $\boldsymbol{A}$ 的秩为 m，则根据秩的定义，矩阵 $\boldsymbol{A}$ 中必然存在一个 m 阶满秩子方阵 $\boldsymbol{B}$，$|\boldsymbol{B}|\neq 0$，称矩阵 $\boldsymbol{B}$ 为线性规划模型的一个基（basic）。由线性代数知 $\boldsymbol{A}$ 中必有 m 个线性无关的列向量，构成满秩方阵 $\boldsymbol{B}$。不失一般性，设

$$B=\begin{pmatrix} a_{11} & \cdots & a_{1m} \\ \vdots & & \vdots \\ a_{m1} & \cdots & a_{mm} \end{pmatrix}=(P_1,\ \cdots,\ P_m)$$

$\boldsymbol{B}$ 中的每一个列向量 $\boldsymbol{P}_j(j=1,\ 2,\ \cdots,\ m)$ 称为基向量，与基向量 $\boldsymbol{P}_j$ 对应的变量 x_j 称为基变量，线性规划模型的决策变量中除基变量以外的变量称为非基变量。

把 $\boldsymbol{A}$ 中其余各列向量组成的子矩阵记为 $\boldsymbol{N}$，再把 $\boldsymbol{X}=(x_1,\ x_2,\ \cdots,\ x_n)^{\mathrm{T}}$ 对应地分为两部分，记为 $\boldsymbol{X}_{\mathrm{B}}$ 和 $\boldsymbol{X}_{\mathrm{N}}$，则线性方程组 $\boldsymbol{AX}=\boldsymbol{b}$ 可重写为 $\boldsymbol{BX}_{\mathrm{B}}+\boldsymbol{NX}_{\mathrm{N}}=\boldsymbol{b}$，由于 $\boldsymbol{B}$ 非奇异，则 $\boldsymbol{X}_{\mathrm{B}}=\boldsymbol{B}^{-1}\boldsymbol{b}-\boldsymbol{B}^{-1}\boldsymbol{NX}_{\mathrm{N}}$。

令 $\boldsymbol{X}_{\mathrm{N}}=\boldsymbol{0}$，就得到约束方程组 $\boldsymbol{AX}=\boldsymbol{b}$ 的一组特解 $\boldsymbol{X}=(\boldsymbol{B}^{-1}\boldsymbol{b},\ \boldsymbol{0})^{\mathrm{T}}$，把线性方程组的这一特解称为对应于基 $\boldsymbol{B}$ 的基本解（basic solution），显然有多少个基就有多少个基本解。

当 $\boldsymbol{B}^{-1}\boldsymbol{b}\geqslant\boldsymbol{0}$ 时，称该基本解为基本可行解（basic feasible solution）。这时对应的基 $\boldsymbol{B}$ 称为可行基，基的数目最多为 C_n^m 个，基本解的数目最多也为 C_n^m 个，基本可行解的数目小于或等于基本解的数目。

3.3.2 基本解和基本可行解的计算与几何解释

通过例 3-3 来说明线性规划模型的基、对应的基本解、基本可行解的概念和计算，并进一步给出基本解和基本可行解的几何解释。

例 3-3 求以下线性规划模型的基本解和基本可行解。

$$\max z=2x_1+3x_2$$

$$\mathrm{st}\begin{cases} x_1+2x_2\leqslant 8 \\ 4x_1\leqslant 16 \\ 4x_2\leqslant 12 \\ x_1,\ x_2\geqslant 0 \end{cases}$$

解 首先将该模型化为标准型

$$\max z=2x_1+3x_2+0x_3+0x_4+0x_5$$

$$\mathrm{st}\begin{cases} x_1+2x_2+x_3=8 \\ 4x_1+x_4=16 \\ 4x_2+x_5=12 \\ x_1,\ x_2,\ x_3,\ x_4,\ x_5\geqslant 0 \end{cases}$$

$$\boldsymbol{A}=\begin{pmatrix} 1 & 2 & 1 & 0 & 0 \\ 4 & 0 & 0 & 1 & 0 \\ 0 & 4 & 0 & 0 & 1 \end{pmatrix},\quad \boldsymbol{b}=\begin{pmatrix} 8 \\ 16 \\ 12 \end{pmatrix},\quad \boldsymbol{C}=(2,\ 3,\ 0,\ 0,\ 0)$$

在矩阵 $\boldsymbol{A}$ 中 $m=3$，$n=5$，根据基的定义，就要在约束矩阵中找 3 行 3 列的矩阵且该矩阵的行列式值不为 0，按照排列组合在 $\boldsymbol{A}$ 中共有 $\mathrm{C}_5^3=10$ 个 3 阶矩阵。分别是

$\boldsymbol{B}_1=(\boldsymbol{P}_1,\boldsymbol{P}_2,\boldsymbol{P}_3)$，$\boldsymbol{B}_2=(\boldsymbol{P}_1,\boldsymbol{P}_2,\boldsymbol{P}_4)$，$\boldsymbol{B}_3=(\boldsymbol{P}_1,\boldsymbol{P}_2,\boldsymbol{P}_5)$，$\boldsymbol{B}_4=(\boldsymbol{P}_1,\boldsymbol{P}_3,\boldsymbol{P}_4)$

$\boldsymbol{B}_5=(\boldsymbol{P}_1,\boldsymbol{P}_3,\boldsymbol{P}_5)$，$\boldsymbol{B}_6=(\boldsymbol{P}_1,\boldsymbol{P}_4,\boldsymbol{P}_5)$，$\boldsymbol{B}_7=(\boldsymbol{P}_2,\boldsymbol{P}_3,\boldsymbol{P}_4)$，$\boldsymbol{B}_8=(\boldsymbol{P}_2,\boldsymbol{P}_3,\boldsymbol{P}_5)$

$\boldsymbol{B}_9=(\boldsymbol{P}_2,\boldsymbol{P}_4,\boldsymbol{P}_5)$，$\boldsymbol{B}_{10}=(\boldsymbol{P}_3,\boldsymbol{P}_4,\boldsymbol{P}_5)$

因 $|\boldsymbol{B}_1|=\begin{vmatrix} 1 & 2 & 1 \\ 4 & 0 & 0 \\ 0 & 4 & 0 \end{vmatrix}=16\neq 0$，所以 $\boldsymbol{B}_1$ 是基，$\boldsymbol{P}_1$，$\boldsymbol{P}_2$，$\boldsymbol{P}_3$ 是基向量，x_1，x_2，x_3 是基

变量，x_4，x_5是非基变量。

根据基本解的定义，求该基对应的基本解方法有两种：一是解约束条件组成的方程组并令非基变量为零，二是用$\boldsymbol{B}_1$的逆矩阵直接代入公式 $\boldsymbol{B}_1^{-1}\boldsymbol{b}$ 中就可以求出基变量的值，非基变量的值为零，结合起来就是基本解。

在约束条件组成的方程组中令非基变量 x_4，x_5为 0，得

$$\begin{cases}x_1+2x_2+x_3=8\\4x_1=16\\4x_2=12\end{cases}$$

从而基本解为 $(x_1, x_2, x_3, x_4, x_5)^{\mathrm{T}}=(4, 3, -2, 0, 0)^{\mathrm{T}}$。

由于基本解中含有负分量，可见该基本解不是基本可行解，基 $\boldsymbol{B}_1$不是可行基，该基本解对应于图 3－1 中的 D 点，该点是约束条件的交点，但不在可行域的顶点上。

$|\boldsymbol{B}_2|=-4\neq0$，因此 $\boldsymbol{B}_2$是基。$\boldsymbol{P}_1$，$\boldsymbol{P}_2$，$\boldsymbol{P}_4$ 是基向量，x_1，x_2，x_4是基变量，x_3，x_5是非基变量，在约束条件组成的方程组中令非基变量 x_3，x_5为 0，得

$$\begin{cases}x_1+2x_2=8\\4x_1+x_4=16\\4x_2=12\end{cases}$$

从而基本解为 $(x_1, x_2, x_3, x_4, x_5)^{\mathrm{T}}=(2, 3, 0, 8, 0)^{\mathrm{T}}$。

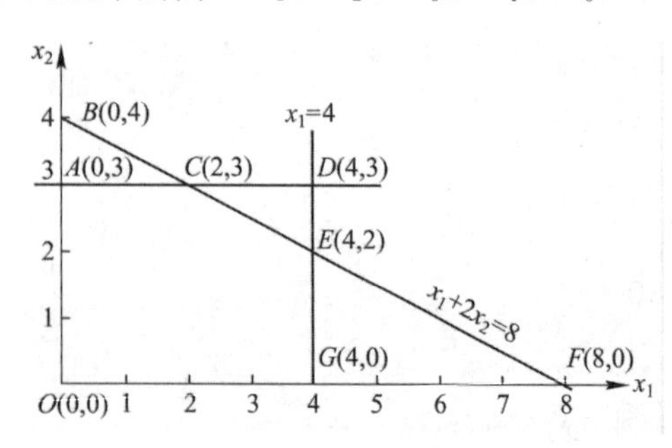

图 3－1　线性规划模型对应的基、基本解、基本可行解

由于基本解为非负，可见该基本解是基本可行解，基 $\boldsymbol{B}_2$是可行基。该基本解对应于图 3－1 中的 C 点，该点是约束条件的交点，又是可行域的顶点。

同理，对于其他矩阵可以判断是否为基，如果是基可以求基本解并进一步判断是否为基本可行解。

对于基本解和基本可行解可以给出对应于图 3－1中的交点，可以看出基本解对应于约束条件的交点，而不位于可行域的顶点。基本可行解对应于可行域的顶点。因此，从图 3－1 可知交点有 8 个，基本解就有 8 个；而可行域顶点有 5 个，则基本可行解就有 5 个。显然，基本可行解一定是基本解，而基本解不一定是基本可行解；可行域的顶点一定是约束条件的交点，而约束条件的交点不一定是可行域的顶点。这就是基本解和基本可行解的几何解释。

3.3.3　线性规划模型解之间的关系

（1）可行解：满足约束条件 $\boldsymbol{AX}=\boldsymbol{b}$，$\boldsymbol{X}\geqslant\boldsymbol{0}$ 的解 $\boldsymbol{X}$ 称为可行解。

（2）基本解：基 $\boldsymbol{B}$ 确定以后，在约束方程组中令非基变量全等于零，就可以唯一解出基变量的一组值，基变量的这组值和非基变量零值结合起来，就叫线性规划模型相应于基 $\boldsymbol{B}$ 的基本解。基本解的形式为 $(\boldsymbol{B}^{-1}\boldsymbol{b}, \boldsymbol{0})^{\mathrm{T}}$。

（3）基本可行解：如果基本解 $\boldsymbol{X}=(\boldsymbol{B}^{-1}\boldsymbol{b}, \boldsymbol{0})^{\mathrm{T}}\geqslant\boldsymbol{0}$，称这一基本解为相应于 $\boldsymbol{B}$ 的基本可行解，即基本解又是可行解，此时 $\boldsymbol{B}$ 称为可行基。

(4) 最优解：满足约束条件，同时使目标函数值最优的解。如果有唯一最优解时，最优解的位置在可行域顶点上；有无穷多最优解时，最优解的位置在可行域边界线段上。

(5) 基本最优解：使目标函数最优的基本可行解 $(\boldsymbol{B}^{-1}\boldsymbol{b}, \boldsymbol{0})^{\mathrm{T}}$ 称为基本最优解，基本最优解的位置只能在顶点上。此时 $\boldsymbol{B}$ 称为最优基。

根据以上解的定义和几何解释得到可行解、基本解、基本可行解、最优解、基本最优解之间的关系，如图 3－2 所示；基、可行基、最优基之间的关系如图 3－3 所示。

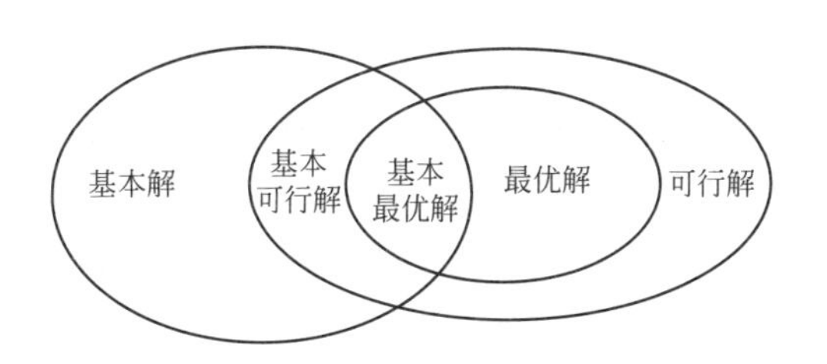

图 3－2　线性规划模型解之间的关系

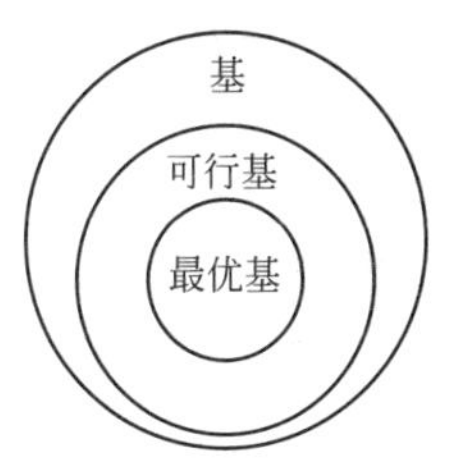

图 3－3　线性规划模型基之间的关系

3.4　单纯形表法

3.4.1　单纯形表的数学原理

对于两个变量线性规划模型的可行域，其几何形状为平面区域，可以通过图形直观地判断其凹凸性。

定义 1　如果集合 C 中任意两个点 X_1，X_2，其连线上所有点都是集合 C 中的点，那么称 C 为凸集。即，设 $X_1 \in C$，$X_2 \in C$，如果 $\alpha X_1 + (1-\alpha) X_2 \in C (0 \leqslant \alpha \leqslant 1)$，则称 C 为凸集。

定义 2　凸集 C 中满足下述条件的点 X 称为顶点：如果 C 中不存在任何两个不同的点 X_1，X_2，使 X 成为这两个点连线上的一个点。即，对于任何 $X_1 \in C$，$X_2 \in C$，不存在 $X = \alpha X_1 + (1-\alpha) X_2 \in C$ $(0<\alpha<1)$，则称 X 是凸集 C 的顶点。

定理 1　若线性规划模型存在可行域，则其可行域 D 是凸集。

定理 2　线性规划模型的可行解 $\boldsymbol{X}=(x_1, x_2, \cdots, x_n)^{\mathrm{T}}$ 为基本可行解的充分必要条件是：$\boldsymbol{X}$ 的正分量所对应的系数列向量组线性无关。

定理 3　$\boldsymbol{X}$ 是基本可行解的充分必要条件是：$\boldsymbol{X}$ 是可行域 D 的顶点。

定理 4　一个标准的线性规划模型，若有可行解，则至少有一个基本可行解。

定理 5　一个标准的线性规划模型，若有有限的最优值，则一定存在一个基本可行解是最优解。

以上这 5 个定理是线性规划部分的基本定理，也是单纯形法求解线性规划模型的数学原理。关于这 5 个定理的理论推导可参阅其他著作。

通过这些定理的学习，一定要理解线性规划模型的可行解、基本解、基本可行解、最优解、基本最优解的几何意义。同时，理解线性规划模型所有可行解构成的集合，如果非空则是凸集，可行域有有限个顶点，线性规划模型的每个基本解对应于一个交点，基本可行解对应可行域的顶点；若线性规划模型有最优解，则在某个顶点上达到。虽然顶点数目是有限的（不多于 C_n^m 个），若采取“枚举法”找出所有的基本可行解，然后一一比较，最终可以找到基本最优解。但当 m，n 较大时这种方法是行不通的，而单纯形表法可以有效地找到最优解。

由定理 3 和定理 5 可知，最优解一定在某一基本可行解处达到。因此单纯形表法的基本思想是，先找一个基本可行解，然后判断它是否为基本最优解；如不是，就找一个更好的基本可行解，再进行判断，如此迭代进行，直到找到基本最优解或者判断该问题是无界解。

3.4.2 单纯形表的定义

为了计算的方便，可以将单纯形表法的全部计算过程在一个类似增广矩阵的表格上进行，这种表格称为单纯形表。

设初始可行基为 $\boldsymbol{B}$，对应的基变量为 $\boldsymbol{X}_B$，基变量对应的目标函数系数为 $\boldsymbol{C}_B$，那么定义单纯形表为表 3-1。

表 3-1 单纯形表

$\boldsymbol{C}_B$	$\boldsymbol{X}_B$	c_1x_1	c_2x_2	…	c_nx_n	$\boldsymbol{b}$
c_{j1}	x_{j1}	b_{11}	b_{12}	…	b_{1n}	b_1
c_{j2}	x_{j2}	b_{21}	b_{22}	…	b_{2n}	b_2
⋮	⋮	⋮	⋮		⋮	⋮
c_{jm}	x_{jm}	b_{m1}	b_{m2}	…	b_{mn}	b_m
σ_j		σ_1	σ_2	…	σ_n	z_0

其中，$\sigma_j=c_j-\boldsymbol{C}_B\boldsymbol{B}^{-1}\boldsymbol{P}_j$，$(b_{ij})_{m\times n}=\boldsymbol{B}^{-1}\boldsymbol{A}$，注意，在标准形式定义中，如果目标函数为求最小值，则 $\sigma_j=\boldsymbol{C}_B\boldsymbol{B}^{-1}\boldsymbol{P}_j-c_j$。

用矩阵的形式单纯形表就可以表示为表 3-2。

表 3-2 矩阵形式的单纯形表

	$\boldsymbol{X}$	$\boldsymbol{b}$
$\boldsymbol{X}_B$	$\boldsymbol{B}^{-1}\boldsymbol{A}$	$\boldsymbol{B}^{-1}\boldsymbol{b}$
σ	$\boldsymbol{C}-\boldsymbol{C}_B\boldsymbol{B}^{-1}\boldsymbol{A}$	$-\boldsymbol{C}_B\boldsymbol{B}^{-1}\boldsymbol{b}$

其中，$\boldsymbol{C}_B\boldsymbol{B}^{-1}\boldsymbol{b}=z_0$，是一实数，$\boldsymbol{C}-\boldsymbol{C}_B\boldsymbol{B}^{-1}\boldsymbol{A}=(\sigma_1,\ \sigma_2,\ \cdots,\ \sigma_n)$ 是 $1\times n$ 的矩阵。

$$\boldsymbol{B}^{-1}\boldsymbol{b}=\begin{pmatrix}b_1\\b_2\\\vdots\\b_m\end{pmatrix},\quad \boldsymbol{B}^{-1}\boldsymbol{A}=\begin{pmatrix}b_{11}&b_{12}&\cdots&b_{1n}\\b_{21}&b_{22}&\cdots&b_{2n}\\\vdots&\vdots&&\vdots\\b_{m1}&b_{m2}&\cdots&b_{mn}\end{pmatrix}$$

特别在以上的矩阵计算中，如果基 $\boldsymbol{B}$ 为单位矩阵或由单位矩阵的各列向量所组成，此时，$\boldsymbol{B}^{-1}=\boldsymbol{B}$，计算变得简单。

3.4.3 单纯形表法求解线性规划模型的步骤

步骤 1：转换一般的线性规划模型为标准型，并写出 $\boldsymbol{A}$，$\boldsymbol{C}$，$\boldsymbol{b}$。

步骤 2：找初始基本可行解。

步骤 3：计算单纯形表中的各矩阵，并构造单纯形表。

步骤 4：判断基本最优解。

步骤 5：换基迭代，返回步骤 4。

关于每一步骤，结合下面例子给出具体说明。

$$\max z=50x_1+100x_2$$
$$\text{st}\begin{cases}x_1+x_2\leqslant 300\\2x_1+x_2\leqslant 400\\x_2\leqslant 250\\x_j\geqslant 0,\quad j=1,\ 2\end{cases}$$

1. 转换一般的线形规划模型为标准型，并写出 $\boldsymbol{A}$，$\boldsymbol{C}$，$\boldsymbol{b}$

如何将一般的线形规划模型转换为标准型已在 3.2 节中学习，这里不再重复。

加入松弛变量化为标准型

$$\max z=50x_1+100x_2+0x_3+0x_4+0x_5$$
$$\text{st}\begin{cases}x_1+x_2+x_3=300\\2x_1+x_2+x_4=400\\x_2+x_5=250\\x_j\geqslant 0,\quad j=1,\ 2,\ 3,\ 4,\ 5\end{cases}$$

写出约束矩阵 $\boldsymbol{A}=(\boldsymbol{P}_1,\ \boldsymbol{P}_2,\ \boldsymbol{P}_3,\ \boldsymbol{P}_4,\ \boldsymbol{P}_5)=\begin{pmatrix}1&1&1&0&0\\2&1&0&1&0\\0&1&0&0&1\end{pmatrix}$，$\boldsymbol{b}=\begin{pmatrix}300\\400\\250\end{pmatrix}$

$$\boldsymbol{C}=(50,\ 100,\ 0,\ 0,\ 0)$$

2. 初始基本可行解的选取

为了得到初始基本可行解，首先要找到初始基本可行基，设 $\boldsymbol{B}$ 为约束矩阵的一个 m 阶子式，如果 $\boldsymbol{B}$ 非奇异，则矩阵 $\boldsymbol{B}$ 是一个基；进一步，若$\boldsymbol{B}^{-1}\boldsymbol{b}\geqslant\boldsymbol{0}$，那么 $\boldsymbol{B}$ 是初始基本可行基，$\boldsymbol{X}=(\boldsymbol{B}^{-1}\boldsymbol{b},\ \boldsymbol{0})^{\mathrm{T}}$ 就是初始基本可行解。

1）在约束矩阵 $\boldsymbol{A}$ 中找单位矩阵

如果在约束矩阵 $\boldsymbol{A}$ 中能找到一个基是单位矩阵（如$\boldsymbol{E}_3$），或者基是由单位矩阵的列向量组成的矩阵（与排列次序无关），则该基一定是可行基。如基为 $\boldsymbol{B}=\begin{pmatrix}0&0&1\\1&0&0\\0&1&0\end{pmatrix}$，从而$\boldsymbol{B}^{-1}=\begin{pmatrix}0&1&0\\0&0&1\\1&0&0\end{pmatrix}$，由于在线性规划的标准形中，常数项 b_j 大于等于零，所求得的基本解$\boldsymbol{B}^{-1}\boldsymbol{b}\geqslant\boldsymbol{0}$，一定是基本可行解，该基也为可行基。对于本题显然就可以选取$\boldsymbol{B}_3=(\boldsymbol{P}_3,\ \boldsymbol{P}_4,\ \boldsymbol{P}_5)$为基，基解为$\boldsymbol{B}^{-1}\boldsymbol{b}=\boldsymbol{b}\geqslant\boldsymbol{0}$，显然，基解为基本可行解，基是可行基。

像这样在第一次找可行基时，所找到的基为单位矩阵或为单位矩阵列向量所组成，称之为初始可行基，其对应的基本可行解叫初始基本可行解。

2）在约束矩阵 $\boldsymbol{A}$ 中无单位矩阵

如果在约束矩阵 $\boldsymbol{A}$ 中不存在一个基是单位矩阵，或者没有由单位矩阵的列向量组成的矩阵（与排列次序无关），将采用人工构造单位矩阵的方法找初始基本可行解，本书将在

3.5 节中介绍这一方法。

3. 计算单纯形表中的各矩阵，并构造初始单纯形表

只要计算出$\boldsymbol{B}^{-1}\boldsymbol{A}$，$\boldsymbol{B}^{-1}\boldsymbol{b}$，$\boldsymbol{C}-\boldsymbol{C}_{\mathrm{B}}\boldsymbol{B}^{-1}\boldsymbol{A}$，$-\boldsymbol{C}_{\mathrm{B}}\boldsymbol{B}^{-1}\boldsymbol{b}$，按照表 3-1 就可以构造出初始单纯形表。对于本题，由于$\boldsymbol{B}_3=(\boldsymbol{P}_3，\boldsymbol{P}_4，\boldsymbol{P}_5)=\boldsymbol{E}_3$，从而 $\boldsymbol{B}_3^{-1}=\boldsymbol{E}_3$，构造初始单纯形表如表 3-3 所示。

表 3-3　初始单纯形表

$\boldsymbol{C}_{\mathrm{B}}$	$\boldsymbol{X}_{\mathrm{B}}$	$50x_1$	$100x_2$	$0x_3$	$0x_4$	$0x_5$	$\boldsymbol{b}$
0	x_3	1	1	1	0	0	300
0	x_4	2	1	0	1	0	400
0	x_5	0	1⊗	0	0	1	250
σ_j		50	100	0	0	0	0

4. 判断基本可行解是基本最优解

(1) 当$\boldsymbol{\sigma}\leqslant 0$ 时，则 $\boldsymbol{B}$ 为最优基，基本可行解 $\boldsymbol{X}_1=(\boldsymbol{B}^{-1}\boldsymbol{b}，\boldsymbol{0})^{\mathrm{T}}$ 就是基本最优解，$\boldsymbol{C}_{\mathrm{B}}\boldsymbol{B}^{-1}\boldsymbol{b}$ 就是最优值。

(2) 当所有非基变量的$\sigma_j<0$ 时，线性规划问题具有唯一基本最优解。

(3) 当$\boldsymbol{\sigma}\leqslant 0$ 时，又存在某个非基变量 $\boldsymbol{X}_k$ 有$\sigma_k=0$，且对应的列向量 $\boldsymbol{P}_k'=\boldsymbol{B}^{-1}\boldsymbol{P}_k$ 有正数，表明可以找到另一基本可行解。两基本可行解连线上的点也属于可行域内的点，此种情况线性规划模型有无穷多最优解且目标函数值相等。有一种特殊情况，当$\boldsymbol{\sigma}\leqslant 0$ 时，又存在某个非基变量 $\boldsymbol{X}_k$ 有$\sigma_k=0$，且对应的列向量全部小于等于 0，即对应的列向量 $\boldsymbol{P}_k'=\boldsymbol{B}^{-1}\boldsymbol{P}_k\leqslant 0$，此种情况线性规划模型有唯一基本最优解，但是仍然存在无穷多最优解。

不妨设$\boldsymbol{X}_1=(x_1，x_2，\cdots，x_m，0，\cdots，0)^{\mathrm{T}}$，存在某个非基变量 $\boldsymbol{X}_k$ 有$\sigma_k=0$，且对应的列向量 $\boldsymbol{P}_k'$全部小于等于 0，则最优解可以表示为

$$\boldsymbol{X}=\begin{pmatrix}x_1\\x_2\\\vdots\\x_m\\0\\\vdots\\0\end{pmatrix}+\alpha\begin{pmatrix}-a_{1_k}\\-a_{2_k}\\\vdots\\-a_{m_k}\\0\\\vdots\\1\\\vdots\\0\end{pmatrix}_k，\alpha\geqslant 0$$

显然这是一条射线，说明可行域是无界的。进一步地，如果存在多个非基变量的检验数$\sigma_{k_1}=\sigma_{k_2}=\cdots=\sigma_{k_h}=0$，且 $P_{k_1}'\leqslant 0$，$P_{k_2}'\leqslant 0$，…，$P_{k_h}'\leqslant 0$，则最优解可以表示为

$$\boldsymbol{X}=\begin{pmatrix}x_1\\x_2\\\vdots\\x_m\\0\\\vdots\\0\end{pmatrix}+\alpha_1\begin{pmatrix}-a_{1k_1}\\-a_{2k_1}\\\vdots\\-a_{mk_1}\\0\\\vdots\\1\\\vdots\\0\end{pmatrix}_{k_1}+\alpha_2\begin{pmatrix}-a_{1k_2}\\-a_{2k_2}\\\vdots\\-a_{mk_2}\\0\\\vdots\\1\\\vdots\\0\end{pmatrix}_{k_2}+\cdots+\alpha_h\begin{pmatrix}-a_{1k_h}\\-a_{2k_h}\\\vdots\\-a_{mk_h}\\0\\\vdots\\1\\\vdots\\0\end{pmatrix}_{k_h}，\alpha_1，\alpha_2，\cdots，\alpha_h\geqslant 0$$

(4) 当检验数中某一个分量 $\sigma_k>0$ 同时有 $\boldsymbol{B}^{-1}\boldsymbol{P}_k\leqslant 0$ 时，则原模型有无界解。

(5) 当检验数中某一个分量 $\sigma_k>0$ 同时对应的列 $\boldsymbol{B}^{-1}\boldsymbol{P}_k$ 中有正数时，就进行换基迭代。

对于表 3-3，根据判断准则可知，检验数行有正数，$\sigma_1=50$，$\sigma_2=100$，且正检验数对应的列中有正数，就进行换基迭代。

5. 换基迭代

如果检验向量 $\boldsymbol{\sigma}$ 中有非负分量 $\sigma_k>0$，而相应的列向量 $\boldsymbol{P}_k$ 中至少有一个正分量，则能找到一个新的基本可行解，且新基本可行解比原基本可行解的目标函数值更优。找新可行基和基本可行解方法如下。

(1) 找换入基变量：在所有非负检验数中，选下标最小的一个，或者正校验数中最大者。如为 σ_j，则 x_j 定为换入基变量。

(2) 确定换出基变量：设 $\overline{\boldsymbol{P}}_j$ 是 $\boldsymbol{B}^{-1}\boldsymbol{A}$ 中的第 j 列，$\overline{\boldsymbol{P}}_j=(\bar{a}_{1j},\ \bar{a}_{2j},\ \cdots,\ \bar{a}_{mj})$，令

$$\theta=\min_i\left(\frac{\bar{b}_i}{\bar{a}_{ij}}\mid \bar{a}_{ij}>0,\quad i=1,\ 2,\ \cdots,\ m\right)=\frac{\bar{b}_l}{\bar{a}_{lj}}$$

则 x_l 为换出基变量，若有几个相同的最小者，取下标最小者。

(3) 定轴心项：由 $\dfrac{\bar{b}_l}{a_{lj}}$ 可定轴心项为 a_{lj}，即换入基变量所在列和换出基变量所在行的交叉项。

(4) 作“行”变换：将轴心项对应的数 a_{lj} 进行“行”变换为“1”，轴心项所在列上其余数进行“行”变换为 0。

(5) 替换变量：用换入基变量代替换出基变量。

对于本题换基迭代在表 3-3 中如下进行。

(1) 找换入基变量：正检验数中最大者为 $\sigma_2=100$，对应的变量 x_2 为换入基变量。

(2) 确定换出基变量：用 x_2 对应的列向量 $\boldsymbol{P}_2$ 中的正分量去除对应的常数项（负数和零不考虑），并取比值最小者对应的变量为换出基变量，即 $\theta=\min\left\{\frac{300}{1},\ \frac{400}{1},\ \frac{250}{1}\right\}=250$，$x_5$ 为换出基变量。

(3) 定轴心项：为 1，用 $1^{\otimes}$ 表示轴心项。进一步作行变换并用换入基变量代替换出基变量。

换基迭代后的单纯形表如表 3-4 所示。

表 3-4　第一次换基迭代后的单纯形表

$\boldsymbol{C}_B$	$\boldsymbol{X}_B$	$50x_1$	$100x_2$	$0x_3$	$0x_4$	$0x_5$	$\boldsymbol{b}$
0	x_3	$1^{\otimes}$	0	1	0	−1	50
0	x_4	2	0	0	1	−1	150
100	x_2	0	1	0	0	1	250
σ_j		50	0	0	0	−100	−25 000

返回步骤 4，判断，在表 3-4 中由于检验数中有正数且对应的列元数有正数，因此，进行换基迭代。

换基迭代后的单纯形表如表 3-5 所示。

表 3-5　第二次换基迭代后的单纯形表

C_B	X_B	$50x_1$	$100x_2$	$0x_3$	$0x_4$	$0x_5$	b
50	x_1	1	0	1	0	−1	50
0	x_4	0	0	−2	1	1	50
100	x_2	0	1	0	0	1	250
σ_j		0	0	−50	0	−50	−27 500

返回步骤 4，判断。在表 3-5 中由于检验数皆小于等于 0，且非基变量均小于 0。因此，得到唯一基本最优解：$x_1=50$，$x_2=250$，$z_{\max}=27\ 500$。

3.4.4　关于单纯形表法的总结

线性规划模型

$$\max z=\boldsymbol{CX}$$
$$\text{st}\begin{cases}\boldsymbol{AX}\leqslant \boldsymbol{b}\\ \boldsymbol{X}\geqslant \boldsymbol{0}\end{cases}$$

加入松弛变量后的模型为

$$\max z=\boldsymbol{CX}+\boldsymbol{0X}_S$$
$$\text{st}\begin{cases}\boldsymbol{AX}+\boldsymbol{EX}_S=\boldsymbol{b}\\ \boldsymbol{X},\ \boldsymbol{X}_S\geqslant \boldsymbol{0}\end{cases}$$

$\boldsymbol{X}_S$为松弛变量，$\boldsymbol{X}_S=(x_{n+1},\ x_{n+2},\ \cdots,\ x_{n+m})^T$，$\boldsymbol{E}$ 为 $m\times m$ 的单位矩阵。

在用单纯形表法求解上述模型时，人们总选取 $\boldsymbol{E}$ 为初始基，$\boldsymbol{X}_S$为对应的基变量。经过若干步迭代后就得到最优单纯形表，假设最优基变量为 $\boldsymbol{X}_B$，$\boldsymbol{X}_B$在初始单纯形表中的系数矩阵为 $\boldsymbol{B}$。将 $\boldsymbol{B}$ 在初始单纯形表中单独列出，而约束矩阵 $\boldsymbol{A}$ 中去掉 $\boldsymbol{B}$ 后的所有列组成矩阵 $\boldsymbol{N}$，这样初始单纯形表如表 3-6 所示。

表 3-6　初始单纯形表

基变量	基变量对应的目标函数系数	$\boldsymbol{X}_B$	$\boldsymbol{X}_N$	$\boldsymbol{X}_S$	RHS
$\boldsymbol{X}_S$	0	$\boldsymbol{B}$	$\boldsymbol{N}$	$\boldsymbol{E}$	$\boldsymbol{b}$
检验数行	c_j-z_j	$\boldsymbol{C}_B$	$\boldsymbol{C}_N$	$\boldsymbol{0}$	0

在迭代若干步以后，当检验数行全部非正时，就得到了最优单纯形表。在单纯形表中 $\boldsymbol{X}_B$在初始单纯形表中的系数矩阵 $\boldsymbol{B}$ 就变换为单位矩阵 $\boldsymbol{E}$，因为在迭代中仅仅是对约束增广矩阵和检验数行进行行变换，所以 $\boldsymbol{X}_S$对应的系数矩阵 $\boldsymbol{E}$ 就变换为 $\boldsymbol{B}^{-1}$，这样最优单纯形表如表 3-7 所示。

表 3-7　最优单纯形表

基变量	基变量对应的目标函数系数	$\boldsymbol{X}_B$	$\boldsymbol{X}_N$	$\boldsymbol{X}_S$	RHS
$\boldsymbol{X}_B$	$\boldsymbol{C}_B$	$\boldsymbol{E}$	$\boldsymbol{B}^{-1}\boldsymbol{N}$	$\boldsymbol{B}^{-1}$	$\boldsymbol{B}^{-1}\boldsymbol{b}$
检验数行	c_j-z_j	$\boldsymbol{C}_B-\boldsymbol{C}_B$	$\boldsymbol{C}_N-\boldsymbol{C}_B\boldsymbol{B}^{-1}\boldsymbol{N}$	$\boldsymbol{0}-\boldsymbol{C}_B\boldsymbol{B}^{-1}$	$-\boldsymbol{C}_B\boldsymbol{B}^{-1}\boldsymbol{b}$

通过比较初始单纯形表和最优单纯形表可以看出如下结论。

(1) 对应初始单纯形表的单位矩阵 $\boldsymbol{E}$，在最优单纯形表中为 $\boldsymbol{B}^{-1}$。

(2) 初始基本可行解为 $(\boldsymbol{X}_{\mathrm{B}}, \boldsymbol{X}_{\mathrm{N}}, \boldsymbol{X}_{\mathrm{S}})^{\mathrm{T}}=(\mathbf{0}, \mathbf{0}, \boldsymbol{b})^{\mathrm{T}}$，基本最优解为

$$(\boldsymbol{X}_{\mathrm{B}}, \boldsymbol{X}_{\mathrm{N}}, \boldsymbol{X}_{\mathrm{S}})^{\mathrm{T}}=(\boldsymbol{B}^{-1}\boldsymbol{b}, \mathbf{0}, \mathbf{0})^{\mathrm{T}}$$

(3) 初始单纯形表中的约束矩阵为 $(\boldsymbol{A}, \boldsymbol{E})=(\boldsymbol{B}, \boldsymbol{N}, \boldsymbol{E})$，最优单纯形表中约束矩阵为

$$(\boldsymbol{B}^{-1}\boldsymbol{A}, \boldsymbol{B}^{-1}\boldsymbol{E})=(\boldsymbol{B}^{-1}\boldsymbol{B}, \boldsymbol{B}^{-1}\boldsymbol{N}, \boldsymbol{B}^{-1}\boldsymbol{E})=(\boldsymbol{E}, \boldsymbol{B}^{-1}\boldsymbol{N}, \boldsymbol{B}^{-1})$$

(4) 在最优单纯形表中有

$$\boldsymbol{C}_{\mathrm{N}}-\boldsymbol{C}_{\mathrm{B}}\boldsymbol{B}^{-1}\boldsymbol{N}\leqslant\mathbf{0}, \quad -\boldsymbol{C}_{\mathrm{B}}\boldsymbol{B}^{-1}\leqslant\mathbf{0}$$

又因为 $\boldsymbol{X}_{\mathrm{B}}$ 的检验数可以写为 $\boldsymbol{C}_{\mathrm{B}}-\boldsymbol{C}_{\mathrm{B}}\boldsymbol{E}=\mathbf{0}$，所以当

$$\boldsymbol{C}-\boldsymbol{C}_{\mathrm{B}}\boldsymbol{B}^{-1}\boldsymbol{A}\leqslant\mathbf{0} \tag{3.7}$$

$$-\boldsymbol{C}_{\mathrm{B}}\boldsymbol{B}^{-1}\leqslant\mathbf{0} \tag{3.8}$$

时就得到了线性规划的最优解。可见，表达式 (3.7) 和式 (3.8) 是得到最优解的充分必要条件。

例 3-4　用单纯形表法求解线性规划模型。

$$\max s=2x_1+x_2$$

$$\text{st}\begin{cases}x_1\leqslant 4\\ x_2\leqslant 5\\ 2x_1+x_2\leqslant 9\\ x_1, x_2\geqslant 0\end{cases}$$

解　化为满秩标准型

$$\max s=2x_1+x_2+0x_3+0x_4+0x_5$$

$$\text{st}\begin{cases}x_1+x_3=4\\ x_2+x_4=5\\ 2x_1+x_2+x_5=9\\ x_1, x_2, x_3, x_4, x_5\geqslant 0\end{cases}$$

$$\boldsymbol{A}=\begin{pmatrix}1&0&1&0&0\\0&1&0&1&0\\2&1&0&0&1\end{pmatrix}, \quad \boldsymbol{b}=\begin{pmatrix}4\\5\\9\end{pmatrix}, \quad \boldsymbol{C}=(2, 1, 0, 0, 0)$$

取 $\boldsymbol{B}=(\boldsymbol{P}_3, \boldsymbol{P}_4, \boldsymbol{P}_5)$，显然 $\boldsymbol{B}$ 为可行基。

$\boldsymbol{C}_{\mathrm{B}}=(0, 0, 0)$，$\boldsymbol{C}_{\mathrm{B}}\boldsymbol{B}^{-1}\boldsymbol{b}=\mathbf{0}$，$\boldsymbol{B}^{-1}\boldsymbol{A}=\boldsymbol{A}$，$\boldsymbol{C}-\boldsymbol{C}_{\mathrm{B}}\boldsymbol{B}^{-1}\boldsymbol{A}=\boldsymbol{C}$，写出初始单纯形表，如表 3-8所示。

表 3-8　初始单纯形表

$\boldsymbol{C}_{\mathrm{B}}$	$\boldsymbol{X}_{\mathrm{B}}$	$2x_1$	$1x_2$	$0x_3$	$0x_4$	$0x_5$	$\boldsymbol{b}$
0	x_3	$1^{\oplus}$	0	1	0	0	4
0	x_4	0	1	0	1	0	5
0	x_5	2	1	0	0	1	9
σ_j		2	1	0	0	0	0

由于检验数有正数，故进行换基迭代，选表 3-8 中的 $1^{\oplus}$ 为轴心项，换基迭代后的单纯

形表如表 3-9 所示。

表 3-9　换基迭代后的单纯形表

C_B	X_B	$2x_1$	$1x_2$	$0x_3$	$0x_4$	$0x_5$	b
2	x_1	1	0	1	0	0	4
0	x_4	0	1	0	1	0	5
0	x_5	0	$1^{\oplus}$	−2	0	1	1
σ_j		0	1	−2	0	0	−8

由于检验数有正数，故进行换基迭代，选表 3-9 中的 $1^{\oplus}$ 为轴心项，如表 3-10 所示。

表 3-10　换基迭代的单纯形表

C_B	X_B	$2x_1$	$1x_2$	$0x_3$	$0x_4$	$0x_5$	b
2	x_1	1	0	1	0	0	4
0	x_4	0	0	$2^{\oplus}$	1	−1	4
1	x_2	0	1	−2	0	1	1
σ_j		0	0	0	0	−1	−9

所有检验数全部非正，得基本最优解为 $(4, 1, 0, 4, 0)^T$。由于在非基变量对应的检验数中有零，且对应的列向量有正数，则此线性规划有无穷多解。选表 3-10 中的 $2^{\oplus}$ 为轴心项，得表 3-11。

表 3-11　换基迭代后的单纯形表

C_B	X_B	$2x_1$	$1x_2$	$0x_3$	$0x_4$	$0x_5$	b
2	x_1	1	0	0	$-\frac{1}{2}$	$\frac{1}{2}$	2
0	x_3	0	0	$1^{\oplus}$	$\frac{1}{2}$	$-\frac{1}{2}$	2
1	x_2	0	1	0	1	0	5
σ_j		0	0	0	0	−1	−9

由表 3-11 得另一基本最优解 $(2, 5, 2, 0, 0)^T$。

所有最优解为

$$(1-t)(4, 1, 0, 4, 0)^T+t(2, 5, 2, 0, 0)^T, \ t\in[0, 1]$$

原线性规划所有最优解为

$$(1-t)(4, 1)^T+t(2, 5)^T, \ t\in[0, 1], \text{最优值 } s_{\max}=9$$

例 3-5　已知线性规划模型

$$\max z=\frac{1}{2}x_2-x_3+\frac{\theta}{2}x_4$$

$$\text{st}\begin{cases} x_1-x_2+\frac{1}{2}x_3+(1+\theta)x_4=4 \\ \frac{1}{2}x_2-\frac{3}{2}x_3+(2+\theta)x_4+x_5=2 \\ \frac{1}{2}x_2-\frac{1}{2}x_3+(1-\theta)x_4+x_6=4 \\ x_j\geqslant 0, \quad j=1, 2, 3, 4, 5, 6 \end{cases}$$

当 $\theta=1$ 时的最优单纯形表如表 3-12 所示。

表 3-12 最优单纯形表

C_B	X_B	$0x_1$	$\frac{1}{2}x_2$	$-1x_3$	$\frac{1}{2}x_4$	$0x_5$	$0x_6$	b
0	x_1	1	0	0	$\frac{1}{2}$	$-\frac{1}{2}$	$\frac{5}{2}$	13
$\frac{1}{2}$	x_2	0	1	0	-3	-1	3	10
-1	x_3	0	0	1	-3	-1	1	2
σ_j		0	0	0	σ_4	$-\frac{1}{2}$	$-\frac{1}{2}$	-3

(1) 求 $\boldsymbol{B}^{-1}$ 及 σ_4。

(2) 为使最优解不变，θ 的变化范围如何？

(3) 求 $\theta=3$ 时的全体最优解。

解 当 $\theta=1$ 时由于线性规划模型已为标准型

$$\boldsymbol{A}=\begin{pmatrix}1 & -1 & \frac{1}{2} & 2 & 0 & 0\\ 0 & \frac{1}{2} & -\frac{3}{2} & 3 & 1 & 0\\ 0 & \frac{1}{2} & -\frac{1}{2} & 0 & 0 & 1\end{pmatrix}$$

由于 $\boldsymbol{B}=(\boldsymbol{P}_1,\boldsymbol{P}_5,\boldsymbol{P}_6)$，因此最优单纯形表 3-12 中的第 1，5，6 列为 $\boldsymbol{B}^{-1}$。

(1) $\boldsymbol{B}^{-1}=\begin{pmatrix}1 & -\frac{1}{2} & \frac{5}{2}\\ 0 & -1 & 3\\ 0 & -1 & 1\end{pmatrix}$

$$\sigma_4=c_4-\boldsymbol{C}_B\boldsymbol{B}^{-1}\boldsymbol{P}_4=c_4-\boldsymbol{C}_B\boldsymbol{P}_4^{\mathrm{T}}=\frac{\theta}{2}-\left(0,\ \frac{1}{2},\ -1\right)\begin{pmatrix}\frac{1}{2}\\ -3\\ -3\end{pmatrix}=\frac{\theta}{2}-\frac{3}{2}$$

当 $\theta=1$ 时，$\sigma_4=-1$。

(2) θ 的变化将影响检验数 σ_4 及 $\boldsymbol{P}_4$，因此若要最优解不变，即

$$\sigma_4=c_4-\boldsymbol{C}_B\boldsymbol{B}^{-1}\boldsymbol{P}_4=\frac{\theta}{2}-\left(0,\ \frac{1}{2},\ -1\right)\begin{pmatrix}1 & -\frac{1}{2} & \frac{5}{2}\\ 0 & -1 & 3\\ 0 & -1 & 1\end{pmatrix}\begin{pmatrix}1+\theta\\ 2+\theta\\ 1-\theta\end{pmatrix}=\frac{\theta}{2}-\frac{3}{2}\leqslant 0$$

解不等式得 $\theta\leqslant 3$。

(3) 根据 (2) 知当 $\theta=3$ 时，最优解不变，因此最优解仍为

$$\boldsymbol{X}_1=(13,10,2,0,0,0)^{\mathrm{T}}，最优值为 z=3$$

现要求全体最优解，需要检查是否有其他最优解。

若 $\theta=3$，则 $\boldsymbol{P}_4'=\boldsymbol{B}^{-1}\boldsymbol{P}_4=\begin{pmatrix}1 & -\frac{1}{2} & \frac{5}{2}\\ 0 & -1 & 3\\ 0 & -1 & 1\end{pmatrix}\begin{pmatrix}4\\5\\-2\end{pmatrix}=\begin{pmatrix}-\frac{7}{2}\\-11\\-7\end{pmatrix}$

$$\sigma_4'=c_4-\boldsymbol{C}_B\boldsymbol{B}^{-1}\boldsymbol{P}_4=c_4-\boldsymbol{C}_B\boldsymbol{P}_4^{\mathrm{T}}=\left(0,\ \frac{1}{2},\ -1\right)\begin{pmatrix}-\frac{7}{2}\\-11\\-7\end{pmatrix}-\frac{3}{2}=0$$

由于非基变量的检验数为 0，且对应的列向量全为负数，故有唯一基本最优解，但却有无穷多最优解。无穷多最优解的形式为

$$\begin{aligned}\boldsymbol{X}^*&=\boldsymbol{X}_1+\alpha\left[-\left(-\frac{7}{2}\right),\ -(-11),\ -(-7),\ 1,\ 0,\ 0\right]\\&=\left(13+\frac{7}{2}\alpha,\ 10+11\alpha,\ 2+7\alpha,\ \alpha,\ 0,\ 0\right)^{\mathrm{T}}\end{aligned}$$

其中，$\alpha>0$。无穷多最优解位于一条射线上。

3.5 人工变量法和单纯形表法计算步骤

人工变量法包括大 M 法和两阶段法，下面通过例题分别对这两种方法的原理和应用进行说明。

3.5.1 大 M 法

例 3-6 用大 M 法求解线性规划模型

$$\min z=2x_1+3x_2$$
$$\text{st}\begin{cases}x_1+x_2\geqslant 350\\ x_1\geqslant 125\\ 2x_1+x_2\leqslant 600\\ x_1,\ x_2\geqslant 0\end{cases}$$

解 化为标准型

$$\max z'=-2x_1-3x_2+0x_3+0x_4+0x_5$$
$$\text{st}\begin{cases}x_1+x_2-x_3=350\\ x_1-x_4=125\\ 2x_1+x_2+x_5=600\\ x_1,\ x_2,\ x_3,\ x_4,\ x_5\geqslant 0\end{cases}$$
$$\boldsymbol{A}=\begin{pmatrix}1 & 1 & -1 & 0 & 0\\ 1 & 0 & 0 & -1 & 0\\ 2 & 1 & 0 & 0 & 1\end{pmatrix}$$

用单纯形法求解线性规划模型的第一步就是要找到一个初始基本可行解，在标准型的约束方程的系数矩阵里，找不到 3 阶单位矩阵或 3 个不同的 3 维单位向量 $\boldsymbol{e}_1$，$\boldsymbol{e}_2$，$\boldsymbol{e}_3$。注意负的单位向量与单位向量是不同的，用负的单位向量作基向量求得的基本解一般不满足非负条

件，不是基本可行解。在系数矩阵里只有 x_5 的系数是单位向量 $\boldsymbol{e}_3$，而缺乏 $\boldsymbol{e}_1$，$\boldsymbol{e}_2$ 也就是说在第 1、第 2 个约束方程中没有初始基变量，这样就分别在第 1、第 2 个约束方程中加上人工变量 a_1，a_2（a 是 artificial 的第一个字母），于是约束条件就变为

$$\max z'=-2x_1-3x_2+0x_3+0x_4+0x_5-Ma_1-Ma_2$$

$$\text{st}\begin{cases}x_1+x_2-x_3+a_1=350\\x_1-x_4+a_2=125\\2x_1+x_2+x_5=600\\x_1,\ x_2,\ x_3,\ x_4,\ x_5\geqslant 0\end{cases}$$

$$\boldsymbol{A}=\begin{pmatrix}x_1 & x_2 & x_3 & x_4 & x_5 & a_1 & a_2\\1 & 1 & -1 & 0 & 0 & 1 & 0\\1 & 0 & 0 & -1 & 0 & 0 & 1\\2 & 1 & 0 & 0 & 1 & 0 & 0\end{pmatrix},\qquad \boldsymbol{b}=\begin{pmatrix}350\\125\\600\end{pmatrix}$$

$$\boldsymbol{C}=(-2,\ -3,\ 0,\ 0,\ 0,\ -M,\ -M)$$

这样在约束方程的系数矩阵中就可以找到单位矩阵。人工变量与松弛变量和剩余变量是不同的，松弛变量、剩余变量可以取零值，也可以取正值；但是人工变量只能取零值，否则约束条件 1、2 就和原始的约束条件不等价了。为了使得人工变量为零，规定人工变量在目标函数中的系数为 $-M$，$M>0$ 且为任意大的数。这样只要人工变量不为零，目标函数最大值就是一个任意小的数。为了使目标函数实现最大化，人工变量要为零，所以只有在最终单纯形表中人工变量为非基变量，人工变量的值才能是 0。为了构造初始可行基，强行将人工变量加到约束条件中去；又为了把人工变量从基变量中替换出来，就令人工变量在求最大值的目标函数中为 $-M$，$M>0$，这一方法称为大 M 法。例 3－7 的单纯形表如表 3－13 所示，其迭代过程见表 3－14～表 3－16。

表 3－13　初始单纯形表

$\boldsymbol{C}_B$	$\boldsymbol{X}_B$	$-2x_1$	$-3x_2$	$0x_3$	$0x_4$	$0x_5$	$-Ma_1$	$-Ma_2$	$\boldsymbol{b}$
$-M$	a_1	1	1	-1	0	0	1	0	350
$-M$	a_2	$1^{\oplus}$	0	0	1	0	0	1	125
0	x_5	2	1	0	0	1	0	0	600
σ_j		$-2+2M$	$-3+M$	$-M$	$-M$	0	0	0	$475M$

表 3－14　换基迭代后的单纯形表

$\boldsymbol{C}_B$	$\boldsymbol{X}_B$	$-2x_1$	$-3x_2$	$0x_3$	$0x_4$	$0x_5$	$-Ma_1$	$-Ma_2$	$\boldsymbol{b}$
$-M$	a_1	0	1	-1	1	0	1	-1	225
-2	x_1	1	0	0	-1	0	0	1	125
0	x_5	0	1	0	$2^{\oplus}$	1	0	-2	350
σ_j		0	$-3+M$	$-M$	$M-2$	0	0	$2-2M$	$225M+250$

表 3-15 换基迭代后的单纯形表

C_B	X_B	$-2x_1$	$-3x_2$	$0x_3$	$0x_4$	$0x_5$	$-Ma_1$	$-Ma_2$	b
$-M$	a_1	0	$\frac{1}{2}^{\oplus}$	-1	0	$-\frac{1}{2}$	1	0	50
-2	x_1	1	$\frac{1}{2}$	0	0	$\frac{1}{2}$	0	0	300
0	x_4	0	$\frac{1}{2}$	0	1	$\frac{1}{2}$	0	-1	175
σ_j		0	$\frac{1}{2}M-2$	$-M$	0	$\frac{1}{2}M+1$	0	$-M$	$50M+600$

表 3-16 最优单纯形表

C_B	X_B	$-2x_1$	$-3x_2$	$0x_3$	$0x_4$	$0x_5$	$-Ma_1$	$-Ma_2$	b
-3	x_2	0	1	-2	0	-1	2	0	100
-2	x_1	1	0	1	0	1	-1	0	250
0	x_4	0	0	1	1	1	-1	-1	125
σ_j		0	0	-4	0	-1	$4-M$	$-M$	800

由此得到该线性规划模型的基本最优解为：$x_1=250$，$x_2=100$，$x_4=125$，$x_3=x_5=0$。

大 M 法求解线性规划模型中的几种特殊情况如下。

(1) 无可行解。检验数全部小于等于零且非零的人工变量为基变量，则此线性规划模型无可行解。

(2) 无界解。如果存在一个检验数大于零，但是对应列中的系数向量的每一个元素都小于或等于零，则此线性规划模型有无界解。

(3) 无穷多最优解。基变量中无人工变量，非基变量中的检验数有零，则此线性规划模型有无穷多最优解。

3.5.2 两阶段法

用大 M 法处理人工变量，手工计算时不会碰到麻烦。但用计算机求解时，对 M 就只能在计算机内输入一个最大字长的数字。如果线性规划模型中的 a_{ij}，b_i 或 c_j 等参数值与这个代表 M 的数相对比较接近，或远远小于这个数值，由于计算机计算时取值上的误差，有可能使计算结果发生错误。为了克服这个困难，可以对添加人工变量后的线性规划模型分两个阶段来计算，称为两阶段法。

第一阶段是先求解一个目标函数中只包含人工变量的线性规划模型，即令目标函数中其他变量的系数取零，人工变量的系数取某一个正的常数（一般取 1），构成新的目标函数，在保持原模型约束条件不变的情况下求这个目标函数极小化时的解。显然在第一个阶段中，当人工变量取值全为 0 时，目标函数值也为 0。这时候的最优解就是原线性规划模型的一个基本可行解。如果第一阶段求解结果最优解的目标函数值不为 0，即最优解的基变量中含有非零的人工变量，表明原线性规划模型无可行解。

当第一阶段求解结果有基本可行解时，第二阶段是在原模型中去掉人工变量后，并从此可行解（第一阶段的最优解）出发，继续寻找问题的最优解。

例 3-7 用两阶段法求解以下线性规划模型。

$$\max z=-3x_1+x_3$$

$$\text{st}\begin{cases}x_1+x_2+x_3\leqslant 4\\-2x_1+x_2-x_3\geqslant 1\\3x_2+x_3=9\\x_i\geqslant 0,\quad i=1,2,3\end{cases}$$

解　用两阶段法求解，第一阶段的线性规划模型可写为

$$\min \omega=x_6+x_7$$

$$\text{st}\begin{cases}x_1+x_2+x_3+x_4=4\\-2x_1+x_2-x_3-x_5+x_6=1\\3x_2+x_3+x_7=9\\x_j\geqslant 0,\quad j=1,2,\cdots,7\end{cases}$$

用单纯形法求解过程如表 3 - 17 所示。

表 3 - 17　第一阶段单纯形表法求解过程

C_B	X_B	$0x_1$	$0x_2$	$0x_3$	$0x_4$	$0x_5$	$-1x_6$	$-1x_7$	b
0	x_4	1	1	1	1	0	0	0	4
−1	x_6	−2	1⊕	−1	0	−1	1	0	1
−1	x_7	0	3	1	0	0	0	1	9
c_j-z_j		−2	4	0	0	−1	0	0	
0	x_4	3	0	2	1	1	−1	0	3
0	x_2	−2	1	−1	0	−1	1	0	1
−1	x_7	6	0	4⊕	0	3	−3	1	6
c_j-z_j		6	0	4	0	3	−4	0	
0	x_4	0	0	0	1	−1/2	1/2	−1/2	0
0	x_2	0	1	1/3	0	0	0	1/3	3
0	x_1	1	0	2/3	0	1/2	−1/2	1/6	1
c_j-z_j		0	0	0	0	0	−1	−1	

第二阶段，是将表 3 - 17 中的人工变量 x_6，x_7除去，目标函数改为

$$\max z=-3x_1+0x_2+x_3+0x_4+0x_5$$

再从表 3 - 17 出发，继续用单纯形表法计算，求解过程如表 3 - 18 所示。

表 3 - 18　第二阶段单纯形表法求解过程

C_B	X_B	$-3x_1$	$0x_2$	x_3	$0x_4$	$0x_5$	b
0	x_4	0	0	0	1	−1/2	0
0	x_2	0	1	1/3	0	0	3
−3	x_1	1	0	[2/3]	0	1/2	1
c_j-z_j		0	0	3	0	3/2	
0	x_4	0	0	0	1	−1/2	0
0	x_2	−1/2	1	0	0	−1/4	5/2
1	x_3	3/2	0	1	0	3/4	3/2
c_j-z_j		−9/2	0	0	0	−3/4	

从表 3－18 中可知，最优解为 $x_1=0$，$x_2=\frac{5}{2}$，$x_3=\frac{3}{2}$。

3.5.3 单纯形表法计算步骤

单纯形表法计算步骤如图 3－4 所示。

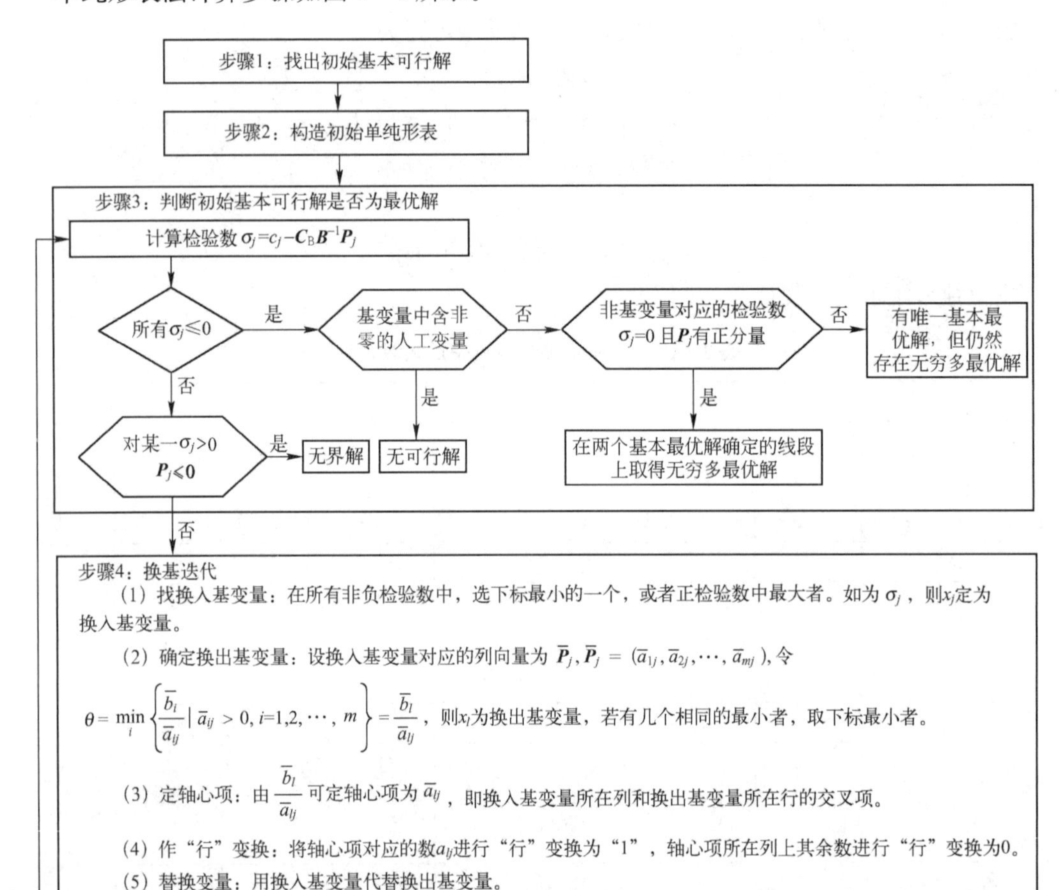

图 3－4　单纯形表法计算步骤

3.6 QM 软件求解

例 3－8　用 QM 软件求解以下线性规划模型。

$$\min z=2x_1+3x_2$$

$$\text{st}\begin{cases} x_1+x_2 \geqslant 350 \\ x_1 \geqslant 125 \\ 2x_1+x_2 \leqslant 600 \\ x_1,\ x_2 \geqslant 0 \end{cases}$$

解　求解迭代过程如图 3－5 所示，求解结果如图 3－6 所示。

Iterations

<untitled> Solution									
Cj	Basic Variables	2 X1	3 X2	0 artfcl 1	0 surplus 1	0 artfcl 2	0 surplus 2	0 slack 3	Quantity
Iteration 1									
	cj-zj	2.	1.	0.	-1.	0.	-1.	0.	
0	artfcl 1	1.	1.	1.	-1.	0.	0.	0.	350.
0	artfcl 2	1.	0.	0.	0.	1.	-1.	0.	125.
0	slack 3	2.	1.	0.	0.	0.	0.	1.	600.
Iteration 2									
	cj-zj	0.	1.	0.	-1.	0.	1.	0.	
0	artfcl 1	0.	1.	1.	-1.	0.	1.	0.	225.
2	X1	1.	0.	0.	0.	1.	-1.	0.	125.
0	slack 3	0.	1.	0.	0.	0.	2.	1.	350.
Iteration 3									
	cj-zj	0.	0.	0.	0.	0.	0.	0.	
3	X2	0.	1.	1.	-1.	0.	1.	0.	225.
2	X1	1.	0.	0.	0.	1.	-1.	0.	125.
0	slack 3	0.	0.	0.	1.	0.	1.	1.	125.
Iteration 4									
	cj-zj	0.	0.	3.	-3.	2.	1.	0.	
3	X2	0.	1.	1.	-1.	0.	1.	0.	225.
2	X1	1.	0.	0.	0.	1.	-1.	0.	125.
0	slack 3	0.	0.	0.	1.	0.	1.	1.	125.
Iteration 5									
	cj-zj	0.	0.	3.	-4.	2.	0.	-1.	
3	X2	0.	1.	1.	-2.	0.	0.	-1.	100.
2	X1	1.	0.	0.	1.	1.	0.	1.	250.
0	surplus 2	0.	0.	0.	1.	0.	1.	1.	125.

图 3-5　求解迭代过程

<untitled> Solution					
	X1	X2		RHS	Dual
Minimize	2.	3.			
Constraint 1	1.	1.	>=	350.	-4.
Constraint 2	1.	0.	>=	125.	0.
Constraint 3	2.	1.	<=	600.	1.
Solution->	250.	100.		$800.	

图 3-6　求解结果

习题

1. 求下列线性规划模型的所有基解、基本可行解、最优解。

$$\max z=3x_1+x_2+3x_3$$

$$\text{st}\begin{cases}x_1+x_2+x_3=2\\x_1+2x_2+4x_3=6\\x_1,\ x_2,\ x_3\geqslant 0\end{cases}$$

2. 分别用图解法和单纯形表法求解下列线性规划模型，并指出单纯形表法迭代的每一步相当于图形上哪一个顶点。

$$\max z=2x_1+3x_2$$

$$\text{st}\begin{cases}x_1-x_2\leqslant 1\\x_1\leqslant 2\\x_1,\ x_2\geqslant 0\end{cases}$$

$$\max z=2x_1+5x_2$$

$$\text{st}\begin{cases}x_1\leqslant 4\\2x_2\leqslant 12\\3x_1+2x_2\leqslant 18\\x_1,\ x_2\geqslant 0\end{cases}$$

$$\max z=2x_1+4x_2$$

$$\text{st}\begin{cases}2x_1+2x_2\leqslant 12\\x_1+2x_2\leqslant 8\\3x_2\leqslant 9\\x_1,\ x_2\geqslant 0\end{cases}$$

3. 用单纯形表法求解以下线性规划模型。

$$\min f = x_1 + 2x_2 - x_3$$

$$\text{st}\begin{cases}2x_1 + x_2 - x_3 \leqslant 4\\x_1 - 2x_2 + 2x_3 \leqslant 8\\x_1 + x_2 + x_3 \leqslant 5\\x_1,\ x_2,\ x_3 \geqslant 0\end{cases}$$

4. 用大 M 法求解以下线性规划模型。

$$\max f = 5x_1 + x_2 + 3x_3$$

$$\text{st}\begin{cases}x_1 + 4x_2 + 2x_3 \geqslant 10\\x_1 - 2x_2 + x_3 \leqslant 16\\x_1,\ x_2,\ x_3 \geqslant 0\end{cases}$$

5. 已知线性规划模型，用单纯形表法求解时得到的中间某两步的计算表如表 3-19 所示，试将表中空白处的数字填上。

表 3-19　单纯形表迭代中的两步计算表

C_B	X_B	$3x_1$	$5x_2$	$4x_3$	$0x_4$	$0x_5$	$0x_6$	b
	x_2	$\frac{2}{3}$	1	0	$\frac{1}{3}$	0	0	$\frac{8}{3}$
	x_5	$-\frac{4}{3}$	0	5	$-\frac{2}{3}$	1	0	$\frac{14}{3}$
	x_6	$\frac{5}{3}$	0	4	$-\frac{2}{3}$	0	1	$\frac{20}{3}$
$c_j - z_j$		$-\frac{1}{3}$	0	4	$-\frac{5}{3}$	0	0	
⋮								
	x_2				$\frac{15}{41}$	$\frac{8}{41}$	$-\frac{10}{41}$	
	x_3				$-\frac{6}{41}$	$\frac{5}{41}$	$\frac{4}{41}$	
	x_1				$-\frac{2}{41}$	$-\frac{12}{41}$	$\frac{15}{41}$	
$c_j - z_j$								

6. 已知以下线性规划模型

$$\max z = c_1x_1 + c_2x_2 + c_3x_3$$

$$\text{st}\begin{cases}a_{11}x_1 + a_{12}x_2 + a_{13}x_3 + x_4 = b_1\\a_{21}x_1 + a_{22}x_2 + a_{23}x_3 + x_5 = b_2\\x_j \geqslant 0,\quad j = 1,\ 2,\ \cdots,\ 5\end{cases}$$

用单纯形表法求解，得到最终单纯形表如表 3-20 所示。

(1) 求 a_{11}，a_{12}，a_{13}，a_{21}，a_{22}，a_{23}及 b_1，b_2的值；

(2) 求 c_1，c_2，c_3的值。

表 3-20　最终单纯形表

X_B	x_1	x_2	x_3	x_4	x_5	b
x_3	1	0	1	$\frac{1}{2}$	$-\frac{1}{2}$	$\frac{3}{2}$
x_2	$\frac{1}{2}$	1	0	-1	2	2
c_j-z_j	-3	0	0	0	-4	

7. 某公司生产 1，2 两种产品，市场对 1，2 两种产品的需求量为：产品 1 在 1—4 月每月需求 10 000 件，5—9 月每月需求 30 000 件，10—12 月每月需求 100 000 件；产品 2 在 3—9 月每月需求 15 000 件，其他月每月需求 50 000 件。该公司生产这两种产品的成本为：产品 1 在 1—5 月内生产每件 5 元，6—12 月内生产每件 4.5 元；产品 2 在 1—5 月内生产每件 8 元，6—12 月内生产每件 7 元。该公司每月生产这两种产品的能力总和不超过 120 000 件。产品 1 体积每件 0.2 m^3，产品 2 体积每件 0.4 m^3，该公司仓库容量为 15 000 m^3，占用公司仓库每月费用为 1 元/m^3；如该公司仓库不足时，可从外边租借，租用外面仓库每月费用为 1.5 元/m^3。在满足市场需求的情况下，该厂应如何安排生产，使总的生产加库存费用最小？

8. 某炼油厂使用三种原料油甲、乙、丙混合加工成 A，B，C 三类不同的汽油产品，有关数据如表 3-21 所示。另外，由于市场原因，A 的产量不得低于产品总量的 40%。该厂应如何安排生产才能使其总利润最大？

表 3-21　三种原料及汽油产品的信息

原料	产品			原料成本/(千元/t)	原料限量/t
	A	B	C		
甲	≥60%	≥15%		1.800	2 000
乙				1.350	2 500
丙	≤20%	≤60%	≤50%	0.900	1 200
加工费/(千元/t)	0.450	0.360	0.270		
售价/(千元/t)	3.060	2.565	2.025		

9. 线性规划的目标函数是求其值的极大化，在标准的单纯形表法求解过程中得到表 3-22（其中 H_1，H_2是常数）。

表 3-22　求解中某一步的单纯形表

C_B	X_B	$2x_1$	$5x_2$	$8x_3$	$0x_4$	$0x_5$	$0x_6$	b
0	x_6	0		3		0		20
5	x_2	H_1				$\frac{1}{2}$		H_2
0	x_4	-2		-1		1		8
σ_j				-2				

(1) 在所有的空格上填上适当的数（可包含参数 H_1，H_2）。

(2) 判断下面4种情况在什么时候成立，并说明理由：①此解为最优解，写出相应的基本最优解和目标函数值；②此解为最优解，且此线性规划有无穷多最优解；③此线性规划有无界解；④此解不是最优解，但可用单纯形表法得到下一个基本可行解。

10. 表3-23是求某极大化线性规划模型计算得到的单纯形表。表中无人工变量，a_1，a_2，a_3，d，c_1，c_2为待定常数。试说明这些常数分别取何值时，以下结论成立：

(1) 表中解为唯一最优解；

(2) 表中解为最优解，但存在无穷多最优解；

(3) 该线性规划模型具有无界解；

(4) 表中解非最优，为对解改进，换入基变量为x_1，换出基变量为x_6。

表3-23　极大化线性规划模型计算得到的单纯形表

$\boldsymbol{X}_B$	x_1	x_2	x_3	x_4	x_5	x_6	$\boldsymbol{b}$
x_3	4	a_1	1	0	a_2	0	d
x_4	−1	−3	0	1	−1	0	2
x_6	a_3	−5	0	0	−4	1	3
c_j-z_j	c_1	c_2	0	0	−3	0	

第4章

本章要求了解任何一个线性规划模型都有另一个线性规划模型与之伴随（对偶模型）；理解线性规划对偶模型提出的实际背景，掌握原模型和对偶模型之间的关系；熟悉线性规划对偶模型的基本性质；理解影子价格的经济含义；掌握对偶单纯形法。

对偶模型

4.1 对偶模型的提出

对偶模型可以从实际问题需求角度提出，也可以从理论角度提出。

4.1.1 实际角度对偶模型的提出

例 4-1 某厂用甲、乙、丙三种原料生产 A 和 B 两种产品，每种产品耗用的各种原料、利润及原料库存如表 4-1 所示，如何安排生产使得在现有条件下获得利润最多？

表 4-1 原料消耗、利润及原料库存表

原料	产品		原料库存
	A	B	
甲	1	1	90
乙	5	2	490
丙	2	6	240
利润/元	6	8	

解 设生产 A 和 B 产品数分别为 x_1，x_2，则数学模型为

$$\max s = 6x_1 + 8x_2$$

$$\text{st}\begin{cases} x_1 + x_2 \leqslant 90 \\ 5x_1 + 2x_2 \leqslant 490 \\ 2x_1 + 6x_2 \leqslant 240 \\ x_1,\ x_2 \geqslant 0 \end{cases}$$

用 QM 软件解得：$x_1=75$，$x_2=15$。最优值为 570。

现在从另一个角度讨论这一问题，假设决定不生产这两种产品，而将其资源出租，问题是对每种原料如何定价。由于用现有的原料进行生产可带来 570 元的利润，所以决策者不可能一分钱不赚原价出租原料，因此决策者希望在每一种原料进价的基础上增加一部分定价。

设三种原料在原价基础上增加部分的定价分别为 y_1，y_2，y_3，则该问题的数学模型为

$$\min \omega = 90y_1 + 490y_2 + 240y_3$$

$$\text{st}\begin{cases} y_1 + 5y_2 + 2y_3 \geqslant 6 \\ y_1 + 2y_2 + 6y_3 \geqslant 8 \\ y_1,\ y_2,\ y_3 \geqslant 0 \end{cases}$$

用 QM 软件解得：$y_1=5$，$y_2=0$，$y_3=0.5$，最优值为 570。

这样，从两个不同的角度来考虑同一个工厂的最大利润、最小租金问题时，所建立起来的两个线性规划模型就是一对对偶模型，其中一个叫作原模型，另一个就叫作对偶模型。

4.1.2 理论角度对偶模型的提出

线性规划模型

$$\max z = \boldsymbol{CX}$$

$$\text{st}\begin{cases}\boldsymbol{AX}\leqslant\boldsymbol{b}\\ \boldsymbol{X}\geqslant\boldsymbol{0}\end{cases}\tag{4.1}$$

加上松弛变量以后为

$$\max z=\boldsymbol{CX}+\boldsymbol{0X}_{\mathrm{S}}$$
$$\text{st}\begin{cases}\boldsymbol{AX}+\boldsymbol{EX}_{\mathrm{S}}=\boldsymbol{b}\\ \boldsymbol{X},\ \boldsymbol{X}_{\mathrm{S}}\geqslant\boldsymbol{0}\end{cases}\tag{4.2}$$

$\boldsymbol{X}_{\mathrm{S}}$ 为松弛变量，$\boldsymbol{X}_{\mathrm{S}}=(x_{n+1},\ x_{n+2},\ \cdots,\ x_{n+m})$，$\boldsymbol{E}$ 为 $m\times m$ 的单位矩阵。

当
$$\boldsymbol{C}-\boldsymbol{C}_{\mathrm{B}}\boldsymbol{B}^{-1}\boldsymbol{A}\leqslant\boldsymbol{0}\tag{4.3}$$
$$-\boldsymbol{C}_{\mathrm{B}}\boldsymbol{B}^{-1}\leqslant\boldsymbol{0}\tag{4.4}$$
时就得到了线性规划的最优解，可见这两个表达式是得到最优解的充分必要条件。

令 $\boldsymbol{Y}=\boldsymbol{C}_{\mathrm{B}}\boldsymbol{B}^{-1}$，称它为单纯形表的乘子。则表达式（4.4）可写为 $\boldsymbol{Y}\geqslant\boldsymbol{0}$，表达式（4.3）可写为 $\boldsymbol{C}-\boldsymbol{YA}\leqslant\boldsymbol{0}$，式（4.3）和式（4.4）两个条件要同时成立，则为

$$\text{st}\begin{cases}\boldsymbol{YA}\geqslant\boldsymbol{C}\\ \boldsymbol{Y}\geqslant\boldsymbol{0}\end{cases}$$

给 $\boldsymbol{Y}=\boldsymbol{C}_{\mathrm{B}}\boldsymbol{B}^{-1}$ 两边同右乘以矩阵 $\boldsymbol{b}$，得

$$\boldsymbol{Yb}=\boldsymbol{C}_{\mathrm{B}}\boldsymbol{B}^{-1}\boldsymbol{b}\tag{4.5}$$

由 $\boldsymbol{Y}\geqslant\boldsymbol{0}$ 知 $\boldsymbol{Y}$ 的上界为无限大，所以式（4.5）只存在最小值，从而得到另一个线性规划模型

$$\min \omega=\boldsymbol{Yb}$$
$$\text{st}\begin{cases}\boldsymbol{YA}\geqslant\boldsymbol{C}\\ \boldsymbol{Y}\geqslant\boldsymbol{0}\end{cases}\tag{4.6}$$

称这个线性规划模型为线性规划模型（4.1）的对偶模型。

通过比较原线性规划模型和它的对偶模型，发现两个模型的系数矩阵 $\boldsymbol{A}$，$\boldsymbol{C}$，$\boldsymbol{b}$ 之间有紧密联系。

4.2 原模型与对偶模型的关系

4.2.1 对称形式线性规划模型的对偶模型

定义1 具有下列特点的线性规划模型称为对称形式的线性规划模型，变量均具有非负约束，其约束条件为：当目标函数求最大时取“≤”，目标函数求最小时取“≥”。

由定义可知求最大时对称形式的线性规划模型为

$$\max z=c_1x_1+c_2x_2+\cdots+c_nx_n$$
$$\text{st}\begin{cases}a_{11}x_1+a_{12}x_2+\cdots+a_{1n}x_n\leqslant b_1\\ a_{21}x_1+a_{22}x_2+\cdots+a_{2n}x_n\leqslant b_2\\ \qquad\vdots\\ a_{m1}x_1+a_{m2}x_2+\cdots+a_{mn}x_n\leqslant b_m\\ x_1,\ x_2,\ \cdots,\ x_n\geqslant 0\end{cases}\tag{4.7}$$

若用 $y_i(i=1,\ 2,\ \cdots,\ m)$ 表示第 i 种资源的定价，则其对偶模型为

$$\min \omega = b_1 y_1 + b_2 y_2 + \cdots + b_m y_m$$

$$\text{st}\begin{cases} a_{11}y_1 + a_{21}y_2 + \cdots + a_{m1}y_m \geqslant c_1 \\ a_{12}y_1 + a_{22}y_2 + \cdots + a_{m2}y_m \geqslant c_2 \\ \qquad \vdots \\ a_{1n}y_1 + a_{2n}y_2 + \cdots + a_{mn}y_m \geqslant c_n \\ y_1, \ y_2, \ \cdots, \ y_m \geqslant 0 \end{cases} \tag{4.8}$$

原线性规划与其对应的对偶规划也可简写为

（原线性规划）　　　（对偶规划）

$$\max z = \boldsymbol{CX} \qquad \min \omega = \boldsymbol{Yb}$$

$$\text{st}\begin{cases} \boldsymbol{AX} \leqslant \boldsymbol{b} \\ \boldsymbol{X} \geqslant \boldsymbol{0} \end{cases} \qquad \text{st}\begin{cases} \boldsymbol{YA} \geqslant \boldsymbol{C} \\ \boldsymbol{Y} \geqslant \boldsymbol{0} \end{cases}$$

其中

$$\boldsymbol{A} = \begin{pmatrix} a_{11} & a_{12} & \cdots & a_{1n} \\ a_{21} & a_{22} & \cdots & a_{2n} \\ \vdots & \vdots & & \vdots \\ a_{m1} & a_{m2} & \cdots & a_{mn} \end{pmatrix}, \quad \boldsymbol{b} = \begin{pmatrix} b_1 \\ b_2 \\ \vdots \\ b_m \end{pmatrix}, \quad \boldsymbol{X} = \begin{pmatrix} x_1 \\ x_2 \\ \vdots \\ x_n \end{pmatrix},$$

$$\boldsymbol{C} = (c_1, \ c_2, \ \cdots, \ c_n), \quad \boldsymbol{Y} = (y_1, y_2, \ \cdots, \ y_m)$$

例 4-2　写出下列模型的对偶模型。

$$\max z = 2x_1 + 3x_2$$

$$\text{st}\begin{cases} x_1 + 2x_2 \leqslant 8 \\ 4x_1 \leqslant 16 \\ 4x_2 \leqslant 12 \\ x_1, \ x_2 \geqslant 0 \end{cases}$$

解　对偶模型为

$$\min \omega = 8y_1 + 16y_2 + 12y_3$$

$$\text{st}\begin{cases} y_1 + 4y_2 \geqslant 2 \\ 2y_1 + 4y_3 \geqslant 3 \\ y_1, \ y_2, \ y_3 \geqslant 0 \end{cases}$$

总结两个模型之间的关系：原模型的变量个数是其对偶模型的约束方程个数，原模型的约束方程个数是其对偶模型的变量个数，原模型的目标函数系数是其对偶模型的约束方程右端常数项，原模型的约束方程右端常数项是其对偶模型的目标函数系数，原模型约束方程的系数矩阵的转置是其对偶模型约束方程的系数矩阵，原模型和对偶模型目标函数属性相反。按照这样的对应关系就可以写出任何一个对称形式线性规划模型的对偶模型。

4.2.2　一般形式的线性规划模型与对偶模型之间的关系

原模型（4.7）与对偶模型（4.8）之间的这种对应关系仅仅适合于对称形式。对于非对称形式的线性规划模型如何写出其对偶模型，其思路是首先将非对称形式转换为对称形式，然后再按照上面的对应关系写出其对偶模型。

例 4-3　写出下列线性规划模型的对偶模型。

$$\max z=c_1x_1+c_2x_2+c_3x_3$$
$$\text{st}\begin{cases}a_{11}x_1+a_{12}x_2+a_{13}x_3\leqslant b_1\\a_{21}x_1+a_{22}x_2+a_{23}x_3=b_2\\a_{31}x_1+a_{32}x_2+a_{33}x_3\geqslant b_3\\x_1\geqslant 0,\ x_2\leqslant 0,\ x_3\text{无约束}\end{cases}\tag{4.9}$$

解　步骤如下。

(1) 将约束条件 2 的等式约束转化为以下两个不等式约束

$$a_{21}x_1+a_{22}x_2+a_{23}x_3\leqslant b_2\quad 和\quad a_{21}x_1+a_{22}x_2+a_{23}x_3\geqslant b_2$$

再变换为

$$a_{21}x_1+a_{22}x_2+a_{23}x_3\leqslant b_2\quad 和\quad -a_{21}x_1-a_{22}x_2-a_{23}x_3\leqslant -b_2$$

(2) 将约束条件 3 两端同乘“-1”得

$$-a_{31}x_1-a_{32}x_2-a_{33}x_3\leqslant -b_3$$

(3) 非负变量约束变换为 $x_2=-x_2'$，$x_3=x_3'-x_3''$，其中 $x_2'\geqslant 0$，$x_3'\geqslant 0$，$x_3''\geqslant 0$。

经过以上三步的变换，原数学模型（4.9）就转换为如下对称形式的数学模型：

$$\max z=c_1x_1-c_2x_2'+c_3x_3'-c_3x_3''$$
$$\text{st}\begin{cases}a_{11}x_1-a_{12}x_2'+a_{13}x_3'-a_{13}x_3''\leqslant b_1\\a_{21}x_1-a_{22}x_2'+a_{23}x_3'-a_{23}x_3''\leqslant b_2\\-a_{21}x_1+a_{22}x_2'-a_{23}x_3'+a_{23}x_3''\leqslant -b_2\\-a_{31}x_1+a_{32}x_2'-a_{33}x_3'+a_{33}x_3''\leqslant -b_3\\x_1\geqslant 0,\ x_2'\geqslant 0,\ x_3'\geqslant 0,\ x_3''\geqslant 0\end{cases}\tag{4.10}$$

对于上面对称形式的线性规划模型，按照 4.2 节中的对应关系就可以写出其对偶模型。令各约束对应的对偶变量分别为 y_1，y_2'，y_2''，y_3'，则对偶模型为

$$\min \omega=b_1y_1+b_2y_2'-b_2y_2''-b_3y_3'$$
$$\text{st}\begin{cases}a_{11}y_1+a_{21}y_2'-a_{21}y_2''-a_{31}y_3'\geqslant c_1\\-a_{12}y_1-a_{22}y_2'+a_{22}y_2''+a_{32}y_3'\geqslant -c_2\\a_{13}y_1+a_{23}y_2'-a_{23}y_2''-a_{33}y_3'\geqslant c_3\\-a_{13}y_1-a_{23}y_2'+a_{23}y_2''+a_{33}y_3'\geqslant -c_3\\y_1\geqslant 0,\ y_2'\geqslant 0,\ y_2''\geqslant 0,\ y_3'\geqslant 0\end{cases}\tag{4.11}$$

在对偶模型（4.11）中，令 $y_2=y_2'-y_2''$，$y_3=-y_3'$，则得

$$\min \omega=b_1y_1+b_2y_2+b_3y_3$$
$$\text{st}\begin{cases}a_{11}y_1+a_{21}y_2+a_{31}y_3\geqslant c_1\\-a_{12}y_1-a_{22}y_2-a_{32}y_3\geqslant -c_2\\a_{13}y_1+a_{23}y_2+a_{33}y_3\geqslant c_3\\-a_{13}y_1-a_{23}y_2-a_{33}y_3\geqslant -c_3\\y_1\geqslant 0,\ y_2\text{无约束},\ y_3\leqslant 0\end{cases}\tag{4.12}$$

进一步将式（4.12）中的条件 2 两端同乘“-1”，将条件 3 和条件 4 合并为等式，得

$$\min \omega=b_1y_1+b_2y_2+b_3y_3$$

$$\text{st}\begin{cases}a_{11}y_1+a_{21}y_2+a_{31}y_3\geqslant c_1\\a_{12}y_1+a_{22}y_2+a_{32}y_3\leqslant c_2\\a_{13}y_1+a_{23}y_2+a_{33}y_3=c_3\\y_1\geqslant 0，y_2\text{无约束}，y_3\leqslant 0\end{cases}\tag{4.13}$$

对于一般形式的线性规划模型，将原模型与对偶模型之间的关系总结如下。

(1) 原模型是最大值，则对偶模型按照以下写出：原模型的变量个数是其对偶模型的约束方程个数，原模型的约束方程个数是其对偶模型的变量个数，原模型的目标函数系数是其对偶模型的约束方程右端常数项，原模型的约束方程右端常数项是其对偶模型的目标函数系数，原模型约束方程的系数矩阵的转置是其对偶模型约束方程的系数矩阵，原模型和对偶模型目标函数属性相反。原模型变量的符号确定对偶模型约束条件的符号，关系为一致；原模型约束条件的符号确定对偶模型变量的符号，关系为相反。

(2) 原模型是最小值，则对偶模型按照以下写出：原模型的变量个数是其对偶模型的约束方程个数，原模型的约束方程个数是其对偶模型的变量个数，原模型的目标函数系数是其对偶模型的约束方程右端常数项，原模型的约束方程右端常数项是其对偶模型的目标函数系数，原模型约束方程的系数矩阵的转置是其对偶模型约束方程的系数矩阵，原模型和对偶模型目标函数属性相反。原模型变量的符号确定对偶模型约束条件的符号，关系为相反；原模型约束条件的符号确定对偶模型变量的符号，关系为一致。

以上关系可以用表 4-2 来描述。

表 4-2 原模型与对偶模型之间的关系

原模型（或对偶模型）		对偶模型（或原模型）	
目标函数 $\max z=\sum_{j=1}^{n}c_jx_j$ 约束条件右端项 目标函数中变量的系数 约束矩阵 $\boldsymbol{A}$		目标函数 $\min \omega=\sum_{i=1}^{m}b_iy_i$ 目标函数中变量的系数 约束条件右端项 $\boldsymbol{A}$ 的转置为约束矩阵	
变量	n 个变量	n 个约束方程	约束条件
	第 j 个变量，$x_j\geqslant 0$	第 j 个约束方程 $\sum_{i=1}^{m}a_{ij}y_i\geqslant c_j$	
	第 j 个变量，$x_j\leqslant 0$	第 j 个约束方程 $\sum_{i=1}^{m}a_{ij}y_i\leqslant c_j$	
	第 j 个变量 x_j 无约束	第 j 个约束方程 $\sum_{i=1}^{m}a_{ij}y_i=c_j$	
约束条件	m 个约束方程	m 个变量	变量
	第 i 个约束方程 $\sum_{j=1}^{n}a_{ij}x_j\leqslant b_i$	第 i 个变量 $y_i\geqslant 0$	
	第 i 个约束方程 $\sum_{j=1}^{n}a_{ij}x_j\geqslant b_i$	第 i 个变量 $y_i\leqslant 0$	
	第 i 个约束方程 $\sum_{j=1}^{n}a_{ij}x_j=b_i$	第 i 个变量 y_i 无约束	

例 4-4 写出下列线性规划模型的对偶模型。

$$\min z=2x_1+3x_2-5x_3+x_4$$

$$\text{st}\begin{cases}x_1+x_2-x_3+x_4\geqslant 5\\2x_1+2x_3\leqslant 4\\x_2+x_3+x_4=6\\x_1\leqslant 0,\ x_2,\ x_3\geqslant 0,\ x_4\text{无约束}\end{cases}$$

解　设对应于三个约束条件的对偶变量分别为 y_1，y_2，y_3，可以直接写出其对偶模型。由于该例的原模型是最小值，因此其对偶模型，按照非对称形式的线性规划模型的对偶模型的关系，可写出从右到左的对应关系。

$$\max \omega=5y_1+4y_2+6y_3$$

$$\text{st}\begin{cases}y_1+2y_2\geqslant 2\\y_1+y_3\leqslant 3\\-y_1+2y_2+y_3\leqslant -5\\y_1+y_3=1\\y_1\geqslant 0,\ y_2\leqslant 0,\ y_3\text{无约束}\end{cases}$$

4.3　对偶模型的基本性质

原模型和对偶模型的数学模型之间有紧密关系，因此人们就会关心它们解之间的关系。如果原模型为求最大值，下面就给出它们解之间的关系。

性质 1　对称性：对偶模型的对偶模型是原模型。

性质 2　弱对偶性：原模型可行解的目标函数值不可能超过对偶模型可行解的目标函数值。如果 $\bar{x}_j$（$j=1, 2, \cdots, n$）是原模型的可行解，$\bar{y}_i$（$i=1, 2, \cdots, m$）是对偶模型的可行解，则恒有

$$\sum_{j=1}^{n}c_j\bar{x}_j\leqslant\sum_{i=1}^{m}b_i\bar{y}_i$$

由弱对偶性可得出以下推论。

(1) 原模型任意可行解的目标函数值是其对偶模型目标函数值的下界；反之，对偶模型任意可行解的目标函数值是其原模型目标函数值的上界。

(2) 如果原模型（或对偶模型）的目标函数值无界，那么其对偶模型（或原模型）必然无可行解。但不能由原模型（或对偶模型）无可行解推出其对偶模型（或原模型）为无界解。

(3) 若原模型有可行解而其对偶模型无可行解，则原模型目标函数值无界；反之，对偶模型有可行解而其原模型无可行解，则对偶模型的目标函数值无界。

性质 3　最优性：设 $\bar{\boldsymbol{X}}$ 是原模型的可行解，$\bar{\boldsymbol{Y}}$ 是对偶模型的可行解，当 $\boldsymbol{c}^{\mathrm{T}}\bar{\boldsymbol{X}}=\boldsymbol{b}^{\mathrm{T}}\bar{\boldsymbol{Y}}$，即

$$\sum_{j=1}^{n}c_j\bar{x}_j=\sum_{i=1}^{m}b_i\bar{y}_i \tag{4.14}$$

则 $\bar{\boldsymbol{X}}$ 和 $\bar{\boldsymbol{Y}}$ 是原模型和对偶模型的最优解。

性质 4　强对偶性（对偶定理）：若其中之一有最优解，则另一个必有最优解，且目标函数值相同。

性质 5　互补松弛性：设 $\bar{\boldsymbol{x}}$ 是原问题的可行解，$\bar{\boldsymbol{y}}$ 是对偶模型的可行解，那么，$\bar{\boldsymbol{y}}\boldsymbol{x}_{\mathrm{S}}=0$，

$\boldsymbol{y}_S\overline{\boldsymbol{x}}=0$当且仅当$\overline{x}$和$\overline{y}$为最优解。其中，$\boldsymbol{x}_S$，$\boldsymbol{y}_S$是原模型和对偶模型的松弛变量。

例 4-5 已知线性规划模型

$$\max z=2x_1+4x_2+x_3+x_4$$

$$\text{st}\begin{cases}x_1+3x_2+x_4\leqslant 8\\2x_1+x_2\leqslant 6\\x_1+x_2+x_3\leqslant 9\\x_2+x_3+x_4\leqslant 6\\x_j\geqslant 0,\quad j=1,\ 2,\ 3,\ 4\end{cases}$$

(1) 写出该模型的对偶模型；

(2) 已知原模型的最优解为：$\boldsymbol{x}=(2,\ 2,\ 4,\ 0)^{\mathrm{T}}$。根据对偶理论，直接求对偶模型的最优解。

解 (1) 对偶模型为

$$\min \omega=8y_1+6y_2+9y_3+6y_4$$

$$\text{st}\begin{cases}y_1+2y_2+y_3\geqslant 2\\3y_1+y_2+y_3+y_4\geqslant 4\\y_3+y_4\geqslant 1\\y_1+y_4\geqslant 1\\y_i\geqslant 0,\quad i=1,\ 2,\ 3,\ 4\end{cases}$$

(2) 根据原线性规划模型的最优解知：

原模型的松弛变量 $x_5=0$，$x_6=0$，$x_7=1$，$x_8=0$。

设对偶模型的最优解为 $\boldsymbol{y}^*$，由互补松弛性 $\boldsymbol{y}^*\boldsymbol{x}_S=0$，知 $y_3^*=0$。

设对偶模型的剩余变量为 y_5，y_6，y_7，y_8，由互补松弛性 $\boldsymbol{y}_S\boldsymbol{x}=0$ 知 $2y_5+2y_6+4y_7+0y_8=0$，由于剩余变量皆为正，因此，$y_5=0$，$y_6=0$，$y_7=0$，此时对偶模型的约束条件为

$$\begin{cases}y_1^*+2y_2^*+y_3^*=2\\3y_1^*+y_2^*+y_3^*+y_4^*=4\\y_3^*+y_4^*=1\\y_3^*=0\end{cases}$$

解上面的方程组得 $y_1^*=\dfrac{4}{5}$，$y_2^*=\dfrac{3}{5}$，$y_3^*=0$，$y_4^*=1$。

4.4 对偶模型的经济意义——影子价格

在例 4-1 中，从对偶模型的最优解 $y_1=5$，$y_2=0$，$y_3=0.5$ 可以看出，如果原料甲由 90 变成 91，由于 $y_1=5$，则目标函数值增加 5，即总利润增加 5，可见 $y_1=5$ 描述了在生产最优安排下，原料甲的变动给总利润带来的影响。即 $y_1=5$ 代表的意义是在第一种原料最优利用条件下对该原料的单位估价，这种估价不是市场价格，而是根据原料在生产最优安排中的贡献而作出的估价。为区别对偶模型的最优解，称 $y_1=5$ 为原料甲在生产最优安排下的影子价格（shadow price）。一般将 y_i^* 称为第 i 种原料的影子价格。

从另一角度来看，在单纯形法的每一步迭代中，目标函数取值 $\boldsymbol{Z}=\boldsymbol{C}_{\mathrm{B}}\boldsymbol{B}^{-1}\boldsymbol{b}$ 和检验数

$\boldsymbol{C}_{\mathrm{N}}-\boldsymbol{C}_{\mathrm{B}}\boldsymbol{B}^{-1}\boldsymbol{N}$ 中都有乘子 $\boldsymbol{Y}=\boldsymbol{C}_{\mathrm{B}}\boldsymbol{B}^{-1}$，如果 $\boldsymbol{B}$ 是式（4.1）的最优基，则 $\boldsymbol{Z}^*=\boldsymbol{C}_{\mathrm{B}}\boldsymbol{B}^{-1}\boldsymbol{b}=\boldsymbol{Y}^*\boldsymbol{b}$，从而，$\dfrac{\partial \boldsymbol{Z}^*}{\partial \boldsymbol{b}}=\boldsymbol{C}_{\mathrm{B}}\boldsymbol{B}^{-1}=\boldsymbol{Y}^*$，故经济学家称 $\boldsymbol{Y}^*$ 为资源的影子价格。

从最优值对第 i 种资源求偏导数为 y_i^* 可知，变量 y_i^* 的经济意义是在最优资源利用条件下，右端常数项增加1个单位，目标函数值增加的量称为该资源的影子价格。

由以上的分析可以进一步得出以下结论。

（1）不同的资源影子价格不一定相同。无剩余（松弛变量=0）的资源，影子价格不等于0；有剩余（松弛变量≠0）的资源，影子价格等于0。

（2）影子价格是一种边际价格。一种资源的影子价格越大，则增加或减少一单位的这种资源对总利润的影响越大。

（3）影子价格的确定依赖于一定的范围与条件。资源的市场价格是已知数，是相对稳定的，而它的影子价格则依赖于资源的利用情况。企业进行生产时，由于生产任务、工艺水平、产品结构等发生变化，影子价格也随之发生变化。

（4）影子价格在最优方案中才能体现出来。因此在企业内部，可以借助影子价格确定内部结算价格，以便控制有限资源的使用和考核下属企业经营的绩效；国家可以根据影子价格规定使用紧缺资源时必须上缴的利润额，以促使经营效益低的企业自觉地节约使用紧缺资源，使有限的资源发挥更大的经济效益。

（5）影子价格是20世纪40年代苏联数学家康托洛维奇提出的。影子价格对市场有调节作用，实际上影子价格是一种机会成本。在完全市场经济条件下，资源市场价格高于影子价格时可以卖出这种资源，资源市场价格低于影子价格时可以买进这种资源。随着资源的买进卖出，它的影子价格也将随之发生变化，一直到影子价格与市场价格保持到同一水平，才处于平衡状态。

（6）从影子价格的含义可以解释在单纯形表的计算中检验数的意义。在单纯形表的计算中，检验数为

$$\sigma_j=c_j-\boldsymbol{C}_{\mathrm{B}}\boldsymbol{B}^{-1}\boldsymbol{P}_j=c_j-\boldsymbol{Y}\boldsymbol{P}_j=c_j-\sum_{i=1}^{m}a_{ij}y_i \tag{4.15}$$

其中 c_j 代表第 j 种产品的产值或利润，由于 a_{ij}（$i=1, 2, \cdots, m$）代表生产一单位的第 j 种产品所耗用的资源，$\sum_{i=1}^{m}a_{ij}y_i$ 就代表生产该种产品所耗用各项资源和影子价格乘积的总和，也就是产品的隐含成本。当产品的产值或利润大于隐含成本时，表明该项产品利润，可以继续提高，可在计划中安排，否则就不安排而生产其他产品，这就是单纯形表中检验数的经济意义。

4.5 原模型的最优解与对偶模型的最优解

4.5.1 对偶模型的最优解

在求解原模型最优解的最终单纯形表中可以得到对偶模型最优解。对于标准型线性规划模型，用单纯形法进行迭代求解得到原模型最优单纯形表，那么对偶模型的最优解就为最优单纯形表中松弛变量和剩余变量对应的检验数的相反数。

以例 4-1 来说明上述方法，例 4-1 中的线性规划模型用单纯形解法迭代过程如图 4-1 所示。

Cj	Basic Variables	6 X1	8 X2	0 slack 1	0 slack 2	0 slack 3	Quantity
Iteration 1							
	cj-zj	6.	8.	0.	0.	0.	
0	slack 1	1.	1.	1.	0.	0.	90.
0	slack 2	5.	2.	0.	1.	0.	490.
0	slack 3	2.	6.	0.	0.	1.	240.
Iteration 2							
	cj-zj	3.3333	0.	0.	0.	-1.3333	
0	slack 1	0.6667	0.	1.	0.	-0.1667	50.
0	slack 2	4.3333	0.	0.	1.	-0.3333	410.
8	X2	0.3333	1.	0.	0.	0.1667	40.
Iteration 3							
	cj-zj	0.	0.	-5.	0.	-0.5	
6	X1	1.	0.	1.5	0.	-0.25	75.
0	slack 2	0.	0.	-6.5	1.	0.75	85.
8	X2	0.	1.	-0.5	0.	0.25	15.

图 4-1　例 4-1 线性规划模型的单纯形解法迭代过程

可以看出，原模型的最优解为 75，15。剩余变量对应的检验数为（－5，0，－0.5）。由此可得对偶模型的最优解为：$\boldsymbol{y}^*=(y_1^*, y_2^*, y_3^*)=(5, 0, 0.5)$。

如果进一步来求解例 4-1 线性规划模型的对偶模型

$$\min \omega=90y_1+490y_2+240y_3$$

$$\text{st}\begin{cases}y_1+5y_2+2y_3\geqslant 6\\ y_1+2y_2+6y_3\geqslant 8\\ y_1,\ y_2,\ y_3\geqslant 0\end{cases}$$

用单纯形法求解，其迭代过程如图 4-2 所示。

Cj	Basic Variables	90 X1	490 X2	240 X3	0 artfcl 1	0 surplus 1	0 artfcl 2	0 surplus 2	Quantity
Iteration 1									
	cj-zj	2.	7.	8.	0.	-1.	0.	-1.	
0	artfcl 1	1.	5.	2.	1.	-1.	0.	0.	6.
0	artfcl 2	1.	2.	6.	0.	0.	1.	-1.	8.
Iteration 2									
	cj-zj	0.6667	4.3333	0.	0.	-1.	0.	0.3333	
0	artfcl 1	0.6667	4.3333	0.	1.	-1.	0.	0.3333	3.3333
240	X3	0.1667	0.3333	1.	0.	0.	0.1667	-0.1667	1.3333
Iteration 3									
	cj-zj	0.	0.	0.	0.	0.	0.	0.	
490	X2	0.1538	1.	0.	0.2308	-0.2308	0.	0.0769	0.7692
240	X3	0.1154	0.	1.	0.	0.0769	0.1667	-0.1923	1.0769
Iteration 4									
	cj-zj	13.0769	0.	0.	113.0769	-94.6154	40.	-8.4615	
490	X2	0.1538	1.	0.	0.2308	-0.2308	0.	0.0769	0.7692
240	X3	0.1154	0.	1.	0.	0.0769	0.1667	-0.1923	1.0769
Iteration 5									
	cj-zj	0.	-85.	0.	113.0769	-75.	40.	-15.	
90	X1	1.	6.5	0.	1.5	-1.5	0.	0.5	5.
240	X3	0.	-0.75	1.	0.	0.25	0.1667	-0.25	0.5

图 4-2　例 4-1 的迭代过程

从最终单纯形表里可以看出原模型的最优解为 $(y_1^*, y_2^*, y_3^*)=(5, 0, 0.5)$，对偶模型的最优解为剩余变量对应的检验数的相反数 $(x_1^*, x_2^*)=(75, 15)$。

由对偶模型的性质可以发现，对于原模型和对偶模型，只要求出其中一个模型的最优解，另一个模型的最优解也就求出来了。因此，如果求解的模型比较复杂，而它的对偶模型比较简单，那么就可以去求解后者，同样可以得到原模型的解。求解一个线性规划模型需要的时间取决于约束条件的数目而不是变量的数目，因此应该选择约束条件少的模型来求解。

4.5.2 影子价格与对偶模型最优解的关系

并非所有的约束条件都是资源的约束，但是每一个约束条件对应的对偶最优解的分量 y_i^* 都可以解释为目标函数最优值 z^* 对右端项 b_i 的变化率。然而影子价格是右端项增加时目标函数最优值的改进率而不是变化率，所以对偶模型的最优解和影子价格是不同的，对偶模型的最优解和影子价格的关系如表 4－3 所示。正的影子价格在最大化中使目标函数值增加，在最小化中使目标函数值减少。即使目标函数最优值受益，负的影子价格将在最大化中使目标函数值减少；在最小化中使目标函数增加，即使目标函数最优值受损。

表 4－3 对偶模型最优解和影子价格的关系

约束种类	影子价格
$\leqslant$	对偶最优解（y_i^* 的值）
$\geqslant$	对偶最优解的相反数（y_i^* 值的相反数）

例 4－6 求解例 2－2 中 M&D 公司生产问题的线性规划模型

$$\min z=2x_1+3x_2$$

$$\text{st}\begin{cases}x_1+x_2\geqslant 350\\ x_1\geqslant 125\\ 2x_1+x_2\leqslant 600\\ x_1,\ x_2\geqslant 0\end{cases}$$

解 用单纯形法进行求解，其迭代过程如图 4－3 所示。

Cj	Basic Variables	-2 X1	-3 X2	0 artfcl 1	0 surplus 1	0 artfcl 2	0 surplus 2	0 slack 3	Quantity
Iteration 1									
	cj-zj	2.	1.	0.	-1.	0.	-1.	0.	
0	artfcl 1	1.	1.	1.	-1.	0.	0.	0.	350.
0	artfcl 2	1.	0.	0.	0.	1.	-1.	0.	125.
0	slack 3	2.	1.	0.	0.	0.	0.	1.	600.
Iteration 2									
	cj-zj	0.	1.	0.	-1.	0.	1.	0.	
0	artfcl 1	0.	1.	1.	-1.	0.	1.	0.	225.
-2	X1	1.	0.	0.	0.	1.	-1.	0.	125.
0	slack 3	0.	1.	0.	0.	0.	2.	1.	350.
Iteration 3									
	cj-zj	0.	0.	0.	0.	0.	0.	0.	
-3	X2	0.	1.	1.	-1.	0.	1.	0.	225.
-2	X1	1.	0.	0.	0.	1.	-1.	0.	125.
0	slack 3	0.	0.	0.	1.	0.	1.	1.	125.
Iteration 4									
	cj-zj	0.	0.	3.	-3.	2.	1.	0.	
-3	X2	0.	1.	1.	-1.	0.	1.	0.	225.
-2	X1	1.	0.	0.	0.	1.	-1.	0.	125.
0	slack 3	0.	0.	0.	1.	0.	1.	1.	125.
Iteration 5									
	cj-zj	0.	0.	3.	-4.	2.	0.	-1.	
-3	X2	0.	1.	1.	-2.	0.	0.	-1.	100.
-2	X1	1.	0.	0.	1.	1.	0.	1.	250.
0	surplus 2	0.	0.	0.	1.	0.	1.	1.	125.

图 4－3 单纯形法的迭代求解过程及结果

通过上面的最优单纯形表可以得到原模型的最优解为：$x_1=250$，$x_2=100$。对偶模型的最优解为剩余变量和松弛变量的相反数，即4、0、1。根据表4-3中对偶模型最优解与影子价格的关系，可知三个约束条件的影子价格为-4，0，1。由于目标函数是求最小值，影子价格经济意义为：第二种资源增加一个单位不会引起目标函数值的增加；第一种资源增加一个单位，将会使目标函数值增加4；第三种资源增加一个单位使目标函数值减少1（图4-4）。

X1	X2		RHS	Dual
2.	3.			
1.	1.	>=	351.	-4.
1.	0.	>=	125.	0.
2.	1.	<=	600.	1.
249.	102.		$804.	

图4-4　各种资源的影子价格

4.6　对偶单纯形法

4.6.1　对偶单纯形法的原理

由单纯形表法可知 $\boldsymbol{A}$ 中一个 m 阶方阵 $\boldsymbol{B}$ 如果是最优的，必须同时满足以下三个条件：

(1) $\boldsymbol{B}$ 可逆；

(2) $\boldsymbol{B}^{-1}\boldsymbol{b}\geqslant\boldsymbol{0}$；

(3) $\boldsymbol{C}-\boldsymbol{C}_{\mathrm{B}}\boldsymbol{B}^{-1}\boldsymbol{A}\leqslant\boldsymbol{0}$。

在利用单纯形表法求解线性规划模型的过程中，令 $\boldsymbol{B}$ 先满足（1）和（2），然后在迭代过程中逐步满足（3），最后就得到最优解；而对偶单纯形法就是令 $\boldsymbol{B}$ 先满足（1）和（3），然后在迭代过程中逐步满足（2），最后也同样得到最优解。把满足 $\boldsymbol{C}-\boldsymbol{C}_{\mathrm{B}}\boldsymbol{B}^{-1}\boldsymbol{A}\leqslant\boldsymbol{0}$ 的基称为正则基。在对偶单纯形法中称 $\boldsymbol{B}^{-1}\boldsymbol{b}$ 为检验数。

4.6.2　利用对偶单纯形法求解线性规划模型的步骤

步骤1：先把线性规划化为标准型，并写出 $\boldsymbol{A}$，$\boldsymbol{b}$，$\boldsymbol{C}$。

步骤2：找基。在系数矩阵 $\boldsymbol{A}$ 中任取一个 m 阶方阵，如 $|\boldsymbol{B}|\neq 0$，则 $\boldsymbol{B}$ 是基；否则，另选取。

步骤3：判断 $\boldsymbol{B}$ 是否为正则基。写出 $\boldsymbol{C}_{\mathrm{B}}$，计算 $\boldsymbol{B}^{-1}$，$\boldsymbol{B}^{-1}\boldsymbol{A}$，$\boldsymbol{C}-\boldsymbol{C}_{\mathrm{B}}\boldsymbol{B}^{-1}\boldsymbol{A}$，并判断是否 $\boldsymbol{C}-\boldsymbol{C}_{\mathrm{B}}\boldsymbol{B}^{-1}\boldsymbol{A}\leqslant\boldsymbol{0}$。如是，则 $\boldsymbol{B}$ 是正则基，否则另找基。

步骤4：计算单纯形表中的各子矩阵 $\boldsymbol{B}^{-1}\boldsymbol{b}$，$\boldsymbol{C}_{\mathrm{B}}\boldsymbol{B}^{-1}\boldsymbol{b}$，写出单纯形表。

步骤5：判断是否为最优解。如果全部检验数大于等于0，则 $\boldsymbol{B}$ 就是最优基；如果检验数中有负数，但其对应的行没有负数，则此线性规划模型无最优解；如果检验数中有负数，但其对应的行有负数，则转入换基迭代。

步骤6：换基迭代。

(1) 找换出基变量：在负检验数中选负检验数对应的下标最小的基变量作为换出基

变量。

(2) 找换入基变量：用换出基变量对应的行中的负元数分别去除对应的 $\boldsymbol{C}-\boldsymbol{C}_B\boldsymbol{B}^{-1}\boldsymbol{A}$ 中的数，选取比值最小者所对应的非基变量为换入基变量。如果比值最小者同时有几个，取下标最小的。

(3) 定轴心项：换入基变量和换出基变量的交叉项为轴心项。

(4) 做"行"变换：同单纯形表法。

(5) 交换变量：用换入基变量替代出基变量，返回步骤 (5)。

关于对偶单纯形法要了解以下几点。

(1) 对偶单纯形法是求解线性规划模型的另一种方法，而不要简单地理解为对偶单纯形法就是求解对偶线性规划模型。

(2) 用对偶单纯形法求解线性规划模型时，初始解可以是非可行解，只要检验数为负时，就可以进行换基迭代了，也不需要加入人工变量，可以简化计算。

(3) 当变量多于约束条件时，用对偶单纯形法计算可以减少计算工作量。

(4) 对偶单纯形法并不是普遍使用的，一般情况下，很难找到一个初始正则基。因此对偶单纯形法很少单独使用，常常和单纯形表法配合使用以进行灵敏度分析。

例 4-7 用对偶单纯形法求解下面线性规划模型。

$$\min z=2x_1+x_2$$

$$\text{st}\begin{cases}-3x_1-x_2\leqslant -3\\-4x_1-3x_2\leqslant -6\\-x_1-2x_2\leqslant -2\\x_1,\ x_2\geqslant 0\end{cases}$$

解

步骤 1：化为满秩标准型

$$\max z=-2x_1-x_2+0x_3+0x_4+0x_5$$

$$\text{st}\begin{cases}3x_1+x_2-x_3=3\\4x_1+3x_2-x_4=6\\x_1+2x_2-x_5=2\\x_1,\ x_2,\ x_3,\ x_4,\ x_5\geqslant 0\end{cases}$$

$$\boldsymbol{A}=\begin{pmatrix}3 & 1 & -1 & 0 & 0\\4 & 3 & 0 & -1 & 0\\1 & 2 & 0 & 0 & -1\end{pmatrix},\quad \boldsymbol{b}=\begin{pmatrix}3\\6\\2\end{pmatrix},\quad \boldsymbol{C}=(-2,\ -1,\ 0,\ 0,\ 0)$$

步骤 2：找基。取 $\boldsymbol{B}=(\boldsymbol{P}_3,\ \boldsymbol{P}_4,\ \boldsymbol{P}_5)=-\boldsymbol{E}$，由于 $|\boldsymbol{B}|=-1\neq 0$，所以 $\boldsymbol{B}$ 为基。

步骤 3：判断 $\boldsymbol{B}$ 是否为正则基。

$$\boldsymbol{C}_B=(0,\ 0,\ 0),\quad \boldsymbol{B}^{-1}=\boldsymbol{B}=-\boldsymbol{E},\quad \boldsymbol{B}^{-1}\boldsymbol{A}=-\boldsymbol{E}\boldsymbol{A}=-\boldsymbol{A}$$

$$\boldsymbol{C}-\boldsymbol{C}_B\boldsymbol{B}^{-1}\boldsymbol{A}=\boldsymbol{C}=(-2,\ -1,\ 0,\ 0,\ 0)\leqslant\boldsymbol{0}\text{，因此 }\boldsymbol{B}\text{ 是正则基。}$$

步骤 4：计算单纯形表的各子矩阵：$\boldsymbol{B}^{-1}\boldsymbol{b}=-\boldsymbol{E}\boldsymbol{b}=-\boldsymbol{b}$，$\boldsymbol{C}_B\boldsymbol{B}^{-1}\boldsymbol{b}=\boldsymbol{0}$，写出单纯形表，如表 4-4 所示。

步骤 5：判断是否为最优解。由于检验数有负数，所以 $\boldsymbol{B}$ 不是最优基；并且负检验数对应的行中的数有负数，转入换基迭代。

表 4-4　单纯形表

X_B	x_1	x_2	x_3	x_4	x_5	b
x_3	$-3^{\oplus}$	-1	1	0	0	-3
x_4	-4	-3	0	1	0	-6
x_5	-1	-2	0	0	1	-2
σ_j	-2	-1	0	0	0	0

步骤 6：换基迭代。

(1) 找换出基变量：由于检验数列中的数全为负，对应的基变量为 x_3，x_4，x_5，下标最小为 3，所以 x_3 为换出基变量。

(2) 找换入基变量：换出基变量对应的行中有两个负数：-3 和 -1，取比值 ($-2/-3$) 和 ($-1/-1$) 中最小的，即 ($-2/-3$)，因此 x_1 为换入基变量。

(3) 定轴心项：-3 为轴心项。

(4) 做行变换：把轴心项 -3 变为 1，-3 所在列上的其他数变为 0。

(5) 交换变量：把基变量中的 x_3 改为 x_1。

经过步骤 6 以后，就得到另一个正则基（$\boldsymbol{P}_1$，$\boldsymbol{P}_4$，$\boldsymbol{P}_5$）对应的单纯形表，如表 4-5 所示。

返回步骤 5 判断，由于检验数中有负数且对应的行有负数，因此继续迭代得到最优单纯形表，如表 4-6 所示。

表 4-5　经过迭代后的单纯形表

X_B	x_1	x_2	x_3	x_4	x_5	b
x_1	1	$\frac{1}{3}$	$-\frac{1}{3}$	0	0	1
x_4	0	$-\frac{5}{3}^{\oplus}$	$-\frac{4}{3}$	1	0	-2
x_5	0	$-\frac{5}{3}$	$-\frac{1}{3}$	0	1	-1
σ_j	0	$-\frac{1}{3}$	$-\frac{2}{3}$	0	0	2

表 4-6　最优单纯形表

X_B	x_1	x_2	x_3	x_4	x_5	b
x_1	1	0	$-\frac{3}{5}$	$\frac{1}{5}$	0	$\frac{3}{5}$
x_2	0	1	$\frac{4}{5}$	$-\frac{3}{5}$	0	$\frac{6}{5}$
x_5	0	0	1	-1	1	1
σ_j	0	0	$-\frac{2}{5}$	$-\frac{1}{5}$	0	$\frac{12}{5}$

返回步骤 5 判断，由于全部检验数非负，所以（$\boldsymbol{P}_1$，$\boldsymbol{P}_2$，$\boldsymbol{P}_5$）是最优基，最优解为 (3/5，6/5，0，0，1)，最优值为 12/5。

1. 写出线性规划模型的对偶模型。

$$\max z=10x_1+3x_2+5x_3$$
$$\text{st}\begin{cases}2x_1+5x_2+x_3\leqslant 15\\4x_1+3x_3\leqslant 7\\x_1,\ x_2,\ x_3\geqslant 0\end{cases}$$

$$\max z=5x_1+6x_2+3x_3$$
$$\text{st}\begin{cases}x_1+2x_2+2x_3=5\\-x_1+5x_2-x_3\geqslant 3\\4x_1+7x_2+3x_3\leqslant 8\\x_1\text{无约束},\ x_2\geqslant 0,\ x_3\leqslant 0\end{cases}$$

$$\min z=3x_1-2x_2+4x_3+2x_5$$
$$\text{st}\begin{cases}3x_1+5x_2+x_4-2x_5\geqslant 6\\x_2+4x_3+x_5\leqslant 8\\2x_1-3x_2+7x_3-x_4+5x_5=0\\x_1,\ x_2\geqslant 0,\ x_4\leqslant 0,\ x_3,\ x_5\ \text{无约束}\end{cases}$$

$$\min z=\sum_{i=1}^{m}\sum_{j=1}^{n}c_{ij}x_{ij}$$
$$\text{st}\begin{cases}\sum_{j=1}^{n}x_{ij}=a_i,\quad i=1,\ 2,\ \cdots,\ m\\\sum_{i=1}^{n}x_{ij}=b_j,\quad j=1,\ 2,\ \cdots,\ n\\x_{ij}\geqslant 0,\quad j=1,\ 2,\ \cdots,\ n;\ i=1,\ 2,\ \cdots,\ m\end{cases}$$

2. 判断下列说法是否正确，并说明理由。

(1) 如果线性规划的原模型存在可行解，则其对偶模型也一定存在可行解。

(2) 如果线性规划的对偶模型无可行解，则其原模型也一定无可行解。

(3) 在互为对偶模型的一对原模型与对偶模型中，不管原模型是求最大或最小，原模型可行解的目标函数值一定不超过其对偶模型的可行解的目标函数值。

(4) 任何线性规划模型具有唯一的对偶模型。

3. 用计算机求解线性规划模型，说明每一种资源的影子价格。

$$\max z=50x_1+100x_2$$
$$\text{st}\begin{cases}x_1+x_2\leqslant 300\\2x_1+x_2\leqslant 400\\x_2\leqslant 250\\x_1,\ x_2\geqslant 0\end{cases}$$

4. 某企业生产甲、乙两种产品，其单位利润分别为 2 元和 3 元。每生产一件甲产品需劳动力 3 个单位，原材料 2 个单位；每生产一件乙产品需劳动力 6 个单位，原材料 1 个单位。企业现有劳动力 24 个，原材料 10 个单位。试问：(1) 该企业应如何安排生产才能获得最大利润？(2) 若另一个企业想利用该企业的这两种资源（劳动力和原材料），该企业最低应以多少价格转让？

5. 已知线性规划模型

$$\min z=8x_1+6x_2+3x_3+6x_4$$
$$\text{st}\begin{cases}-x_1-2x_2-x_4\leqslant -3\\3x_1+x_2+x_3+x_4\geqslant 6\\x_3+x_4\geqslant 2\\x_1+x_3\geqslant 2\\x_j\geqslant 0,\quad j=1,\ 2,\ 3,\ 4\end{cases}$$

(1) 写出该模型的对偶模型。

(2) 已知原模型的最优解为 $\boldsymbol{x}^*=(1,\ 1,\ 2,\ 0)^{\mathrm{T}}$，根据对偶理论，直接求出对偶模型的最优解。

6. 对线性规划模型

$$\max z=x_1+2x_2+x_3$$
$$\text{st}\begin{cases}x_1+x_2-x_3\leqslant 2\\x_1-x_2+x_3=1\\2x_1+x_2+x_3\geqslant 2\\x_1\geqslant 0,\ x_2\leqslant 0,\ x_3\text{无约束}\end{cases}$$

(1) 写出其对偶模型；

(2) 利用对偶模型性质证明原模型目标函数值 $z\leqslant 1$。

7. 给出线性规划模型

$$\max z=x_1+x_2$$
$$\text{st}\begin{cases}-x_1+x_2+x_3\leqslant 2\\-2x_1+x_2-x_3\leqslant 1\\x_1\geqslant 0,\ x_2\geqslant 0,\ x_3\geqslant 0\end{cases}$$

利用对偶模型性质证明上述模型的目标函数值无界。

8. 用对偶单纯形方法求解下列线性规划模型

(1) $\min z=4x_1+12x_2+18x_3$

$$\text{st}\begin{cases}x_1+3x_3\geqslant 3\\2x_2+2x_3\geqslant 5\\x_1,\ x_2,\ x_3\geqslant 0\end{cases}$$

(2) $\min z=5x_1+2x_2+4x_3$

$$\text{st}\begin{cases}3x_1+x_2+2x_3\geqslant 4\\6x_1+3x_2+5x_3\geqslant 10\\x_1,\ x_2,\ x_3\geqslant 0\end{cases}$$

9. 对线性规划模型

$$\min z=60x_1+40x_2+80x_3$$
$$\text{st}\begin{cases}3x_1+2x_2+x_3\geqslant 2\\4x_1+x_2+3x_3\geqslant 4\\2x_1+2x_2+2x_3\geqslant 3\\x_1,\ x_2,\ x_3\geqslant 0\end{cases}$$

(1) 写出对偶模型；

(2) 用对偶单纯形法求解原模型；

(3) 用单纯形法求解其对偶模型；

(4) 比较 (2) 与 (3) 中每一步计算得到的结果。

10. 已知有下述线性规划模型

$$\max z=8x_1+4x_2+6x_3+3x_4+9x_5$$
$$\text{st}\begin{cases}x_1+2x_2+3x_3+3x_4+3x_5\leqslant 180\\4x_1+3x_2+2x_3+x_4+x_5\leqslant 270\\x_1+3x_2+2x_3+x_4+3x_5\leqslant 180\\x_j\geqslant 0,\quad j=1,\ 2,\ 3,\ 4,\ 5\end{cases}$$

要求根据上述信息确定三种资源各自的影子价格。

11. 下述线性规划模型

$$\min z = 2x_1 - (1+\lambda_1)x_2 + 2x_3$$

$$\text{st}\begin{cases} -x_1 + x_2 + x_3 = 4 \\ -x_1 + x_2 - kx_3 \leqslant 6 + \lambda_2 \\ x_1 \leqslant 0,\ x_2 \geqslant 0,\ x_3 \text{ 无约束} \end{cases}$$

当 $\lambda_1 = \lambda_2 = 0$ 时，求得其最优解为 $x_1 = -5$，$x_2 = 0$，$x_3 = -1$。

要求：(1) 确定 k 的值；(2) 写出其对偶模型最优解。

第 5 章

本章要求了解灵敏度分析的必要性；掌握目标函数系数 c_j 和约束常数 b_i 的灵敏度分析方法；了解约束系数 a_{ij} 的灵敏度分析方法；熟悉当某一常数项 b_i 变化后，导致原来已求得的最优解有负数时，用对偶单纯形法求最优解的方法。

灵敏度分析

在第3章和第4章讨论的线性规划模型中，其目标函数系数c_j、约束系数a_{ij}和约束常数b_i都是确定的。但实际问题中，由于各种因素的影响，这些常数是有变化的，例如产品的需求量、产品的售价、原材料和能源的价格及资源供应量等的变动，从而引起c_j和b_i值的变化；工艺条件的改变，a_{ij}值就发生变化。于是面临这样的问题：当线性规划模型的某些常数发生变化后，对已求出的最优解有什么影响？显然，当线性规划模型的一个或几个常数发生变化后，原来已求得的结果一般会发生变化，可以用单纯形表重新计算，以得到新的解。但这样做很麻烦，而且也没有必要，因在单纯形表迭代中，每次都和基变量的系数矩阵$\boldsymbol{B}$有关，可以把发生变化的个别系数，经过一定的计算直接填入最终单纯形表中，并进行检查和分析。因此，灵敏度分析就是在求得最优解之后，研究线性规划模型中c_j，a_{ij}，b_i变化时，对最优解或最优基会产生什么影响。

5.1 价值系数c_j的变化分析

对于目标函数中价值系数c_j的变化分析，就c_j是对应的基变量和非基变量分别来讨论。

1. 在最优的单纯形表里，若c_j是非基变量x_j的系数

当c_j变为$c_j+\lambda_j$后，这时x_j在最优单纯形表中所对应的检验数是$\sigma_j=c_j-\boldsymbol{C}_{\mathrm{B}}\boldsymbol{B}^{-1}\boldsymbol{P}_j$，要保证最优表中这个检验数仍然小于或等于零，即$\sigma_j=c_j+\lambda_j-\boldsymbol{C}_{\mathrm{B}}\boldsymbol{B}^{-1}\boldsymbol{P}_j\leqslant 0$，移项化简得：$\lambda_j\leqslant\boldsymbol{C}_{\mathrm{B}}\boldsymbol{B}^{-1}\boldsymbol{P}_j-c_j=-\sigma_j$，即$\lambda_j$的值必须小于或等于$-\sigma_j$，才能使原最优解保持不变。这就可以确定$c_j$的变化范围，在此范围内变化时，最优基、最优解和最优值不变。

2. 在最优的单纯形表里，若c_j是基变量x_j的系数

由于$c_j\in\boldsymbol{C}_{\mathrm{B}}$，当$c_j$变为$c_j+\lambda_j$后，就引起了$\boldsymbol{C}_{\mathrm{B}}$的变化。这时

$$
\begin{aligned}
(\boldsymbol{C}_{\mathrm{B}}+(\overbrace{0,\cdots,0,\lambda_j,0,\cdots,0}^{m}))\boldsymbol{B}^{-1}\boldsymbol{A} &=\boldsymbol{C}_{\mathrm{B}}\boldsymbol{B}^{-1}\boldsymbol{A}+(0,\cdots,0,\lambda_j,0,\cdots,0)\boldsymbol{B}^{-1}\boldsymbol{A}\\
&=\boldsymbol{C}_{\mathrm{B}}\boldsymbol{B}^{-1}\boldsymbol{A}+\lambda_j(a_{j1},a_{j2},\cdots,a_{jn})
\end{aligned}
$$

可见当c_j变化λ_j以后，最优表中的检验数为

$$
\boldsymbol{\sigma}'=(c_1,c_2,\cdots,c_j+\lambda_j,\cdots,c_n)-[\boldsymbol{C}_{\mathrm{B}}\boldsymbol{B}^{-1}\boldsymbol{A}+\lambda_j(a_{j1},a_{j2},\cdots,a_{jn})]
$$

若要使原最优解不变，即必须满足$\boldsymbol{\sigma}_j'\leqslant\boldsymbol{0}$。从而可以确定出$\lambda_j$的范围，进而可以确定出$c_j$的范围，注意此时虽然最优基和最优解不变但最优值已发生了变化（考虑为什么）。

例5-1 某厂用甲、乙两种原料生产A，B，C，D四种产品，每种产品耗用的各种原料、单位利润及原料库存如表5-1所示。制订一个生产方案，在现有条件下，使获得利润最大。

表5-1 原料耗用、单位利润及原料库存

原料	产品				原料限制/t
	A	B	C	D	
甲	1	4	3	3/2	26
乙	1	3	2	3	21
利润/万元	2	6	5	4	

解 设x_1，x_2，x_3，x_4为生产各种产品的数量（t），那么有下面的数学模型

$$
\max z=2x_1+6x_2+5x_3+4x_4
$$

$$\text{st}\begin{cases}x_1+4x_2+3x_3+\frac{3}{2}x_4\leqslant 26\\ x_1+3x_2+2x_3+3x_4\leqslant 21\\ x_1,\ x_2,\ x_3,\ x_4\geqslant 0\end{cases}$$

转化为标准型

$$\max z=2x_1+6x_2+5x_3+4x_4+0x_5+0x_6$$

$$\text{st}\begin{cases}x_1+4x_2+3x_3+\frac{3}{2}x_4+x_5=26\\ x_1+3x_2+2x_3+3x_4+x_6=21\\ x_j\geqslant 0,\ j=1,\ 2,\ \cdots,\ 6\end{cases}$$

用单纯形表法可求得最优单纯形表，如表 5－2 所示。

表 5－2　最优单纯形表

$\boldsymbol{X}_B$	x_1	x_2	x_3	x_4	x_5	x_6	$\boldsymbol{b}$
x_3	0	1	1	$-\frac{3}{2}$	1	−1	5
x_1	1	1	0	6	−2	3	11
σ_j	0	−1	0	$-\frac{1}{2}$	−1	−1	−47

最优方案是产品 A 生产 11 t，产品 C 生产 5 t，产品 B 和 D 不生产，最大利润为 47 万元。

由最优单纯形表可得

$$\boldsymbol{B}=(\boldsymbol{P}_3,\ \boldsymbol{P}_1)=\begin{pmatrix}3 & 1\\ 2 & 1\end{pmatrix},\ \boldsymbol{C}=(2,\ 6,\ 5,\ 4,\ 0,\ 0),\ \boldsymbol{C}_B=(5,\ 2)$$

$$\boldsymbol{B}^{-1}\boldsymbol{A}=\begin{pmatrix}0 & 1 & 1 & -\frac{3}{2} & 1 & -1\\ 1 & 1 & 0 & 6 & -2 & 3\end{pmatrix}$$

如果产品 A，B，C，D 的利润有波动，限制在什么范围，才能使最优解不变？

(1) 非基变量目标函数系数波动。对于本题非基变量为 x_2，x_4，无妨设 x_2 的系数 $c_2=6$ 有波动，令 $c_2=6+\lambda$，则这一波动对 $\boldsymbol{B}$ 是可行基，无影响。因此，要使最优基、最优解不变，由判别准则知

$$\boldsymbol{C}-\boldsymbol{C}_B\boldsymbol{B}^{-1}\boldsymbol{A}\leqslant\boldsymbol{0}$$

$$(2,\ (6+\lambda),\ 5,\ 4,\ 0,\ 0)-(5,\ 2)\begin{pmatrix}0 & 1 & 1 & -\frac{3}{2} & 1 & -1\\ 1 & 1 & 0 & 6 & -2 & 3\end{pmatrix}$$

$$=\left(0,\ -1+\lambda,\ 0,\ -\frac{1}{2},\ -1,\ -1\right)\leqslant\boldsymbol{0}$$

从而，$-1+\lambda\leqslant 0$，$\lambda\leqslant 1$，也就是当 $\lambda\leqslant 1$ 或 $c_2\leqslant 7$ 时，最优基、最优解、最优值不变。

(2) 基变量的系数有波动。设 c_1 的波动为 λ，令 $c_1=2+\lambda$，同样这一波动对 $\boldsymbol{B}$ 是可行基，无影响。要使最优基、最优解不变，由判别准则知 $\boldsymbol{C}-\boldsymbol{C}_B\boldsymbol{B}^{-1}\boldsymbol{A}\leqslant\boldsymbol{0}$，从而

$$(2+\lambda,\ 6,\ 5,\ 4,\ 0,\ 0)-(5,\ 2+\lambda)\begin{pmatrix}0 & 1 & 1 & -\frac{3}{2} & 1 & -1\\ 1 & 1 & 0 & 6 & -2 & 3\end{pmatrix}$$

$$=\left(0,\ -1-\lambda,\ 0,\ -\frac{1}{2}-6\lambda,\ -1+2\lambda,\ -1-3\lambda\right)\leqslant \mathbf{0}$$

即$\frac{-1}{12}\leqslant\lambda\leqslant\frac{1}{2}$或$\frac{23}{12}\leqslant c_1\leqslant\frac{5}{2}$时，最优基、最优解不变，但是最优值发生了变化。

对于两个变量的线性规划模型的灵敏度分析，可以用图解法进行。

例 5-2 某工厂在计划期内要安排生产两种产品，已知生产单位产品所需要的设备台时和 A，B 两种原料的消耗以及资源的限制情况如表 5-3 所示。工厂应分别生产多少个产品 1 和产品 2 才能使其获利最大？

表 5-3 设备台时、原料消耗、单位利润及资源限制

条件	产品		资源限制
	1	2	
设备台时	1	1	300 台时
原料 A	2	1	400 kg
原料 B	0	1	250 kg
利润/万元	50	100	

解 建立描述该问题的线性规划模型

$$\max z=50x_1+100x_2$$

$$\text{st}\begin{cases}x_1+x_2\leqslant 300\\ 2x_1+x_2\leqslant 400\\ x_2\leqslant 250\\ x_1,\ x_2\geqslant 0\end{cases}$$

其中，$x_i(i=1,\ 2)$ 分别表示生产产品 1 和产品 2 的数量。用图解法如图 5-1 所示求得最优解 $B(x_1=50,\ x_2=250)$，即生产 150 个单位的产品 1 和生产 250 个单位的产品 2 时，可以获得最大利润。假设两种产品中的某一产品的单位利润增加或减少时，为了获取最大利润，就有可能增加或减少这一产品的产量，也就是改变最优解。实际上，产品利润在一定范围内变化时，整个线性规划的最优解是不会变化的，即仍然生产 50 个单位的产品 1 和 250 个单位的产品 2 而获利最大。当然，其中某一产品利润变化超出一定范围，最优解就会受到影响。用图解法可以确定这一变化的范围，即确定其变化的上限和下限。

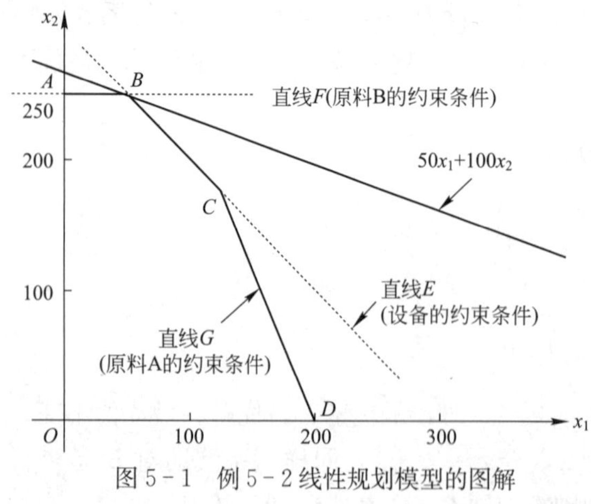

图 5-1 例 5-2 线性规划模型的图解

从图 5-1 中可以看出，只要目标函数直线的斜率在直线 E 的斜率与直线 F 的斜率之间变化时，顶点 $B(x_1=50,\ x_2=250)$ 仍然是最优解。如果目标函数直线逆时针旋转，当目标函数的斜率等于直线 F

的斜率时，则可知线段 AB 上的任一点都是最优解。如果继续逆时针旋转，则可知 A 点为最优解。如果目标函数直线顺时针方向旋转，当目标函数的斜率等于直线 E 的斜率时，则可知线段 BC 上的任一点都是其最优解。如果继续顺时针旋转，当目标函数的斜率在直线 E 的斜率和直线 G 的斜率之间时，则顶点 C 为最优解。当目标函数的斜率等于直线 G 的斜率时，则线段 CD 上的任一点都是最优解，如果再继续顺时针旋转，可知顶点 D 为最优解。

已知直线 E 的方程 $x_1+x_2=300$ 的斜率为 -1；直线 F 的方程 $x_2=250$ 的斜率为 0；直线 G 的方程是 $2x_1+x_2=400$，其斜率为 -2；而目标函数 $z=c_1x_1+c_2x_2$ 的斜率可以表示为$\frac{-c_1}{c_2}$。这样通过以上分析可知，当$-1\leqslant\frac{-c_1}{c_2}\leqslant 0$ 时，顶点 B 仍然是最优解，为了计算出 c_1 在什么范围内变化时最优解不变，固定单位产品 2 的利润为 100 元不变，即 $c_2=100$，则有

$$-1\leqslant-\frac{c_1}{100}\leqslant 0,\quad 0\leqslant c_1\leqslant 100$$

即只要当单位产品 2 的利润为 100 元、单位产品 1 的利润在 0 与 100 元之间变化时，顶点 $B(x_1=50,\ x_2=250)$ 仍然是最优解。

同样，固定单位产品 1 的利润为 50 元不变，即 $c_1=50$，有

$$-1\leqslant-\frac{50}{c_2}\leqslant 0,\quad 50\leqslant c_2\leqslant+\infty$$

当单位产品 1 的利润为 50 元不变，而单位产品 2 的利润只要大于等于 50 元时，顶点 B 仍是其最优解。

如果当 c_1 和 c_2 都变化时，可以通过不等式$-1\leqslant\frac{-c_1}{c_2}\leqslant 0$ 来判断 B 点是否仍然为其最优解，例如当 $c_1=60$，$c_2=55$ 时，因为$\frac{-c_1}{c_2}=-\frac{60}{55}$，不满足上述不等式，可知顶点 B 已不是最优解了。由于$-2\leqslant-60/55\leqslant-1$，所以此时顶点 $C(x_1=100,\ x_2=200)$ 为最优解。

5.2　常数项 b_i 的变化分析

资源数量的变化是指系数 b_r 发生变化，设 $b_r'=b_r+\lambda_r$。并设线性规划模型的其他系数都不变，原模型的解相应地变化为 $\boldsymbol{X}_B'=\boldsymbol{B}^{-1}(\boldsymbol{b}+\Delta\boldsymbol{b})$，这里 $\Delta\boldsymbol{b}=(0,\ 0,\ \cdots,\ \lambda_r,\ 0,\ \cdots,\ 0)^T$。只要 $\boldsymbol{X}_B'\geqslant\boldsymbol{0}$，则最优基不变，由于影子价格为 $\boldsymbol{C}_B\boldsymbol{B}^{-1}$，所以约束条件资源的影子价格不变，但最优值发生了变化。

$$\boldsymbol{B}^{-1}(\boldsymbol{b}+\Delta\boldsymbol{b})=\boldsymbol{B}^{-1}\boldsymbol{b}+\boldsymbol{B}^{-1}\Delta\boldsymbol{b}=\boldsymbol{B}^{-1}\boldsymbol{b}+\boldsymbol{B}^{-1}(0,\ 0,\ \cdots,\ \lambda_r,\ 0,\ \cdots,\ 0)^T$$

$$\boldsymbol{B}^{-1}(0,\ 0,\ \cdots,\ \lambda_r,\ 0,\ \cdots,\ 0)^T=\lambda_r\overline{P}_r$$

$$\boldsymbol{B}^{-1}(\boldsymbol{b}+\Delta\boldsymbol{b})=(\overline{b}_i+\lambda\,\overline{a}_{ir})\geqslant\boldsymbol{0},\quad i=1,\ 2,\ \cdots,\ m$$

因此，只要在最终表中求得 $\boldsymbol{b}$ 列的所有元素 $\overline{b}_i+\lambda_r\,\overline{a}_{ir}\geqslant 0$，$i=1,\ 2,\ \cdots,\ m$，最优基就不变。

由此可得

$$\overline{a}_{ir}\lambda_r\geqslant-\overline{b}_i,\quad i=1,\ 2,\ \cdots,\ m$$

当 $\overline{a}_{ir}>0$ 时，$\lambda_r\geqslant-\frac{\overline{b}_i}{\overline{a}_{ir}}$；当 $\overline{a}_{ir}<0$ 时，$\lambda_r\leqslant-\frac{\overline{b}_i}{\overline{a}_{ir}}$，于是得到最优基就不变时 λ_r 变化范围

$$\max\left(-\frac{\bar{b}_i}{\bar{a}_{ir}}\middle|\bar{a}_{ir}>0\right)\leqslant\lambda_r\leqslant\min\left(-\frac{\bar{b}_i}{\bar{a}_{ir}}\middle|\bar{a}_{ir}<0\right)$$

在例 5－1 中，设 b_1 有波动，令 $b_1=26+\lambda$，因 b_1 的波动和 $\boldsymbol{B}$ 是基且和判别准则无关，仅影响单纯形表中的 $\boldsymbol{B}^{-1}\boldsymbol{b}\geqslant0$，故只要 $\boldsymbol{B}^{-1}\boldsymbol{b}\geqslant\boldsymbol{0}$，则 $\boldsymbol{B}$ 仍是最优基。即

$$\boldsymbol{B}^{-1}\boldsymbol{b}=\begin{pmatrix}1 & -1\\ -2 & 3\end{pmatrix}\begin{pmatrix}26+\lambda\\ 21\end{pmatrix}=\begin{pmatrix}5+\lambda\\ 11-2\lambda\end{pmatrix}\geqslant\boldsymbol{0}$$

从而，当 $-5\leqslant\lambda\leqslant\frac{11}{2}$ 或 $21\leqslant b_1\leqslant\frac{63}{2}$ 时，最优基不变，但最优解和最优值发生了变化，它们都是 λ 的函数。

最优解为：$(11-2\lambda,\ 0,\ 5+\lambda,\ 0)$

最优值为：$\boldsymbol{C}_B'\boldsymbol{B}^{-1}\boldsymbol{b}=(5,\ 2)\begin{pmatrix}5+\lambda\\ 11-2\lambda\end{pmatrix}=47+\lambda$

当资源变化的数量给定以后，求对应模型的最优解和最优值，分两种情况：当 $\boldsymbol{B}^{-1}\boldsymbol{b}\geqslant\boldsymbol{0}$ 时，按照上面的方法来求；当 $\boldsymbol{B}^{-1}\boldsymbol{b}<\boldsymbol{0}$ 时，可按照对偶单纯形法求解。

5.3 添加新变量的分析

例 5－3 在例 5－1 所给条件的基础上，假设又试制成一种新产品 E，生产 1 t 产品消耗原料甲、乙分别为 2，0.5 t，问产品 E 的单位利润是多少时才能投产？

解 在例 5－1 所建的模型中引进新变量 x_7 后模型变为

$$\max z=2x_1+6x_2+5x_3+4x_4+c_7x_7$$

$$\text{st}\begin{cases}x_1+4x_2+3x_3+\frac{3}{2}x_4+x_5+2x_7=26\\ x_1+3x_2+2x_3+3x_4+x_6+0.5x_7=21\\ x_1,\ x_2,\ x_3,\ x_4,\ x_5,\ x_6,\ x_7\geqslant0\end{cases}$$

对于上式 $\boldsymbol{B}$ 仍是可行基，且有 σ_1，σ_2，σ_3，σ_4，σ_5，$\sigma_6\leqslant0$，要使 $\boldsymbol{B}$ 是上式的最优基，只需 $\sigma_7=c_7-\boldsymbol{C}_B\boldsymbol{B}^{-1}\boldsymbol{P}_7\leqslant0$。

$$c_7-\boldsymbol{C}_B\boldsymbol{B}^{-1}\boldsymbol{P}_7=c_7-(5,\ 2)\begin{pmatrix}1 & -1\\ -2 & 3\end{pmatrix}\begin{pmatrix}2\\ 0.5\end{pmatrix}=-2.5+c_7\leqslant0$$

当 $c_7\leqslant2.5$ 时，最优基不变，最优解为：$(x^*,\ 0)$，x^* 是没有增加新变量时的解，最优方案不变，最优值不变。该结果可解释为：$c_7\leqslant2.5$ 时新产品的利润不够大，投产后不会增加总利润，自然原最优方案不变；而当 $c_7\geqslant2.5$ 时，新产品投产以后会增加总利润，所以应投产，最优方案就要变了。

5.4 应用 QM 软件进行灵敏度分析

例 5－4 对下面的线性规划模型进行灵敏度分析。

$$\max z=2x_1+6x_2+5x_3+4x_4$$

$$
\text{st}\begin{cases} x_1+4x_2+3x_3+\dfrac{3}{2}x_4\leqslant 26 \\ x_1+3x_2+2x_3+3x_4\leqslant 21 \\ x_1,\ x_2,\ x_3,\ x_4\geqslant 0 \end{cases}
$$

解　应用 QM 软件进行求解，结果如图 5－2 所示。

Linear Programming Results

<untitled> Solution							
	X1	X2	X3	X4		RHS	Dual
Maximize	2.	6.	5.	4.			
Constraint 1	1.	4.	3.	1.5	<=	26.	1.
Constraint 2	1.	3.	2.	3.	<=	21.	1.
Solution->	11.	0.	5.	0.		$47.	

图 5－2　线性规划求解结果

在“Window”窗口中单击“Ranging”，得到如图 5－3 所示信息。

最优解　相差值　目标函数系数　价值系数的变化范围

Ranging

<untitled> Solution					
Variable	Value	Reduced	Original Val	Lower Bound	Upper Bound
X1	11.	0.	2.	1.9167	2.5
X2	0.	1.	6.	-Infinity	7.
X3	5.	0.	5.	4.	5.3333
X4	0.	0.5	4.	-Infinity	4.5
Constraint	Dual Value	Slack	Original Val	Lower Bound	Upper Bound
Constraint 1	1.	0.	26.	21.	31.5
Constraint 2	1.	0.	21.	17.3333	26.

影子价格　松弛变量　常数项　常数项的变化范围

图 5－3　灵敏度及相关信息分析结果

从图 5－3 可以得到以下信息。

（1）最优解为：$x_1=11$，$x_2=0$，$x_3=5$，$x_4=0$

（2）影子价格为：$y_1=1$，$y_2=1$

（3）松弛变量为：$x_5=x_6=0$

（4）目标函数的灵敏度分析：$1.916\ 7\leqslant c_1\leqslant 2.5$，$-\infty<c_2\leqslant 7$，$4\leqslant c_3\leqslant 5.333\ 3$，$-\infty<c_4\leqslant 4.5$

（5）常数项的灵敏度分析：$21\leqslant b_1\leqslant 31.5$，$17.333\ 3\leqslant b_2\leqslant 26$

（6）相差值：这一项主要回答 x_2 为什么是 0，即回答产品 2 为什么不生产。原因是 c_2 太小，当 c_2 再增加 1，即 $c_2\geqslant 7$ 时 x_2 就不为 0。x_4 为 0 的原因作同样解释。

例 5－5　某工厂采用研磨、钻孔和装配 3 种工艺生产 5 种产品 P_1，P_2，…，P_5。每单位产品在每一种工艺加工中所花费的工时和扣除成本后利润如表 5－4 所示。

已知产品 P_2 的最低需求和最高需求分别为 10 和 100 个单位；产品 P_4 的最低需求和最高需求分别为 20 和 150 个单位，其余产品的产量无限制。该厂有 9 台磨床和 6 台钻床，每周工作 6 天，每天两班，每班 8 h。另用 24 名工人进行装配，每人每天一班。为获取最大的总利润，试求一周内每种产品各应生产多少？并根据计算机求解后的输出结果回答下列问题：

表 5-4　加工工时和扣除成本后利润

工艺	产品				
	P_1	P_2	P_3	P_4	P_5
研　磨	12	20	—	25	15
钻　孔	10	8	16	—	—
装　配	20	20	20	20	20
利润/元	550	600	350	400	200

(1) 这家工厂还有剩余的资源吗？如果有的话，是哪种资源？有多少？

(2) 增加一台磨床每周将增加多少利润？

(3) 如果钻孔的总工时下降至 440，每周的利润有什么变化？

(4) 如果每周能增加劳动工时 90 人时，成本为每人时 8.5 元，或者能租借研磨工艺 100 工时，每工时的租金为 9.5 元，你将选择哪一种方案？

(5) 如果产品 P_2的单位利润从 600 元增至 650 元，最优生产计划有什么变化？总利润有什么变化？

(6) 产品 P_1的单位利润在什么范围变化，最优生产方案保持不变？总利润有改变吗？

(7) 若产品 P_4的最低需求变为 25，或产品 P_2的最低需求变为 5，总利润又是多少？

解　设 $x_j(j=1,2,\cdots,5)$ 表示一周内对应产品 P_j 的产量，下面计算各种资源的限额。因工厂有 9 台磨床，每台一周工作 96 h，故磨床共有 864 个工时；同理，每周的钻床工时为 576；而装配工作总共使用 24 名工人，每人每周工作 48 h，可给出的工作时间为 1 152 h。

该问题的线性规划模型为

$$\max z=550x_1+600x_2+350x_3+400x_4+200x_5$$

$$\text{st}\begin{cases}12x_1+20x_2+25x_4+15x_5\leqslant 864\\10x_1+8x_2+16x_3\leqslant 576\\20x_1+20x_2+20x_3+20x_4+20x_5\leqslant 1\ 152\\x_2\geqslant 10\\x_2\leqslant 100\\x_4\geqslant 20\\x_4\leqslant 150\\x_1,\ x_2,\ x_3,\ x_4,\ x_5\geqslant 0\end{cases}$$

用 QM 软件求解结果如图 5-4 所示。

从图 5-4 看到，最优的生产方案为，一周内生产产品 P_1 13.667 个单位，产品 P_2 10 个单位，产品 P_3 13.933 个单位，产品 P_4 20 个单位，不生产产品 P_5，最大利润 26 393.33 元。

(1) 由各约束条件的松弛（或剩余）变量值可知工厂有 136.4 个钻床工时的剩余。

(2) 增加一台磨床意味每周增加 96 个磨床工时。磨床工时的影子价格为 16.667，影子价格的有效范围为 (700，1 031.2)，864+96 没有超出这个范围，因此增加一台磨床将增加利润 16.667×96=1 600.032(元)。

<untitled> Solution					
Variable	Value	Reduced	Original Val	Lower Bound	Upper Bound
X1	13.6667	0.	550.	500.	Infinity
X2	10.	0.	600.	-Infinity	683.3333
X3	13.9333	0.	350.	0.	475.
X4	20.	0.	400.	-Infinity	766.6666
X5	0.	400.	200.	-Infinity	600.
Constraint	Dual Value	Slack	Original Val	Lower Bound	Upper Bound
Constraint 1	16.6667	0.	864.	700.	1,031.2
Constraint 2	0.	136.4	576.	439.6	Infinity
Constraint 3	17.5	0.	1,152.	873.3334	1,322.5
Constraint 4	-83.3333	0.	10.	0.	18.2
Constraint 5	0.	90.	100.	10.	Infinity
Constraint 6	-366.6667	0.	20.	7.1385	26.56
Constraint 7	0.	130.	150.	20.	Infinity

图 5-4　使用 QM 软件求解后的结果

(3) 由于钻孔工时的影子价格为 0，故总利润没有变化。

(4) 每周增加劳动工时 90 人时，扣除成本后利润的净增量为：90×(17.5−8.5)＝810(元)；而租借 100 磨床工时所带来的利润净增量为：100×(16.667−9.5)＝716.7(元)。所以，正确的选择应为增加劳动工时。

(5) 由目标函数系数的可变范围可见生产最优方案不变，但是，总利润增加 50×10＝500(元)。

(6) 产品 P_1的单位利润在 500 元到正无穷大之间变化时，最优生产方案保持不变，总利润有改变。

(7) 若产品 P_4的最低需求变为 25，这一变化在其灵敏度范围（7.138 5，26.56）内，由于影子价格为负数且模型为求最大化，所以增加 5 个单位将使目标函数值减少 5×366.666 7＝1 833.333 5。

若产品 P_2的最低需求变为 5，这一变化在其灵敏度范围（0，18.2）内，由于影子价格为负数且模型为求最大化，所以减少 5 个单位将使目标函数值增加 5×83.333 3＝416.666 5。

例 5-6　已知最大化线性规划模型的最初和最优单纯形表分别如表 5-5 和表 5-6 所示。

表 5-5　初始单纯形表

C_B	X_B	$1x_1$	$2x_2$	$0x_3$	$0x_4$	$0x_5$	b
0	x_3	2	2	1	0	0	12
0	x_4	3	0	0	1	0	9
0	x_5	0	2	0	0	1	8
σ_j		1	2	0	0	0	

表 5-6　最优单纯形表

C_B	X_B	$1x_1$	$2x_2$	$0x_3$	$0x_4$	$0x_5$	b
1	x_1	1	0	$\frac{1}{2}$	0	$-\frac{1}{2}$	2
0	x_4	0	0	$-\frac{3}{2}$	1	$\frac{3}{2}$	3

续表

C_B	X_B	$1x_1$	$2x_2$	$0x_3$	$0x_4$	$0x_5$	b
2	x_2	0	1	0	0	$\frac{1}{2}$	4
	σ_j	0	0	$-\frac{1}{2}$	0	$-\frac{1}{2}$	

(1) 求其对偶模型的最优解；

(2) 求 c_1 的变化范围，使最优基不变；

(3) b_1 由 12 变为 16，求最优解。

解 (1) 由于变量 x_3，x_4，x_5 在目标函数中的系数为 0 且在约束条件中的系数为 1，可知这三个变量为松弛变量，由第 4 章知对偶模型的最优解为：$(y_1, y_2, y_3)=\left(\frac{1}{2}, 0, \frac{1}{2}\right)$。

(2) 从最优单纯形表中知 x_1 为基变量，设波动为 λ，则要使最优基不变，必须满足

$$\boldsymbol{C}-\boldsymbol{C}_B\boldsymbol{B}^{-1}\boldsymbol{A}\leqslant\boldsymbol{0}，其中：\boldsymbol{B}^{-1}=\begin{pmatrix}\frac{1}{2} & 0 & -\frac{1}{2}\\ -\frac{3}{2} & 1 & \frac{3}{2}\\ 0 & 0 & \frac{1}{2}\end{pmatrix}$$

$$(1+\lambda, 2, 0, 0, 0)-(1+\lambda, 0, 2)\begin{pmatrix}1 & 0 & \frac{1}{2} & 0 & -\frac{1}{2}\\ 0 & 0 & -\frac{3}{2} & 1 & \frac{3}{2}\\ 0 & 1 & 0 & 0 & \frac{1}{2}\end{pmatrix}$$

计算得 $-1\leqslant\lambda\leqslant 1$，即可得 c_1 的变化范围为：$[0, 2]$。

(3) 由单纯形表可知，只要 $\boldsymbol{B}^{-1}\boldsymbol{b}\geqslant\boldsymbol{0}$，$\boldsymbol{B}$ 仍为最优基。

$$\boldsymbol{B}^{-1}\boldsymbol{b}=\begin{pmatrix}\frac{1}{2} & 0 & -\frac{1}{2}\\ -\frac{3}{2} & 1 & \frac{3}{2}\\ 0 & 0 & \frac{1}{2}\end{pmatrix}\begin{pmatrix}16\\ 9\\ 8\end{pmatrix}=\begin{pmatrix}4\\ -3\\ 4\end{pmatrix}$$

因 $\boldsymbol{B}^{-1}\boldsymbol{b}$ 中有负分量，最优基已发生变化，此时求最优解用对偶单纯形法，计算过程如表 5－7 所示。求解的结果如表 5－8 所示。

表 5－7 常数项变化后的单纯形表

C_B	X_B	$1x_1$	$2x_2$	$0x_3$	$0x_4$	$0x_5$	b
1	x_1	1	0	$\frac{1}{2}$	0	$-\frac{1}{2}$	4
0	x_4	0	0	$-\frac{3}{2}$	1	$\frac{3}{2}$	-3
2	x_2	0	1	0	0	$\frac{1}{2}$	4
	σ_j	0	0	$-\frac{1}{2}$	0	$-\frac{1}{2}$	

显然，x_4为换出基变量，x_3为换入基变量，进行换基迭代。

表 5-8　用对偶单纯形法求解的结果

C_B	X_B	$1x_1$	$2x_2$	$0x_3$	$0x_4$	$0x_5$	b
1	x_1	1	0	0	$\frac{1}{3}$	0	3
0	x_3	0	0	1	$-\frac{2}{3}$	−1	2
2	x_2	0	1	0	0	$\frac{1}{2}$	4
σ_j		0	0	0	$-\frac{1}{3}$	−1	−11

此时的最优解为：$x_1=3$，$x_2=4$，$x_3=2$，$x_4=x_5=0$。

习题

1. 某公司制造甲、乙两种产品，现甲、乙两种产品的产量每天分别为 30 个和 120 个。公司希望了解是否通过改变这两种产品的数量而提高公司的利润，制造每个产品所需的加工工时和各个车间的加工能力如表 5-9 所示。

表 5-9　产品生产的相关数据

车　间	产　品　甲	产　品　乙	车间能力（每天加工时数）
1	2	0	300
2	0	3	540
3	2	2	440
4	1.2	1.5	300
每个产品利润/元	500	400	

假设每天甲、乙产品的生产产量分别为 x_1，x_2，则线性规划模型为

$$\max z=500x_1+400x_2$$

$$\text{st}\begin{cases}2x_1\leqslant 300\\3x_2\leqslant 540\\2x_1+2x_2\leqslant 440\\1.2x_1+1.5x_2\leqslant 300\\x_1,\ x_2\geqslant 0\end{cases}$$

使用 QM 软件求解并回答下面问题。

(1) 最优解是什么？最大利润是多少？

(2) 哪个车间的加工工时已用完？哪个车间的加工工时还没用完？其松弛变量即没用完的加工工时各为多少？

(3) 4 个车间的加工工时的影子价格各为多少？请对此对偶的含义予以说明。

(4) 如果请你在这 4 个车间中选择一个车间进行加班生产，你会选择哪一个？为什么？

(5) 目标函数中 x_1的系数在什么范围内变化时，最优解不变？

(6) 目标函数中 x_2的系数从 400 提高到 490 时，最优解变了没有？为什么？

(7) 请解释右端常数项各值的上限和下限。

(8) 车间 1 的加工工时数从 300 增加到 400 时，总利润能增加多少？这时最优解变化了没有？

(9) 车间 3 的加工工时数从 440 增加到 480 时，能否求得总利润增加的数量？为什么？

2. 已知线性规划模型

$$\max z = x_1 + 2x_2$$
$$\text{st}\begin{cases} -2x_1 + x_2 \leqslant 2 \\ -x_1 + 2x_2 \leqslant 7 \\ x_1 \leqslant 3 \\ x_1,\ x_2 \geqslant 0 \end{cases}$$

其最优单纯形表如表 5-10 所示。

表 5-10　最优单纯形表

C_B	X_B	x_1	$2x_2$	$0x_3$	$0x_4$	$0x_5$	b
2	x_2	0	1	0	$\frac{1}{2}$	$\frac{1}{2}$	5
1	x_1	1	0	0	0	1	3
0	x_3	0	0	1	$-\frac{1}{2}$	$\frac{3}{2}$	3
σ_j		0	0	0	−1	−2	

(1) 写出其对偶模型；

(2) 求对偶模型的最优解；

(3) 写出最优基 $\boldsymbol{B}$ 及其逆矩阵 $\boldsymbol{B}^{-1}$；

(4) 若右端项变为 $\boldsymbol{b}'=(2,\ 12,\ 2)^{\mathrm{T}}$，最优基是否变化？求出变化后的最优解及其最优值。

3. 给出下列线性规划模型

$$\max z = 6x_1 + 2x_2 + 12x_3$$
$$\text{st}\begin{cases} 4x_1 + x_2 + 3x_3 \leqslant 24 \\ 2x_1 + 6x_2 + 3x_3 \leqslant 30 \\ x_1,\ x_2,\ x_3 \geqslant 0 \end{cases}$$

其最优单纯形表如表 5-11 所示。

表 5-11　最优单纯形表

C_B	X_B	$6x_1$	$2x_2$	$12x_3$	$0x_4$	$0x_5$	b
12	x_3	$\frac{4}{3}$	$\frac{1}{3}$	1	$\frac{1}{3}$	0	8
0	x_5	−2	5	0	−1	1	6
σ_j		−10	−2	0	−4	0	

(1) 求出最优基不变的 b_2 的变化范围；

(2) 求出最优解不变的 c_3 的变化范围；

(3) 在原线性规划的约束条件上，增加下面的约束条件：$x_1 + 2x_2 + 2x_3 \leqslant 12$，其最优解是否变化？如变化，求出最优解。

4. 有一标准型的线性规划模型

$$\max z = \boldsymbol{CX}$$
$$\text{st}\begin{cases}\boldsymbol{AX}=\boldsymbol{b}\\ \boldsymbol{X}\geqslant \boldsymbol{0}\end{cases}$$

其最优单纯形表如表 5-12 所示。

表 5-12　最优单纯形表

$\boldsymbol{C}_B$	$\boldsymbol{X}_B$	c_1x_1	c_2x_2	c_3x_3	c_4x_4	c_5x_5	$\boldsymbol{b}$
c_1	x_1	1	0	−1	3	−1	1
c_2	x_2	0	1	2	−1	1	2
σ_j		0	0	−3	−3	−1	−8

其中：x_4，x_5是对用于初始单位矩阵的松弛变量。

(1) 利用最优单纯形表求 c_1，c_2，c_3，c_4，c_5；

(2) 假定用 $\boldsymbol{b}+\lambda\Delta\boldsymbol{b}$ 代替 $\boldsymbol{b}$，其中 $\Delta\boldsymbol{b}=\begin{pmatrix}1\\-1\end{pmatrix}$，$-\infty<\lambda<+\infty$，要使最优基 $\boldsymbol{B}$ 保持不变，λ 的变化范围是什么？当 $\lambda=\dfrac{1}{2}$时，求最优解；

(3) 求资源 b_i 的影子价格。

5. 有最大化问题的最优单纯形表如表 5-13 所示，其中 x_4，x_5为松弛变量。

表 5-13　最优单纯形表

$\boldsymbol{X}_B$	x_1	x_2	x_3	x_4	x_5	$\boldsymbol{b}$
x_3	0	−1	1	3	1	2
x_1	1	−1	0	−1	0	4
σ_j	0	−3	0	−3	−1	

(1) 写出该问题的最优解；

(2) 当 Δc_3为何值时，其对偶模型无解？并说明理由。

6. 考虑线性规划模型

$$\max z = -5x_1+5x_2+13x_3$$
$$\text{st}\begin{cases}-x_1+x_2+3x_3\leqslant 20\\ 12x_1+4x_2+10x_3\leqslant 90\\ x_i\geqslant 0,\ i=1,\ 2,\ 3\end{cases}$$

其最优单纯形表如表 5-14 所示。

表 5-14　最优单纯形表

$\boldsymbol{X}_B$	x_1	x_2	x_3	x_4	x_5	$\boldsymbol{b}$
x_2	−1	1	3	1	0	20
x_5	16	0	−2	−4	1	10
σ_j	0	0	−2	−5	0	100

（1）写出此线性规划的最优解、最优基 $\boldsymbol{B}$ 和 $\boldsymbol{B}^{-1}$；

（2）求此线性规划的对偶模型的最优解；

（3）试求 c_2 在什么范围内，此线性规划的最优解不变；

（4）若 b_1 从 20 变为 45，最优解及最优值各是什么？

7. 分析线性规划模型中 θ 变化时最优解变化情况。

$$\max z(\theta)=(3+2\theta)x_1+(5-\theta)x_2 \quad (\theta\geqslant 0)$$

$$\text{st}\begin{cases}x_1\leqslant 4\\ 2x_2\leqslant 12\\ 3x_1+2x_2\leqslant 18\\ x_1,\ x_2\geqslant 0\end{cases}$$

8. 线性规划模型

$$\max z=-5x_1+5x_2+13x_3$$

$$\text{st}\begin{cases}-x_1+x_2+3x_3\leqslant 20\\ 12x_1+4x_2+10x_3\leqslant 90\\ x_1,\ x_2,\ x_3\geqslant 0\end{cases}$$

先用单纯形表法求出最优解，然后分析在下列各种条件下，最优解分别有什么变化？

（1）第一个约束条件的右端常数由 20 变为 30；

（2）第二个约束条件的右端常数由 90 变为 70；

（3）目标函数中 x_3 的系数由 13 变为 8；

（4）x_1 的系数列向量由 $\begin{pmatrix}-1\\12\end{pmatrix}$ 变为 $\begin{pmatrix}0\\5\end{pmatrix}$；

（5）增加一个约束条件 $2x_1+3x_2+5x_3\leqslant 50$；

（6）将原来第二个约束条件改变为 $10x_1+5x_2+10x_3\leqslant 100$。

9. 最大化线性规划模型的最初始单纯形表及最优单纯形表，如表 5-15 和表 5-16 所示。

（1）填写最优单纯形表 5-16 中空白处的数字；

（2）写出原线性规划模型；

（3）写出其对偶线性规划模型及其最优值；

（4）当 $\boldsymbol{b}$ 变为 $\boldsymbol{b}+\lambda\boldsymbol{b}^*$ 时，其中 $\boldsymbol{b}^*=(1,\ -1,\ 0)^{\mathrm{T}}$，问 λ 在什么范围内变化，原最优基不变？

（5）目标函数 x_2 的系数 c_2 从 -1 变为 -2，原最优基是否会改变？求出 $c_2=-2$ 时的最优值。

表 5-15　最初单纯形表

$\boldsymbol{C}_{\mathrm{B}}$	$\boldsymbol{X}_{\mathrm{B}}$	$2x_1$	$-1x_2$	$1x_3$	$0x_4$	$0x_5$	$0x_6$	$\boldsymbol{b}$
0	x_4	3	1	1	1	0	0	b_1
0	x_5	1	-1	2	0	1	0	b_2
0	x_6	1	1	-1	0	0	1	b_3
σ_j		2	-1	1	0	0	0	

表 5-16 最优单纯形表

C_B	X_B	$2x_1$	$-1x_2$	$1x_3$	$0x_4$	$0x_5$	$0x_6$	b
0	x_4					-1	-2	15
2	x_1					$\frac{1}{2}$	$\frac{1}{2}$	10
-1	x_2					$-\frac{1}{2}$	$\frac{1}{2}$	5
σ_j								

10. A 投资公司为很多公司和个人管理资金，公司的投资策略应该符合客户的需求。有一位新客户委任 A 投资公司对 120 万元进行两方面投资：股票和货币市场。每单位股票市场投资资金是 50 元，年资金收益率为 10%；每单位货币市场投资资金是 100 元，年资金收益率 4%。

客户希望在满足年投资收入至少是 6 万元的前提下，尽量降低风险。通过 A 投资公司风险测量系统可以知道，投资在股票市场的单位数量风险指数是 8，投资在货币市场的单位货币数量风险指数是 3。A 投资公司的客户要求在货币市场上的投资至少是 30 万元。

(1) 试建立风险指数最低的投资方案模型，并用单纯形表法求解这个问题；

(2) 最优值是衡量投资风险程度的尺度，增加每年年收入的要求会对投资组合的风险尺度产生什么影响？

(3) 求 b_2 的影响范围；

(4) 如果对每年年收入的要求从 6 万元增加到 6.5 万元，那么最优解和最优值会如何变化？

(5) 如果对股票市场的单位数量风险指数从 8 增加到 9，那么最优解和最优值如何变化？

11. 下述线性规划问题

$$\max z=-x_1+18x_2+c_3x_3+c_4x_4$$

$$\text{st}\begin{cases}x_1+2x_2+3x_3+4x_4\leqslant 15\\-3x_1+4x_2-5x_3-6x_4\leqslant 5+\lambda\\x_j\geqslant 0,\quad j=1,2,3,4\end{cases}$$

要求：

(1) 以 x_1，x_2 为基变量，列出单纯形表（当 $\lambda=0$ 时）；

(2) 当 c_3，c_4 在什么范围内取值时，以 x_1，x_2 为基变量所确定的基本解为最优解；

(3) 求最优基不变时 λ 的取值范围；

(4) 增加一个新变量 x_k，其系数为 $(c_k, 2, 3)^{\mathrm{T}}$，求最优基不变时 c_k 的取值范围。

12. 线性规划问题

$$\max z=(2+\lambda_1)x_1+(3-\lambda_1)x_2+(1+\lambda_1)x_3$$

$$\text{st}\begin{cases}\frac{1}{3}x_1+\frac{1}{3}x_2+\frac{1}{3}x_3+x_4=1+\lambda_2\\\frac{1}{3}x_1+\frac{4}{3}x_2+\frac{7}{3}x_3+x_5=3-\lambda_2\\x_j\geqslant 0,\quad j=1,2,3,4,5\end{cases}$$

当 $\lambda_1=\lambda_2=0$ 时，得最优单纯形表（表 5-17）。

表 5-17　最优单纯形表

C_B	X_B	x_1	x_2	x_3	x_4	x_5	b
2	x_1	1	0	−1	4	−1	1
3	x_2	0	1	2	−1	1	2
σ_j		0	0	−3	−5	−1	−8

要求：

(1) 当 $\lambda_2=0$ 时，分析 $-1\leqslant\lambda_1\leqslant\frac{1}{2}$ 时目标函数值的变化；

(2) 当 $\lambda_1=0$ 时，分析 $-\frac{1}{5}\leqslant\lambda_2\leqslant 1$ 时目标函数值的变化。

第6章

本章要求熟悉综合应用线性规划理论解决实际问题的步骤，学会用数学思维分析问题；掌握线性规划模型的建立及求解；能够对模型求解结果进行分析和应用。

线性规划在工商管理中的应用

6.1 人力资源分配问题

例 6-1 某昼夜服务的公交线路每天各时间段内所需司机和乘务人员数如表 6-1 所示。假设司机和乘务人员分别在各时间段一经上班，就连续工作 8 h。问该公司怎样招聘司机和乘务人员，既能满足工作需要，又使招聘的司机和乘务人员数最少？

表 6-1 司机和乘务人员需求表

班 次	时 间	所需人数	班 次	时 间	所需人数
1	6:00—10:00	60	4	18:00—22:00	50
2	10:00—14:00	70	5	22:00—2:00	20
3	14:00—18:00	60	6	2:00—6:00	30

解 设 $x_i(i=1, 2, \cdots, 6)$ 表示第 i 班次开始上班的司机和乘务人员数，在第 i 班工作的人数应包括第 i 班开始上班的人数和第 $i-1$ 班次开始上班的还需继续工作的人数。这样建立的数学模型为

$$\min z=x_1+x_2+x_3+x_4+x_5+x_6$$

$$\text{st}\begin{cases}x_1+x_6\geqslant 60\\x_2+x_1\geqslant 70\\x_3+x_2\geqslant 60\\x_4+x_3\geqslant 50\\x_5+x_4\geqslant 20\\x_6+x_5\geqslant 30\\x_i\geqslant 0,\ i=1,\ 2,\ \cdots,\ 6\end{cases}$$

用 QM 软件求解得

$$x_1=60,\ x_2=10,\ x_3=50,\ x_4=0,\ x_5=20,\ x_6=10$$

共需要招聘司机和乘务人员 150 人。

例 6-2 福安商场是个中型的百货商场，它对售货人员的需求经过统计分析如表 6-2 所示。

表 6-2 售货人员需求表

时 间	所需售货员	时 间	所需售货员
星期日	28	星期四	19
星期一	15	星期五	31
星期二	24	星期六	28
星期三	25		

为了保证售货人员充分休息，售货人员每周工作五天，休息两天，并要求休息的两天是连续的，问应该如何招聘售货人员的休息，既满足了工组需求，又使招聘的售货人员人数最少？

解 设 $x_i(i=1, 2, \cdots, 7)$ 表示星期 i 开始休息的人数。因为每个售货员都要工作五天休息两天，所以只要计算出连续休息两天的售货员人数，也就计算出了售货员的总数。按照当天上班的人应该是除前一天休息的和当天休息的人员。例如，星期天需要 28 人，是除

星期六和星期天休息的其他人员的全体。

目标函数

$$\min z=\sum_{j=1}^{7} x_j$$

约束条件

$$\text{st}\begin{cases}x_1+x_2+x_3+x_4+x_5\geqslant 28\\x_6+x_2+x_3+x_4+x_5\geqslant 15\\x_6+x_7+x_3+x_4+x_5\geqslant 24\\x_1+x_7+x_6+x_4+x_5\geqslant 25\\x_1+x_2+x_5+x_6+x_7\geqslant 19\\x_1+x_2+x_3+x_6+x_7\geqslant 31\\x_1+x_2+x_3+x_4+x_7\geqslant 28\\x_1,\ x_2,\ x_3,\ x_4,\ x_5,\ x_6,\ x_7\geqslant 0\end{cases}$$

应用 QM 软件求解得：$x_1=12$，$x_2=0$，$x_3=11$，$x_4=5$，$x_5=0$，$x_6=8$，$x_7=0$

目标函数最小值为：$z=36$。

6.2　生产计划问题

例 6－3　明兴公司面临一个外包协作还是自行生产的问题。该公司生产甲、乙、丙三种产品，这三种产品都要经过铸造、机加工和装配三个车间。甲、乙两种产品的铸件可以外包协作，也可以自行生产，但产品丙必须是本厂铸造才能保证质量。有关情况见表 6－3，公司中可利用的总工时为：铸造 8 000 h，机加工 12 000 h，装配 10 000 h。为了获得最大利润，甲、乙、丙三种产品应各生产多少件？甲、乙两种产品的铸件应该有多少件由本公司铸造？多少件是外包协作？

表 6－3　三种产品工时与成本表

工时与成本及售价	甲	乙	丙
每件铸造工时/h	5	10	7
每件机加工工时/h	6	4	8
每件装配工时/h	3	2	2
自产铸件每件成本/元	3	5	4
外协铸件每件成本/元	5	6	—
机加工每件成本/元	2	1	3
装配每件成本/元	3	2	2
每件产品售价/元	23	18	16

解　设 x_1，x_2，x_3分别为三道工序都由本公司加工的甲、乙、丙三种产品的件数，又设 x_4，x_5分别为由外协铸造再由本公司机加工和装配的甲、乙两种产品的件数。

计算每件产品的利润分别如下。

产品甲全部自制的利润＝23－(3＋2＋3)＝15(元)

产品甲铸件外协，其余自制的利润＝23－(5＋2＋3)＝13(元)

产品乙全部自制的利润＝18－(5＋1＋2)＝10(元)

产品乙铸件外协，其余自制的利润=18-(6+1+2)=9(元)

产品丙的利润=16-(4+3+2)=7(元)

建立的数学模型如下

$$\max z=15x_1+10x_2+7x_3+13x_4+9x_5$$

$$\text{st}\begin{cases}5x_1+10x_2+7x_3\leqslant 8\,000\\6x_1+4x_2+8x_3+6x_4+4x_5\leqslant 12\,000\\3x_1+2x_2+2x_3+3x_4+2x_5\leqslant 10\,000\\x_1,\ x_2,\ x_3,\ x_4,\ x_5\geqslant 0\end{cases}$$

用 QM 软件求解，结果如图 6-1 所示。

<untitled> Solution

Variable	Value	Reduced	Original Val	Lower Bound	Upper Bound
X1	1,600.	0.	15.	14.	Infinity
X2	0.	2.	10.	-Infinity	12.
X3	0.	13.1	7.	-Infinity	20.1
X4	0.	0.5	13.	-Infinity	13.5
X5	600.	0.	9.	8.6667	10.
Constraint	Dual Value	Slack	Original Val	Lower Bound	Upper Bound
Constraint 1	2.25	0.	12,000.	9,600.	20,000.
Constraint 2	0.3	0.	8,000.	0.	10,000.
Constraint 3	0.	4,000.	10,000.	6,000.	Infinity

图 6-1 计算机求解结果

例 6-4 永久工厂生产 1，2，3 三种产品，每种产品要经过 A 和 B 两道工序加工。设该厂有两种规格的设备能完成 A 工序，以 A_1 和 A_2 表示；有三种规格的设备能完成 B 工序，以 B_1，B_2，B_3 表示。产品 1 可在 A，B 的任何规格的设备上加工，产品 2 可在任何一种规格的 A 设备上加工，但完成 B 工序时，只能在 B_1 设备上加工。产品 3 只能在 A_2 和 B_2 设备上加工。已知在各种设备上加工的单件工时、原料单价、产品销售单价、各种设备的有效台时及满负荷操作时的设备费用如表 6-4 所示，要求制订最优的产品加工方案，使该厂利润最大。

表 6-4 单件工时、原料单价、产品销售单价、各种设备有效台时及满负荷时费用表 元

设备	产品 1	产品 2	产品 3	设备的有效台时	满负荷时的设备费用
A_1	5	10		6 000	300
A_2	7	9	12	10 000	321
B_1	6	8		4 000	250
B_2	4		11	7 000	783
B_3	7			4 000	200
原料单价/(元/件)	0.25	0.35	0.50		
销售单价/(元/件)	1.25	2.00	2.80		

解 设 A 工序用 1 表示，B 工序用 2 表示，x_{ijk} 表示第 i 种产品在 j 工序中的 k 设备上加工的数量，如 x_{123} 表示第 1 种产品在 B 工序中的 B_3 设备上加工的数量。

约束条件

$$
\text{st}\begin{cases}
5x_{111}+10x_{211}\leqslant 6\ 000\\
7x_{112}+9x_{212}+12x_{312}\leqslant 10\ 000\\
6x_{121}+8x_{221}\leqslant 4\ 000\\
4x_{122}+11x_{322}\leqslant 7\ 000\\
7x_{123}\leqslant 4\ 000\\
x_{111}+x_{112}-x_{121}-x_{122}-x_{123}=0\\
x_{211}+x_{212}-x_{221}=0\\
x_{312}-x_{322}=0\\
x_{ijk}\geqslant 0,\ i=1,\ 2,\ 3;\quad j=1,\ 2;\quad k=1,\ 2,\ 3
\end{cases}
$$

目标函数就是要计算利润最大化

$$
\max z=(1.25-0.25)(x_{111}+x_{112})+(2-0.35)x_{221}+(2.80-0.5)x_{312}-\frac{300}{6\ 000}\times(5x_{111}+10x_{211})-\frac{321}{10\ 000}\times(7x_{112}+9x_{212}+12x_{312})-\frac{250}{4\ 000}\times(6x_{121}+8x_{221})-\frac{783}{7\ 000}\times(4x_{122}+11x_{322})-\frac{200}{4\ 000}\times(7x_{123})
$$

使用 QM 软件求解得

$$
x_{111}=1\ 200,\ x_{112}=230.490,\ x_{211}=0,\ x_{212}=500,\ x_{312}=324.138,
$$

$$
x_{121}=0,\ x_{221}=500,\ x_{122}=858.62,\ x_{322}=324,\ x_{123}=571.428,
$$

$$
z=1\ 146.6
$$

6.3　套裁下料问题

例 6-5　某工厂要做 100 套钢架，每套用长 2.9，2.1，1.5 m 的钢材各一根，这些钢材从长 7.4 m 的钢材上下料截取，问如何下料，可使用 7.4 m 的钢材根数最少？

解　对于本题首先要给出所有下料的方式，然后才能确定如何下料。下料的方式应该是多种方式的组合，也就是套裁。所有的下料方式如表 6-5 所示。

表 6-5　所有的下料方式表

长度	方案							
	B_1	B_2	B_3	B_4	B_5	B_6	B_7	B_8
2.9	2	1	1	1	0	0	0	0
2.1	0	2	1	0	3	2	1	0
1.5	1	0	1	3	0	2	3	4

现设 $x_j(j=1,\ 2,\ \cdots,\ 8)$ 表示按第 j 种方案截取时所需 7.4 m 的钢管根数，则此问题的线性规划模型为

$$
\min z=\sum_{j=1}^{8}x_j
$$

$$\text{st}\begin{cases}2x_1+x_2+x_3+x_4=100\\2x_2+x_3+3x_5+2x_6+x_7=100\\x_1+x_3+3x_4+2x_6+3x_7+4x_8=100\\x_j\geqslant 0,\ j=1,\ 2,\ \cdots,\ 8\end{cases}$$

6.4 配料问题

例 6-6 某工厂要用三种原料 1，2，3 混合调配出三种不同规格的产品甲、乙、丙，已知产品的规格要求、产品的单价、每天能供应的原材料的数量及单价分别如表 6-6 和表 6-7 所示。该厂应如何安排生产使利润最大？

表 6-6 产品规格要求、单价表

产品名称	规格要求	单价/(元/kg)
甲	原材料 1 不少于 50%，原材料 2 不超过 25%	50
乙	原材料 1 不少于 25%，原材料 2 不超过 50%	35
丙	不　限	25

表 6-7 每天供应原料数及原材料单价表

原材料名称	每天最多供应量	单价/(元/kg)
1	100	65
2	100	25
3	60	35

解 设 $x_{ij}(i=1,\ 2,\ 3;\ j=1,\ 2,\ 3)$ 表示第 i 种产品中原料 j 的含量，分别用 1，2，3 表示甲、乙、丙三种产品，如 x_{23} 就表示乙产品中第 3 种原材料的含量。

$$利润=\sum_{i=1}^{3}(销售单价_i\times 产品的数量_i)-\sum_{j=1}^{3}(每种原料单价_j\times 使用原料数量_j)$$

$$\begin{aligned}\max z=&50(x_{11}+x_{12}+x_{13})+35(x_{21}+x_{22}+x_{23})+\\&25(x_{31}+x_{32}+x_{33})-65(x_{11}+x_{21}+x_{31})-\\&25(x_{12}+x_{22}+x_{32})-35(x_{13}+x_{23}+x_{33})\end{aligned}$$

$$\text{st}\begin{cases}x_{11}\geqslant 0.5(x_{11}+x_{12}+x_{13})\\x_{12}\leqslant 0.25(x_{11}+x_{12}+x_{13})\\x_{21}\geqslant 0.25(x_{21}+x_{22}+x_{23})\\x_{22}\leqslant 0.5(x_{21}+x_{22}+x_{23})\\(x_{11}+x_{21}+x_{31})\leqslant 100\\(x_{12}+x_{22}+x_{32})\leqslant 100\\(x_{13}+x_{23}+x_{33})\leqslant 60\\x_{ij}\geqslant 0,\ i=1,\ 2,\ 3;\ j=1,\ 2,\ 3\end{cases}$$

计算机求解为：$x_{11}=100$，$x_{12}=50$，$x_{13}=50$，其余的 $x_{ij}=0$，即每天生产甲产品 200 kg，分别需要用 1 原材料 100 kg，2 原材料 50 kg，3 原材料 50 kg。

例 6-7　根据对 4 种食物所含的 3 种营养元素，即维生素 A、维生素 B、维生素 C 的成分及食物的市场价格调查，并按照医生所提出的对每个人每天所需的营养要求如表 6-8 所示，问怎样采购食物才能在保证营养的前提下成本最低？

表 6-8　营养成分表

营养成分	食物				每天的最低需求量/mg
	甲	乙	丙	丁	
维生素 A/mg	1 000	1 500	1 750	3 250	4 000
维生素 B/mg	0.6	0.27	0.68	0.3	1
维生素 C/mg	17.5	7.5	0	30	30
单价/(元/kg)	0.8	0.5	0.9	1.5	

解　设采购甲、乙、丙、丁 4 种食物的数量分别为 x_1，x_2，x_3，x_4。则有

$$\min z=0.8x_1+0.5x_2+0.9x_3+1.5x_4$$

$$\text{st}\begin{cases}1\,000x_1+1\,500x_2+1\,750x_3+3\,250x_4\geqslant 4\,000\\0.6x_1+0.27x_2+0.68x_3+0.3x_4\geqslant 1\\17.5x_1+7.5x_2+30x_4\geqslant 30\\x_1,\ x_2,\ x_3,\ x_4\geqslant 0\end{cases}$$

6.5　投资问题

例 6-8　某部门现有资金 200 万元，今后五年内考虑给以下的项目投资。已知项目 A，从第一年到第五年每年年初都可以投资，当年年底能收回本利 110%。项目 B，从第一年到第四年每年年初都可以投资，次年年底能收回本利 125%，但每年最大投资额不能超过 30 万元。项目 C，从第三年年初需要投资，到第五年年底能收回本利 140%，但每年最大投资额不能超过 80 万元。项目 D，从第二年年初需要投资，到第五年年底能收回本利 155%。但每年最大投资额不能超过 100 万元。每万元每次投资的风险指数如表 6-9 所示。

(1) 应如何确定这些项目的每年投资额，使得第五年年底拥有资金的本利最大？

(2) 应如何确定这些项目的投资额，第五年年底拥有资金的本利在 330 万元的基础上使得其投资总的风险系数为最小？

表 6-9　投资风险指数表

项目	风险指数/(万元·次)	项目	风险指数/(万元·次)
A	1	C	4
B	3	D	5.5

解　(1)

① 确定变量。这是一个连续投资的问题，设 x_{ij}($i=1,\ 2,\ 3,\ 4,\ 5$；$j=\text{A},\ \text{B},\ \text{C},\ \text{D}$) 表示第 i 年年初投资于第 j 项目的金额（万元），根据条件，将变量列于表 6-10 中。

表 6-10　投资问题变量表

项　　目	第一年	第二年	第三年	第四年	第五年
A	x_{1A}	x_{2A}	x_{3A}	x_{4A}	x_{5A}
B	x_{1B}	x_{2B}	x_{3B}	x_{4B}	
C			x_{3C}		
D		x_{2D}			

② 约束条件。因为项目 A 每年都可以投资，并且当年年底能收回本利，所以该部门每年都应该把资金投出去，不应该留有呆滞资金，因此结果如下。

第一年：该部门年初有 200 万元，即 $x_{1A}+x_{1B}=200$。

第二年：因项目 B 的投资要到第二年年底才能收回，所以该部门在第二年年初拥有的资金仅为项目 A 在第一年投资额所收回的本息 110%x_{1A}，故有

$$x_{2A}+x_{2B}+x_{2D}=1.1x_{1A}$$

第三年：第三年年初的投资额是从项目 A 第二年投资和项目 B 第一年投资所收回的本息总和，即 $1.1x_{2A}+1.25x_{1B}$，因此有

$$x_{3A}+x_{3B}+x_{3C}=1.1x_{2A}+1.25x_{1B}$$

第四年：$x_{4A}+x_{4B}=1.1x_{3A}+1.25x_{2B}$

第五年：$x_{5A}=1.1x_{4A}+1.25x_{3B}$

③ 目标函数。要求在第五年年底该部门拥有的资金额最大，即

$$\max z=1.1x_{5A}+1.25x_{4B}+1.40x_{3C}+1.55x_{2D}$$

数学模型为

$$\max z=1.1x_{5A}+1.25x_{4B}+1.40x_{3C}+1.55x_{2D}$$

$$\text{st}\begin{cases}x_{1A}+x_{1B}=200\\x_{2A}+x_{2B}+x_{2D}=1.1x_{1A}\\x_{3A}+x_{3B}+x_{3C}=1.1x_{2A}+1.25x_{1B}\\x_{4A}+x_{4B}=1.1x_{3A}+1.25x_{2B}\\x_{5A}=1.1x_{4A}+1.25x_{3B}\\x_{iB}\leqslant 30,\ i=1,\ 2,\ 3,\ 4\\x_{3C}\leqslant 80\\x_{2D}\leqslant 100\\x_{ij}\geqslant 0\end{cases}$$

用 QM 软件求解得

$$x_{5A}=33.5,\quad x_{4B}=30,\quad x_{3C}=80,\quad x_{2D}=100$$

$$x_{1A}=170,\quad x_{1B}=30,\quad x_{2A}=57,\quad x_{2B}=30$$

$$x_{3A}=0,\quad x_{3B}=20.2,\quad x_{4A}=7.5,\quad z=341.35$$

图 6-2 是计算机求解的最优解。

(2) 所有变量和 (1) 相同，可知其目标函数为最小风险，有

$$\min f=x_{1A}+x_{2A}+x_{3A}+x_{4A}+x_{5A}+3(x_{1B}+x_{2B}+x_{3B}+x_{4B})+4x_{3C}+5.5x_{2D}$$

在问题 (1) 约束条件的基础上加上要求第五年年底拥有资金本利 330 万元的条件就得

Ranging

<untitled> Solution					
Variable	Value	Reduced	Original Val	Lower Bound	pper Bound
X1	170.	0.	0.	-Infinity	0.055
X2	57.	0.	0.	0.	0.
X3	0.	0.044	0.	-Infinity	0.044
X4	7.5	0.	0.	0.	0.
X5	33.5	0.	1.1	0.	1.12
X6	30.	0.	0.	-0.055	Infinity
X7	30.	0.	0.	0.	0.
X8	20.2	0.	0.	0.	0.
X9	30.	0.	1.25	1.25	1.25
X10	80.	0.	1.4	1.375	Infinity
X11	100.	0.	1.55	1.5125	Infinity
Constraint	Dual Value	Slack	Original Val	Lower Bound	Upper Bound
Constraint 1	1.6638	0.	200.	183.3058	208.0992
Constraint 2	1.5125	0.	0.	-18.3636	8.9091
Constraint 3	1.375	0.	0.	-20.2	9.8
Constraint 4	1.21	0.	0.	-7.5	Infinity
Constraint 5	1.1	0.	0.	-33.5	Infinity
Constraint 6	0.055	0.	30.	0.	81.8182
Constraint 7	0.	0.	30.	24.	48.3636
Constraint 8	0.	9.8	30.	20.2	Infinity
Constraint 9	0.04	0.	30.	0.	37.5
Constraint 10	0.025	0.	80.	70.2	100.2
Constraint 11	0.0375	0.	100.	91.0909	118.3636

图 6－2　例 6－8 的计算机求解结果

到问题（2）的约束条件，即

$$
\text{st}\begin{cases}
x_{1A}+x_{1B}=200 \\
x_{2A}+x_{2B}+x_{2D}=1.1x_{1A} \\
x_{3A}+x_{3B}+x_{3C}=1.1x_{2A}+1.25x_{1B} \\
x_{4A}+x_{4B}=1.1x_{3A}+1.25x_{2B} \\
x_{5A}=1.1x_{4A}+1.25x_{3B} \\
x_{iB}\leqslant 30,\ i=1,\ 2,\ 3,\ 4 \\
x_{3C}\leqslant 80 \\
x_{2D}\leqslant 100 \\
1.1x_{5A}+1.25x_{4B}+1.40x_{3C}+1.55x_{2D}\geqslant 330 \\
x_{ij}\geqslant 0
\end{cases}
$$

6.6　基于 DEA 线性规划模型的效率评价问题

DEA（data envelopment analysis，数据包络分析）最早是由 Chames、Cooper 和 Rhodes 于 1978 年提出的，用于评估同类型组织工作绩效的相对有效性，特别是多输入多输出且输入输出指标不能折算为数值形式时，常用 DEA 分析进行评估。这类组织称为决策单元 DMU（decision making units），每个 DMU 具有相同的目标和任务、外部环境和输入输出指标，数据包络分析的方法直接利用 DMU 的输入输出数据，运用线性规划方法构造这些数据的非参数分段曲面，这一曲面称为生产前沿面。然后，相对于这个生产前沿面来计算相对效率。

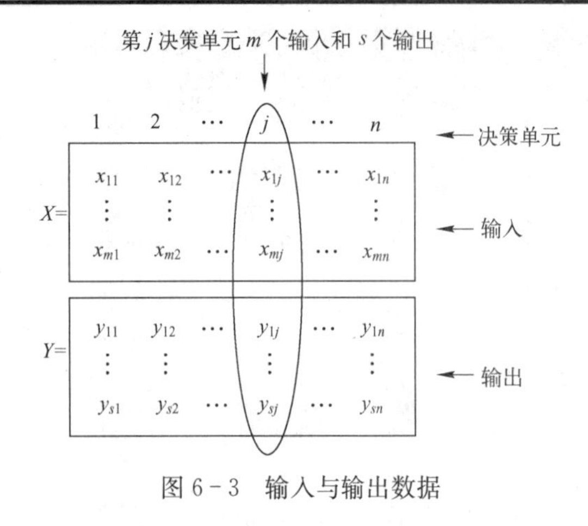

图 6-3　输入与输出数据

设有 n 个决策单元的输入、输出数据由图 6-3 给出。

其中，决策单元 n 个，每个决策单元都有 m 种类型的输入和 s 种类型的输出。现在要衡量第 k（$1\leqslant k\leqslant m$）个决策单元是否 DEA 有效，即是否位于生产前沿面上，为此首先构造一个由 n 个决策单元组成的合成决策单元，合成单元的输入、输出分别为 n 个决策单元输入、输出的凸组合。

即合成决策单元的输入为：$\sum_{j=1}^{n} X_j\lambda_j$，$\sum_{j=1}^{n}\lambda_j=1$，$\lambda_j\geqslant 0$，$j=1, 2, \cdots, n$

合成决策单元的输出为：$\sum_{j=1}^{n} Y_j\lambda_j, \sum_{j=1}^{n}\lambda_j=1$，$\lambda_j\geqslant 0$，$j=1, 2, \cdots, n$

如果合成决策单元的输出不低于第 k 个决策单元，而输入均低于第 k 个决策单元，说明第 k 个决策单元不在生产前沿面上，第 k 个决策单元非 DEA 有效，否则 DEA 有效。据此建立如下线性规划模型

$$\min E$$

$$\text{st}\begin{cases}\sum_{j=1}^{n} X_j\lambda_j \leqslant EX_k \\ \sum_{j=1}^{n} Y_j\lambda_j \geqslant Y_k \\ \sum_{j=1}^{n}\lambda_j=1,\quad \lambda_j\geqslant 0\end{cases}$$

当求解结果 $E<1$，第 k 个决策单元非 DEA 有效，否则 DEA 有效。

例如有 4 所学校 DMU1，DMU2，DMU3，DMU4，在校学生分别为 1 200，1 000，1 600，1 400。按照 800 名学生折算教职工数和建筑面积的投入如表 6-11 所示。

表 6-11　教职工数与建筑面积的投入情况

条件	DMU1	DMU2	DMU3	DMU4
教职工数	25	40	35	20
建筑面积/m^2	1 800	1 500	1 700	2 500

用横坐标表示教职工数，纵坐标表示建筑面积，则表 6-11 中数据如图 6-4 所示。

就培养 800 名学生看，DMU1，DMU2，DMU4 三所学校的投入是 Pareto 最优状态，即不可能保持其中一项不变情况下，减少另一项的投入。由 DMU1，DMU2，DMU4 三点连成的折线称为生产前沿面（通过求解 4 个线性规划模型得到生产前沿面），在生产前沿面上的点处于 Pareto 最优状态。例如 DMU1 和 DMU4 的中点 $M(22.5, 2\ 150)$处于 Pareto 最优状态。从 DMU4 点作垂线向上延伸，从 DMU2 点作水平线向右延伸，则位于阴影区域的点组成生产可能集，生产可能集中任何一个点的投入皆可办成 800 名学生规模的学校，生产前沿面就是生产可能集的一条数据包络线，位于生产前沿面的点表示办成 800 名学生规模学校时，需要

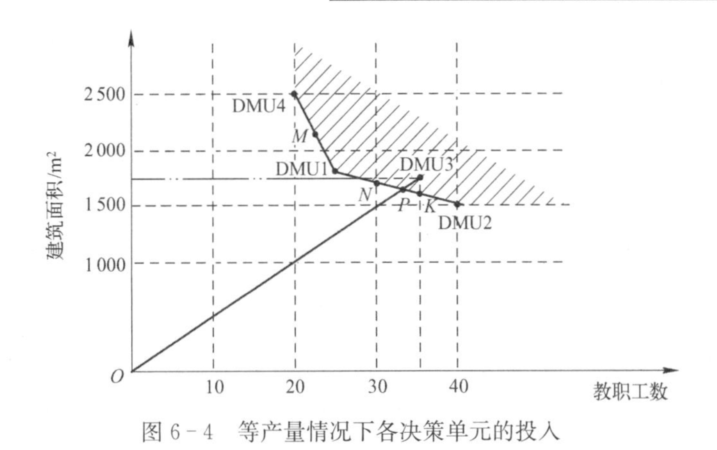

图 6-4　等产量情况下各决策单元的投入

教职工数和建筑面积的最低极限。称处于生产前沿面上的点为 DEA 有效。

DMU3 非 DEA 有效，从 DMU3 分别向纵轴和横轴作垂线，交 DMU1 和 DMU2 线段，交点分别为 $N(30,1\ 700)$，$K(35,1\ 600)$，N 点表示建筑面积保持不变，教工人数为 30 人（减少 5 人），就可以办 800 名学生规模的学校；K 点表示教职工数 35 人保持不变，建筑面积为1 600 m²（减少 100），同样可以办 800 名学生规模的学校。连接原点 O 和 DMU3 交 DMU1 和 DMU2 线段为$P(33.54,1\ 629.2)$，则 P 点的投入仍然可以办 800 名学生规模的学校。对比 P 点和 DMU3 点的投入，$\frac{33.54}{35}=\frac{1\ 629.2}{1\ 700}=0.958$，说明 DMU3 点的绩效只相当于 P 点的 95.8%。

例 6-9　设有 4 家医院，其输入和输出数据如下：输入量为全职主治医师的人数，提供的经费，可提供的住院床位数；输出量为开诊天的药物治疗服务，开诊天的非药物治疗服务，接受过培训的护士数目，接受过培训的实习医师的数目。其输入量数据如表 6-12 所示，输出量的数据如表 6-13 所示。根据以上信息，试评定乡镇医院的相对效率。

表 6-12　4 家医院的输入数据表

投入方式	医　　院			
	普通医院	学校医院	乡镇医院	国家医院
全职主治医师	285.2	162.3	275.7	210.4
提供的经费（1 000 元）	123.8	128.7	348.5	154.1
可提供的住院床位数（1 000 张）	106.72	64.21	104.1	104.04

表 6-13　4 家医院的输出数据表

输出方式	医　　院			
	普通医院	学校医院	乡镇医院	国家医院
开诊天的药物治疗服务（1 000 次）	48.14	34.62	36.72	33.16
开诊天的非药物治疗服务（1 000 次）	43.1	27.11	45.98	56.46
接受过培训的护士数目	253	148	175	160
接受过培训的实习医师的数目	41	27	23	84

解　利用线性规划模型，以 4 家医院的输入量和输出量建立一个假设的合成医院，合成医院的输入量为 4 家医院的加权平均，合成医院的输出量为 4 家医院输出量的加权平均。

设权系数分别为 w_1，w_2，w_3，w_4，则 $w_1+w_2+w_3+w_4=1$，即合成医院的输入量和输出量是 4 家医院输入量和输出量的凸组合。

合成医院的输入

$285.2w_1+162.3w_2+275.7w_3+210.4w_4$ （合成医院全职主治医师）

$123.8w_1+128.7w_2+348.5w_3+154.1w_4$ （合成医院供应经费）

$106.72w_1+64.21w_2+104.1w_3+104.04w_4$ （合成医院可供床位）

合成医院的输出

$48.14w_1+34.62w_2+36.72w_3+33.16w_4$ （合成医院药物性治疗）

$43.1w_1+27.11w_2+45.98w_3+56.46w_4$ （合成医院非药物治疗）

$253w_1+148w_2+175w_3+160w_4$ （合成医院护士）

$41w_1+27w_2+23w_3+84w_4$ （合成医院实习医师）

由于合成医院是建立在4家医院基础上的，所以被评定的医院比合成医院低效，就可认为比其他医院低效。

如果合成医院的输入量小于被评定医院输入量，合成医院的输出量大于被评定医院输出量，那么合成医院就更高效，即被评定医院比合成医院效率低。对于本例，乡镇医院为被评定医院，则约束条件

合成医院输出量≥乡镇医院输出量

$$48.14w_1+34.62w_2+36.72w_3+33.16w_4\geqslant 36.72$$
$$43.1w_1+27.11w_2+45.98w_3+56.46w_4\geqslant 45.98$$
$$253w_1+148w_2+175w_3+160w_4\geqslant 175$$
$$41w_1+27w_2+23w_3+84w_4\geqslant 23$$

合成医院的输入量≤乡镇医院可用资源的总量，资源总量是乡镇医院输入量的一个百分比。因此引入一个决策变量 E，E 表示乡镇医院可提供给合成医院的输入量指数，则

$$285.2w_1+162.3w_2+275.7w_3+210.4w_4\leqslant 275.7E$$
$$123.8w_1+128.7w_2+348.5w_3+154.1w_4\leqslant 348.5E$$
$$106.72w_1+64.21w_2+104.1w_3+104.04w_4\leqslant 104.1E$$

$E=1$，合成医院与乡镇医院资源量相等；没有证据证明乡镇医院低效。

$E<1$，合成医院比乡镇医院更低的输入量资源；因此合成医院更高效，从而有证据证明乡镇医院低效。

假设能找到 $E<1$ 的解决方案，那么合成医院就不需要比乡镇医院多的资源，来得到相同的输出量。因此DEA模型就是目标函数尽可能小的 E 值。

$$\min E$$

$$\text{st}\begin{cases}w_1+w_2+w_3+w_4=1\\48.14w_1+34.62w_2+36.72w_3+33.16w_4\geqslant 36.72\\43.1w_1+27.11w_2+45.98w_3+56.46w_4\geqslant 45.98\\253w_1+148w_2+175w_3+160w_4\geqslant 175\\41w_1+27w_2+23w_3+84w_4\geqslant 23\\-275.7E+285.2w_1+162.3w_2+275.7w_3+210.4w_4\leqslant 0\\-348.5E+123.8w_1+128.7w_2+348.5w_3+154.1w_4\leqslant 0\\-104.1E+106.72w_1+64.21w_2+104.1w_3+104.04w_4\leqslant 0\\E,\ w_1,\ w_2,\ w_3,\ w_4\geqslant 0\end{cases}$$

用计算机求解得：$E=0.905$

从这个数值可以知道合成医院至少能获得乡镇医院的每一个输出量而同时只用乡镇医院最多 90.5%的输入量资源。因此，合成医院是更高效的，而 DEA 分析也得出乡镇医院是相对低效的。

6.7　收益管理问题

例 6－10　A 航空公司为 P，N，C，O，M 等地提供服务，其开发的收益管理系统每年带来近 10 亿元的收益。为了更详尽地描述收益管理的重要性，试用一个线性规划模型为 A 航空公司制订一个收益管理计划。

A 航空公司拥有两架波音 737－400 飞机，一架停驻在 P 地，而另一架停驻在 N 地，两家飞机的经济舱可分别容纳 132 个座位。每天早上停驻在 P 的飞机飞往 O，中途停在 C；停驻在 N 的飞机飞往 M，同样停在 C，晚上这两架飞机飞返其驻地，为了使这个问题合理，将限制在早上的 P—C，C—O，N—C 及 C—M 这几条航线上，图 6－5 详尽地说明了 A 航空公司的物流状况。

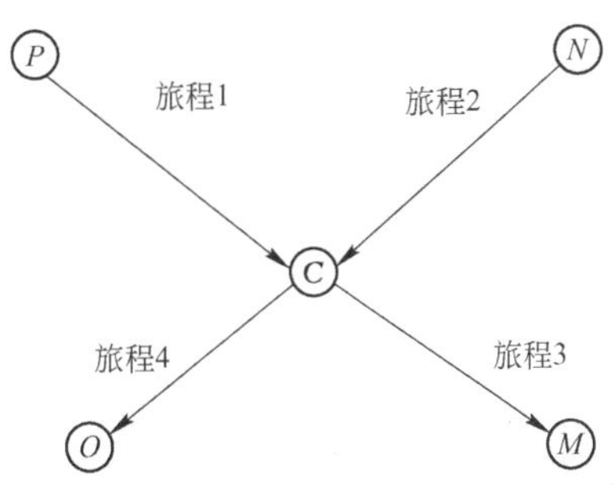

图 6－5　A 航空公司的物流状况

A 航空公司的机票有两个价位等级：折扣票 Q 级与全票 Y 级。预订折扣票 Q 级必须提前 14 天并在目的地停留一晚；预订全票 Y 级可在任何时间进行，且预订延后机票不需要交纳罚金。为了决定 A 航空公司为顾客提供的旅行指南和不同的机票选择，必须同时考虑到出发地、目的地以及机票等级。例如，可选的产品包括 P—C 的 Q 级、N—O 的 Q 级、C—M 的 Y 级等。每一种产品都对应一种“出发地—目的地—旅行指南”的机票价格（ODIF）。A 航空公司发布了 5 月 5 日的机票价格，并对 16 种 ODIF 中的每一种的顾客需求做了预测，这些数据如表 6－14 所示。

表 6－14　A 航空公司对 16 种 ODIF 顾客需求预测表

ODIF	出发地	目的地	票价等级	ODIF 码	票价/美元	预测的需求
1	*P*	*C*	*Q*	*PCQ*	178	33
2	*P*	*M*	*Q*	*PMQ*	268	44
3	*P*	*O*	*Q*	*POQ*	228	45
4	*P*	*C*	*Y*	*PCY*	380	16
5	*P*	*M*	*Y*	*PMY*	456	6
6	*P*	*O*	*Y*	*POY*	560	11
7	*N*	*C*	*Q*	*NCQ*	199	26
8	*N*	*M*	*Q*	*NMQ*	249	56
9	*N*	*O*	*Q*	*NOQ*	349	39
10	*N*	*C*	*Y*	*NCY*	385	15
11	*N*	*M*	*Y*	*NMY*	444	7
12	*N*	*O*	*Y*	*NOY*	580	9

续表

ODIF	出发地	目的地	票价等级	ODIF 码	票价/美元	预测的需求
13	C	M	Q	CMQ	179	64
14	C	M	Y	CMY	380	8
15	C	O	Q	COQ	224	46
16	C	O	Y	COY	582	10

(1) 该航空公司如何分配座位，使其收益最大?

(2) 假设 4 月 4 日有一名顾客打电话到 A 航空公司预订一张 5 月 5 日 P—M 的 Q 级机票，A 航空公司应该接受这个预订吗?

解 设决策变量为 x_{ijk}($i=P$，N，C；$j=C$，M，O；$k=Q$，Y) 表示从 i 地出发到达目的地 j，票价等级为 k 的座位数量，即每一个变量与每一种“出发地—目的地—旅行指南”的机票价格相对应。利用表 6 - 13 中所提示的机票价格，可以得到这个线性规划模型的目标函数和约束条件。建立线性规划模型如下，约束条件为 4 个能力约束和 16 个需求约束条件。

$$\begin{aligned}\max z=&178x_{PCQ}+268x_{PMQ}+228x_{POQ}+380x_{PCY}+456x_{PMY}+560x_{POY}+\\&199x_{NCQ}+249x_{NMQ}+349x_{NOQ}+385x_{NCY}+444x_{NMY}+580x_{NOY}+\\&179x_{CMQ}+380x_{CMY}+224x_{COQ}+582x_{COY}\end{aligned}$$

$$\text{st}\begin{cases}x_{PCQ}+x_{PMQ}+x_{POQ}+x_{PCY}+x_{PMY}+x_{POY}\leqslant 132 & P—C\\x_{NCQ}+x_{NMQ}+x_{NOQ}+x_{NCY}+x_{NMY}+x_{NOY}\leqslant 132 & N—C\\x_{PMQ}+x_{PMY}+x_{NMQ}+x_{NMY}+x_{CMQ}+x_{CMY}\leqslant 132 & C—M\\x_{POQ}+x_{POY}+x_{NOQ}+x_{NOY}+x_{COQ}+x_{COY}\leqslant 132 & C—O\\x_{PCQ}\leqslant 33\\x_{PMQ}\leqslant 44\\x_{POQ}\leqslant 45\\x_{PCY}\leqslant 16\\x_{PMY}\leqslant 6\\x_{POY}\leqslant 11\\x_{NCQ}\leqslant 26\\x_{NMQ}\leqslant 56\\x_{NOQ}\leqslant 39\\x_{NCY}\leqslant 15\\x_{NMY}\leqslant 7\\x_{NOY}\leqslant 9\\x_{CMQ}\leqslant 64\\x_{CMY}\leqslant 8\\x_{COQ}\leqslant 46\\x_{COY}\leqslant 10\\x_{PCQ},\ x_{PMQ},\ x_{POQ},\ x_{PCY},\ \cdots,\ x_{COY}\geqslant 0\end{cases}$$

计算机求解结果如图 6 - 6 所示，最优解决方案的价值是 103 103 美元；最优方案中 $x_{PCQ}=33$，$x_{PMQ}=44$，$x_{POQ}=22$，$x_{PCY}=16$。为了使收益最大化，A 航空公司应该分配 P—C 的 Q 级 33 个座位，P—M 的 Q 级 44 个座位，P—O 的 Q 级 22 个座位，P—C 的 Y 级 16 个座位。

Variable	Value	Reduced	Original Val	Lower Bound	Upper Bound
X1	33.	0.	178.	178.	178.
X2	44.	0.	268.	183.	Infinity
X3	22.	0.	228.	224.	313.
X4	16.	0.	380.	4.	Infinity
X5	6.	0.	456.	183.	Infinity
X6	11.	0.	560.	228.	Infinity
X7	26.	0.	199.	70.	Infinity
X8	36.	0.	249.	179.	304.
X9	39.	0.	349.	294.	Infinity
X10	15.	0.	385.	70.	Infinity
X11	7.	0.	444.	249.	Infinity
X12	9.	0.	580.	294.	Infinity
X13	31.	0.	179.	124.	249.
X14	8.	0.	380.	179.	Infinity
X15	41.	0.	224.	139.	228.
X16	10.	0.	582.	224.	Infinity

Constraint	Dual Value	Slack	Original Val	Lower Bound	Upper Bound
Constraint 1	4.	0.	132.	127.	155.
Constraint 2	70.	0.	132.	99.	152.
Constraint 3	179.	0.	132.	101.	165.
Constraint 4	224.	0.	132.	91.	137.
Constraint 5	174.	0.	33.	10.	38.
Constraint 6	85.	0.	44.	21.	49.
Constraint 7	0.	23.	45.	22.	Infinity
Constraint 8	376.	0.	16.	0.	21.
Constraint 9	273.	0.	6.	0.	11.
Constraint 10	332.	0.	11.	0.	33.
Constraint 11	129.	0.	26.	6.	59.
Constraint 12	0.	20.	56.	36.	Infinity
Constraint 13	55.	0.	39.	34.	72.
Constraint 14	315.	0.	15.	0.	48.
Constraint 15	195.	0.	7.	0.	43.
Constraint 16	286.	0.	9.	4.	42.
Constraint 17	0.	33.	64.	31.	Infinity
Constraint 18	201.	0.	8.	0.	39.
Constraint 19	0.	5.	46.	41.	Infinity
Constraint 20	358.	0.	10.	5.	51.

图 6-6　计算机求解结果

假设在 5 月 5 日飞机离开的两个星期以前，所有的 $P—M$ 的 Q 级 44 个座位售完。现在，假设一个顾客打电话给 A 航空公司预订办公室，要一个 $P—M$ 的 Q 级座位，A 航空公司应该接受这个新的预订吗？

$P—M$ 的 Q 级需求约束条件的对偶价格将提供帮助 A 航空公司的代理人作出决定。约束条件 6，$x_{PMQ} \leqslant 44$，限定 $P—M$ 的 Q 级座位可分配 44 个。从计算机求解的结果中可以看到条件 6 的对偶价格是 85 美元。这个对偶价格说明如果 $P—M$ 的座位再多一个，那么收益将增加 85 美元。这种收益的增加可作为 ODIF 票价的递价。

由 QM 软件求解结果中的对偶价格，可以看出最高的对偶价格（递价）是条件 8 的 376 美元，$x_{PCY} \leqslant 16$。这个约束条件对应于 $P—C$ 的 Y 级机票。这样，如果分配给这条航线的 16 个座位售完，接受另一个预订将提供额外的 376 美元的收益。考虑收益贡献，其他的需求约束条件的对偶价格（递价）有：条件 20 的 358 美元，条件 10 的 332 美元。这样，接受 $C—O$ 的 Y 级及 $P—O$ 的 Y 级航线额外的预订将是增加收益的最佳选择。

第 7 章

本章要求掌握运输问题的数学模型特点；能够写出产销平衡表并掌握求解运输问题的表上作业法；能利用计算机软件求解运输问题；熟悉运输问题的实际应用。

运输问题

运输问题在工商管理中有着广泛的应用，它是一类特殊的线性规划模型。对于运输问题，可以用第 3 章介绍的单纯形表法进行求解。但由于这类线性规划模型在结构上有其特殊性，可以找到比单纯形表法更简单有效的专门方法，从而节约计算时间和费用。因此，这里把运输问题单列一章进行讨论。本章介绍运输问题的数学模型、表上作业法，以及运输问题的一些实际应用。

7.1 运输问题及其数学模型

例 7-1 某公司从两个产地 A_1，A_2 将产品运往三个销地 B_1，B_2，B_3，各产地的产量、各销地的销量和各产地运往各销地的单位产品运费如表 7-1 所示，问如何调运，使得总运输费最小？

表 7-1 产量、销量、单位产品运费表

产地	销地			产量/件
	B_1	B_2	B_3	
A_1	6	4	6	200
A_2	6	5	5	300
销量/件	150	150	200	

解 从表 7-1 中可以看到，A_1，A_2 两个产地的总产量为 500 件；B_1，B_2，B_3 三个销地的总销量为 500 件，把总产量等于总销量这样的运输问题称为产销平衡运输问题；否则称为产销不平衡的运输问题。因此该题就是将 A_1，A_2 的产量全部分配给 B_1，B_2，B_3 使之正好满足这三个销地的需要且运费最少。

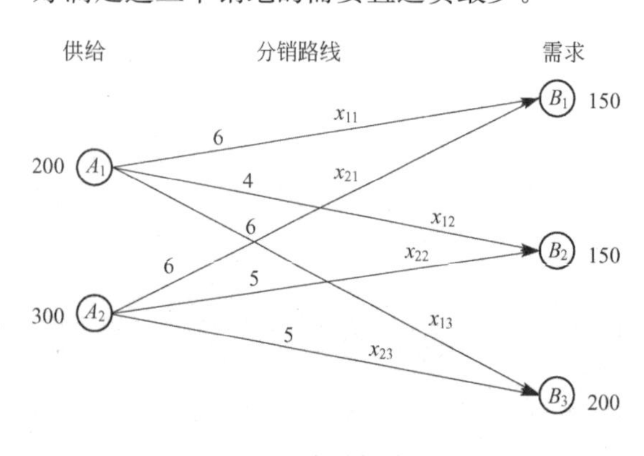

图 7-1 产销运输网络图

设 $x_{ij}(i=1, 2; j=1, 2, 3)$ 表示从产地 A_i 调运到销地 B_j 的运输量，变量采用双下标，第一个下标表示供给点或产地；第二个下标表示需求点或销地。为了清楚地表达该题意和建立数学模型，给出如图 7-1 的产销运输网络图。

图 7-1 中圆圈称为节点，起始节点旁为供应数量，终点节点旁为需求量。连接不同节点的带有箭头的线称为弧。弧表示每一条可能的运输路线；弧上标明单位运价和运量，箭头方向表示货物的流动方向。

由于产销平衡，每一个供给节点上的货物需全部运出而不能剩余，因此 A_1，A_2 运出数量就等于各自的供给量，而 B_1，B_2，B_3 运进的数量就等于各自的需求量，由此可见有多少个圆圈就有多少个约束条件，有多少条弧就有多少个变量。写出此运输问题的数学模型为

$$\min z=6x_{11}+4x_{12}+6x_{13}+6x_{21}+5x_{22}+5x_{23}$$

$$\text{st}\begin{cases}x_{11}+x_{12}+x_{13}=200\\ x_{21}+x_{22}+x_{23}=300\\ x_{11}+x_{21}=150\\ x_{12}+x_{22}=150\\ x_{13}+x_{23}=200\\ x_{ij}\geqslant 0,\quad i=1,2;\ j=1,2,3\end{cases} \tag{7.1}$$

该数学模型式（7.1）为线性规划数学模型，但是该模型中前约束条件是由5个线性方程组成的方程组，容易求得该线性方程组增广矩阵的秩为4，恰好为产地（m）与销地（n）个数的和减去1，即$m+n-1$。对于运输问题可以用计算机程序来求解，只要输入产地数、各产地的产量、销地数、各销地的销量，以及各产地到各销地的运输单价，立即可得到运输问题的最优解。把本例题的相关数据输入运输问题的程序，得到最优解为

$x_{11}=50$，　$x_{12}=150$，　$x_{13}=0$，　$x_{21}=100$，　$x_{22}=0$，　$x_{23}=200$，　$\min z=2\ 500$

一般的运输问题就是要解决把某种产品从若干个产地调运到若干个销地，在每个产地的供应量与每个销地的需求量已知，并知道各地之间的运输单价的前提下，确定一个使得总的运输费用最小的方案。

用A_1，A_2，…，A_m表示某种物资的m个产地；B_1，B_2，…，B_n表示某种物资的n个销地；a_i表示产地A_i的产量；b_j表示销地B_j的销量；c_{ij}表示把物资从产地A_i运到销地B_j的单位运价；并设x_{ij}为从产地A_i运到销地B_j的运输量，对所有的i，j，$x_{ij}\geqslant 0$，则产销平衡运输问题的线性规划数学模型为

$$\min z=\sum_{i=1}^{m}\sum_{j=1}^{n}c_{ij}x_{ij}$$

$$\text{st}\begin{cases}\sum_{j=1}^{n}x_{ij}=a_i, & i=1,\ 2,\ \cdots,\ m\\ \sum_{i=1}^{m}x_{ij}=b_j, & j=1,\ 2,\ \cdots,\ n\\ \sum_{i=1}^{m}a_i=\sum_{j=1}^{n}b_j\\ x_{ij}\geqslant 0, & i=1,2,\cdots,m;\ j=1,2,\cdots,n\end{cases}\tag{7.2}$$

有时上述问题的一般模型式（7.2）会发生如下一些变化。

（1）求目标函数的最大值而不是最小值。有些运输问题，其目标是找出利润最大或营业额最大的调运方案，这时要求目标函数最大值。

（2）当某些运输线路的运输能力有一定限制时，这时要在线性规划模型中加上运输能力限制的约束条件。

（3）当生产总量不等于销量总量，即产销不平衡时，这时需要通过一个假想仓库或假想产地来化成产销平衡的问题，具体做法在后面阐述。

对于上述运输问题的数学模型其特点如下。

（1）运输问题有有限最优解。对于上述运输问题的数学模型，若令其变量

$$x_{ij}=\frac{a_ib_j}{Q},\quad i=1,\ 2,\ \cdots,\ m;\ j=1,\ 2,\ \cdots,\ n\tag{7.3}$$

其中$Q=\sum_{i=1}^{m}a_i=\sum_{j=1}^{n}b_j$，则式（7.3）就是运输模型式（7.2）的一个可行解；另外，式（7.2）的目标函数有有限解，目标函数值不会趋于$-\infty$。由此可知，运输问题必然存在有限最优解。

（2）运输模型约束条件的系数矩阵具有下述形式。

$$
\begin{array}{c}
\begin{matrix} x_{11} & x_{12} & \cdots & x_{1n} & x_{21} & x_{22} & \cdots & x_{2n} & \cdots & x_{m1} & x_{m2} & \cdots & x_{mn} \end{matrix} \\
\left(\begin{matrix}
1 & 1 & \cdots & 1 & & & & & & & & & \\
 & & & & 1 & 1 & \cdots & 1 & & & & & \\
 & & & & & & & & \ddots & & & & \\
 & & & & & & & & & 1 & 1 & \cdots & 1 \\
1 & & & & 1 & & & & & 1 & & & \\
 & 1 & & & & 1 & & & & & 1 & & \\
 & & \ddots & & & & \ddots & & & & & \ddots & \\
 & & & 1 & & & & 1 & & & & & 1
\end{matrix}\right)
\begin{matrix} \left.\begin{matrix} \\ \\ \\ \\ \end{matrix}\right\} m \\ \left.\begin{matrix} \\ \\ \\ \\ \end{matrix}\right\} n \end{matrix}
\end{array}
$$

其系数列向量 $\boldsymbol{P}_{ij}$ 的结构是

$$
\boldsymbol{P}_{ij}=(0,\ \cdots,\ 0,\ \underset{\text{第 } i \text{ 个}}{1},\ 0,\ \cdots,\ 0,\ \underset{\text{第 } (m+j) \text{ 个}}{1},\ 0,\ \cdots,\ 0)^{\mathrm{T}}=\boldsymbol{e}_i+\boldsymbol{e}_{m+j}
$$

其中 $\boldsymbol{e}_i$，$\boldsymbol{e}_{m+j}$ 为 $m+n$ 维单位向量，列向量 $\boldsymbol{P}_{ij}$ 为第 i 个和第（$m+j$）个分量为 1 外，其他分量全等于 0 的 $m+n$ 维向量。

(3) 该模型前约束条件组成方程组的增广矩阵的秩为 $m+n-1$。在第 3 章的线性规划模型中，总是假设前约束方程组增广矩阵的秩为方程的个数 m，因此在这一点上运输问题模型与前面讨论的一般线性规划模型不同，这是由于产销平衡这一隐含约束导致的。由于前约束条件组成的方程组增广矩阵的秩为 $m+n-1$，所以只能求解 $m+n-1$ 个变量，即基变量的个数为 $m+n-1$。

7.2 运输问题的求解——表上作业法

对于运输问题的求解可以采用单纯形表法求解。由于运输问题具有特殊的结构，因此可以利用单纯形表法的原理提出一种直接在运输表上计算的方法。这一求解产销平衡运输问题的简便方法称为表上作业法，它大大简化了计算过程，其计算过程如下。

步骤 1：给出初始调运方案（初始基可行解）。

给出初始调运方案，就是在 $m\times n$ 个格子组成的产销平衡表上，在 $m+n-1$ 个格子中填上调运量，使其满足行上调运量之和等于产量；列上调运量之和等于销量，每一个格子对应一个变量，所填数字的格子对应的变量就是基变量，格子中所填写的值即为基变量的值。没有填数字的格子对应的变量就是非基变量。具体给出初始调运方案的方法有西北角法、最小元素法、伏格尔法。

步骤 2：判断初始调运方案是否最优。

判断初始调运方案是否最优就是求表中各空格（对应于非基变量）的检验数，并根据是否大于零来判断，若已是最优解则进一步判断是否存在多个最优解；若不是最优解则转到步骤 3。在这一步中关键是计算检验数，具体方法有位势法和闭合回路法。

步骤 3：调整。

确定换入基变量与换出基变量。从一个基可行解转换成另一个“更好”的基可行解，即进行方案调整。具体方法是确定换入基变量、调整数和调整方法。

步骤4：重复步骤2、步骤3直至得到最优解。

上述步骤在表上进行十分方便。其中关键的是确定初始调运方案方法和调运方案最优性判断和改进方法，这里介绍确定初始调运方案的最小元素法和伏格尔法，方案判优的位势法和闭合回路法，方案调整的闭合回路法。下面以例题来说明每一步骤的具体方法。

例7-2　某食品公司有三个生产面包的产地A_1，A_2，A_3，有四个销售分公司B_1，B_2，B_3，B_4，其产地每日的产量、各销售分公司每日的销量及各产地到各销售分公司的单位运价如表7-2所示。问该公司应如何调运产品在满足各销地的需求量的前提下总运费最少？

表7-2　产量、销量、单位运价表

产地	销　地				产量/件
	B_1	B_2	B_3	B_4	
A_1	3	11	3	10	7
A_2	1	9	2	8	4
A_3	7	4	10	5	9
销量/件	3	6	5	6	

解　由于总产量等于总销量，因此这个问题是产销平衡运输问题。

步骤1：求初始调运方案。

方法一：最小元素法

该方法的基本思想是采用“优先安排单位运价最小的产地与销地之间的运输业务”，用这个规则来确定初始基可行解。直接在运输表中的格子里填数表示基变量的值。为了把初始基可行解与运价分开，把运价放在每一栏的右上角，每一栏的中间填上初始基可行解的值(调运量)，见表7-3。

表7-3　初始调运方案

产地	销　地								产量/件
	B_1		B_2		B_3		B_4		
A_1		3		11	4	3	3	10	7
A_2	3	1		9	1	2		8	4
A_3		7	6	4		10	3	5	9
销量/件	3		6		5		6		

(1) 在表上找到单位运价最小的c_{21}。

(2) c_{21}表示A_2向B_1运送货物，A_2的产量是4，B_1的需求量是3，因此在x_{21}所在空格里填上3，然后把A_2的产量改写为$4-3=1$，把B_1的销量改写为$3-3=0$。

(3) 如果产量为0则在单位运价表中划去该行；如果销量已满足，则在单位运价表中划去该列；如果产量为0同时销量已满足，则在单位运价表中划去该行或者该列，不能将行和列同时划去，否则基变量的个数就不够$m+n-1$个。所以在单位运价表中把B_1列划去，划去的行和列在后续操作中不考虑。

(4) 在新的单位运价表中重复以上步骤，直到单位运价表中所有的列和行全部划去，得到初始调运方案。

在剩下的 3×3 矩阵里找到运价最小的 c_{23}，由于 A_2 的产量是 1 而 B_3 的需求量是 5，取 $x_{23}=\min(1,5)=1$，A_2 的产量改为 $1-1=0$，B_3 的销量改为 $5-1=4$，并把 A_2 行划去。在剩下的矩阵里找到运价最小的 c_{13}，取 $x_{13}=\min(7,4)=4$，A_1 的产量改为 3，B_3 的销量改为 0，并划去 B_3 列。在剩下的矩阵里再找到运价最小的 c_{32}，取 $x_{32}=\min(9,6)=6$，A_3 的产量改为 3，B_2 的销量改为 0，并把 B_2 列划去。接着在剩下的表中找到运价最小的 c_{34}，取 $x_{34}=\min(3,6)=3$，A_3 的产量改为 0，B_4 的销量改为 3，并把 A_3 行划去。最后在剩下的表中找到运价最小的 c_{14}，取 $x_{14}=\min(3,3)=3$，A_1 的产量改为 0，B_4 的销量改为 0，并划去 A_1 行。这就得到一个初始基可行解如表 7-3 所示，有 6 个基变量，其中 $x_{13}=4$，$x_{14}=3$，$x_{21}=3$，$x_{23}=1$，$x_{32}=6$，$x_{34}=3$，其总运费为 86。

在用最小元素法确定初始基可行解时要注意以下两个问题。

(1) 当确定 x_{ij} 的值后，会出现 A_i 的产量与 B_j 的销量都为 0 的情况，这一情况称为退化情况。这时只能划去 A_i 行或 B_j 列，但不能同时划去 A_i 行和 B_j 列。

(2) 出现只剩一行或一列的所有格均未填数或未被划掉的情况，此时在这一行或列中除去已填的数外均填 0，不能按空格划掉。这样可以保证基变量的个数为 $m+n-1$ 个。

方法二：伏格尔法

最小元素法的缺点是，为了节省一处的费用，有时造成在其他处要多花几倍的运费。因此应该从全局出发考虑问题。对此，伏格尔法考虑某一产地的产品假如不按最小运费就近供应，就考虑次小运费，这就有一个差额。差额越大，说明如果不按最小运费调运时，运费就会增加。因而对差额最大处，就应当采用最小运费调运。

(1) 在单位运价表中分别计算出各行、各列的次小运费和最小运费的差额，并填入该表的最右列和最下行，见表 7-4。

表 7-4　在运价表中计算每行、每列差额

产地	销　地				行差额
	B_1	B_2	B_3	B_4	
A_1	3	11	3	10	0
A_2	1	9	2	8	1
A_3	7	4	10	5	1
列差额	2	5	1	3	

(2) 从行和列差额中选出最大者，并选择最大者所在行或列中的最小元素。在表 7-4 中最大差额是 5，B_2 列是最大差额所在列。B_2 列中最小元素为 4，可确定 A_3 的产品先供应 B_2 的需要，得表 7-5。同时将运价表中的 B_2 列数字划去，如表 7-6 所示。

表 7-5　确定调运产销地及调运量

产地	销　地				产量/件
	B_1	B_2	B_3	B_4	
A_1					7
A_2					4
A_3		6			9
销量/件	3	6	5	6	

表 7-6　划去销地需求满足的列

产地	销地				产量/件
	B_1	B_2	B_3	B_4	
A_1	3	11	3	10	7
A_2	1	9	2	8	4
A_3	7	4	10	5	9
销量/件	3	6	5	6	

(3) 在表 7-6 中未划去的元素再分别计算出各行、各列的次小运费和最小运费的差额，并填入该表的最右列和最下行。重复 (1)、(2)，直到给出初始解为止。用该方法得到例 7-2 的初始调运方案（初始可行解），列于表 7-7。

表 7-7　初始调运方案

产地	销地				产量/件
	B_1	B_2	B_3	B_4	
A_1			5	2	7
A_2	3			1	4
A_3		6		3	9
销量/件	3	6	5	6	

由表 7-7 可见，伏格尔法同最小元素法除在确定供求关系的原则上不同外，其余步骤相同。伏格尔法给出的初始解比用最小元素法给出的初始解更接近最优解。实际上，通过后面的检验我们可以看到本例用伏格尔法给出的初始可行解就是最优解。

步骤 2：最优解的判别。

方法一：位势法

同单纯形表法一样，表上作业法也是用检验数来检验方案的最优性。检验已得的运输方案是否是最优的方法有两种：一种是位势法，另一种是闭合回路法。

对产销平衡运输问题式（7.2），若用 u_1，u_2，…，u_m 分别表示前 m 个约束等式相应的对偶变量，用 v_1，v_2，…，v_n 分别表示后 n 个等式约束相应的对偶变量，在运输表上的 u_i 对应第 i 行，v_j 对应第 j 列。即有对偶向量为：$\boldsymbol{Y}=(u_1, u_2, \cdots, u_m, v_1, v_2, \cdots, v_n)$。

这时可将运输问题式（7.2）的对偶规划模型写成

$$\max w=\sum_{i=1}^{m}a_i u_i+\sum_{j=1}^{n}b_j v_j$$

$$\text{st}\begin{cases}u_i+v_j\leqslant c_{ij}, & i=1, 2, \cdots, m; j=1, 2, \cdots, n\\ u_i, v_j \text{ 的符号不限}\end{cases} \tag{7.4}$$

由式（7.4）知道，线性规划模型变量 x_j 的检验数可以表示为

$$\sigma_{ij}=c_j-z_j=c_j-\boldsymbol{C}_{\mathrm{B}}\boldsymbol{B}^{-1}\boldsymbol{P}_j=c_j-\boldsymbol{YP}_j$$

由此可以写出运输问题变量 x_{ij} 的检验数为

$\sigma_{ij}=c_{ij}-z_{ij}=c_{ij}-\boldsymbol{YP}_{ij}=c_{ij}-(u_1,\ u_2,\ \cdots,\ u_m,\ v_1,\ v_2,\ \cdots,\ v_n)\boldsymbol{P}_{ij}=c_{ij}-(u_i+v_j)$

现设我们已得到了运输问题式（7.4）的一个基可行解，其基变量是

$$x_{i_1j_1},\ x_{i_2j_2},\ \cdots,\ x_{i_sj_s},\ s=m+n-1$$

由于基变量的检验数等于零，故根据这组基变量可写出方程组

$$\begin{cases}u_{i_1}+v_{j_1}=c_{i_1j_1}\\ u_{i_2}+v_{j_2}=c_{i_2j_2}\\ \quad\vdots\\ u_{i_s}+v_{j_s}=c_{i_sj_s}\end{cases}\tag{7.5}$$

显然，这个方程组有 $m+n-1$ 个方程，而对偶变量个数为 $m+n$ 个。

可以证明，方程组（7.5）有解，且解不是唯一的。方程组（7.5）的解称为位势。

若由式（7.5）解得的某一组解对于所有的 i 和 j 均有

$$\sigma_{ij}=c_{ij}-(u_i+v_j)\geqslant 0$$

说明这组位势是对偶可行解，由互补松弛条件可得 $(\boldsymbol{YA}-\boldsymbol{C})\boldsymbol{X}=\boldsymbol{0}$ 成立，从而这时得到的解

$$\boldsymbol{X}=(\boldsymbol{X}_{\mathrm{B}},\ \boldsymbol{X}_{\mathrm{N}})^{\mathrm{T}}=(x_{i_1j_1},\ x_{i_2j_2},\ \cdots,\ x_{i_sj_s},\ 0,\ 0,\ \cdots,\ 0)^{\mathrm{T}},\quad s=m+n-1$$

$$\boldsymbol{Y}=(u_1,\ u_2,\ \cdots,\ u_m,\ v_1,\ v_2,\ \cdots,\ v_n)$$

分别为原运输问题及其对偶模型的最优解。

在具体计算时，可根据步骤 1 确定的初始可行解建立式（7.5）的方程组，为了求得一个对偶可行解，常常令某一个对偶变量为 0，无妨令 $u_1=0$，即

$$\begin{cases}u_i+v_j=c_{ij} & (c_{ij}\text{基变量对应的运价})\\ u_1=0\end{cases}$$

当求出位势后，基变量 x_{ij} 的检验数为 0，则非基变量 x_{ij} 的检验数就可用公式 $\sigma_{ij}=c_{ij}-(u_i+v_j)$ 求出。这里，c_{ij} 是非基变量对应的单位运价。

下面用位势法对例 7.2 的初始基可行解求检验数。对给出的初始基可行解作一个表，见表 7－8。把原来表中的最后一列的产量改为 u_i 值，最后一行的销量改为 v_j 值，表中每一栏的右上角仍表示运价，栏中数值表示调运量，栏中无数值的对应的变量为非基变量，调运量为 0。

建立求位势的方程组

$$\begin{gathered}u_1+v_3=3\\ u_1+v_4=10\\ u_2+v_1=1\\ u_2+v_3=2\\ u_3+v_2=4\\ u_3+v_4=5\end{gathered}$$

先令 $u_1=0$，求解得

$$u_2=-1,\quad u_3=-5,\quad v_1=2,\quad v_2=9,\quad v_3=3,\quad v_4=10$$

从而可求得检验数为

$$\sigma_{11}=1,\quad \sigma_{12}=2,\ \sigma_{22}=1,\quad \sigma_{24}=-1,\quad \sigma_{31}=10,\quad \sigma_{33}=12$$

把检验数填入表 7－8，当表中某个非基变量的检验数为负值时，表明该运输方案不是最优解，要进行方案调整以得到更好的方案。当检验数为：$\sigma_{ij}=(u_i+v_j)-c_{ij}$，而表中某个非基

变量的检验数为正值时，表明该调运方案不是最优解，要进行方案调整以得到更好的方案。

表 7-8　填入检验数的运输表

产地	销地				u_i	
	B_1	B_2	B_3	B_4		
A_1	(1) 3	(2) 11	4 3	3 10	u_1	0
A_2	3 1	(1) 9	1 2	(−1) 8	u_2	−1
A_3	(10) 7	6 4	(12) 10	3 5	u_3	−5
v_j	v_1	v_2	v_3	v_4		
	2	9	3	10		

括号中的数是用位势法计算所得非基变量检验数，右上角方框中数是单位运价，中间数是运量。

方法二：闭合回路法

(1) 构造闭合回路。在给出调运方案的计算表（表 7-9）上进行。其方法是从无运量的空格出发的直线可以沿水平或垂直线向前，遇到填有运量的数字格方可以转 90°或者不改变方向（遇到无运量的空格不能转向）继续前进，直到回到起始空格为止。可以证明这样的闭合回路一定存在而且唯一，闭合回路的形式有如图 7-2 所示。

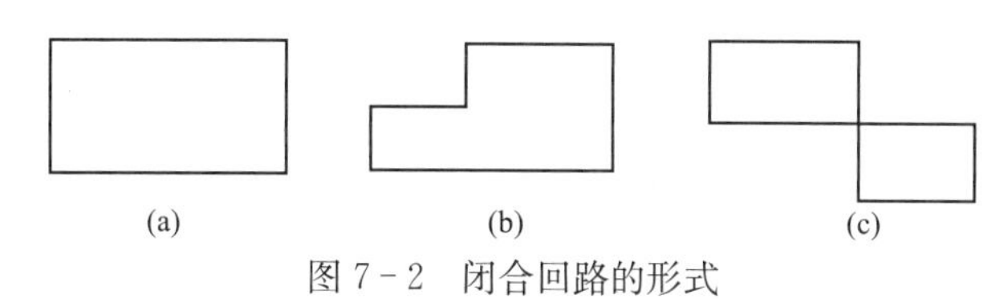

图 7-2　闭合回路的形式

表 7-9　构造闭合回路

产地	销地				产量/件
	B_1	B_2	B_3	B_4	
A_1	3	11	4 3	3 10	7
A_2	3 1	9	1 2	8	4
A_3	7	6 4	10	3 5	9
销量/件	3	6	5	6	

(2) 计算检验数。给构造的闭合回路编号，编号方法为：起始点编号为 1，沿顺时针方向或逆时针方向依次编号为 2，3，4，…，n，如表 7-10 所示。然后用编号为奇数点的运价和减去编号为偶数点的运价和，就是该非基变量的检验数。对于表 7-9 最小元素法给出的初始调运方案计算 x_{11} 的检验数，构造出的闭合回路如表 7-9 所示。

(3) 编号和计算检验数

$$\sigma_{11}=(3+2)-(3+1)=1$$

按照以上所述求检验数的闭合回路法，可找出所有非基变量的检验数，见表 7－11。

表 7－10　编号和计算检验数

		销地				产量/件
		B_1	B_2	B_3	B_4	
产地	A_1	3 ①	11	3 4　②	10 3	7
	A_2	1 ④ 3	9	2 1　③	8	4
	A_3	7	4 6	10	5 3	9
销量/件		3	6	5	6	

表 7－11　非基变量检验数计算结果

非基变量	闭合回路	检验数
(11)	(11)—(13)—(23)—(21)—(11)	1
(12)	(12)—(14)—(34)—(32)—(12)	2
(22)	(22)—(23)—(13)—(14)—(34)—(32)—(22)	1
(24)	(24)—(23)—(13)—(14)—(24)	−1
(31)	(31)—(34)—(14)—(13)—(23)—(21)—(31)	10
(33)	(33)—(34)—(14)—(13)—(33)	12

当检验数还存在负数时，说明原方案不是最优解，需要改进。

步骤 3：方案的调整。

(1) 选取所有负值的检验数中最小的负检验数，以它对应的非基变量为换入基变量。本例中选非基变量 x_{24} 为换入基变量，并以 x_{24} 所在格为出发点找一条闭合回路。如表 7－12 所示。

(2) 确定调整数并进行调整。调整数记为 θ，θ 为偶数编号点上所有运量中的最小者。

调整方法为：偶数编号点上的运量 $-\theta$；奇数编号点上的运量 $+\theta$。

在表 7－12 中，按照上述方法调整得到了调整后的运输方案，如表 7－13 所示。

表 7－12　闭合回路调整

产地	销地				产量/件
	B_1	B_2	B_3	B_4	
A_1			③ 4(+1)	④ 3(−1)	7
A_2	3		1(−1) ②	(+1) ①	4
A_3		6		3	9
销量/件	3	6	5	6	

表 7-13　调整后运输方案

产地	销地				产量/件
	B_1	B_2	B_3	B_4	
A_1			5	2	7
A_2	3			1	4
A_3		6		3	9
销量/件	3	6	5	6	

对表 7-13 给出的运输方案，再用位势法进行检验，如表 7-14 所示。

表 7-14　位势法检验

产地	销地				u_i
	B_1	B_2	B_3	B_4	
A_1	(0)　3	(2)　11	5　3	2　10	0
A_2	3　1	(2)　9	(1)　2	1　8	−2
A_3	(9)　7	6　4	(12)　10	3　5	−5
v_j	3	9	3	10	

表中带括号的数字是非基变量的检验数。可知所有检验数都大于等于零（基变量的检验数都等于零），此解是最优解，这时最小总运输费用为 85 元。具体的运输方案如下：A_1 产地运 5 件给销售公司 B_3，运 2 件给销售公司 B_4；A_3 产地运 3 件给销售公司 B_1，运 1 件给销售公司 B_4；A_3 产地运 6 件给销售公司 B_2，运 3 件给销售公司 B_4。

步骤 4：判断是否有多个最优方案。

判别是否有多个最优解的方法与单纯形表法一样，只需检查最优方案中是否存在非基变量的检验数为 0，如有，此运输问题有多个最优解。如在本例中给出的运输方案中 x_{11} 的检验数 $\sigma_{11}=0$，可知此运输问题有多个最优解。为求另一个最优解，只要从检验数为 0 的非基变量出发构造闭合回路，调整运输方案，就可得到另一个最优方案。上例的另一个最优解如表 7-15 所示。

表 7-15　最　优　解

产地	销地				产量/件
	B_1	B_2	B_3	B_4	
A_1	① (+2)		5	② 2(−2)	7
A_2	3(−2) ④			1(+2) ③	4
A_3		6			9
销量/件	3	6	5	6	

新的最优方案如表 7－16 所示。

表 7－16　最 优 方 案

产地	销　　地				产量/件
	B_1	B_2	B_3	B_4	
A_1	2		5		7
A_2	1			3	4
A_3		6		3	9
销量/件	3	6	5	6	

最小费用为 $3\times2+1\times1+4\times6+3\times5+8\times3+5\times3=85$，最小费用不变。

7.3　产销不平衡的运输问题

对于产销不平衡的运输问题可以先化为产销平衡的运输问题再进行求解。

例 7－3　某公司从两个产地 A_1，A_2 将物品运往三个销地 B_1，B_2，B_3，各产地的产量、各销地的销量和各产地运往各销地的单位产品运费如表 7－17 所示。问如何调运使得总运输费最小？

表 7－17　单位产品运费表

产地	销　　地			产量/件
	B_1	B_2	B_3	
A_1	6	4	6	300
A_2	6	5	5	300
销量/件	150	150	200	600 / 500

分析　该题和例 7－1 相比，只是 A_1 的产量提高到 300 件。这样总产量为 600 件，而总的销量仍然是 500 件，这是一个产大于销的运输问题。为此建立一个假想的销地 B_4，B_4 为 A_1 和 A_2 的仓库，由于各产地将自己的产品放入到各自的仓库中，因此不需要运费，所以令 $c_{14}=0$，$c_{24}=0$，这样就得到如表 7－18 所示的产销平衡表，即化为产销平衡的运输问题后就可以用表上作业法进行求解了。

表 7－18　产销平衡表

产地	销　　地				产量/件
	B_1	B_2	B_3	B_4	
A_1	6	4	6	0	300
A_2	6	5	5	0	300
销量/件	150	150	200	100	

例 7－4　某公司从两个产地 A_1，A_2 将物品运往三个销地 B_1，B_2，B_3，各产地的产量、各销地的销量和各产地运往各销地的单位产品运费如表 7－19 所示。问如何调运，使得

总运输费最小？

表 7－19　单位产品运费表

产地	销地			产量/件
	B_1	B_2	B_3	
A_1	6	4	6	200
A_2	6	5	5	300
销量/件	250	200	200	500 / 650

该题和例 7－1 相比，只是 B_1，B_2 的销量和提高到 450 件。这样总销量为 650 件，而总的产量仍然是 500 件，这是一个销大于产的运输问题。为此建立一个假想的产地 A_3，A_3 的产量为 150 件，但是这仅仅是一个“空头支票”，因为 A_3 运往各销地的产品数量是虚拟的，不需要运费，所以令 $c_{31}=0$，$c_{32}=0$，$c_{33}=0$，这样就得到产销平衡表，也就是将一个产销不平衡的运输问题化为产销平衡的运输问题了。

7.4　运输模型的应用

7.4.1　转载问题

转载问题是运输问题的扩充。在转载问题中增加了被称为转载节点的中间节点，用于指代位置，例如仓库。在这个更为普遍的配置问题中，出入货物发生于三种节点中的任意两个节点。这三种节点为：起始节点、转载节点和终止节点。例如，转载问题允许货物出货从起始节点到转载节点再到终止节点，从一个起始节点到另一个起始节点，从一个转载节点到另一个转载节点，从一个终止节点到另一个终止节点，或从一个起始节点直接到一个终止节点。

如同运输问题一样，每一个起始节点的供应量总是有限的，终止节点的需求量也是指定的。转载问题的目标是为了确定在网络中每一个弧应该运送多少单位货物，而使所有终止节点的需求都得到满足并使运输成本最小。

下面用转载问题为例介绍这一模型。

例 7－5　某电子公司的工厂分别位于 A_1 城市和 A_2 城市。任意工厂产出的部件可能被运送到公司在 B_3，B_4 仓库中的任意一个。从这些仓库，电子公司向 C_5，C_6，C_7，C_8 的零售商发货。表 7－20 和表 7－21 表示了每一条发货线路上部件的运输成本，图 7－3 显示了网络模型的货物运送路线。每个起始节点的供给和终止节点的需求分别在节点左侧和右侧标明。

表 7－20　每条发货线路上部件的运输成本

工厂	仓库	
	B_3	B_4
A_1	2	3
A_2	3	1

表 7-21 每条发货线路上部件的运输成本

仓库	零售商			
	C_5	C_6	C_7	C_8
B_3	2	6	3	6
B_4	4	4	6	5

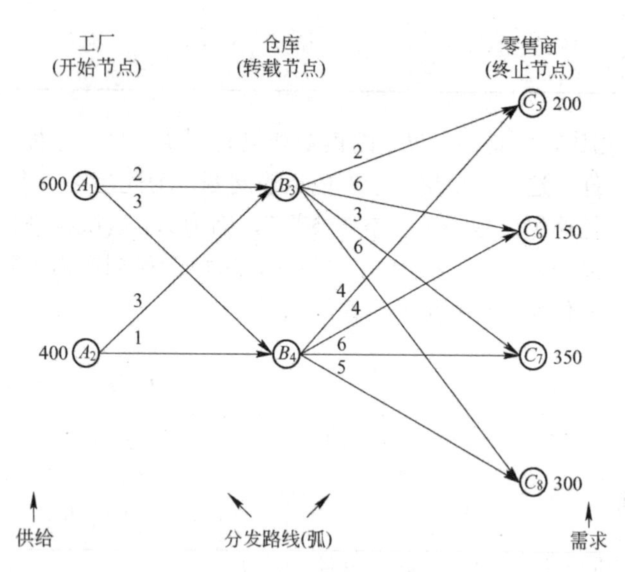

图 7-3 某电子公司转载问题的货运网络模型

解 节点 A_1 与节点 A_2 是初始节点；节点 B_3 与节点 B_4 是转载节点；节点 C_5，C_6，C_7，C_8 则是终止节点。对于运输和配置问题，可以由网络图示建立一种针对转载问题的线性规划模型。令 x_{ij} 代表从节点 i 到节点 j 运输的数量，可以得到线性规划模型为

$$\min z = 2x_{13}+3x_{14}+3x_{23}+1x_{24}+2x_{35}+6x_{36}+3x_{37}+6x_{38}+4x_{45}+4x_{46}+6x_{47}+5x_{48}$$

$$\text{st}\begin{cases} x_{13}+x_{14}=600 \\ x_{23}+x_{24}=400 \\ -x_{13}-x_{23}+x_{35}+x_{36}+x_{37}+x_{38}=0 \\ -x_{14}-x_{24}+x_{45}+x_{46}+x_{47}+x_{48}=0 \\ x_{35}+x_{45}=200 \\ x_{36}+x_{46}=150 \\ x_{37}+x_{47}=350 \\ x_{38}+x_{48}=300 \\ x_{ij}\geqslant 0 \end{cases}$$

请同学们画出该问题的产销平衡表。

例 7-6 某公司从两个产地 A_1，A_2 将物品运往三个销地 B_1，B_2，B_3，各产地的产量、各销地的销量和各产地运往各销地的单位产品运费如表 7-22 所示。现规定货物可以在五点中任一个进行中转，再运往销地，各点间运送一个单位货物的运价为：A_1，A_2 之间

为 1，B_1，B_2 之间为 2，B_1，B_3 之间为 1，B_2，B_3 之间为 3。问应如何确定该种货物的运输方案使运输费用最少？

表 7－22　单位产品运费表

产地	销地			产量/件
	B_1	B_2	B_3	
A_1	5	3	5	10
A_2	4	1	2	20
销量/件	10	10	10	

解　转载地点既是产地又是销地。货物运入该点时，该点就看成销地，运入的最大数量为销量；货物运出该点时，该点可看成产地，运出的最大数量为该地的产量。因此，把整个问题看成是有 5 个产地和 5 个销地的扩大运输问题。

按给定条件，对扩大的运输问题建立单位运价表。因为从某地运一个单位货物到本地实际上不会发生，只是一种松弛行动，用来平衡相应的行或列的数字，所以对角线上运价为 0。

由题设条件，允许转运的货物最多不能超过 30 个单位，而每个点都可以是转载点，故每行的发量和每列的收量均应加上 30 个单位。

按上面分析，可以建立该问题的产销平衡表和单位运价表如表 7－23 所示。

表 7－23　产销平衡表和单位运价表

产地	销地					产量/件
	A_1	A_2	B_1	B_2	B_3	
A_1	0	1	5	3	5	40
A_2	1	0	4	1	2	50
B_1	5	4	0	2	1	30
B_2	3	1	2	0	3	30
B_3	5	2	1	3	0	30
销量/件	30	30	40	40	40	

用表上作业法，求出最优解如表 7－24 所示。

表 7－24　最　优　解

产地	销地					产量/件
	A_1	A_2	B_1	B_2	B_3	
A_1	30	10				40
A_2		20		10	20	50
B_1			30			30
B_2				30		30
B_3			10		20	30
销量/件	30	30	40	40	40	

在最优解中，对角线格子中的数字是松弛变量的取值，只起平衡相应的行或列的作用。从对角线以外的数字可以看出，A_1 发 10 个单位货物至 A_2 转运；A_2 发 10 个单位货物至 B_2，发 10 个单位货物至 B_3，运 10 个单位货物至 B_3 转运 B_1。其总的运费为

$$z=10\times1+10\times1+20\times2+10\times1=70$$

7.4.2 受限制的运输问题

例 7－7 设有 3 个化肥厂供应 4 个地区的农用化肥。假定等量的化肥在这些地区使用效果相同。各化肥厂年产量、各地区年需求量及从各化肥厂到各地区运送化肥的单位运价（万元/万t）如表 7－25 所示。试求出总运费最小的化肥调拨方案。

表 7－25 各地区年需求量及从各化肥厂到各地区运送化肥的单位运价

化肥厂	需求地				产量/万t
	1	2	3	4	
A	16	13	22	17	50
B	14	13	19	15	60
C	19	20	23	—	50
最低需求/万t	30	70	0	10	
最高需求/万t	50	70	30	不限	

解 这是一个产销不平衡的运输问题。总产量为 160 万t，4 个地区的最低需求为 110 万t，最高需求为无限。但根据现有产量，第 4 个地区每年最多能分配到 60 万t，这样最高需求总量为 210 万t，大于产量。为了求得平衡，在产销平衡表中增加一个假想的化肥厂 *D*，其年产量为 50 万t。

由于各地的需要量包含两部分，如地区 1（表 7－26），其中 30 万t 是最低需求，故不能由假想化肥厂 *D* 供给，令相应运价为 *M*（足够大正数）。而另一部分 20 万t 满足或不满足均可以，因此可以由假想化肥厂 *D* 供给。对凡是需求分两种情况的地区，可按照两个地区看待。对于最低需求的地区必须满足，因此不能由假想产地供应，故其运价为 *M*，最高需求可由假想产地供应，故其运价为 0，写出这个问题新的产销平衡表和单位运价表，如表 7－26 所示。最优方案如表 7－27 所示。

表 7－26 产销平衡表和单位运价表

化肥厂	需求地						产量/万t
	1	1*	2	3	4	4*	
A	16	16	13	22	17	17	50
B	14	14	13	19	15	15	60
C	19	19	20	23	*M*	*M*	50
D	*M*	0	*M*	0	*M*	0	50
销量/万t	30	20	70	30	10	50	

表 7－27 最优方案表

化肥厂	需求地						产量/万t
	1	1*	2	3	4	4*	
A			50				50
B			20		10	30	60
C	30	20	0				50
D				30		20	50
销量/万t	30	20	70	30	10	50	

请同学们建立该问题的线性规划模型并求解。

7.4.3 线性规划模型转化为运输问题

由于使用表上作业法解运输问题比单纯形法简便得多，所以在解决实际问题时，除了货物运输外，人们还常常尽可能把某些线性规划模型转化为运输问题的模型。下面介绍几种运输问题的应用例子。

例 7－8 某厂按合同规定须于当年每个季度末分别提供 10，15，25，20 台同一规格的柴油机。已知该厂各季度的生产能力及生产每台柴油机成本如表 7－28 所示。

表 7－28 各季度生产能力及生产每台柴油机成本

季 度	生产能力/台	单位成本/万元	季 度	生产能力/台	单位成本/万元
第一季度	25	10.8	第三季度	30	11.0
第二季度	35	11.1	第四季度	10	11.3

如果生产出来的柴油机当季不交货的，每台积压一个季度需储存、维护等费用 0.15 万元。要求在完成合同的情况下，作出使该厂全年生产费用最小的决策。

解 由于每个季度生产出来的柴油机不一定当季交货，所以设 x_{ij} 为第 i 季度生产第 j 季度交货的柴油机数量。建立一个流程图（图 7－4）来代表这个问题。

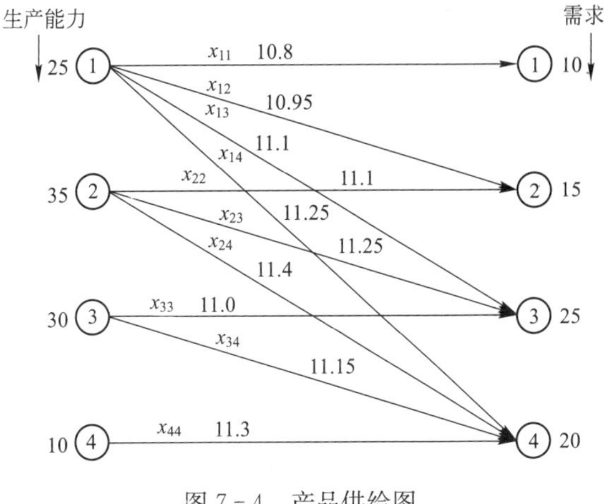

图 7－4 产品供给图

根据合同要求，每一个季度的需求量必须得到满足，即

$$\text{st}\begin{cases}x_{11}=10\\x_{12}+x_{22}=15\\x_{13}+x_{23}+x_{33}=25\\x_{14}+x_{24}+x_{34}+x_{44}=20\end{cases}$$

由于这是一个产量大于需求量问题，所以每季度生产的用于当季和以后各季交货的柴油机数不可能超过该季度的生产能力，故又有

$$\text{st}\begin{cases}x_{11}+x_{12}+x_{13}+x_{14}\leqslant 25\\x_{22}+x_{23}+x_{24}\leqslant 35\\x_{33}+x_{34}\leqslant 30\\x_{44}\leqslant 10\end{cases}$$

第 i 季度生产的用于第 j 季度交货的每台柴油机的实际成本 c_{ij} 应该是该季度单位成本加上储存、维护等费用。该厂的目标是使全年生产费用为最小，即

$$\min z=10.8x_{11}+10.95x_{12}+11.1x_{13}+11.25x_{14}+11.1x_{22}+\\11.25x_{23}+11.4x_{24}+11.0x_{33}+11.15x_{34}+11.3x_{44}$$

可见，这是一个特殊的线性规划模型。在这个问题中，因为当 $i>j$ 时，$x_{ij}=0$，所以可令对应的 $c_{ij}=M$。又因为该问题是一个产大于销的问题，所以可加上一个假想的需求 D。

这样就可把此问题转化为一个产销平衡的运输问题，并可写出产销平衡表和单位运价表，如表 7－29 所示。

表 7－29 产销平衡表和单位运价表

季　度	第一季度	第二季度	第三季度	第四季度	D	产量/台
第一季度	10.8	10.95	11.10	11.25	0	25
第二季度	M	11.10	11.25	11.40	0	35
第三季度	M	M	11.0	11.15	0	30
第四季度	M	M	M	11.30	0	10
销量/台	10	15	25	20	30	

用表上作业法求解，可得多个最优方案。表 7－30 列出最优方案之一。

表 7－30 最 优 方 案

季　度	第一季度	第二季度	第三季度	第四季度	D	产量/台
第一季度	10	15	0			25
第二季度			5		30	35
第三季度			20	10		30
第四季度				10		10
销量/台	10	15	25	20	30	

按此方案生产，该厂总的生产费用为 775 万元。

例 7－9 A 厂致力于生产家用和办公物品，4 个季度的生产能力、市场需求、每一单位产品的生产成本及每单位产品每一季度的库存费用如表 7－31 所示。

表 7－31 产 品 信 息

季　度	生产能力/单位	需求/单位	生产成本/(万元/单位)	库存成本/(万元/单位)
第一季度	600	400	2	0.25
第二季度	300	500	5	0.25
第三季度	500	400	3	0.25
第四季度	400	400	3	0.25

A 厂在这 4 个季度里，每季度生产多少单位的产品可使生产费用和库存费用最小？

解 由于产量大于需求量，因此这是一个产销不平衡的运输问题，利用图 7－5 所示的网络图来建立生产和库存问题的线性规划模型。

令 x_{ij} 表示在第 i 季度所生产产品供给第 j 季度的产品数量，可以得到最优解决方案如下。

目标函数 $\min z=2x_{15}+5x_{26}+3x_{37}+3x_{48}+0.25x_{56}+0.25x_{67}+0.25x_{78}$

约束条件

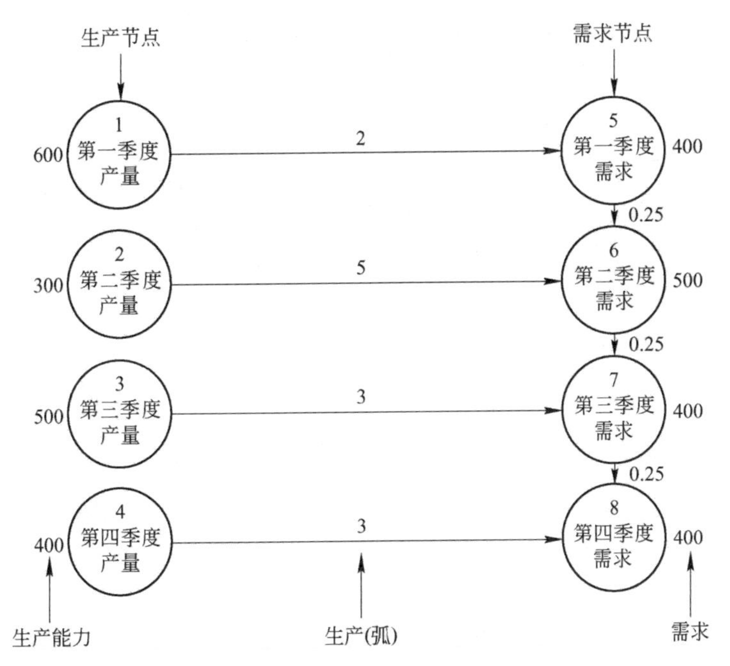

图 7-5　货物配送的网络图

对于产地

$$\begin{cases} x_{15} \leqslant 600 \\ x_{26} \leqslant 300 \\ x_{37} \leqslant 500 \\ x_{48} \leqslant 400 \end{cases}$$

对于销地

$$\begin{cases} x_{15} - x_{56} = 400 \\ x_{26} + x_{56} - x_{67} = 500 \\ x_{37} + x_{67} - x_{78} = 400 \\ x_{48} + x_{78} = 400 \end{cases}$$

A 厂生产产品问题的完整线性规划及约束方程为

$$\min z = 2x_{15} + 5x_{26} + 3x_{37} + 3x_{48} + 0.25x_{56} + 0.25x_{67} + 0.25x_{78}$$

$$\text{st} \begin{cases} x_{15} \leqslant 600 \\ x_{26} \leqslant 300 \\ x_{37} \leqslant 500 \\ x_{48} \leqslant 400 \\ x_{15} - x_{56} = 400 \\ x_{26} + x_{56} - x_{67} = 500 \\ x_{37} + x_{67} - x_{78} = 400 \\ x_{48} + x_{78} = 400 \\ x_{ij} \geqslant 0 \end{cases}$$

该问题的产销平衡表如表 7-32 所示。

表 7-32 产销平衡表

产地	销地				D	产量
	5	6	7	8		
1	2	M	M	M	0	600
2	M	5	M	M	0	300
3	M	M	3	M	0	500
4	M	M	M	3	0	400
5	0	0.25	M	M	0	200
6	M	0	0.25	M	0	0
7	M	M	0	0.25	0	100
销量	600	500	500	400	100	2100

例 7-10 某公司有两个工厂 A_1 与 A_2 生产某种产品，有三家商店 B_1，B_2，B_3 需要这种产品。按合同规定，产品要运至商店交货。假定工厂总生产量超过总需求量。问该公司应如何安排供货才能使生产成本和运输费用最少？(写出该问题的产销平衡表和单位运价表)

解 设 $c_i(i=1, 2)$ 为工厂 i 的单位生产成本，$t_{ij}(i=1, 2; j=1, 2, 3)$ 为从工厂 i 到商店 j 的运费，a_i 为工厂 i 的生产能力，b_j 为商店 j 的需要量。

由题设可知，工厂总产量超过总需求量，故增加一个虚销地，可得该问题的产销平衡表和单位运价表，如表 7-33 所示。

表 7-33 产销平衡表和单位运价表

工厂	商　店			D	产量/件
	B_1	B_2	B_3		
A_1	c_1+t_{11}	c_1+t_{12}	c_1+t_{13}	0	a_1
A_2	c_2+t_{21}	c_2+t_{22}	c_2+t_{23}	0	a_2
销量/件	b_1	b_2	b_3	b_4	

7.5 QM 软件求解

例 7-11 某建材公司所属的三个水泥厂 A_1，A_2，A_3，生产水泥销往 4 个销售点 B_1，B_2，B_3，B_4。已知水泥的日产量（万t）、各销售点的日销量（万t）以及各工厂运往各销售点的单位运价（万元/万t）如表 7-34 所示，应如何调运使总运费最少？

表 7-34 产品运价表

产地	销　地				产量/万 t
	B_1	B_2	B_3	B_4	
A_1	8	7	3	2	1
A_2	4	7	5	1	9
A_3	2	4	9	6	4
销量/万 t	3	2	4	5	

解 在 QM 软件中输入数据，如图 7-6 所示。

Objective
○ Maximize
◉ Minimize

Starting method
Any starting method

运输问题

	Destination 1	Destination 2	Destination 3	Destination 4	SUPPLY
Source 1	8.	7.	3.	2.	1.
Source 2	4.	7.	5.	1.	9.
Source 3	2.	4.	9.	6.	4.
DEMAND	3.	2.	4.	5	

图 7-6 输入单位运价、产量和销量

选择初始调运方案、迭代过程及求解结果分别如图 7-7、图 7-8 和图 7-9 所示。

Objective
○ Maximize
◉ Minimize

Starting method
Minimum Cost Method
Any starting method
Northwest Corner Method
Minimum Cost Method
Vogel's Approximation Method

运输问题

	Destination 1	Destination 2	Destination 3	Destination 4	SUPPLY
Source 1	8.	7.	3.	2.	1.
Source 2	4.	7.	5.	1.	9.
Source 3	2.	4.	9.	6.	4.
DEMAND	3.	2.	4.	5	

图 7-7 选择初始调运方案的方法（西北角法、最小元素法、伏格尔法）

Iterations

运输问题 Solution

	Destination 1	Destination 2	Destination 3	Destination 4
Iteration 1				
Source 1	5.	2.	1.	3.
Source 2	-1.	1.	3.	5.
Source 3	3.	1.	7.	8.
Iteration 2				
Source 1	6.	3.	1.	3.
Source 2	1.	1.	3.	5.
Source 3	2.	2.	6.	7.

图 7-8 迭代过程

Objective
○ Maximize
◉ Minimize

Starting method
Minimum Cost Method

Transportation Shipments

运输问题 Solution

Optimal cost = 39.00	Destination 1	Destination 2	Destination 3	Destination 4
Source 1			1.	
Source 2	1.		3.	5.
Source 3	2.	2.		

图 7-9 求解结果

习题

1. 与一般线性规划模型相比，运输问题的线性规划模型有什么特征?

2. 用表上作业法求解运输问题时，用西北角法、最小元素法和伏格尔法给出的初始可行解有什么不同。

3. 用表上作业法求解运输问题时，在什么情况下会出现退化情形? 当出现退化情形时应如何处理?

4. 某公司在3个地方有3个分厂，生产同一种产品，其产量分别为300，400，500箱。销售给4个地方，这4个地方的产品需求分别为400，250，350，200箱。3个分厂到4个销地的单位运价如表7-35所示。

表7-35　单位运价表

产　地	销　地			
	甲	乙	丙	丁
1分厂	21	17	23	25
2分厂	10	15	30	19
3分厂	23	21	20	22

(1) 应如何安排运输方案使得总运费最少?

(2) 如果2分厂的产量从400箱提高到600箱，那么应如何安排运输方案，使得总运费最少?

(3) 如果销地甲的需求从400箱提高到550箱，那么该如何安排运输方案，使得总运费最少?

5. 用表上作业法求表7-36所列运输问题。

表7-36　各个运输点之间的运量、收量和单位运费

发点	收　点				发量/件
	B_1	B_2	B_3	B_4	
A_1	8	7	1	4	9
A_2	3	4	6	2	9
A_3	5	6	10	6	2
收量/件	5	5	3	7	

6. 某种产品今后四周的需求量分别是300，700，900，600件，必须得到满足。已知每件产品的成本在起初两周是10元，以后两周是15元。工厂每周能生产这种产品700件，且在第二、三周能加班生产，加班后每周可增产200件，但成本每件增加5元。产品如不能在本周交货，则每件每周存储费为3元。问如何安排生产使总费用最少?（要求建立运输问题模型但不求解）

7. 求解下列模型

$$\min z = 3x_{11} + 2x_{12} + 4x_{13} + 2x_{21} + 4x_{22} + 5x_{23} +$$
$$8x_{31} + 2x_{32} + x_{33} + 5x_{41} + 5x_{42} + 2x_{43}$$

$$\text{st}\begin{cases}x_{11}+x_{12}+x_{13}=100\\x_{21}+x_{22}+x_{23}=50\\x_{31}+x_{32}+x_{33}=60\\x_{41}+x_{42}+x_{43}=40\\x_{11}+x_{21}+x_{31}+x_{41}=85\\x_{12}+x_{22}+x_{32}+x_{42}=90\\x_{13}+x_{23}+x_{33}+x_{43}=75\\x_{ij}\geqslant 0,\quad i=1,2,3,4;\ j=1,2,3\end{cases}$$

8. 某公司有 A_1，A_2，A_3 三个分厂已分别制造生产了同一产品 3 500，2 500，5 000 件。在公司生产前已有 B_1，B_2，B_3，B_4 四个客户分别订货 1 500，2 000，3 000，3 500 件。客户 B_1，B_2 在完成订货任务后了解到产品有 1 000 件剩余，因此都想增加订货购买剩余的1 000 件产品。公司卖给不同客户的单件产品利润见表 7－37。公司如何安排供应才能使总利润最大？

表 7－37　公司从不同客户处所获的单件产品利润

分　厂	客　户			
	B_1	B_2	B_3	B_4
A_1	10	5	6	7
A_2	8	2	7	6
A_3	9	3	4	8

9. 某电站设备制造厂根据合同要从当年起连续三年年末各提供三套规格型号相同的大型电站设备。已知该厂这三年内生产大型电站设备的能力及每套电站设备成本如表 7－38 所示。

表 7－38　生产大型电站设备的能力及每套电站设备成本

年　度	正常生产时间内可完成的电站设备数	加班生产时间内可完成的电站设备数	正常生产时每套成本/万元
第一年度	2	3	500
第二年度	4	2	600
第三年度	1	3	550

已知加班生产时，每套电站设备成本比正常生产时高出 70 万元，又知制造出来的电站设备如当年不交货，每套每积压一年造成积压损失为 40 万元。在签订合同时，该厂已积压了两套未交货的电站设备，而该厂希望在第三年年末完成合同后还能存储一套备用。问该厂应如何安排每年电站设备的生产量，使在满足上述各项要求的情况下，总的生产费用为最少？

10. 有甲、乙、丙三个城市，每年分别需要煤炭 320 万，250 万，350 万t，由 A，B 两个煤矿负责供应。已知煤矿 A 年产量为 400 万t，B 年产量为 450 万t，从两煤矿到各城市的单位运输费用如表 7－39 所示。由于需求大于产量，经协商平衡，甲城市必要时可少供 0～30 万t，乙城市需求量需全部满足，丙城市需求量不少于 270 万t。试求满足上述条件又使总运费为最低的调运方案。

表 7-39　A、B 煤矿到甲、乙、丙城市的单位运输费用　　元/t

煤　矿	城　市		
	甲	乙	丙
A	15	18	22
B	21	25	16

11. 为确保飞行的安全，飞机上的发动机每半年必须更换进行大修。某维修厂估计某种型号战斗机从下一个半年算起的今后三年内每半年发动机的更换需要量分别是 100，70，80，120，150，140。更换发动机时可以换上新的，也可以用经过大修的旧的发动机。已知每台新发动机的购置费用为 10 万元，而旧发动机的维修有两种方式：快修，每台 2 万元，半年交货（即本期拆下来送修的，下批即可用上）；慢修，每台 1 万元，但需一年交货（即本期拆下来送修的，需下下批才能用上）。设该厂新接受该项发动机更新维修任务，又知这种型号战斗机三年后将退役，退役后这种战斗机将报废。在今后三年的每半年内，该厂为满足更换需求，需要各新购、快修和慢修的发动机数各是多少，使总的购置费用和维修费用最省？(将此问题归结为运输问题，只列出产销平衡表与单位运价表，不求数值解)

12. 已知甲、乙两处分别有 70，50 t 物资外运，A，B，C 三处各需要物资 35，40，50 t。物资可以直接送达目的地，也可经某些点转运，已知各点之间的距离如表 7-40～表 7-42 所示，确定一个最优的调运方案。

表 7-40　甲、乙之间的距离

起　点	终　点	
	甲	乙
甲	0	12
乙	10	0

表 7-41　甲、乙与 A、B、C 之间的距离

起　点	终　点		
	A	B	C
甲	10	14	12
乙	15	12	18

表 7-42　A、B、C 之间的距离

起　点	终　点		
	A	B	C
A	0	14	11
B	10	0	4
C	8	12	9

第 8 章

本章要求理解整数规划的含义；掌握两个变量的纯整数线性规划模型的图解法；掌握分支定界法的思想和方法；了解割平面法的原理；能够正确引入 0－1 变量建立 0－1 线性规划模型；掌握指派问题的求解算法；正确使用计算机软件求解整数规划问题。

整数线性规划

8.1 整数线性规划模型

在前面讨论的线性规划模型中，最优解可能是分数或小数，但对于某些具体问题常要求最优解是整数。称这样的线性规划模型为整数线性规划模型（integer linear programming，ILP）。

在整数线性规划中如果所有的变量都限制为整数，就称为纯整数线性规划（pure ILP）；如果仅一部分变量限制为整数，就称为混合整数规划（mixed ILP）。整数线性规划的一个特例就是0－1规划，它的变量仅取0或1。

例8－1 投资决策问题。

某部门在今后五年中可用于投资的资金总额为B万元，有$n(n\geqslant 2)$个可以投资的项目，假定每个项目最多投资一次，第$j(j\leqslant n)$个项目所需投资资金为b_j万元，获得的利润为c_j万元。如何选择投资项目，才能使获得的总利润最大？

解 设投资决策变量为

$$x_j=\begin{cases}1 & \text{投资第 } j \text{ 个项目}\\ 0 & \text{不投资第 } j \text{ 个项目}\end{cases} \quad j=1,2,\cdots,n$$

设获得的总利润为z，则上述问题的数学模型为

$$\max z=\sum_{j=1}^{n}c_jx_j$$

$$\text{st}\begin{cases}\sum_{j=1}^{n}b_jx_j\leqslant B\\ x_j=0,1\end{cases} \tag{8.1}$$

该问题是决策变量只能取0或1的整数线性规划问题。

例8－2 某厂拟用集装箱托运甲、乙两种货物，货物的体积、重量、可获得的利润及托运所受的限制如表8－1所示。两种货物各托运多少箱，可使得利润最大？

表8－1 货物的体积、重量、可获得的利润及托运所受的限制表

货　物	每箱体积/m^3	每箱重量/100 kg	每箱利润/百元
甲	5	2	20
乙	4	5	10
托运限制	24	13	

解 设x_1，x_2分别为甲、乙两种货物的托运箱数，设获得的总利润为z，则上述问题的数学模型为

$$\max z=20x_1+10x_2$$

$$\text{st}\begin{cases}5x_1+4x_2\leqslant 24\\ 2x_1+5x_2\leqslant 13\\ x_1,x_2\in\mathbf{N}\end{cases} \tag{8.2}$$

这是纯整数线性规划问题。

例8－3 旅行售货员问题（traveling salesman problem，简称TSP问题）。

有一推销员，从城市 v_0 出发，要遍访城市 v_1，v_2，…，v_n 各一次，最后返回 v_0，已知从 v_i 到 v_j 的旅费为 c_{ij}。他应按怎样的次序访问这些城市，才能使得总旅费最少？

解　对每一对城市设一个变量 x_{ij}，令

$$x_{ij}=\begin{cases}1, & \text{从 } v_i \text{ 直接进入 } v_j \\ 0, & \text{其他情况}\end{cases}$$

则上述问题的数学模型为

$$\min z=\sum_{i,\ j=0}^{n} c_{ij}x_{ij}$$

$$\text{st}\begin{cases}\sum\limits_{i=0}^{n} x_{ij}=1, & j=0,\ 1,\ \cdots,\ n \\ \sum\limits_{j=0}^{n} x_{ij}=1, & i=0,\ 1,\ \cdots,\ n \\ u_i-u_j+nx_{ij}\leqslant n-1, & 1\leqslant i\neq j\leqslant n \\ x_{ij}=0,\ 1, & i,\ j=0,\ 1,\ \cdots,\ n \\ u_i \text{ 为连续变量}\ (i=1,\ 2,\ \cdots,\ n)\end{cases} \tag{8.3}$$

对于极小目标函数而言，令 $c_{ii}=M$（M 为充分大正数），迫使 $x_{ii}=0$，$i=0$，1，…，n。第一组约束条件表示各城市恰好进入一次；第二组约束条件表示各城市恰好离开一次；第三组约束条件用以防止出现多个互不连通的旅行路线图。例如，对于 6 个城市（$n=5$）的旅行售货员问题，若令

$$x_{01}=x_{12}=x_{20}=1,\quad x_{34}=x_{45}=x_{53}=1,\quad \text{其他 } x_{ij}=0$$

如图 8-1 中所示的两个互不连通的旅行路线图，这样一组 x_{ij} 满足第一、二组约束条件，但不满足第三组约束条件，因为其中的三个不等式为

$$u_3-u_4+5\leqslant 4$$
$$u_4-u_5+5\leqslant 4$$
$$u_5-u_3+5\leqslant 4$$

这三个不等式相加，不论 u_3，u_4，u_5 取任何实数值均导致 $5\leqslant 4$ 的矛盾。

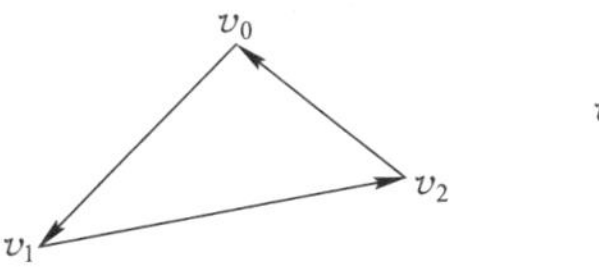

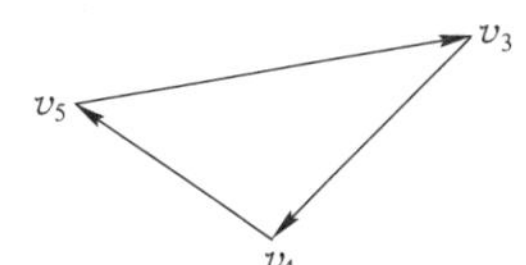

图 8-1　售货员旅行路线图示

根据定义，旅行售货员问题是一个混合整数线性规划模型。有许多实际应用问题的数学模型都是式（8.3）的形式，如生产顺序表问题、集成电路的布线问题等。

8.2　整数规划的图解法

关于两个变量的纯整数线性规划模型，可以用图解法进行求解，求解的方法和线性规划模型的图解方法基本上相同，只是在平移目标函数等值线时有所不同。

定义 1　一个纯整数线性规划模型，去掉整数限制以后的线性规划，称为该纯整数线性规划模型相应的线性规划模型。

例 8-4　用图解法求解线性规划模型

$$\max z=4x_1+x_2$$

$$\text{st}\begin{cases}x_1\leqslant 2\dfrac{2}{3}\\x_2\leqslant 3\dfrac{1}{2}\\3x_1+x_2\leqslant 10\\x_1,\ x_2\in\mathbf{N}\end{cases}\tag{8.4}$$

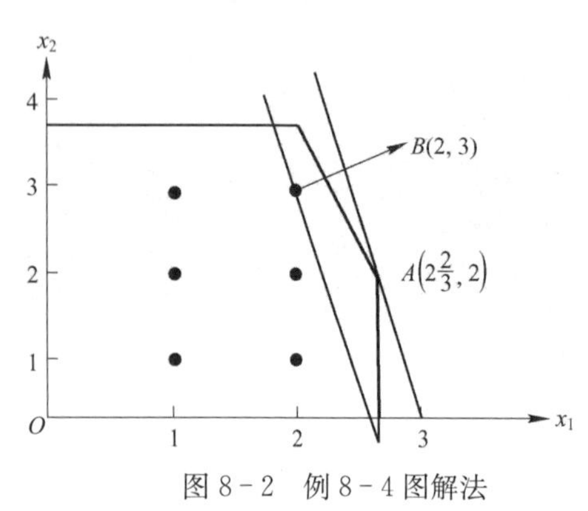

图 8－2　例 8－4 图解法

解　首先用图解法求解相应线性规划模型的最优解（图 8－2），求得最优解为 $A\left(2\dfrac{2}{3},\ 2\right)$，最优值为$12\dfrac{2}{3}$；因最优解中含有分数，不符合整数要求，因此将目标函数线向左下方平移，相交的第一个整数点就是符合约束条件的整数最优解。对于本题平移目标函数线得最优解为 $B(2,\ 3)$，最优值为 11。

从此题可以看到，整数线性规划有如下特点。

（1）求最大目标函数值的纯整数线性规划或混合整数线性规划的最大目标函数值小于等于相应的线性规划的最大目标函数值；最小目标函数值的纯整数线性规划或混合整数线性规划的最小目标函数值大于等于相应的线性规划的最小目标函数值。

（2）相应的线性规划模型可行域有界时，整数可行解为有限个。

8.3　整数线性规划模型的求解——割平面法

1. 基本思想

给出整数规划 P

$$\min z=\boldsymbol{CX}$$

$$\text{st}\begin{cases}\boldsymbol{AX}=\boldsymbol{b}\\\boldsymbol{X}\geqslant\boldsymbol{0}\\x_j\in\mathbf{Z},\quad j=1,\ 2,\ \cdots,\ n\end{cases}\tag{8.5}$$

可先求其相应的线性规划模型 P_0

$$\min z=\boldsymbol{CX}$$

$$\text{st}\begin{cases}\boldsymbol{AX}=\boldsymbol{b}\\\boldsymbol{X}\geqslant\boldsymbol{0}\end{cases}\tag{8.6}$$

如果 P_0 中的最优解满足 P 中的整数要求，则已求得 P 的整数最优解。如果 P_0 的最优解的分量不全是整数，就对 P_0 增加一个约束条件（称它为割平面方程），新增加的割平面方程将 P_0 的可行域割去一块，并且非整数的最优解恰好在这一块中，即非整数的最优解被割去，而 P 的全部整数可行解保留，然后再解新的线性规划，检查其最优解是否满足整数要求，这样继续进行下去，直至得到最优解满足整数要求为止。

2. 割平面法求解 ILP 问题的一般步骤

步骤 1：用单纯形表法求解 ILP 问题 P 的相应的 LP 问题 P_0，如果 P_0 没有最优解，则计算停止，P 也没有最优解。如果 P_0 有最优解，P_0 的最优解为 $\boldsymbol{B}^{-1}\boldsymbol{b}$，如果 $\boldsymbol{B}^{-1}\boldsymbol{b}$ 全为整数，则 $\boldsymbol{B}^{-1}\boldsymbol{b}$ 也是 P 的最优解，计算停止，否则转入下一步。

步骤 2：切割方程的确定。如果 $\boldsymbol{B}^{-1}\boldsymbol{b}$ 不全为整数，可设 x_{i_0} 是 P_0 问题中最优解中分数值对应的基变量，由单纯形表的最终表得到

$$x_{i_0}=b_{i_0}-\sum_{j\in R}b_{i_0j}x_j \tag{8.7}$$

其中 R 是 m 个基变量的下标集合。将 b_{i_0} 和 b_{i_0j} 分解为整数部分与非负真分数部分之和，即

$$b_{i_0}=[b_{i_0}]+f_{i_0},\quad 0<f_{i_0}<1$$

$$b_{i_0j}=[b_{i_0j}]+f_{i_0j},\quad 0\leqslant f_{i_0j}<1$$

其中 $[b_{i_0}]$ 与 $[b_{i_0j}]$ 分别表示不超过 b_{i_0} 和 b_{i_0j} 的最大整数部分。

将 b_{i_0} 和 b_{i_0j} 代入方程（8.7）中，则有 $x_{i_0}=[b_{i_0}]-\sum\limits_{j\in R}[b_{i_0j}]x_j+f_{i_0}-\sum\limits_{j\in R}f_{i_0j}x_j$。现要求变量为非负整数，对于问题 P_0 作新的约束条件 $f_{i_0}-\sum\limits_{j\in R}f_{i_0j}x_j\leqslant 0$，称此约束为切平面方程。

步骤 3：将切割平面方程加入松弛变量，$-f_{i_0}=\sum\limits_{j\in R}f_{i_0j}x_j+s_i$，$s_i\geqslant 0$，然后加入到步骤 1。相应的，在单纯形表中就增加了最后一行。

步骤 4：用对偶单纯形法迭代求解，若求得的最优解为整数则计算停止，已求得最优整数解。若对偶模型是无界的，表明原 ILP 问题不可行，停止计算；否则，返回步骤 2。

切割法自 1958 年提出后，引起人们的广泛注意，但至今完全用它解决问题仍是少数，其原因是经常遇到收敛很慢的情形，但若和其他方法（分支定界法）配合使用也是有效的。

8.4　整数线性规划模型的求解——分支定界法

1. 基本思想

分支定界法（branch and bound method）求解整数规划问题的基本思想是，通过分支枚举来寻找最优解。实施的做法是，首先不考虑对变量的整数要求，求解相应的线性规划模型，如求得的最优解不符合整数要求，则把原模型分解为两部分，每一部分都增加新的约束条件以减小相应线性规划模型的可行域。通过不断地分解，逐步逼近满足要求的整数最优解，在这个过程中包括了“分支”和“定界”两个关键步骤。

2. 分支定界法求解 ILP 问题的一般步骤

根据分支定界法的基本思想，人们归纳总结出了分支定界法求解整数规划问题的一般步骤，这里以求目标函数值最大化问题为例加以说明。

给出整数规划 P

$$\max z=\boldsymbol{CX}$$

$$\text{st}\begin{cases}\boldsymbol{AX}=\boldsymbol{b}\\ \boldsymbol{X}\geqslant\boldsymbol{0}\\ x_j\in\mathbf{N},\quad j=1,2,\cdots,n\end{cases} \tag{8.8}$$

可先求其对应的线性规划模型

$$\max z = \max \boldsymbol{CX}$$

$$P_0 \qquad \text{st}\begin{cases}\boldsymbol{AX}=\boldsymbol{b}\\ \boldsymbol{X}\geqslant \boldsymbol{0}\end{cases} \tag{8.9}$$

步骤 1：求解相应的线性规划模型 P_0，并确定初始上、下界。

求解相应的线性规划模型 P_0。若 P_0 无解，则 P 无解，停止计算；若 P_0 的最优解满足整数要求，就得到 P 的最优解，计算完毕；若 P_0 的最优解中有非整数分量，其最优目标函数值是 P 的初始上界，记为 $\overline{z}$，任意选一个整数可行解（一般可取 $x_j=0$，$j=1$，2，…，n），求其目标函数值作为初始下界，并记为$\underline{z}$，以 z^* 表示问题 P 的最优目标函数值；这时有

$$\underline{z}\leqslant z^*\leqslant \overline{z}$$

步骤 2：分支并求解。

在非整数最优解中，任选一个不满足整数约束条件的变量 $x_j=b_j$，以 $[b_j]$ 表示小于 b_j 的最大整数，构造两个约束条件

$$x_j\leqslant[b_j], \quad x_j\geqslant[b_j]+1$$

将这两个约束条件分别加入 P_0 中，得到线性规划模型，求解这两个后继线性规划模型。

步骤 3：定界。

下界的修改：若后继模型求得的最优解，符合整数条件，且最优目标函数值比原来的下界大，则以目标函数值代替原来的下界，在整个分支定界法的求解过程中，下界的值不断增大。

上界的修改：新的上界是后继模型求得的目标函数值和未被分支的模型中目标函数值中最大的一个，在整个分支定界法的求解过程中，上界的值不断减小。

步骤 4：比较与剪枝。

出现下列三种情形之一者，均应剪枝：

(1) 该支无可行解；

(2) 该支已得到整数最优解；

(3) 该支得到非整数最优解，且目标函数值 $z<\underline{z}$。

如果 $z^*>\underline{z}$，返回步骤 2 继续分支。直到 $\underline{z}=z^*=\overline{z}$，此时得到 P 的最优解，目标函数值为 $\underline{z}=z^*=\overline{z}$。

分支定界法可用于解纯整数规划问题，也可以用于求混合整数规划问题，求混合整数规划问题时，只需对整数要求的变量进行分支就可求得最优解。此方法是 20 世纪 60 年代初由 Land 和 Dong 提出经 Dakin 修正的，其优点是方法灵活便于计算机求解，所以现在它已成为求解整数规划的重要方法之一，目前已成功地应用于求解整数规划问题、生产进度表问题、旅行推销员问题、工厂选址问题、背包问题及分配问题等。

例 8－5 用分支定界法求解下列整数规划模型。

$$\max z=40x_1+90x_2$$

$$\text{st}\begin{cases}9x_1+7x_2\leqslant 56\\ 7x_1+20x_2\leqslant 70\\ x_1,\ x_2\in \mathbf{N}\end{cases} \tag{8.10}$$

解 该问题的分支定界过程如图 8－3 所示。

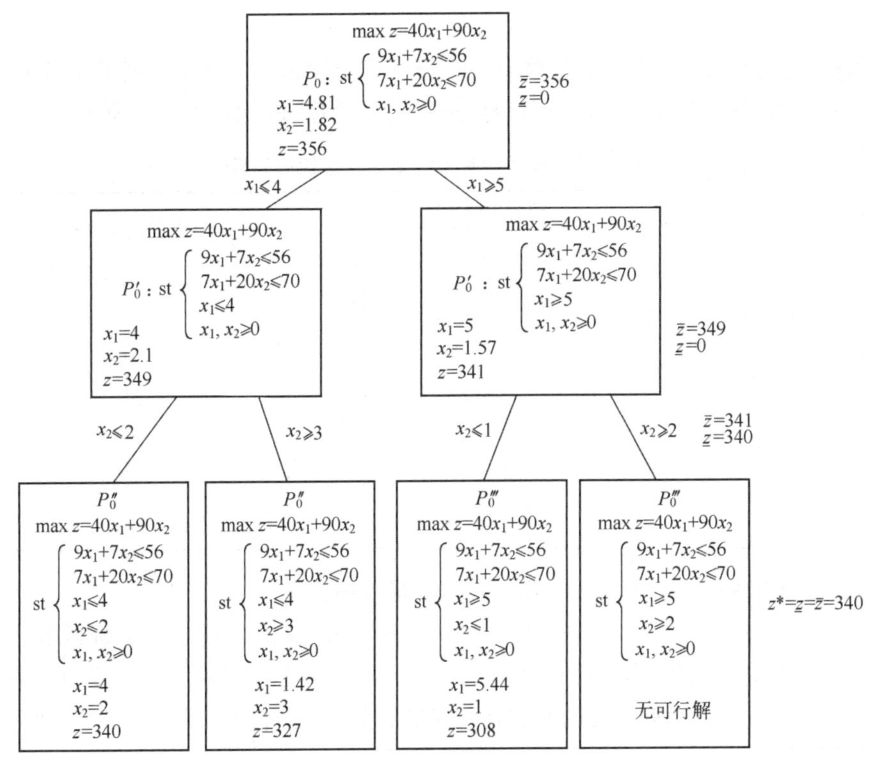

图 8-3　分支定界求解过程图

8.5　0-1 线性规划模型及其求解

1. 枚举法（enumeration）

当变量的个数较少时，0-1 规划可用枚举法。即列出变量组的全部取值，一般地，当变量组个数为 k 时，其全部取值有 2^k。再逐一检查它们是否满足约束条件，也就是判断它们是否为可行解，然后通过计算全部可行解的目标函数值，从而比较出最优解。

2. 隐枚举法（implicit enumeration）

通过试探法先找一个可行解。对于求最大化问题，则目标函数值一定大于这个可行解对应的目标函数值。这样就构造了一个新的约束条件，这个条件称为过滤条件，对于变量组的取值在检验是否满足约束条件以前，先检查是否满足过滤条件，满足的才进行后面的检验。对于找到的可行解计算目标函数值，如果可行解对应的目标函数大于原来的可行解的目标函数值，则用新的可行解的目标函数值代替原来过滤条件中的右端值。这样做的目的是减少计算量。

例 8-6　用枚举法和隐枚举法求解下面 0-1 规划模型。

$$\max z=3x_1-x_2+4x_3$$

$$\begin{cases} x_1+3x_2-2x_3\leqslant 4 & \text{A} \\ x_1+4x_2+x_3\leqslant 4 & \text{B} \\ 2x_2+x_3\leqslant 6 & \text{C} \\ x_1+x_2\leqslant 1 & \text{D} \\ x_1,\ x_2,\ x_3=0,\ 1 \end{cases} \tag{8.11}$$

解

(1) 用枚举法进行求解。变量个数为 3 时所有可能取值为 $2^3=8$。列出所有的变量组的取值，再逐一检验是否为可行解，可以得到最优解。计算过程如表 8-2 所示。

表 8-2　枚举所有可能组合及最优值列表

变量值组合	约束条件				是否满足全部约束	z
	A	B	C	D		
(0, 0, 0)	y	y	y	y	y	0
(0, 0, 1)	y	y	y	y	y	4
(0, 1, 0)	y	y	y	y	y	−1
(0, 1, 1)	y	n			n	
(1, 0, 0)	y	y	y	y	y	3
(1, 0, 1)	y	y	y	y	y	7
(1, 1, 0)	y	n			n	
(1, 1, 1)	y	n			n	

可以得到最优解为 $x_1=1$，$x_2=0$，$x_3=1$，最优值为 7。

(2) 用隐枚举法进行求解。首先选出一个可行解 (0, 0, 1)。那么，目标函数的最优值一定大于这个可行解对应的目标函数值。即 $3x_1-x_2+4x_3\geqslant4$ 这个约束条件就是过滤条件，将这个过滤条件记为 E，首先检查变量的取值是否满足这个条件。计算过程如表 8-3 所示。

表 8-3　检查变量组合及求最优值列表

变量值组合	约束条件					是否满足全部约束	z
	E	A	B	C	D		
(0, 0, 0)	n	y	y	y	y	y	0
(0, 0, 1)	y	y	y	y	y	y	4
(0, 1, 0)	n	y	y	y	y	y	−1
(0, 1, 1)	n	y	n			n	
(1, 0, 0)	n	y	y	y	y	y	3
(1, 0, 1)	y	y	y	y	y	y	⑦ → 新的过滤条件的右端值
(1, 1, 0)	n	y	n			n	
(1, 1, 1)	n	y	n			n	

在计算过程中有一个新的过滤条件代替原来的过滤条件，可以看出计算量大大减少。加入过滤条件后得到新的模型为

$$\max z=3x_1-x_2+4x_3$$

$$\begin{cases}3x_1-x_2+4x_3\geqslant4 & \text{E}\\ x_1+3x_2-2x_3\leqslant4 & \text{A}\\ x_1+4x_2+x_3\leqslant4 & \text{B}\\ 2x_2+x_3\leqslant6 & \text{C}\\ x_1+x_2\leqslant1 & \text{D}\\ x_1,\ x_2,\ x_3=0,\ 1\end{cases} \tag{8.12}$$

8.6 指派问题

指派问题（assignment problem）是一种典型的 0－1 变量的整数规划。0－1 变量能提供如此选择功能，如资金预算、固定成本、银行选址、产品设计和市场份额分析都用到 0－1 变量。

例 8－7　指派 4 个工人要分别完成 4 项不同的工作，每人做各项工作所耗用的时间如表 8－4 所示，问应如何指派工作，才能使总的消耗时间最少？

表 8－4　工人做各项工作所耗用的时间　　天

工人	工作			
	A	B	C	D
1	9	17	16	7
2	12	7	14	16
3	8	17	14	17
4	7	9	11	9

解　设

$$x_{ij}=\begin{cases}1, & \text{第 } i \text{ 个人做第 } j \text{ 项工作}\\ 0, & \text{其他}\end{cases}$$

$$\begin{aligned}\min z =&9x_{11}+17x_{12}+16x_{13}+7x_{14}+12x_{21}+7x_{22}+14x_{23}+16x_{24}+\\&8x_{31}+17x_{32}+14x_{33}+17x_{34}+7x_{41}+9x_{42}+11x_{43}+9x_{44}\end{aligned} \tag{8.13}$$

$$\text{st}\begin{cases}\left.\begin{array}{l}x_{11}+x_{12}+x_{13}+x_{14}=1\\x_{21}+x_{22}+x_{23}+x_{24}=1\\x_{31}+x_{32}+x_{33}+x_{34}=1\\x_{41}+x_{42}+x_{43}+x_{44}=1\end{array}\right\}\text{每个人仅做一项工作}\\ \left.\begin{array}{l}x_{11}+x_{21}+x_{31}+x_{41}=1\\x_{12}+x_{22}+x_{32}+x_{42}=1\\x_{13}+x_{23}+x_{33}+x_{43}=1\\x_{14}+x_{24}+x_{34}+x_{44}=1\end{array}\right\}\text{每项工作仅由一人做}\\ x_{ij}=1,\ 0,\quad i=1,\ 2,\ 3,\ 4;\ j=1,\ 2,\ 3,\ 4\end{cases}$$

关于指派问题的求解可以用单纯形表法、表上作业法或者 0－1 规划来求解，但是由于这一问题的特殊性，有专用的方法。数学家 W. W. Kuhn（库恩）于 1955 年利用匈牙利数学家康尼格关于矩阵中零元素的定理，提出了一个解此问题的算法，称为匈牙利算法。匈牙利算法的具体步骤如下。

步骤 1：系数矩阵变换。每行中各元素减去该行中的最小元素；每列中各元素减去该列中的最小元素。

步骤 2：试指派。

(1) 从只有一个零元素的行开始，给这个零元素加圈，记为◎；然后划去加圈的元素所在行和列中的其余零元素，记为∅。

(2) 从只有一个零元素的列开始，给这个零元素加圈，记为◎；然后划去加圈的元素所在行和列中的其余零元素，记为∅。

(3) 反复进行以上两步。

(4) 如果仍有没有加圈的零元素且同行(列)零元素至少有两个,则在剩余零元素最少的行(列)开始,比较该行各零元素所在列中零元素的数目,选择零元素少的那列的这个零元素加圈(礼让原则),然后划去加圈的元素所在行和列中的其余零元素,反复进行,直到所有的零元素加圈或者划去。

(5) 如果加圈元素的个数等于矩阵的阶数,那么指派问题的最优解已得到;否则转入下一步。

步骤3:用最少直线覆盖所有零元素:

(1) 没有◎的行画√;

(2) 画√的行中有零元素的列画√;

(3) 画√的列中有◎的行画√;

(4) 重复(2)、(3),直到得不出画√的行和列为止;

(5) 没有画√的行画横线;

(6) 画√的列画竖线。

步骤4:调整方案:

(1) 在没有覆盖的元素中找出最小元素记为θ;

(2) 在画√的行中各元素减去θ;

(3) 在画√的列中各元素加上θ;

(4) 返回到步骤2。

例8-8 用匈牙利算法求解下面的指派问题,使得总费用最少。

$$\begin{pmatrix} 4 & 10 & 7 & 5 \\ 2 & 7 & 6 & 3 \\ 3 & 3 & 4 & 4 \\ 4 & 6 & 6 & 3 \end{pmatrix}$$

解 行(列)变换

$$\xrightarrow{\text{行变换后的矩阵}} \begin{pmatrix} 0 & 6 & 3 & 1 \\ 0 & 5 & 4 & 1 \\ 0 & 0 & 1 & 1 \\ 1 & 3 & 3 & 0 \end{pmatrix} \xrightarrow{\text{列变换后的矩阵}} \begin{pmatrix} 0 & 6 & 2 & 1 \\ 0 & 5 & 3 & 1 \\ 0 & 0 & 0 & 1 \\ 1 & 3 & 2 & 0 \end{pmatrix}$$

$$\xrightarrow{\text{试指派}} \begin{matrix} \surd & & & \\ \begin{pmatrix} \circledcirc & 6 & 2 & 1 \\ \varnothing & 5 & 3 & 1 \\ \varnothing & \circledcirc & \varnothing & 1 \\ 1 & 3 & 2 & \circledcirc \end{pmatrix} \end{matrix} \xrightarrow{\text{用最少线段覆盖}} \begin{matrix} \surd & & & & \\ \begin{pmatrix} \circledcirc & 6 & 2 & 1 \\ \varnothing & 5 & 3 & 1 \\ \varnothing & \circledcirc & \varnothing & 1 \\ 1 & 3 & 2 & \circledcirc \end{pmatrix} & \begin{matrix} \surd \\ \surd \\ \\ \\ \end{matrix} \end{matrix}$$

$$\xrightarrow{\text{调整}} \begin{pmatrix} 0 & 5 & 1 & 0 \\ 0 & 4 & 2 & 0 \\ 1 & 0 & 0 & 1 \\ 2 & 3 & 2 & 0 \end{pmatrix} \xrightarrow{\text{试指派}} \begin{pmatrix} \circledcirc & 5 & 1 & \varnothing \\ \varnothing & 4 & 2 & \varnothing \\ 1 & \circledcirc & \varnothing & 1 \\ 2 & 3 & 2 & \circledcirc \end{pmatrix}$$

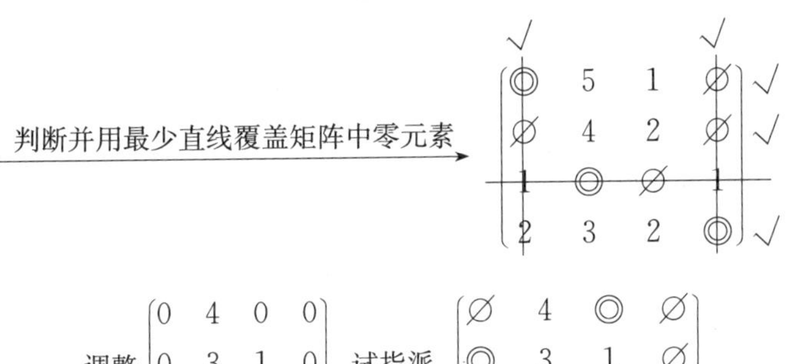

$$\xrightarrow{\text{调整}}\begin{pmatrix}0 & 4 & 0 & 0\\0 & 3 & 1 & 0\\2 & 0 & 0 & 2\\2 & 2 & 1 & 0\end{pmatrix}\xrightarrow{\text{试指派}}\begin{pmatrix}\varnothing & 4 & \circledcirc & \varnothing\\\circledcirc & 3 & 1 & \varnothing\\2 & \circledcirc & \varnothing & 2\\2 & 2 & 1 & \circledcirc\end{pmatrix}$$

由于加圈的元素个数等于矩阵的阶数，算法结束。指派结果为：第 1 个人做第 3 项工作，第 2 个人做第 1 项工作，第 3 个人做第 2 项工作，第 4 个人做第 4 项工作。最小值为 15。

如果工作数等于人数这样的指派问题称为平衡的指派问题，对于不平衡的指派问题要通过虚拟的工作或人员转化为平衡的指派问题来求解。

例 8－9　6 个人完成 4 项工作。由于个人的技术专长不同，他们完成 4 项工作所获得的收益如表 8－5 所示，且规定每人只能做一项工作，一项工作只能由一人来完成，试求总收益最大的分配方案。

表 8－5　收　益　表

工　人	工　作			
	A	B	C	D
1	3	5	4	5
2	6	7	6	8
3	8	9	8	10
4	10	10	9	11
5	12	11	10	12
6	13	12	11	13

解　这是一个非平衡的指派问题。通过设两项虚任务，任务的收益为 0，化为平衡指派问题。

	A	B	C	D	E	F
1	3	5	4	5	0	0
2	6	7	6	8	0	0
3	8	9	8	10	0	0
4	10	10	9	11	0	0
5	12	11	10	12	0	0
6	13	12	11	13	0	0

这是一求最大值的问题将其转化为求最小值的问题，实际上转化的方法就是将线性规划的最大化问题转化为最小化问题，也就是变为负数，即矩阵为

$$\begin{pmatrix}-3 & -5 & -4 & -5 & 0 & 0\\-6 & -7 & -6 & -8 & 0 & 0\\-8 & -9 & -8 & -10 & 0 & 0\\-10 & -10 & -9 & -11 & 0 & 0\\-12 & -11 & -10 & -12 & 0 & 0\\-13 & -12 & -11 & -13 & 0 & 0\end{pmatrix}$$

用匈牙利算法求解，先进行矩阵变化

$$\begin{pmatrix} -3 & -5 & -4 & -5 & 0 & 0 \\ -6 & -7 & -6 & -8 & 0 & 0 \\ -8 & -9 & -8 & -10 & 0 & 0 \\ -10 & -10 & -9 & -11 & 0 & 0 \\ -12 & -11 & -10 & -12 & 0 & 0 \\ -13 & -12 & -11 & -13 & 0 & 0 \end{pmatrix} \begin{matrix} -(-5) \\ -(-8) \\ -(-10) \\ -(-11) \\ -(-12) \\ -(-13) \end{matrix} \xrightarrow{\text{行变化}} \begin{pmatrix} 2 & 0 & 1 & 0 & 5 & 5 \\ 2 & 1 & 2 & 0 & 8 & 8 \\ 2 & 1 & 2 & 0 & 10 & 10 \\ 1 & 1 & 2 & 0 & 11 & 11 \\ 0 & 1 & 2 & 0 & 12 & 12 \\ 0 & 1 & 2 & 0 & 13 & 13 \end{pmatrix} \xrightarrow{\text{列变化}}$$

$$\begin{pmatrix} 2 & 0 & 0 & 0 & 0 & 0 \\ 2 & 1 & 1 & 0 & 3 & 3 \\ 2 & 1 & 1 & 0 & 5 & 5 \\ 1 & 1 & 1 & 0 & 6 & 6 \\ 0 & 1 & 1 & 0 & 7 & 7 \\ 0 & 1 & 1 & 0 & 8 & 8 \end{pmatrix} \xrightarrow{\text{进行试指派}} \begin{pmatrix} 2 & \varnothing & \varnothing & \varnothing & \varnothing & \circledcirc \\ 2 & 1 & 1 & \circledcirc & 3 & 3 \\ 2 & 1 & 1 & \varnothing & 5 & 5 \\ 1 & 1 & 1 & \varnothing & 6 & 6 \\ \circledcirc & 1 & 1 & \varnothing & 7 & 7 \\ \varnothing & 1 & 1 & \varnothing & 8 & 8 \end{pmatrix} \xrightarrow{\text{判断：用最小线段覆盖}}$$

$$\begin{matrix} \surd & & & \surd & & & \\ 2 & \varnothing & \varnothing & \varnothing & \varnothing & \circledcirc & \\ 2 & 1 & 1 & \circledcirc & 3 & 3 & \surd \\ 2 & 1 & 1 & \varnothing & 5 & 5 & \surd \\ 1 & 1 & 1 & \varnothing & 6 & 6 & \surd \\ \circledcirc & 1 & 1 & \varnothing & 7 & 7 & \surd \\ \varnothing & 1 & 1 & \varnothing & 8 & 8 & \surd \end{matrix} \xrightarrow{\text{调整}} \begin{matrix} \surd & & & \surd & & & & \\ 2 & \varnothing & \varnothing & \varnothing & \varnothing & \circledcirc & & \\ 2 & 1 & 1 & \circledcirc & 3 & 3 & \surd & -1 \\ 2 & 1 & 1 & \varnothing & 5 & 5 & \surd & -1 \\ 1 & 1 & 1 & \varnothing & 6 & 6 & \surd & -1 \\ \circledcirc & 1 & 1 & \varnothing & 7 & 7 & \surd & -1 \\ \varnothing & 1 & 1 & \varnothing & 8 & 8 & \surd & -1 \\ +1 & & & +1 & & & & \end{matrix}$$

$$\xrightarrow{\text{试指派}} \begin{pmatrix} 3 & \varnothing & \varnothing & 1 & \varnothing & \circledcirc \\ 2 & \varnothing & \varnothing & \circledcirc & 2 & 2 \\ 2 & \varnothing & \circledcirc & \varnothing & 4 & 4 \\ 1 & \circledcirc & \varnothing & \varnothing & 5 & 5 \\ \circledcirc & \varnothing & \varnothing & \varnothing & 6 & 6 \\ \varnothing & \varnothing & \varnothing & \varnothing & 7 & 7 \end{pmatrix} \xrightarrow{\text{判断：用最小线段覆盖}} \begin{matrix} \surd & \surd & \surd & \surd & & & \\ 3 & \varnothing & \varnothing & 1 & \varnothing & \circledcirc & \\ 2 & \varnothing & \varnothing & \circledcirc & 2 & 2 & -2\surd \\ 2 & \varnothing & \circledcirc & \varnothing & 4 & 4 & -2\surd \\ 1 & \circledcirc & \varnothing & \varnothing & 5 & 5 & -2\surd \\ \circledcirc & \varnothing & \varnothing & \varnothing & 6 & 6 & -2\surd \\ \varnothing & \varnothing & \varnothing & \varnothing & 7 & 7 & -2\surd \\ +2 & +2 & +2 & +2 & & & \end{matrix}$$

$$\xrightarrow{\text{试指派}} \begin{pmatrix} 5 & 2 & 2 & 3 & \varnothing & \circledcirc \\ 2 & \varnothing & \varnothing & \varnothing & \circledcirc & \varnothing \\ 2 & \varnothing & \varnothing & \circledcirc & 2 & 2 \\ 1 & \varnothing & \circledcirc & \varnothing & 3 & 3 \\ \varnothing & \circledcirc & \varnothing & \varnothing & 4 & 4 \\ \circledcirc & \varnothing & \varnothing & \varnothing & 5 & 5 \end{pmatrix}$$

最优解：第 3 个人做 D 工作，第 4 个人做 C 工作，第 5 个人做 B 工作，第 6 个人做 A 工作，最大收益为 43。

8.7　QM 软件求解

例 8-10　用例 8-2 来说明 QM 求解纯整数规划的过程。

$$\max z=20x_1+10x_2$$

$$\text{st}\begin{cases}5x_1+4x_2\leqslant 24\\2x_1+5x_2\leqslant 13\\x_1,\ x_2\in \mathbf{N}\end{cases}$$

解　在 QM 软件包选择整数规划模块，单击“Module”按钮，在下拉式菜单中，选择“Integer Programming”，按回车键，选择“New”并按回车键，单击“Slove”按钮进行求解。结果如图 8-4 所示。

Integer Programming Results

Variable	Value
X1	4.
X2	1.
Solution value	90.

图 8-4　求解结果

习题

1. 安排 4 个人去做 4 项不同的工作，每个人完成各项工作所耗用的时间如表 8-6 所示。

表 8-6　每个人完成各项工作所耗用的时间　　天

工人	工作			
	A	B	C	D
甲	20	19	20	28
乙	18	24	27	20
丙	26	16	15	18
丁	17	20	24	19

(1) 应指派哪个工人去完成哪项工作，可使总时间耗用最少？

(2) 如果将表 8-6 中的数据看成创造效益的数据，那么应如何指派，可使总效益最大？

(3) 如果在表 8-6 中再增加一个人（戊），他完成 A，B，C，D 工作的时间分别是 16，17，20，21 天，这时应指派哪些人去完成哪项工作，可使总时间耗用最少？

(4) 如果在表 8-6 中再增加一项工作 E，4 个人完成该工作的时间分别是 17，20，15，16 天，这时应指派哪些人去干哪项工作，可使总时间耗用最少？

2. 求解下列整数规划

$$\max z=5x_1+2x_2$$

$$\text{st}\begin{cases}3x_1+x_2\leqslant 12\\x_1+x_2\leqslant 5\\x_1,\ x_2\in \mathbf{N}\end{cases}$$

3. 解下列 0-1 型整数规划

(1) $\min z=5x_1+7x_2+10x_3+3x_4+x_5$

$$\text{st}\begin{cases}x_1-3x_2+5x_3+x_4-4x_5\geqslant 2\\-2x_1+6x_2-3x_3-2x_4+2x_5\geqslant 0\\-2x_2+2x_3-x_4-x_5\geqslant 1\\x_1,\ x_2,\ x_3,\ x_4,\ x_5=0,\ 1\end{cases}$$

(2) $\max z=2x_1+x_2-x_3$

$$\text{st}\begin{cases}x_1+3x_2+x_3\leqslant 2\\4x_2+x_3\leqslant 5\\x_1+2x_2-x_3\leqslant 2\\x_1+4x_2-x_3\leqslant 4\\x_1,\ x_2,\ x_3=0,\ 1\end{cases}$$

4. 有 5 项设计任务可供选择，各项设计任务的预期完成时间分别为 3，8，5，4，10 周，设计报酬分别为 7 万，17 万，11 万，9 万，21 万元。设计任务只能一项一项地进行，总的期限是 20 周。选择任务时必须满足下面的条件：

(1) 至少完成 3 项设计任务；

(2) 若选择任务 1，必须同时选择任务 2；

(3) 任务 3 和任务 4 不能同时选择。

应当选择哪些设计任务，才能使总的设计报酬最大？

5. 某城市可划分为 11 个防火区，已设有 4 个消防站，如图 8-5 所示。

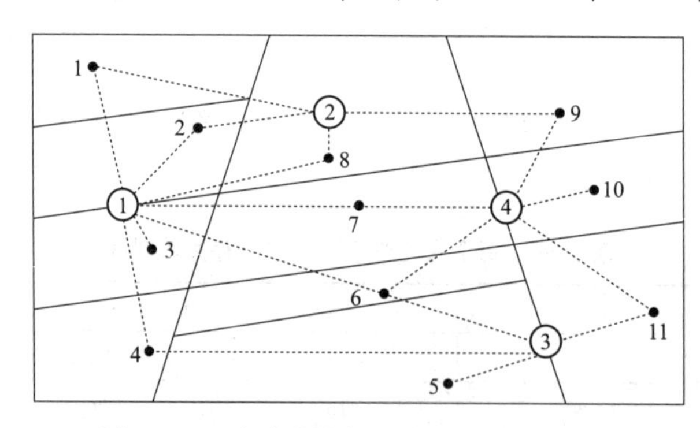

图 8-5　4 个消防站在 11 个防火区的分布图

图中虚线表示该消防站可以在消防允许时间内到达该地区，并进行有效的消防灭火。能否关闭若干消防站，但仍不影响任何一个防火区的消防救灾工作？（提示：对每一个消防站建立一个表示是否关闭的 0-1 变量）

6. 考虑下列问题

$$\max z=3x+7y$$

$$\text{st}\begin{cases}2x+y\leqslant 25\\x+2y\leqslant 6\end{cases}$$

式中：$y\geqslant 0$，且 x 的值只能等于 0，1，4，6。

(1) 用一个等价的整数规划模型来表达这个问题。(2) 如果在目标函数中，用 $3x^2$ 代替 $3x$，请相应地修改 (1) 的答案。

7. 某科学实验卫星拟从下列仪器中选若干件装上，有关数据资料见表 8-7。

表 8-7　各仪器的体积、重量和价值

仪器代号	体　积	重　量	实验中的价值
A_1	V_1	w_1	c_1
A_2	V_2	w_2	c_2
A_3	V_3	w_3	c_3
A_4	V_4	w_4	c_4
A_5	V_5	w_5	c_5
A_6	V_6	w_6	c_6

要求：

(1) 装入卫星的仪器总体积不超过 V，总重量不超过 w；(2) A_1 和 A_3 不能同时安装；(3) A_2 和 A_4 中至少安装一件；(4) A_5 和 A_6 或者都安装或者都不安装。

建立使装上去的仪器的实验价值最大的数学模型。

8. 已知下列 5 名运动员各种游泳姿势 50 m 的成绩如表 8-8 所示。如何从中选拔一个参加 200 m 混合泳的接力队，使预期比赛成绩最好？

表 8-8　5 名运动员各种游泳姿势 50 m 的成绩　　s

游泳姿势	赵	钱	孙	李	周
仰泳	37.7	32.9	33.8	37.0	35.4
蛙泳	43.4	33.1	42.2	34.7	41.8
蝶泳	33.3	28.5	38.9	30.4	33.6
自由泳	29.2	26.4	29.6	28.5	31.1

9. 某航空公司经营 A，B，C 三个城市之间的航线，这些航线每天班机起飞时间与到达时间如表 8-9 所示。

表 8-9　各航线起飞时间（及城市）和到达时间（及城市）

航班号	起飞城市	起飞时间	到达城市	到达时间
101	A	9:00	B	12:00
102	A	10:00	B	13:00
103	A	15:00	B	18:00
104	A	20:00	C	24:00
105	A	22:00	C	2:00(次日)
106	B	4:00	A	7:00
107	B	11:00	A	14:00
108	B	15:00	A	18:00
109	C	7:00	A	11:00
110	C	15:00	A	19:00
111	B	13:00	C	18:00
112	B	18:00	C	23:00
113	C	15:00	B	20:00
114	C	7:00	B	12:00

设飞机在机场停留的损失费用大致与停留时间的平方成正比，每架飞机从降落到下班起飞至少需要 2 h 的准备时间，试确定一个使停留费用损失最小的飞行方案。

10. 红星塑料厂生产 6 种规格的塑料容器，每种容器的容量、需求量和可变费用如表 8－10 所示。

表 8－10　每种容器的容量、需求量和可变费用

条件	容器代号					
	1	2	3	4	5	6
容量/cm^3	1 500	2 500	4 000	6 000	9 000	12 000
需求量/件	500	550	700	900	400	300
可变费用/(元/件)	5	8	10	12	16	18

每种容器分别用不同专用设备生产，其固定费用均为 1 200 元。当某种容器数量上不能满足需要时，可用容量大的代替。在满足需求的情况下，如何组织生产，使总的费用最小？

第 9 章

本章要求理解目标规划的基本概念；掌握目标规划的建模方法；掌握目标规划的图解法和单纯形表法；能使用计算机软件求解目标规划；能用目标规划方法解决简单的实际问题。

目标规划

在实际的经济活动中，经常遇到需要考虑多个目标的决策问题。目标规划是基于线性规划方法进行多目标决策的一种有效方法，是由美国著名运筹学家查恩斯（A. Charnes）与库伯（W. W. Cooper）于1961年在《管理模型及线性规划的工业应用》一书中首次提出来的。许多学者经过努力，发展完善了目标规划的模型，形成了目标规划的理论与方法。目标规划是解决多目标规划问题的一种较为完善和成熟的有效方法。目标规划方法的重要特点是对各个目标分级加权并逐级优化，符合人们处理问题时要分轻重缓急、保证重点的思维方式。目前研究较多的是线性目标规划，它强调了系统性。目标规划方法在于寻找一个“尽可能”满足所有目标的解，而不是绝对满足这些目标的最优解。

9.1 多目标问题及其数学模型

例9-1 某工厂生产A和B两种产品，已知有关数据如表9-1所示，请给出利润最大、使用煤尽可能少的生产方案。

表9-1 单位产品资源需求量及资源的最大量

资源	产品		资源限制
	A	B	
煤	3	8	420 kg
水泥	4	3	500 kg
工时	7	4	300 h
利润/元	650	900	

解 设x，y分别表示A，B两种产品的生产量，其数学模型为

$$\max z=650x+900y$$
$$\min f=3x+8y$$
$$\text{st}\begin{cases}3x+8y\leqslant 420\\4x+3y\leqslant 500\\7x+4y\leqslant 300\\x,\ y\geqslant 0\end{cases}$$

例9-2 假设在某一段时期内有一笔数量为a亿元的资金，有n个项目可供选择投资，如果对第j个项目投资将用掉a_j亿元，收益为b_j亿元，请制订最优投资方案。

解 最优就是投资少、收益大。

设
$$x_j=\begin{cases}1, & \text{对第 } j \text{ 个项目投资}\\0, & \text{对第 } j \text{ 个项目不投资}\end{cases}$$

则
$$\min f_1=\sum_{j=1}^{n}a_jx_j$$
$$\max f_2=\sum_{j=1}^{n}b_jx_j$$
$$\text{st}\begin{cases}\sum_{j=1}^{n}a_jx_j\leqslant a\\x_j=0,\ 1\end{cases}$$

通过上面的例题可给出多目标规划的数学模型一般形式，即

$$\min(f_1(\boldsymbol{x}),\ f_2(\boldsymbol{x}),\ \cdots,\ f_p(\boldsymbol{x}))$$
$$\text{st}\quad g_i(\boldsymbol{x})\geqslant 0\quad i=1,\ 2,\ \cdots,\ m$$

其中，$p\geqslant 2$，$\boldsymbol{x}=(x_1,\ x_2,\ \cdots,\ x_n)^{\mathrm{T}}\in\mathbf{R}^n$，$f_j(\boldsymbol{x})(j=1,2,\cdots,p)$是线性函数，$g_i(\boldsymbol{x})$是线性等式或不等式。

多目标规划和线性规划比较，具有下面的特点。

(1) 线性规划只讨论单目标线性函数在一组线性约束条件下的最优值问题，而多目标规划能统筹处理实际问题中出现的多种目标关系，求得更切合实际的满意解。

(2) 线性规划是求最优解，而多目标规划是求满意解。

(3) 线性规划将约束条件看成同样重要，而多目标规划将依实际情况将约束条件主次有别地进行求解。

9.2 目标规划的基本概念及其数学模型

用目标规划方法处理多目标规划问题时，决策者首先给出各目标的期望值（理想值、目标值），然后给出各目标的主次轻重顺序（优先因子）。评价一个决策方案是否满意时，考察决策方案所得的各个目标函数值（实现值）是否与期望值接近，即用“偏差”来衡量决策方案的优劣、好坏。

设b_i是$f_i(x)$的期望值，那么$\min z=\sum_{i=1}^{n}p_i\ |f_i(x)-b_i|$就是决策者追求的目标，其中$p_i$是第$i$个目标函数的优先因子。下面通过例题介绍目标规划的基本概念和目标规划数学模型。

例9-3 某厂生产甲、乙两种产品，已知有关数据如表9-2所示。

表9-2 单位产品资源需求、利润及资源限制

资源	产品		拥有量
	甲	乙	
原材料	2	1	11 kg
设　备	1	2	10 台时
利润/万元	8	10	

如果不考虑其他的因素就可给出获利最大的生产方案，这是一个单目标线性规划模型。实际上，工厂决策者在安排生产时有一系列的考虑，如：

(1) 根据市场信息，产品甲的销售量有下降的趋势，故决定产品甲的生产量不超过产品乙的生产量；

(2) 尽可能不超过使用计划供应的原材料，如果超过，需高价采购，使成本增加；

(3) 尽可能地使用设备，但不加班；

(4) 尽可能地达到并超过计划利润指标56万元。

这样在进行生产计划安排时，就要考虑这4个目标，这就是多目标规划问题。

解 若设x_1，x_2分别是该厂生产甲、乙两种产品的产量，则该厂决策者考虑的4个目标，用数学表达式表示为

$$x_1 - x_2 \leqslant 0 \tag{9.1}$$

$$2x_1 + x_2 \leqslant 11 \tag{9.2}$$

$$x_1 + 2x_2 \leqslant 10 \tag{9.3}$$

$$8x_1 + 10x_2 \geqslant 56 \tag{9.4}$$

在使用目标规划描述该问题前，介绍目标规划的有关概念。

1. 目标值（理想值）、实现值（决策值）

目标值（理想值）是指预先给定的某个目标函数的期望值，如式（9.1）～式（9.4）中的右端值 0，11，10，56 都是决策者分别对目标所赋予的期望值。实现值（决策值）是指决策变量给定后对应的目标函数值，即将决策变量的数值代入式（9.1）～式（9.4）左端所得的数值。

2. 正、负偏差量

决策值和目标值之间有一定的差异，这种差异称为偏差量。

正偏差量：决策值超过目标值的部分，记为 d^+，$d^+ \geqslant 0$。

负偏差量：决策值未达到目标值的部分，记为 d^-，$d^- \geqslant 0$。

例 9－3 中决策者关于利润的考虑用表达式（9.4）表示，引入偏差量以后变为

$$8x_1 + 10x_2 + d^- - d^+ = 56$$

考察一个决策方案时，其实现值和目标值只可能出现下面三种情况之一：

（1）超额完成规定的目标值，则表示为 $d^+ > 0$，$d^- = 0$；

（2）未完成规定的目标值，则表示为 $d^+ = 0$，$d^- > 0$；

（3）恰好完成规定的目标值，则表示为 $d^+ = 0$，$d^- = 0$。

在一次决策中，决策值不可能既超过了目标值又未达到目标值，即恒有 $d^+ \times d^- = 0$。

3. 目标约束和绝对约束

对于一个目标函数，引入了目标值以后形成的目标函数不等式，可把右端项看成要追求的目标值，在实现此目标值时允许发生偏差。对于目标函数不等式引入正、负偏差量，即目标函数加上负偏差量减去正偏差量，令其等于目标值，这样形成了等式方程，把它作为一个约束条件，称这种约束条件为目标约束或软约束。

如将式（9.1）、式（9.3）和式（9.4）右端值看成目标值，则这三个目标不等式化成目标约束为

$$x_1 - x_2 + d_1^- - d_1^+ = 0 \tag{9.5}$$

$$x_1 + 2x_2 + d_2^- - d_2^+ = 10 \tag{9.6}$$

$$8x_1 + 10x_2 + d_3^- - d_3^+ = 56 \tag{9.7}$$

绝对约束也称为硬约束，是指必须严格满足的等式或不等式。如将式（9.2）右端的值不看作目标值，而是资源限制量，则该不等式就是绝对约束。绝对约束和目标约束是可以相互转化的。

4. 优先等级与权系数

不同目标的主次、轻重有两种差别。一种差别是绝对的，可用优先因子 p_k 来表示，只有在高级优先因子对应的目标已满足的基础上，才能考虑较低级优先因子对应的目标。规定 $p_k \gg p_{k+1}$，表示 p_k 比 p_{k+1} 有更大的优先权。另一种差别是相对的，具有相同优先因子的目标中，它们的重要程度用权系数 ω_j 来表示。

5. 目标规划的目标函数

目标规划的目标函数由各目标约束的偏差量、相应的优先因子和权系数构成。由于目标规划追求的是尽可能接近既定目标值，也就是各有关偏差量尽可能小，所以其目标函数只能是极小化。目标函数有三种基本表达式：

(1) 如果希望 $f_i(x) \geqslant b_i$，即 $f_i(x)$ 超过 b_i 可以接受，则对应目标函数为 $\min d_i^-$；

(2) 如果希望 $f_i(x) \leqslant b_i$，即 $f_i(x)$ 不超过 b_i 可以接受，则对应目标函数为 $\min d_i^+$；

(3) 如果希望 $f_i(x) = b_i$，即 $f_i(x)$ 不能超过 b_i 也不能低于 b_i，则对应目标函数为 $\min(d_i^- + d_i^+)$。

6. 目标规划的数学模型

对于例 9-3 来说，假设决策者要求原材料供应受严格限制，即在式（9.2）为绝对约束的基础上考虑。

首先是甲的产量不能超过乙的产量，因此赋优先级为 p_1，目标约束为式（9.5），对应的目标函数为：$\min p_1 d_1^+$。

其次是充分利用设备有效台时数，不加班，但希望设备台时用完，因此赋优先级为 p_2，目标约束为式（9.6），对应的目标函数为：$\min p_2(d_2^+ + d_2^-)$。

最后是利润不小于 56 万元，因此赋优先级为 p_3，目标约束为式（9.7），对应的目标函数为：$\min p_3 d_3^-$，从而该目标规划的数学模型为

$$\min z = p_1 d_1^+ + p_2(d_2^- + d_2^+) + p_3 d_3^-$$

$$\text{st}\begin{cases} 2x_1 + x_2 \leqslant 11 \\ x_1 - x_2 + d_1^- - d_1^+ = 0 \\ x_1 + 2x_2 + d_2^- - d_2^+ = 10 \\ 8x_1 + 10x_2 + d_3^- - d_3^+ = 56 \\ x_1,\ x_2,\ d_i^-,\ d_i^+ \geqslant 0, \quad i = 1, 2, 3 \end{cases}$$

9.3 目标规划的图解法

例 9-4 一位投资商用一笔资金购买股票，资金总额为 90 000 元。目前可选的股票有 A 和 B 两种（可以同时投资于两种股票），其价格及年收益和风险系数如表 9-3 所示。

表 9-3 两种股票的价格及年收益和风险系数

股票	价格/元	年收益/(元/年)	风险系数
A	20	3	0.5
B	50	4	0.2

试设计一种投资方案，使得一年的总投资风险不高于 700 元，且投资收益不低于 10 000 元。

解 它有两个目标变量：一是限制风险，二是确保收益，并应考虑两个目标的优先权。假设第一个目标（即限制风险）的优先权比第二个目标（确保收益）大，这意味着求解过程中必须首先满足第一个目标，然后在此基础上尽量满足第二个目标。

建立模型：设 x_1，x_2 分别表示投资商所购买的股票 A 和 B 的数量。建立标准模型为

$$\min z=p_1d_1^+ + p_2d_2^-$$

$$\text{st}\begin{cases}20x_1+50x_2\leqslant 90\ 000\\0.5x_1+0.2x_2+d_1^- -d_1^+=700\\3x_1+4x_2+d_2^- -d_2^+=10\ 000\\x_1,\ x_2,\ d_i^-,\ d_i^+\geqslant 0,\quad i=1,\ 2\end{cases}$$

图解法求解步骤如下。

步骤 1：对优先权最高的目标建立线性规划模型。

对优先权最高的目标建立线性规划模型为

$$\min d_1^+$$

$$\text{st}\begin{cases}20x_1+50x_2\leqslant 90\ 000\\0.5x_1+0.2x_2+d_1^- -d_1^+=700\\3x_1+4x_2+d_2^- -d_2^+=10\ 000\\x_1,\ x_2,\ d_i^-,\ d_i^+\geqslant 0,\quad i=1,\ 2\end{cases}$$

以 x_1 为横轴，x_2 为纵轴画出满足约束条件 $20x_1+50x_2\leqslant 90\ 000$ 的区域。区域如图 9－1 中三角形 OAB 所示，表示所有目标满意解都包含在此区域中。

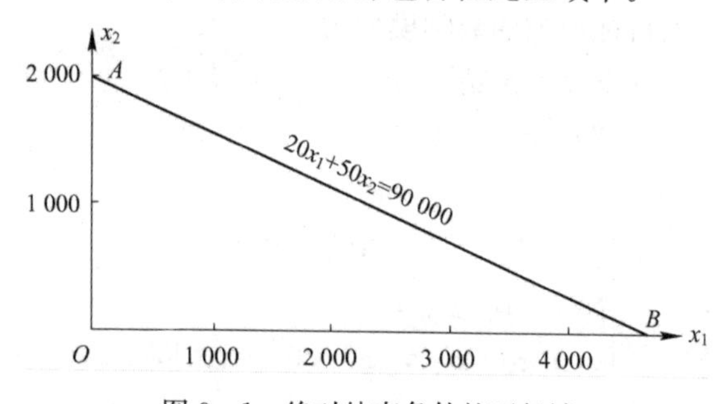

图 9－1　绝对约束条件的可行域

在考虑目标约束 $0.5x_1+0.2x_2+d_1^- -d_1^+=700$，令 $d_1^-=-d_1^+=0$，则目标约束变成 $0.5x_1+0.2x_2=700$。在坐标系中画出该直线 CD，d_1^+ 的最小值为 0 的区域为 $OAFD$，该区域为第一个目标满意解区域，如图 9－2 所示。

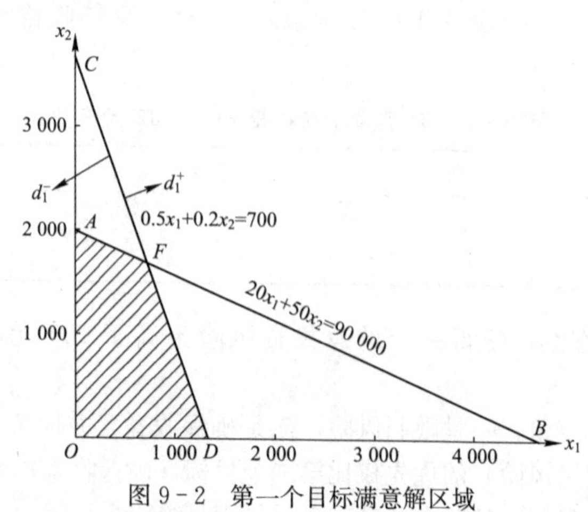

图 9－2　第一个目标满意解区域

步骤2：对优先权次高的目标建立线性规划模型。

优先权次高（p_2）的目标是总收益超过10 000元。如果总收益未超过10 000元，要追求总收益尽量接近于10 000元，即 $\min d_2^-$。建立线性规划模型为

$$\min d_2^-$$

$$\text{st}\begin{cases}20x_1+50x_2\leqslant 90\,000\\0.5x_1+0.2x_2+d_1^--d_1^+=700\\3x_1+4x_2+d_2^--d_2^+=10\,000\\x_1,\ x_2,\ d_i^-,\ d_i^+\geqslant 0,\quad i=1,\ 2\end{cases}$$

考虑目标约束 $3x_1+4x_2+d_2^--d_2^+=10\,000$，令 $d_2^-=d_2^+=0$，在图9-2上画出 $3x_1+4x_2=10\,000$ 这条直线 GH，如图9-3所示。GH 这条直线的左下方区域中 $d_2^->0$，右上方区域中 $d_2^-=0$，因此，第二个目标的满意解区域为 MHB，但该区域和 $OAFD$ 区域并无重合。因此，只能接受 $d_2^->0$ 的解。在保证第一个目标最优的情况下，兼顾第二个目标，因此在 $OAFD$ 区域中找一点使之到直线 GH 的距离最小，即 d_2^- 最小。可知使 d_2^- 最小的点即两条直线 $0.5x_1+0.2x_2=700$ 和 $20x_1+50x_2=90\,000$ 的交点 F（810，1 476）。总风险为700，而总收益为

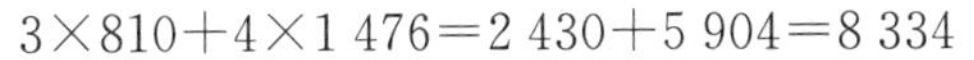

$$3\times 810+4\times 1\,476=2\,430+5\,904=8\,334$$

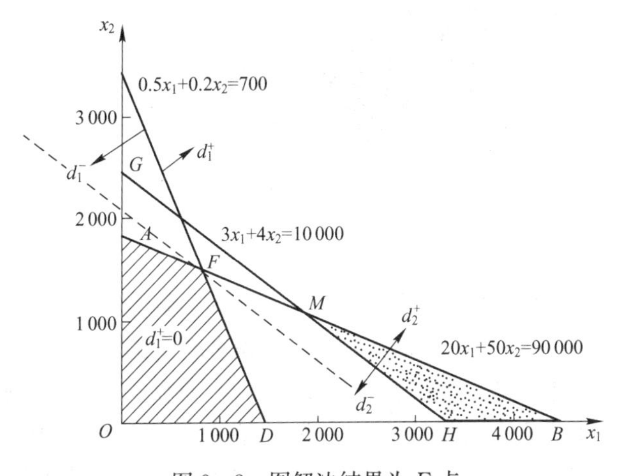

图9-3 图解法结果为 F 点

故决策方案使第一个目标实现，而没有达到第二个目标。本例中，优先权高的目标实现了，并付出了优先权低的目标没有实现的代价。采用QM软件进行求解，可知 $d_1^-=d_1^+=0$，$d_2^+=0$，$d_2^-=1\,666$。

目标规划的图解法总结如下。

(1) 确定可行区域。目标约束作图与两个变量线性规划模型作图相同，目标约束作图时先令正、负偏差量为0，作相应的直线，然后在直线旁标上 d_i^-，d_i^+，表明目标约束可沿着两个方向平移。

(2) 对优先权最高的目标求解，如果找不到满足该目标的解，则寻找最接近该目标的解。

(3) 对优先权次之的目标进行求解。注意：必须保证优先权高的目标不变。

(4) 重复第（3）步，直至所有优先权的目标求解完。

例 9－5 用图解法求解下面目标规划模型：

$$\min z=p_1d_1^+ + p_2d_2^- + p_3(d_3^- + d_3^+)$$

$$\text{st}\begin{cases}2x_1+1.5x_2\leqslant 50\\ x_2+d_1^- - d_1^+ = 10\\ 80x_1+100x_2+d_2^- - d_2^+ = 1\,600\\ x_1+2x_2+d_3^- - d_3^+ = 40\\ x_1,\ x_2,\ d_i^-,\ d_i^+\geqslant 0,\quad i=1,\ 2,\ 3\end{cases}$$

解 目标函数的图解如图 9－4 所示。从图 9－4 可知，该目标规划的满意解为 B 点。其中第一个目标和第二个目标已完全实现，而第三个目标没有实现。

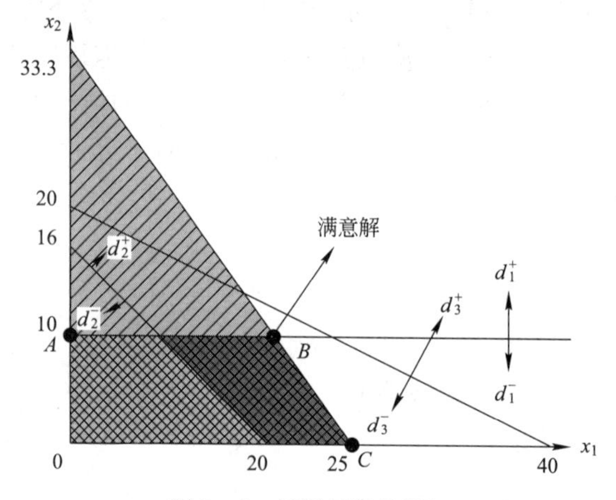

图 9－4 目标函数的图解

在用图解法求解多目标规划时，有以下两种情况。

一种情况是当最后一级的解空间无限多个时，得到的解能满足所有目标的要求。决策者在作实际决策时究竟选择哪一个解，完全取决于决策者自身的考虑。

另一种情况是当得到的解不能满足所有目标时，要做的是寻找满意解，使它尽可能满足高级别的目标，同时又使较低级别的目标的偏离程度尽可能小。必须注意的是，在考虑低级别目标时，不能破坏已经满足的高级别目标，这是目标规划的基本原则。但是，也不能因此而以为当高级别目标不能满足时，其后的低级别目标也一定不能满足。事实上，在有些目标规划中，当某一优先级的目标不能满足时，其后的某些低级别目标有可能满足。

9.4 目标规划的单纯形表法

从上述图解法可以看出，求解线性目标规划模型实际上是求解多级线性规划模型，若每级线性规划模型都用单纯形表法求解，就形成了目标规划的单纯形表法。下面讨论对于某一问题的目标规划数学模型，如何用单纯形表法来求解。

例 9－6 用单纯形表法求解下面的目标规划模型：

$$\min z=p_1d_1^- + p_2d_2^+ + p_3(5d_3^- + 3d_4^-) + p_4d_1^+$$

$$
\text{st}\begin{cases} x_1+x_2+d_1^- - d_1^+ = 80 \\ x_1+x_2+d_2^- - d_2^+ = 90 \\ x_1+d_3^- = 70 \\ x_2+d_4^- = 45 \\ x_1,\ x_2,\ d_1^+,\ d_2^+,\ d_i^- \geqslant 0, \quad i=1,\ 2,\ 3,\ 4 \end{cases}
$$

解 步骤 1：建立初始单纯形表。

基本上与和单纯形表法相同。区别有：检验数的行不再是一行，而是有多少个目标就有多少个检验数行。在单纯形表中各模块变量的排列次序为：$(x_1,\ x_2,\ d_1^-,\ d_2^-,\ d_3^-,\ d_4^-,\ d_1^+,\ d_2^+)$，$\boldsymbol{C}=(0,\ 0,\ p_1,\ 0,\ 5p_3,\ 3p_3,\ p_4,\ p_2)$，$\boldsymbol{b}=(80,\ 90,\ 70,\ 45)^{\mathrm{T}}$

$$
\boldsymbol{A}=\begin{pmatrix} 1 & 1 & 1 & 0 & 0 & 0 & -1 & 0 \\ 1 & 1 & 0 & 1 & 0 & 0 & 0 & -1 \\ 1 & 0 & 0 & 0 & 1 & 0 & 0 & 0 \\ 0 & 1 & 0 & 0 & 0 & 1 & 0 & 0 \end{pmatrix}
$$

选 $\boldsymbol{d}_i^-(i=1,\ 2,\ 3,\ 4)$ 为基变量，$\boldsymbol{B}=(P_3,P_4,P_5,P_6)=\boldsymbol{E}_4$，$\boldsymbol{C}_{\mathrm{B}}=(p_1,\ 0,\ 5p_3,\ 3p_3)$

$$
\boldsymbol{C}_{\mathrm{B}}\boldsymbol{B}^{-1}\boldsymbol{b}=\boldsymbol{C}_{\mathrm{B}}\boldsymbol{b}=(80p_1+485p_3)
$$

$$
\boldsymbol{C}_{\mathrm{B}}\boldsymbol{B}^{-1}\boldsymbol{A}-\boldsymbol{C}=(p_1+5p_3,\ p_1+3p_3,\ 0,\ 0,\ 0,\ 0,\ -p_1-p_4,\ -p_2)
$$

检验数行 $(\boldsymbol{C}_{\mathrm{B}}\boldsymbol{B}^{-1}\boldsymbol{b},\ \boldsymbol{C}_{\mathrm{B}}\boldsymbol{B}^{-1}\boldsymbol{A}-\boldsymbol{C})$ 按优先等级 $p_j(j=1,\ 2,\ 3,\ 4)$ 可构成下面的矩阵：

$$
\begin{matrix} p_1 \\ p_2 \\ p_3 \\ p_4 \end{matrix}\begin{pmatrix} 80 & 1 & 1 & 0 & 0 & 0 & 0 & -1 & 0 \\ 0 & 0 & 0 & 0 & 0 & 0 & 0 & 0 & -1 \\ 485 & 5 & 3 & 0 & 0 & 0 & 0 & 0 & 0 \\ 0 & 0 & 0 & 0 & 0 & 0 & 0 & -1 & 0 \end{pmatrix}
$$

又因为 $\boldsymbol{B}^{-1}\boldsymbol{b}=\boldsymbol{b}$，$\boldsymbol{B}^{-1}\boldsymbol{A}=\boldsymbol{A}$，从而单纯形表如表 9-4 所示。

表 9-4 单纯形表

		x_1	x_2	d_1^-	d_2^-	d_3^-	d_3^+	d_1^+	d_2^+
p_1	80	1	1	0	0	0	0	−1	0
p_2	0	0	0	0	0	0	0	0	−1
p_3	485	5	3	0	0	0	0	0	0
p_4	0	0	0	0	0	0	0	−1	0
d_1^-	80	1	1	1	0	0	0	−1	0
d_2^-	90	1	1	0	1	0	0	0	−1
d_3^-	70	[1]	0	0	0	1	0	0	0
d_4^-	45	0	1	0	0	0	1	0	0

步骤 2：判断是否为最优解。

(1) 如果各优先级 p_1，p_2，…，p_k 行的全体检验数均非正，则单纯形表中基变量对应的值就是满意解。

(2) 若前 p_1，p_2，…，p_r 行的全体检验数均非正，而第 p_{r+1} 行的检验数中有正数，并且和这个正检验数在同一列上的，前几行检验数中有负检验数，则相应的单纯形表的解就是满意解，不满足 (1)、(2) 就转入步骤 3。

步骤 3：换基迭代。

(1) 按优先等级选取主列，从第一级开始。检查第一级对应的检验数行，如果该行有正数，则任选一个正数对应的变量为换入基变量，该变量对应的列为主列，以这样的方法在单纯形表的检验数区域逐级进行。

(2) 在主列上进行换基迭代，其方法和线性规划单纯形表法中换基迭代相同。

(3) 重复以上两步，直到找到满意解。

对于表 9-4，p_1 级对应的检验数行存在两个正的检验数，选取第一个正数，对应的换入基变量为 x_1；在表 9-4 中，选取第一列为主列，下半部的第 1 列第 3 行的元素为主元，进行换基迭代后得表 9-5。

表 9-5　换基迭代后所得的单纯形表

		x_1	x_2	d_1^-	d_2^-	d_3^-	d_4^-	d_1^+	d_2^+
p_1	10	0	1	0	0	−1	0	−1	0
p_2	0	0	0	0	0	0	0	0	−1
p_3	135	0	3	0	0	−5	0	0	0
p_4	0	0	0	0	0	0	0	−1	0
d_1^-	10	0	[1]	1	0	0	0	−1	0
d_2^-	20	0	1	0	1	−1	0	0	−1
x_1	70	1	0	0	0	1	0	0	0
d_4^-	45	0	1	0	0	0	1	0	0

检验：表 9-5 仍不是最优解单纯形表。选取第 2 列为主列，下半部中第 2 列第 1 行元素为主元，进行换基迭代得表 9-6。

表 9-6　换基迭代后所得的单纯形表

		x_1	x_2	d_1^-	d_2^-	d_3^-	d_4^-	d_1^+	d_2^+
p_1	0	0	0	−1	0	0	0	0	0
p_2	0	0	0	0	0	0	0	0	−1
p_3	105	0	0	−3	0	−2	0	3	0
p_4	0	0	0	0	0	0	0	−1	0
x_2	10	0	1	1	0	−1	0	−1	0
d_2^-	10	0	0	−1	1	0	0	[1]	−1
x_1	70	1	0	0	0	1	0	0	0
d_4^-	35	0	0	−1	0	1	1	1	0

判断：仍不是最优单纯形表。选取第7列为主列，下半部中第7列第2行元素为主元，换基迭代得表9-7。

表9-7 换基迭代后所得的最优解单纯形表

		x_1	x_2	d_1^-	d_2^-	d_3^-	d_4^-	d_1^+	d_2^+
p_1	0	0	0	−1	0	0	0	0	0
p_2	0	0	0	0	0	0	0	0	−1
p_3	75	0	0	0	−3	−2	0	0	3
p_4	0	0	0	−1	1	0	0	0	−1
x_2	20	0	1	0	1	−1	0	0	−1
d_1^+	10	0	0	−1	1	0	0	1	−1
x_1	70	1	0	0	0	1	0	0	0
d_4^-	25	0	0	0	−1	1	1	0	1

判断：表9-7上半部检验数表的第3行中有正数3，但3所在列的前两行中有负检验数(—1)，因此可以判断表9-7是具有满意解的单纯形表。

满意解为 $x_1=70$，$x_2=20$，$d_1^+=10$，$d_4^-=25$。考虑到 p_3，p_4 优先行中都存在正检验数，表示未达到子目标的要求。但考虑到目标优先原则，所以只好放弃，否则将破坏优先等级目标。

9.5 目标规划应用举例

例9-7 一家生产某种产品的公司在生产周期内的正常生产时间为100 h。为了提高产品产量，该公司可以加班生产、转承包生产或雇用小时工生产，具体数据如表9-8所示。

表9-8 正常生产、加班生产、转承包生产或雇用小时工生产的费用及产品质量水平

生产方式	单位产品工时/h	费用/(元/h)	平均优质水平
正常生产	2.0	100	99%
加班生产	2.0	150	98%
转承包生产	2.5	80	95%
雇用小时工生产	3.0	80	90%

公司决策者确定的目标为：第一优先级，尽量满足100单位产品的市场需求；第二优先级，优质品不低于98%的水平；第三优先级，生产费用不超过22 000元。为满足上述目标应如何安排生产?

解 设 x_1，x_2，x_3，x_4 分别表示正常生产、加班生产、转承包生产、雇用小时工生产

的产品数量。该问题的目标规划模型为

$$\min z=p_1d_1^-+p_2d_2^-+p_3d_3^+$$

$$\text{st}\begin{cases}2x_1\leqslant 100\\ x_1+x_2+x_3+x_4+d_1^--d_1^+=100\\ 0.99x_1+0.98x_2+0.95x_3+0.9x_4-0.98(x_1+x_2+x_3+x_4)+d_2^--d_2^+=0\\ 200x_1+300x_2+200x_3+240x_4+d_3^--d_3^+=22\,000\\ x_j,\ d_i^-,\ d_i^+\geqslant 0,\quad j=1,\ 2,\ 3,\ 4;\ i=1,\ 2,\ 3\end{cases}$$

在计算机上运行目标规划时，如果约束条件中包含硬约束，硬约束一定要转化为软约束。其转化方法为：如 $2x_1\leqslant 100$，就等价于：$\begin{cases}2x_1+d_1^--d_1^+=100\\ d_1^+=0\end{cases}$ 并且在目标函数中将 d_1^+ 权因子和优先级别设置为1级，d_1^- 的权因子和优先因子都为0，变换以后的目标规划模型为

$$\min z=p_1d_1^++p_2d_2^-+p_3d_3^-+p_4d_4^+$$

$$\text{st}\begin{cases}2x_1+d_1^--d_1^+=100\\ x_1+x_2+x_3+x_4+d_2^--d_2^+=100\\ 0.99x_1+0.98x_2+0.95x_3+0.9x_4-0.98\ (x_1+x_2+x_3+x_4)\ +d_3^--d_3^+=0\\ 200x_1+300x_2+200x_3+240x_4+d_4^--d_4^+=22\,000\\ x_j,\ d_i^+,\ d_i^-\geqslant 0,\quad j=1,\ 2,\ 3,\ 4;\ i=1,\ 2,\ 3,\ 4\end{cases}$$

利用 QM 软件对例 9－7 进行求解，如图 9－5 和图 9－6 所示。

	Wt(d+)	Prty(d+)	Wt(d-)	Prty(d-)	X1	X2	X3	X4		RHS
Goal/Cnstrnt 1	1.	1.	0.	0	2.	0.	0.	0.	=	100.
Goal/Cnstrnt 2	0.	0.	1.	2.	1.	1.	1.	1.	=	100.
Goal/Cnstrnt 3	0.	0.	1.	3.	1.	0.	-3.	-8.	=	0.
Goal/Cnstrnt 4	1.	4.	0.	0.	200.	300.	200.	240.	=	22,000.

图 9－5　输入数据

Summary

Item	<untitled> Solution		
Decision variable analysis	Value		
X1	50.		
X2	33.3333		
X3	16.6667		
X4	0.		
Priority analysis	Nonachievement		
Priority 1	0.		
Priority 2	0.		
Priority 3	0.		
Priority 4	1,333.333		
Constraint Analysis	RHS	d+	d-
Goal/Cnstrnt 1	100.	0.	0.
Goal/Cnstrnt 2	100.	0.	0.
Goal/Cnstrnt 3	0.	0.	0.
Goal/Cnstrnt 4	22,000.	1,333.334	0.

图 9－6　求解结果

通过QM软件求解知，第一、第二优先级目标已经达到，而第三级目标无法达到（生产费用超出1 333.33元），总偏差为1 333.3，所得的满意解为：正常生产50个单位，加班生产33.33个单位，转承包生产16.67个单位。

习题

1. 用作图法求下列目标规划问题的满意解。

$$\min z=p_1d_1^+ + p_2d_3^+ + p_3d_2^+$$

$$\text{st}\begin{cases}-x_1+2x_2+d_1^- - d_1^+ =4\\ x_1-2x_2+d_2^- - d_2^+ =4\\ x_1+2x_2+d_3^- - d_3^+ =8\\ x_1,\ x_2,\ d_1^+,\ d_2^+,\ d_i^- \geqslant 0,\quad i=1,\ 2,\ 3\end{cases}$$

2. 用图解法解下面的目标规划模型

$$\min z=p_1d_1^+ + p_2d_2^- + p_3d_3^-$$

$$\text{st}\begin{cases}x_1+x_2+d_1^- - d_1^+ =10\\ 2x_1+x_2+d_2^- - d_2^+ =26\\ -x_1+2x_2+d_3^- - d_3^+ =6\\ x_1,\ x_2,\ d_i^+,\ d_i^- \geqslant 0,\quad i=1,\ 2,\ 3\end{cases}$$

3. 用单纯形表法解下列目标规划模型

$$\min z=p_1d_1^- + p_2d_3^+ + p_3d_2^+$$

$$\text{st}\begin{cases}5x_1+10x_2+d_1^- - d_1^+ =10\ 000\\ x_1+d_2^- - d_2^+ =700\\ x_2+d_3^- - d_3^+ =600\\ x_1,\ x_2,\ d_1^+,\ d_2^+,\ d_i^- \geqslant 0,\quad i=1,\ 2,\ 3\end{cases}$$

4. 有如下目标规划模型

$$\min z=p_1(d_1^+ + d_1^-) + p_2d_2^-$$

$$\text{st}\begin{cases}x_1\leqslant 6\\ 2x_1-x_2+d_1^- - d_1^+ =2\\ 2x_1-3x_2+d_2^- - d_2^+ =6\\ x_1,\ x_2,\ d_i^+,\ d_i^- \geqslant 0,\quad i=1,\ 2\end{cases}$$

试用单纯形表法求其满意解。若有多个满意解，求出其中两个。

5. 某一个商店有50名职员。其中，经理1人，管理员5人，售货员44人。售货员分为甲、乙、丙三个等级。已知各种人员工作1 h的贡献分别为：经理24元，管理员16元，甲种售货员9元，乙种售货员5元，丙种售货员2元。预计的工作时间为：经理和管理员每月200 h，甲种售货员172 h，乙种售货员160 h，丙种售货员100 h。工资为各自贡献的5.5%。同时规定，经理和管理员加班时间每月不超过24 h，甲种售货员不超过52 h，乙、丙种售货员不超过32 h。经理首先考虑如下目标优先等级次序：p_1，每月达到145 000元的销售目标；p_2，保证全体职工正常工作；p_3，保证管理员至少收入800元；p_4，经理、管理员和甲种售货员加班时间不超过规定时间；p_5，乙、丙种售货员加班时间不超过规定时间；p_6，保证甲、乙种售货员的月收入分别达到700元和550元。为了满足这些目标，商店应该如何安排职工工作时间？试建立目标规划模型。

6. 已知有4个产地3个销地的运输问题，有关供需数量及单位运费如表9-9所示。

表9-9 产销地之间的供需数量及单位运费

产地	销地			供应量/kg
	B_1	B_2	B_3	
A_1	5	8	3	10
A_2	7	4	5	4
A_3	2	6	9	4
A_4	4	6	6	12
需求量/kg	12	14	14	

经营决策的目标及优先等级如下：p_1，每个销地至少得到它需求量的50%；p_2，必须满足销地B_1全部需求量；p_3，由于客观原因，要尽量减少A_4调运到B_2的货物量；p_4，使总的运费最少。试确定上述各目标的最优调运方案。

7. 已知目标规划问题

$$\max z=p_1d_1^-+p_2d_2^-+p_3(5d_3^-+3d_4^-)+p_4d_1^+$$

$$\text{st}\begin{cases}x_1+2x_2+d_1^+-d_1^+=6\\x_1+2x_2+d_2^--d_2^+=0\\x_1-2x_2+d_3^--d_3^+=4\\x_2+d_4^--d_4^+=2\\x_1,\ x_2,\ d_i^-,\ d_i^+\geqslant 0,\quad i=1,\ 2,\ 3,\ 4\end{cases}$$

(1) 分别用图解法和单纯形表法求解。

(2) 分析目标函数变为①、②两种情况时（②中分析ω_1，ω_2的比例变动）解的变化。

① $\min z=p_1d_1^-+p_2d_2^++p_3d_1^++p_4(5d_3^++3d_4^-)$

② $\min z=p_1d_1^-+p_2d_2^++p_3(\omega_1d_3^++\omega_2d_4^-)+p_4d_1^+$

8. 某彩色电视机组装工厂生产A，B，C三种规格电视机。装配工作在同一生产线上完成，三种产品装配时的工时消耗分别为6，8，10 h；生产线每月正常工作时间为200 h；三种规格电视机销售后，每台可获利分别为500，650，800元；每月销售预计为12，10，6台。该厂经营目标如下：p_1，利润指标定为每月1.6×10^4元；p_2，充分利用生产能力；p_3，加班时间不超过24 h；p_4，产量以预计销量为标准。

为制订生产计划，建立该问题的目标规划模型。

9. 友谊农场有3万亩（1亩等于666.67 m^2）农田，欲种植玉米、大豆和小麦三种农作物。各种农作物每亩需施肥0.12，0.2，0.15 t。预计秋后玉米每亩可收获500 kg，售价为0.24元/kg；大豆可收获200 kg，售价为1.2元/kg；小麦可收获300 kg，售价为0.7元/kg。试就该农场生产计划建立数学模型，农场年初计划时考虑如下几个方面：p_1，年终收入不低于350万元；p_2，总产量不低于1.25万t；p_3，小麦产量以0.5万t为宜；p_4，大豆产量不少于0.2万t；p_5，玉米产量不超过0.6万t；p_6，农场现能提供0.5万t化肥，若不够，可在市场高价购买，但希望高价采购量越少越好。

10. 东方造船厂生产用于内河运输的客货两用船。已知下年度各季的合同交货量、各季度正常及加班时间内的生产能力及相应的每条船的成本如表 9-10 所示，要求建立相应的目标规划数学模型。

表 9-10　各季度合同交货量、生产能力和每条船的成本

季　度	合同交货量	正常生产		加班生产	
		生产能力	每条船的成本/百万元	生产能力	每条船的成本/百万元
第一季度	16	12	5.0	7	6.0
第二季度	17	13	5.1	7	6.4
第三季度	15	14	5.3	7	6.7
第四季度	18	15	5.5	7	7.0

该厂确定安排生产计划的优先级目标为：p_1，按时完成合同交货量；p_2，每季度库存数不超过 2 条（年初无库存）；p_3，完成全年的总成本不超过 355 万元。

第 10 章

本章要求理解动态规划的基本概念；熟悉动态规划求解多阶段决策问题的基本原理；掌握如何建立动态规划递推方程及其求解；掌握动态规划的应用。

动态规划

动态规划（dynamic programming）是现代企业管理中一种重要的决策方法，它是解决多阶段决策过程最优化的一种数学方法。1951 年美国数学家贝尔曼（R. Bellman）等人，根据一类多阶段决策问题的特点，把多阶段决策问题转化为一系列相互联系的单阶段问题，然后逐个加以解决；同时，他提出了解决这类问题的最优原理，研究了许多实际问题，从而创建了解决最优化问题的一种新的方法——动态规划方法。动态规划方法，在工程技术、企业管理、军事等领域都有广泛的应用。特别在企业管理中，动态规划方法可以用来解决最优路径问题、资源分配问题、生产调度问题、库存问题、装载问题、排序问题、设备更新问题、生产过程最优控制问题等。动态规划是求解一类问题的方法，是解决问题的一种原理，而不是一种特殊的算法，故需要有丰富的想象去建模，创造性地去求解。

10.1 多阶段决策问题

所谓多阶段决策，是指这样一类决策，它的决策过程可以分为若干个阶段，在每个阶段都要进行决策，并且前阶段的决策影响后阶段的决策。一般地，多阶段决策的决策结果是由各阶段的决策构成的决策序列。由于各阶段都有若干方案可供选择，故可能的决策方案总数量很大。多阶段决策就是要从这些可能的总方案中选出最优方案。求解多阶段决策问题的基本方法就是动态规划方法及第 13 章介绍的决策树方法。

例 10-1 生产与存储问题。某工厂每季度需供应市场 600，700，500，1 200 件产品，未销售完的产品存入仓库，存储费为每件每季度 1 元，生产费用与件数的平方成正比，比例系数为 0.005。现要制订生产计划，在满足市场需求的条件下，使一年的生产与存储费用最少。

解 这是一个求最小值的 4 阶段决策问题。根据题意可知，生产量是决策变量，库存量是反映当前每季度产品库存的客观状态，为状态变量。设第 k 季度生产的产品为 u_k 件，第 k 季度的库存量为 s_k 件，第 k 季度的销售量为 q_k 件，由此得出三个变量之间的关系为

$$s_{k+1}=s_k+u_k-q_k,\ k=1,\ 2,\ 3,\ 4 \tag{10.1}$$

假设年初和年底无存货，即 $s_1=0$，$s_5=0$。

由题中给定的条件可得全过程目标管理函数为

$$f_1=\sum_{k=1}^{4}(0.005u_k^2+s_k)$$

该问题是求最优的生产决策序列，即全年中每季度的最优生产量 u_1^*，u_2^*，u_3^*，u_4^*，在满足市场需求的条件下，使一年的总费用最少。故该问题的数学模型为

$$\min f_1=\sum_{k=1}^{4}(0.005u_k^2+s_k)$$

$$\begin{cases}s_{k+1}=s_k+u_k-q_k\\ s_1=0,\quad s_5=0\end{cases}$$

例 10-2 最短路线问题。设有一辆汽车由 A 城到 B 城，中间可经由 v_1 到 v_8 城市，各城市的交通路线及距离如图 10-1 所示，应选择哪一条路线，可使总距离最短？

解 可将上述最短路线问题看成是 4 个阶段的决策问题，第 1 阶段为 A 到 v_1，v_2，v_3；第 2 阶段为 v_1，v_2，v_3 到 v_4，v_5，v_6；第 3 阶段为 v_4，v_5，v_6 到 v_7，v_8；第 4 阶段为 v_7，

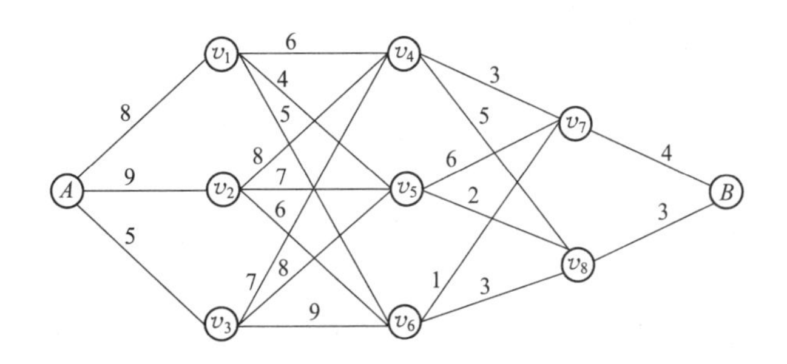

图 10 - 1　城市之间的交通路线及距离

v_8 到 B。在第 1 阶段，A 为起点，终点有 v_1，v_2，v_3 三个。此时走的路线有三种选择，若选择走到 v_2，在第 2 阶段从 v_2 出发，可供选择路线有三种，同理递推下去，可看到各个阶段的决策不同，走的路线就不同，总的距离就不同。故此问题的要求是，在各个阶段选取一个恰当的决策，由这些决策组成的决策序列所决定的一条路线，其总路程最短。

由例 10 - 1 和例 10 - 2 可知，在实际生产、科学试验、经济活动的过程中，有一类活动的过程，由于其特殊性，可将该过程分为若干个相联系的阶段，在每个阶段都要作出决策，全部过程的决策就形成一个决策序列，每一个阶段的决策有许多种方案选择，从而形成多种决策序列，在这些决策序列中选择一个最优的策略，使在预定的标准下达到最好效果，这就是多阶段决策问题。

10.2　动态规划的有关概念

1. 阶段

把所给问题的过程，按照过程的时间、空间、特点等特征恰当地分为若干个相互联系的阶段，以便能按一定的次序去求解，描述阶段的变量称为阶段变量，用 k 表示。如例 10 - 1 中可分为 4 个联系的阶段，$k=1$，2，3，4，例 10 - 2 中最短路线问题也是一个 4 阶段的决策问题。

2. 状态

状态表示每个阶段开始时所处的自然状况或客观条件，描述了研究问题在某特定时间或空间中所处的位置及运动特征。例 10 - 1 中，状态就是每个阶段开始时的库存量，它既是前一阶段决策的结果，又是后一阶段决策的开始。通常一个阶段有若干个状态。

反映状态的变量称为状态变量，常用 s_k 表示第 k 阶段的状态变量。状态应具有无后效性的特点：如果某阶段的状态给定后，则在这阶段以后过程的发展不受这阶段以前各阶段状态的影响。如果选定的变量不具有无后效性，就不能作为状态变量来构造动态规划模型。

例 10 - 1 中 $s_1=0$，$s_5=0$ 表示状态变量 s_1，s_5 的值为 0，而 s_2，s_3，s_4 的取值可能有多种情况。

例 10 - 2 中 $s_1=\{A\}$，$s_2=\{v_1, v_2, v_3\}$，$s_3=\{v_4, v_5, v_6\}$，$s_4=\{v_7, v_8\}$

3. 决策

过程处于某一阶段的某个状态时，可以作出不同的选择、决定，这种决定称为决策。描述决策的变量，称为决策变量。通常用 $u_k(s_k)$ 表示第 k 阶段状态处于 s_k 时的决策变量。在实际问题中，决策变量的取值往往限制在一定的范围内，这个范围称为允许决策集合，常用 $D_k(s_k)$ 表示。

例 10－1 中，从第 1 阶段的状态 $s_1=0$ 出发，其允许决策集合为 $D_1(s_1)=\{600, 601, \cdots, 3\,000\}$。

例 10－2 中，从第 2 阶段的状态 $s_2=v_1$ 出发，其允许决策集合为 $D_2(s_2)=\{v_4, v_5, v_6\}$。

4. 策略

策略是一个决策序列。由过程的第 k 阶段开始到终止状态的过程，称为问题的后部子过程（或 k 子过程），后部子过程的决策序列 $\{u_k(s_k), u_{k+1}(s_{k+1}), \cdots, u_n(s_n)\}$ 称为 k 子过程策略，记为 $p_{k,n}(s_k)$。当 $k=1$ 时，此决策序列称为全过程策略。在实际问题中，策略有一定的范围，此范围称为允许策略集合，从允许策略集合中找出达到最优效果的策略就是多阶段决策的目标。

5. 状态转移方程

状态转移方程就是确定过程由一个状态到另一个状态的变化，本阶段的状态是上一阶段状态和上一阶段决策的结果。对于本阶段来讲，状态是已知的。如果给出第 k 阶段的状态 s_k，决策为 $u_k(s_k)$，则第 $k+1$ 阶段的状态 s_{k+1} 也就确定了，它们的关系为

$$s_{k+1}=L(s_k, u_k(s_k))$$

它表示由 k 阶段到 $k+1$ 的状态变化，称为状态转移方程，反映了相邻状态变量间的关系。例 10－1 中，状态转移方程为 $s_{k+1}=s_k+u_k-q_k(k=1, 2, 3, 4)$；在例 10－2 中，状态转移方程为 $s_{k+1}=u_k(s_k)$。

6. 指标函数和最优值函数

指标函数是用来衡量所实现过程优劣的一种数量函数，它分为阶段指标函数和过程指标函数两类。阶段指标函数是指在第 k 阶段，从状态 s_k 出发，采用决策 u_k 时的效益值，用 $g_k(s_k, u_k)$ 表示；过程指标函数定义在全过程或后部 k 子过程上，它表示第 k 阶段状态为 s_k、采用策略 $p_{k,n}(s_k)$ 时后部 k 子过程的效益值，常用 $f_k(s_k)$，$k=1, 2, \cdots, n$ 表示。指标函数应具有可分离性、递推性。过程指标函数的最优值称为最优值函数，用 $f_k^*(s_k)$，$k=1, 2, \cdots, n$ 表示。

10.3 动态规划的基本思想和基本方程

下面以最短路线问题为例介绍动态规划的基本思想。生活常识告诉我们，最短路线有一个重要特点：如果由起点 A 经过 B，C，D，E，F 点到达终点 G 是一条最短的路线，则由点 B 出发经过 C，D，E，F 点到达终点 G 的这条路线，就必是从点 B 出发到达终点的所有可能选择的不同路线中最短的一条。此特点可用反证法来证明。根据最短路线的这一特点，我们就得到了寻找最短路线的方法。假设已求得从点 B 出发到达终点的最短路线，再选择从 A 到 B 两点间的一条最短路线，就求得了从起点 A 到终点 G 的一条最短路线。又假设已求得从点 C 出发到达终点 G 的最短路线，再选择从 B 到 C 两点间的一条最短路线，就求得了从起点 B 到终点 G 的一条最短路线。以这样的思路，只要能求出 F 到 G 的最短路线，就可以求出 E 到 G 的最短路线，从而递推地求出 D，C，B，A 到 G 的最短路线。所以动态规划方法就是从终点逐段向始点方向寻找最优解的一种方法，即从最后一段开始，用

由后向前逐步递推的方法，求出各点到 G 点的最短路线，最终求得由 A 点到 G 点的最短路线。

例 10-3　按照动态规划的基本思想求解例 10-2 中的最短路线问题。

解　当 $k=4$ 时，由 v_7 到终点 B 只有一条路线，故 $f_4^*(v_7)=4$；同理，$f_4^*(v_8)=3$。当 $k=3$ 时，状态有 v_4，v_5，v_6 三个，若从 v_4 出发则有两种选择，到 v_7 或到 v_8，因此

$$f_3^*(v_4)=\min\begin{Bmatrix}d(v_4, v_7)+f_4^*(v_7)=3+4=7\\d(v_4, v_8)+f_4^*(v_8)=5+3=8\end{Bmatrix}=7$$

其相应的决策为 $u_3(v_4)=v_7$，即由 v_4 出发到终点的最短距离为 7，最短路线为：$v_4\to v_7\to B$。

同理从 v_5，v_6 出发，有

$$f_3^*(v_5)=\min\begin{Bmatrix}d(v_5, v_7)+f_4^*(v_7)=6+4=10\\d(v_5, v_8)+f_4^*(v_8)=2+3=5\end{Bmatrix}=5$$

其相应的决策为 $u_3(v_5)=v_8$。

$$f_3^*(v_6)=\min\begin{Bmatrix}d(v_6, v_7)+f_4^*(v_7)=1+4=5\\d(v_6, v_8)+f_4^*(v_8)=3+3=6\end{Bmatrix}=5$$

其相应的决策为 $u_3(v_6)=v_7$。

当 $k=2$ 时，状态有 v_1，v_2，v_3，若从 v_1 出发则有三种选择，到 v_4，v_5 或 v_6，因此

$$f_2^*(v_1)=\min\begin{Bmatrix}d(v_1, v_4)+f_3^*(v_4)=6+7=13\\d(v_1, v_5)+f_3^*(v_5)=4+5=9\\d(v_1, v_6)+f_3^*(v_6)=5+5=10\end{Bmatrix}=9$$

其相应的决策为 $u_2(v_1)=v_5$。

$$f_2^*(v_2)=\min\begin{Bmatrix}d(v_2, v_4)+f_3^*(v_4)=8+7=15\\d(v_2, v_5)+f_3^*(v_5)=7+5=12\\d(v_2, v_6)+f_3^*(v_6)=6+5=11\end{Bmatrix}=11$$

其相应的决策为 $u_2(v_2)=v_6$。

$$f_2^*(v_3)=\min\begin{Bmatrix}d(v_3, v_4)+f_3^*(v_4)=7+7=14\\d(v_3, v_5)+f_3^*(v_5)=8+5=13\\d(v_3, v_6)+f_3^*(v_6)=9+5=14\end{Bmatrix}=13$$

其相应的决策为 $u_2(v_3)=v_5$。

当 $k=1$ 时，状态为 A，终点有三种选择：v_1，v_2，v_3。

$$f_1^*(A)=\min\begin{Bmatrix}d(A, v_1)+f_2^*(v_1)=8+9=17\\d(A, v_2)+f_2^*(v_2)=9+11=20\\d(A, v_3)+f_2^*(v_3)=5+13=18\end{Bmatrix}=17$$

其相应的决策为 $u_1(A)=v_1$。

于是从 A 到 B 的最短距离为 17。求得的最优决策序列为：$u_1(A)=v_1$，$u_2(v_1)=v_5$，$u_3(v_5)=v_8$，$u_4(v_8)=B$。

从上面的计算可以看出，在求解的各个阶段都利用了递推关系，即第 k 阶段与第 $k+1$ 阶段之间的递推关系有以下形式

$$\begin{cases} f_k^*(s_k)=\min\limits_{uk}(g_k(s_k,\ u_k)+f_{k+1}^*(s_{k+1})) & (10.2a) \\ f_{n+1}^*(s_{n+1})=0,\ k=n,\ n-1,\ \cdots,\ 1 & (10.2b) \end{cases}$$

称这一递推关系式为动态规划基本方程。其中，$g_k(s_k,\ u_k)$ 是第 k 阶段在 s_k 状态下采用决策 u_k 时的阶段指标函数；$f_k(s_k)$ 是后部 k 子过程指标函数，$f_k^*(s_k)$ 是后部 k 子过程指标函数 $f_k(s_k)$ 的最优值；$f_{k+1}^*(s_{k+1})$ 是后部 $k+1$ 子过程的最优值函数，式（10.2b）称为边界条件。

现将动态规划方法的基本思想总结如下。

（1）将多阶段决策过程划分阶段，恰当地选取状态变量、决策变量及定义阶段指标函数、后部 k 子过程指标函数，并建立动态规划基本方程，从而将问题转化成一组同类型的单阶段决策问题，然后按次序递推求解。

（2）求解时从边界条件开始，逆（或顺）过程进行，逐段递推寻优。每一个单阶段问题求解时，都要用到它前面已求出的单阶段问题的最优结果，最后一个单阶段问题的最优解就是整个问题的最优解。

（3）动态规划方法是既把当前阶段与未来各阶段分开，又把当前效益和未来效益结合起来的一种最优化方法，因此每阶段的最优决策选取是从全局出发的。动态规划方法是基于贝尔曼等人提出的最优性原理，该原理可表述为“作为整个过程的最优策略具有这样的性质：无论过去的状态和决策如何，对前面的决策所形成的状态而言，余下的决策必须构成最优策略”。简言之，一个最优策略的子策略总是最优的，这一原理保证了递推过程求解的最优性。

10.4 动态规划模型的建立与求解

现利用动态规划的原理与基本方程建立并求解例 10-1 中的生产与存储问题的动态规划模型。

当 $k=4$ 时，$f_4(s_4)=0.005u_4^2+s_4$。由于 $s_5=0$，由状态方程得 $s_5=s_4+u_4-q_4=0$。

当第 4 阶段的状态 s_4 给定以后，其决策为：$u_4^*=q_4-s_4=1\ 200-s_4$。4 子过程指标函数的最优值为：

$$f_4^*=0.005(1\ 200-s_4)^2+s_4=7\ 200-11s_4+0.005s_4^2$$

当 $k=3$ 时

$$\begin{aligned} f_3(s_3)&=\min_{u_3}(0.005u_3^2+s_3+f_4^*(s_4)) \\ &=\min_{u_3}(0.005u_3^2+s_3+7\ 200-11s_4+0.005s_4^2) \end{aligned}$$

由于 $s_4=s_3+u_3-q_3=s_3+u_3-500$，则

$$\begin{aligned} f_3(s_3)&=\min_{u_3}(0.005u_3^2+s_3+f_4^*(s_4)) \\ &=\min_{u_3}(0.005u_3^2+s_3+7\ 200-11(s_3+u_3-500)+0.005(s_3+u_3-500)^2) \quad (10.3) \end{aligned}$$

现假设 s_3 给定的情况下，确定最优决策 u_3^*，使 3 子过程指标函数 $f_3(s_3)$最小。为了方便求式（10.3）的最小值，将式（10.3）中的决策变量 u_3 看成是连续的，那么式（10.3）就是关于 u_3 的一元二次函数，根据极值原理

$$\frac{\mathrm{d}f_3(s_3)}{\mathrm{d}u_3}=0$$

得到决策值为 $u_3^*=800-0.5s_3$，其 3 子过程指标函数的最优值为

$$f_3^*(s_3)=7\,550-7s_3+0.002\,5s_3^2$$

当 $k=2$ 时

$$f_2(s_2)=\min_{u_2}(0.005u_2^2+s_2+f_3^*(s_3))$$
$$=\min_{u_2}(0.005u_2^2+s_2+7\,550-7s_3+0.002\,5s_3^2)$$

由于 $s_3=s_2+u_2-q_2=s_2+u_2-700$，则

$$f_2(s_2)=\min_{u_2}(0.005u_2^2+s_2+f_3^*(s_3))$$
$$=\min_{u_2}(0.005u_2^2+s_2+7\,550-7(s_2+u_2-700)+0.002\,5(s_2+u_2-700)^2)$$

现假设 s_2 给定的情况下，确定最优决策 u_2^*，使 2 子过程指标函数 $f_2^*(s_2)$ 最小。根据极值原理

$$\frac{\mathrm{d}f_2(s_2)}{\mathrm{d}u_2}=0$$

得到决策值为 $u_2^*=700-0.5s_2$，其 2 子过程指标函数的最优值为

$$f_2^*(s_2)=10\,000-6s_2+\frac{0.005}{3}s_2^2$$

当 $k=1$ 时

$$f_1(s_1)=\min_{u_1}(0.005u_1^2+s_1+f_2^*(s_2))$$
$$=\min_{u_1}\left(0.005u_1^2+s_1+10\,000-6s_2+\frac{0.005}{3}s_2^2\right)$$

由于 $s_2=s_1+u_1-q_1=s_1+u_1-600$，则

$$f_1(s_1)=\min_{u_1}(0.005u_1^2+s_1+f_2^*(s_2))$$
$$=\min_{u_1}\left(0.005u_1^2+s_1+10\,000-6s_2+\frac{0.005}{3}s_2^2\right)$$
$$=\min_{u_1}(0.005u_1^2+s_1+10\,000-6(s_1+u_1-600)+\frac{0.005}{3}(s_1+u_1-600)^2)$$

现假设 s_1 给定的情况下，确定最优决策 u_1^*，使全过程指标函数 $f_1^*(s_1)$最小。根据极值原理

$$\frac{\mathrm{d}f_1(s_1)}{\mathrm{d}u_1}=0$$

得到决策值为 $u_1^*=600-\frac{1}{4}s_1$，其全过程指标函数的最优值为

$$f_1^*(s_1)=11\,800-5s_1+\frac{0.005}{4}s_1^2$$

由边界条件 $s_1=0$，回代就求出决策序列和各子过程指标函数的最优值为

$$\begin{cases}s_1^*=0\\u_1^*=600\end{cases}\quad\begin{cases}s_2^*=0\\u_2^*=700\end{cases}\quad\begin{cases}s_3^*=0\\u_3^*=800\end{cases}\quad\begin{cases}s_4^*=300\\u_4^*=900\end{cases}$$

一年内的生产与存储的总费用为 $f_1^*(s_1)=11\,800$ 元。若按每季度的需求量生产，即取 $u_k=q_k(k=1,2,3,4)$，则可求得 $f_1=12\,700$ 元，按每季度需求量进行生产比给出的最优决策策略，一年内多耗费 900 元，从而可以看出对于生产与存储问题并非总是零

库存为优。

10.5 动态规划的应用

1. 背包问题

背包问题是指有 n 种不同重量和不同价值的物体可以装包，在背包所能容纳的重量一定时，选择哪些物品装入包中，以使包中的物体价值最大。

例 10-4 某咨询公司有 10 个工作日可以去处理 4 种类型的咨询项目，每种类型的咨询项目中待处理的客户数量、处理每个客户所需天数及获利如表 10-1 所示。显然该公司在 10 天内不能处理完所有的客户，该公司应如何选择客户使得在 10 天中获利最大？

表 10-1 咨询项目类型、待处理的客户数量、处理每个客户所需天数及获利

咨询项目类型	待处理客户数量	处理每个客户所需天数	处理每个客户所获利润/千元
1	4	1	2
2	3	3	8
3	2	4	11
4	2	7	20

解

步骤 1：分析问题。

该问题是一个求最大值的 4 阶段决策问题。阶段以咨询项目类型来划分，每一种类型为一个阶段，即第 1 阶段我们决策处理多少个第 1 种咨询项目类型中的客户，第 2 阶段我们决策处理多少个第 2 种咨询项目类型中的客户，第 3、4 阶段也将作出类似的决策。

设 s_k 为第 k 阶段开始到第 4 阶段的所有进行咨询的总天数，也是第 k 阶段的状态变量；$f_k(s_k)$ 为从第 k 阶段开始到第 4 阶段的工作 s_k 天的总利润，是 k 子过程指标函数。

设第 k 类咨询项目中完成一个客户所需的时间为 t_k，所获得的利润为 c_k，u_k 为在第 k 阶段咨询的客户数量，是决策变量，$c_k u_k$ 就是阶段指标函数。

其状态转移方程为

$$s_{k+1}=s_k-t_k u_k,\quad k=1,\ 2,\ 3,\ 4,\ 5$$

步骤 2：建立模型。

根据以上分析，可以建立该问题的数学模型为

$$\begin{cases} f_k^*(s_k)=\max\limits_{u_k}(c_k u_k+f_{k+1}^*(s_{k+1})), & k=1,\ 2,\ 3,\ 4 \\ \qquad\qquad\qquad\qquad\qquad\quad\ \ {}_{u_k} & \\ s_{k+1}=s_k-t_k u_k & \\ 0\leqslant u_k\leqslant\min([10/t_k],\ J_k) & \\ f_5(s_5)=0,\quad s_5=0,\quad s_1=10 & \end{cases}$$

其中，J_k 为阶段 k 中的咨询项目总数，$[10/t_k]$ 表示取不超过 $10/t_k$ 的最大整数。

步骤 3：采用由后向前逆序求解模型，确定方案。

当 $k=4$ 时，因为并未对先前的阶段作出决策，因此并不知道 s_4 及 u_4 的准确值，故 $s_4=0$，

1，2，…，10，即 $u_4=[s_4/7]$，由于 s_4 至多为 10，所以 u_4 只能取 0 或 1。由于 $f_5^*(s_5)=0$，$f_4(s_4)=c_4u_4$，具体计算结果如表 10－2 所示。

表 10－2　$k=4$ 时的计算结果

s_4	$f_4(s_4)=c_4u_4$		$f_4^*(s_4)$	u_4^*
	0	1		
0	0		0	0
1	0		0	0
2	0		0	0
3	0		0	0
4	0		0	0
5	0		0	0
6	0		0	0
7		20	20	1
8		20	20	1
9		20	20	1
10		20	20	1

当 $k=3$ 时，同理 $s_3=0$，1，…，10，由于第 3 阶段每个客户所需天数为 4 天，且 s_3 至多为 10，$u_3=0$，1，2，总收益 $f_3(s_3)=c_3u_3+f_4(s_4)$，具体计算结果如表 10－3 所示。

表 10－3　$k=3$ 时的计算结果

s_3	$f_3(s_3)=c_3u_3+f_4^*(s_4)$			$f_3^*(s_3)$	u_3^*	$s_4=s_3-4u_3^*$
	0	1	2			
0	0+0			0	0	0
1	0+0			0	0	1
2	0+0			0	0	2
3	0+0			0	0	3
4	0+0	11+0		11	1	0
5	0+0	11+0		11	1	1
6	0+0	11+0		11	1	2
7	0+20	11+0		20	0	3
8	0+20	11+0	22+0	22	2	0
9	0+20	11+0	22+0	22	2	1
10	0+20	11+0	22+0	22	2	2

对每一给定的 s_3 所在行的 $f_3(s_3)$ 作比较，在最大值元素下画横线，此元素即为 $f_3^*(s_3)$的最大值，对应的决策变量为 u_3^* 。

当 $k=2$ 时，同理有 $s_2=0$，1，…，10，$u_2=0$，1，2，3，总收益 $f_2(s_2)=c_2u_2+$

$f_3^*(s_3)$，具体计算结果如表 10－4 所示。

表 10－4　$k=2$ 时的计算结果

s_2	$f_2(s_2)=c_2u_2+f_3^*(s_3)$				$f_2^*(s_2)$	u_2^*	$s_3=s_2-3u_2^*$
	0	1	2	3			
0	$\underline{0+0}$	—			0	0	0
1	$\underline{0+0}$	—	—		0	0	1
2	$\underline{0+0}$	—	—		0	0	2
3	0+0	$\underline{8+0}$	—		8	1	3
4	$\underline{0+11}$	8+0	—		11	0	0
5	$\underline{0+11}$	8+0	—		11	0	1
6	0+11	8+0	$\underline{16+0}$		16	2	0
7	$\underline{0+20}$	8+11	16+0		20	0	7
8	$\underline{0+22}$	8+11	16+0		22	0	8
9	0+22	8+11	16+0	24+0	24	3	0
10	0+22	$\underline{8+20}$	16+11	24+0	28	1	0

当 $k=1$ 时，$s_1=10$，$u_1=0$，1，2，3，4，$f_1(s_1)=c_1u_1+f_2^*(s_2)$，计算结果如表 10－5 所示。

表 10－5　$k=1$ 时的计算结果

s_1	$f_1(s_1)=c_1u_1+f_2^*(s_2)$					$f_1^*(s_1)$	u_1^*	$s_2=s_1-u_1^*$
	0	1	2	3	4			
10	$\underline{0+28}$	2+24	4+22	6+20	8+16	28	0	10

由表 10－5 可以得出解决该问题的最优方案及利润如表 10－6 所示。

表 10－6　最优方案及利润表

决　　策	利润/千元
$u_1^*=0$	0
$u_2^*=1$	8
$u_3^*=0$	0
$u_4^*=1$	20
总计	28

2. 资源分配问题

例 10－5　某公司拟将某种设备 5 台分配给所属的甲、乙、丙三个工厂，各个工厂获得此设备后，预测创造的利润如表 10－7 所示。这 5 台设备应如何分配给这三个工厂，使其所创造的总利润最大？

表 10-7　各个工厂获得设备台数及预测创造的利润

设备台数	工厂		
	甲	乙	丙
0	0	0	0
1	3	5	4
2	7	10	6
3	9	11	11
4	12	11	12
5	13	11	12

解　将问题按工厂分为三个阶段，甲、乙、丙三厂分别编号为1，2，3。

设 $s_k(k=1，2，3)$ 表示分配给第 k 厂至第三厂的设备台数，过程指标函数记为 $f_k(s_k)$；x_k 表示分配给第 k 厂的设备台数；阶段指标函数记为 $f_k(s_k，x_k)$。

从 s_k 与 x_k 的定义知 $s_1=5$，并有 $s_2=s_1-x_1$，$s_3=s_2-x_2$，且 $s_3=x_3$

递推方程为：$f_k^*(s_k)=\max\limits_{x_k}(f_k(s_k，x_k)+f_{k+1}^*(s_{k+1}))$

$k=3$，$s_3=0，1，2，3，4，5$；$s_3=x_3$，$f_3^*(s_3)=\max\limits_{x_3}(f_3(s_3，x_3)+f_4^*(s_4))$，由于 $f_4(s_4)=0$，因此，$f_3^*(s_3)=f_3(s_3，x_3)$，其具体数值计算如表10-8所示。

表 10-8　3子过程指标函数值及最优值函数计算

s_3	$f(s_3，x_3)$						$f_3^*(s_3)$	x_3^*
	0	1	2	3	4	5		
0	0	—	—	—	—	—	0	0
1	—	4	—	—	—	—	4	1
2	—	—	6	—	—	—	6	2
3	—	—	—	11	—	—	11	3
4	—	—	—	—	12	—	12	4
5	—	—	—	—	—	12	12	5

$k=2$，$x_2=0，1，2，3，4，5$；$s_3=s_2-x_2$，$f_2(s_2)=f_2(s_2，x_2)+f_3^*(s_3)$，其数值计算如表10-9所示。

表 10-9　2子过程指标函数值及最优值函数计算

s_2	$f_2(s_2，x_2)+f_3^*(s_3)$						$f_2^*(s_2)$	x_2^*
	0	1	2	3	4	5		
0	0+0	—	—	—	—	—	0	0
1	0+4	5+0	—	—	—	—	5	1
2	0+6	5+4	10+0	—	—	—	10	2
3	0+11	5+6	10+4	11+0	—	—	14	2
4	0+12	5+11	10+6	11+4	11+0	—	16	1，2
5	0+12	5+12	10+11	11+6	11+4	11+0	21	2

$k=1$，$s_2=s_1-x_1$，x_1 为 0，1，2，3，4，5；$f_1(s_1)=f_1(s_1, x_1)+f_2^*(s_2)$，其数值计算如表 10－10 所示。

表 10－10　全过程指标函数值及最优值函数计算

s_1	$f_1(s_1, x_1)+f_2^*(s_2)$						$f_1^*(x)$	x_1^*
	0	1	2	3	4	5		
5	<u>0+21</u>	3+16	<u>7+14</u>	9+10	12+5	13+0	21	0，2

按计算表格回溯，可知最优分配方案有两个：

(1) 由于 $x_1^*=0$，$x_2^*=2$，$x_3^*=3$，即分配给甲厂 0 台，乙厂 2 台，丙厂 3 台；

(2) 由于 $x_1^*=2$，$x_2^*=2$，$x_3^*=1$，即分配给甲厂 2 台，乙厂 2 台，丙厂 1 台。

这两种方案都可以得到最高的利润 21 万元。

3. 设备负荷分配问题

例 10－6　某种机器可在高、低两种不同的负荷下进行生产，设机器在高负荷下生产的产量函数为 $h=8u$，其中 u 为投入生产的机器数量，年终机器的完好率为 $\alpha=0.7$；在低负荷下生产的产量为 $l=5v$，其中 v 为投入生产的机器数量，年终机器的完好率为 $\beta=0.9$，假定开始生产时完好的机器数量为 $s=1\ 000$ 台，每年年初应如何安排机器在高、低两种负荷下生产，使在第 5 年年末完好的机器数量 $s_6=500$ 台，并且 5 年内生产的总产量最高？

解　这是一个始端和终端都固定的资源最优配置问题。应用动态规划求解，以年度划分阶段，高负荷下生产产量高，但是机器损坏大；低负荷下生产机器完好率高，但是产量低。因此，这是一个统筹安排问题。

设 s_k 为第 k 年年初拥有的完好机器数量，自然也是第 $k-1$ 年年末的完好机器数量，是状态变量。

又设 u_k 为第 k 年度投入的高负荷生产的机器数量，于是 $v_k=s_k-u_k$ 为该年度低负荷下生产的机器数量。

状态转移方程为：$s_{k+1}=\alpha u_k+\beta v_k=0.7u_k+0.9(s_k-u_k)$，$k=1, 2, 3, 4, 5$

第 k 年度的产量为：$8u_k+5v_k=8u_k+5(s_k-u_k)$

令第 k 年年初拥有 s_k 台完好的机器时的 k 子过程指标最优值函数为 $f_k^*(s_k)$，则有递推关系式

$$f_k^*(s_k)=\max_{u_k\in D_k}(8u_k+5(s_k-u_k)+f_{k+1}^*(0.7u_k+0.9(s_k-u_k)))，k=5, 4, 3, 2, 1$$

其中，D_k 是 u_k 的取值范围。

边界条件为：　$f_6^*(s_6)=0$

当 $k=5$ 时

$$s_6=0.7u_5+0.9(s_5-u_5)=500，可得\ u_5=4.5s_5-2\ 500$$

$$f_5^*(s_5)=\max(8u_5+5(s_5-u_5))=18.5s_5-7\ 500$$

当 $k=4$ 时

$$f_4^*(s_4)=\max_{0\leqslant u_4\leqslant s_4}(8u_4+5(s_4-u_4)+f_5^*(s_5))=\max_{0\leqslant u_4\leqslant s_4}(21.65s_4-0.7u_4-7\ 500)$$

由于 f_4^* 是 u_4 的线性函数，故当 $u_4^*=0$ 时 f_4 最大，最大值为

$$f_4^*(s_k)=21.65s_4-7\ 500$$

当 $k=3$ 时，当 $u_3^*=0$ 时 f_3 最大，最大值为：$f_3^*(s_3)=24.485s_3-7\ 500$

当 $k=2$ 时，当 $u_2^*=0$ 时 f_2 最大，最大值为：$f_2^*(s_2)=27.036s_2-7\ 500$

当 $k=1$ 时，当 $u_1^*=0$ 时 f_1 最大，最大值为：$f_1^*(s_1)=27.036s_1-7\ 500$

最优策略集为 $u_1^*=u_2^*=u_3^*=u_4^*=0$，$u_5^*=452$。

4. 资金分配问题

例 10－7　某公司有资金 10 万元，若投资于项目 $i(i=1,2,3)$ 的投资额为 x_i，其收益为 $g_1(x_1)=4x_1$，$g_2(x_2)=9x_2$，$g_3(x_3)=2x_3^2$，应该如何分配投资额才能使总收益最大?

解　显然，该问题的阶段数为投资项目数 3。设决策变量 x_k：决定给第 k 个项目投资的资金。

状态变量 s_k：第 k 阶段可以投资于第 k 个项目到第 3 个项目的资金。

状态转移方程：$s_{k+1}=s_k-x_k$；阶段指标函数为 $g_k(x_k)$；k 子过程指标函数为 $f_k(s_k)$。

基本方程为

$$\begin{cases} f_k^*(s_k)=\max\limits_{0\leqslant x_k\leqslant s_k}(g_k(x_k)+f_{k+1}^*(s_{k+1})),\ k=3,2,1 \\ f_4(s_4)=0 \end{cases}$$

用动态规划方法逐段求解，便可得到各项目的最佳投资资金额，$f_1^*(10)$ 就是所求的最大收益。

1）用逆序解法

当 $k=3$ 时，$f_3^*(s_3)=\max\limits_{0\leqslant x_3\leqslant s_3}(2x_3^2)$

这是一个简单的函数求极值问题，易知当 $x_3^*=s_3$ 时，取得极大值 $2s_3^2$，即

$$f_3^*(s_3)=\max_{0\leqslant x_3\leqslant s_3}(2x_3^2)=2s_3^2$$

当 $k=2$ 时，

$$f_2^*(s_2)=\max_{0\leqslant x_2\leqslant s_2}(9x_2+f_3(s_3))=\max_{0\leqslant x_2\leqslant s_2}(9x_2+2(s_2-x_2)^2)$$

令 $$h_2(s_2,x_2)=9x_2+2(s_2-x_2)^2=2x_2^2+(9-4s_2)x_2+2s_2^2$$

由 $\dfrac{dh_2}{dx_2}=9+4(s_2-x_2)(-1)=0$，解得：$x_2=s_2-\dfrac{9}{4}$，而 $\dfrac{d^2h_2}{dx_2^2}=4>0$，所以 $x_2=s_2-\dfrac{9}{4}$ 是极小点。极大值只可能在 $[0,s_2]$ 的两端点取得，即

$$f_2(0)=2s_2^2,\quad f_2(s_2)=9s_2$$

当 $f_2(0)=f_2(s_2)$ 时，解得 $s_2=\dfrac{9}{2}$

当 $s_2>\dfrac{9}{2}$ 时，$f_2(0)>f_2(s_2)$，此时 $f_2^*(s_2)=f(0)=2s_2^2$，$x_2^*=0$

当 $s_2<\dfrac{9}{2}$ 时，$f_2(0)<f_2(s_2)$，此时 $f_2^*(s_2)=f(s_2)=9s_2$，$x_2^*=s_2$

当 $k=1$ 时，$f_1^*(s_1)=\max\limits_{0\leqslant x_1\leqslant s_1}(4x_1+f_2^*(s_2))$

当 $f_2^*(s_2)=9s_2$，$f_1^*(10)=\max\limits_{0\leqslant x_1\leqslant 10}(4x_1+9s_1-9x_1)=\max\limits_{0\leqslant x_1\leqslant 10}(9s_1-5x_1)=9s_1$，$x_1^*=0$。

但此时，$s_2=s_1-x_1=10-0=10>\frac{9}{2}$，与 $s_2<\frac{9}{2}$ 矛盾，所以舍去。

当 $f_2^*(s_2)=2s_2^2$ 时，$f_1^*(10)=\max\limits_{0\leqslant x_1\leqslant 10}(4x_1+2(s_1-x_1)^2)$

令 $h_1(s_1, x_1)=4x_1+2(s_1-x_1)^2$，由 $\frac{\mathrm{d}h_1}{\mathrm{d}x_1}=4+4(s_1-x_1)(-1)=0$ 解得：$x_1=s_1-1$，而 $\frac{\mathrm{d}^2h_1}{\mathrm{d}x_1^2}=1>0$，所以 $x_1=s_1-1$ 是极小点。

比较[0，10]两个端点，当 $x_1=0$ 时，$f_1^*(10)=200$；当 $x_1=10$ 时，$f_1^*(10)=40$，所以 $x_1^*=0$，$f_1^*(10)=200$。

再由状态转移方程顺推，$s_2=s_1-x_1^*=10-0=10$，因为 $s_2>\frac{9}{2}$，所以

$$x_2^*=0,\quad s_3=s_2-x_2^*=10-0=10,\quad x_3^*=s_3=10$$

最优投资方案为全部资金投于第 3 个项目，可得最大收益 200 万元。

2）用顺序解法

阶段划分和决策变量的设置同逆序解法，令状态变量 s_{k+1} 表示可用于第 1 个项目到第 k 个项目投资的金额，则有

$$s_4=10,\quad s_3=s_4-x_3,\quad s_2=s_3-x_2,\quad s_1=s_2-x_1$$

即状态转移方程为：$s_k=s_{k+1}-x_k$

令过程指标函数 $f_k(s_{k+1})$ 表示第 k 阶段投资额为 s_{k+1} 时第 1 个项目到第 k 个项目所获得的最大收益，此时顺序解法的基本方程为

$$\begin{cases}f_k^*(s_{k+1})=\max\limits_{0\leqslant x_k\leqslant s_{k+1}}(g(x_k)+f_{k-1}^*(s_k)),\quad k=1,2,3\\ f_0(s_1)=0\end{cases}$$

当 $k=1$ 时，有

$$f_1^*(s_2)=\max\limits_{0\leqslant x_1\leqslant s_2}(g_1(x_1)+f_0(s_1))=\max\limits_{0\leqslant x_1\leqslant s_2}(4x_1)=4s_2$$

$$x_1^*=s_2$$

当 $k=2$ 时，有

$$f_2^*(s_3)=\max\limits_{0\leqslant x_2\leqslant s_3}((9x_2)+f_1^*(s_2))=\max\limits_{0\leqslant x_2\leqslant s_3}\{9x_2+4(s_3-x_2)\}=\max\limits_{0\leqslant x_2\leqslant s_3}(5x_2+4s_3)=9s_3$$

$$x_2^*=s_3$$

当 $k=3$ 时，有

$$f_3^*(s_4)=\max\limits_{0\leqslant x_2\leqslant s_4}((2x_3^2)+f_2^*(s_3))=\max\limits_{0\leqslant x_3\leqslant s_4}(2x_3^2+9(s_4-x_3))$$

令 $h(s_4, x_3)=2x_3^2+9(s_4-x_3)$，由 $\frac{\mathrm{d}h}{\mathrm{d}x_3}=4x_3-9=0$，解得 $x_3=\frac{9}{4}$，而 $\frac{\mathrm{d}^2h}{\mathrm{d}x_3^2}=4>0$，所以此点为极小点。

极大值应在$[0, s_4]=[0, 10]$两端点取得。当 $x_3=0$ 时，$f_3^*(10)=90$；当 $x_3=10$ 时，$f_3^*(10)=200$，所以 $x_3^*=10$。

再由状态转移方程顺推：$s_3=10-x_3^*=0$，$x_2^*=0$；$s_2=s_3-x_2^*=0$，$x_1^*=0$，所以最优投资方案与逆序解法结果相同，只投资于项目 3，最大收益为 200 万元。

比较两种解法的过程可以发现，对于本题而言，顺序解法比逆序解法简单。

5. TSP 问题

TSP 问题的一般提法为："一个推销员从某城镇出发，经过若干个城镇一次且仅一次，最后仍回到原出发的城镇，问应如何选择行走路线可使总行程最短。"这是运筹学的著名的 TSP 问题，实际中有很多问题可以归结为这类问题。

解 设 v_1，v_2，…，v_n 是已知的 n 个城镇，城镇 v_i 到城镇 v_j 的距离为 d_{ij}，现求从 v_1 出发，经各城镇一次且仅一次返回 v_1 的最短路程。若对 n 个城镇进行排列，有 $(n-1)!/2$ 种方案，所以穷举法是不现实的，这里介绍一种动态规划方法。

TSP 问题也是求最短路径问题，但与一般的求最短路径问题有所不同：建立动态规划模型时，按经过城镇数目 n 将问题分为 n 个阶段。

设 s 表示从 v_1 到 v_i 中间所有可能经过的城市集合，s 实际上是包含除 v_1 与 v_i 两个点之外其余点的集合，但 s 中的点的个数要随阶段数改变。

状态变量 (i, s) 表示从 v_1 点出发，经过 s 集合中的所有的点一次最后到达 v_i。

过程指标函数 $f_k^*(i, s)$ 表示从 v_1 出发经由 k 个城镇的 s 集合到达 v_i 的最短距离。

决策变量 $P_k(i, s)$ 表示从 v_1 出发经由 k 个中间城镇的 s 集合到 v_i 城镇的最短路线上邻接 v_i 的前一个城镇的编号，则动态规划的顺序递推关系为

$$\begin{cases} f_k^*(i, s)=\min\limits_{j\in s}(f_{k-1}^*(j, s/\{j\})+d_{ji}),\ s/\{j\}\text{为 } s \text{ 中除 } j \text{ 后余下元素组成的集合} & (10.4\text{a}) \\ f_0(i, \varnothing)=d_{1i},\ \varnothing\text{为空集},\ k=1, 2, \cdots, n-1;\ i=2, 3, \cdots, n & (10.4\text{b}) \end{cases}$$

例 10-8 已知 4 个城市之间的距离如表 10-11 所示，求从 v_1 出发，经其余城市一次且仅一次最后返回 v_1 的最短路径与距离。

表 10-11 4 个城市之间的距离

v_i	v_j			
	1	2	3	4
1	0	6	7	9
2	8	0	9	7
3	5	8	0	8
4	6	5	5	0

解 按照经过城市的数目划分为三个阶段。

由边界条件（10.4b）和 $s=\varnothing$ 知：

$f_0(2, \varnothing)=d_{12}=6$，　$f_0(3, \varnothing)=d_{13}=7$，　$f_0(4, \varnothing)=d_{14}=9$，分别表示从 v_1 到 v_2，v_3，v_4 的距离。

当 $k=1$ 时，从城市 v_1 出发，经过 1 个城市到达 v_i 的最短距离如下。

如果 v_i 是标号为 2 的点，$s=\{3\}$或 $s=\{4\}$

$f_1^*(2, \{3\})=f_0(3, \varnothing)+d_{32}=7+8=15$，$f_1^*(2, \{4\})=f_0(4, \varnothing)+d_{42}=9+5=14$

$P_1(2,\{3\})=3, P_1(2,\{4\})=4$

如果 v_i 是标号为 3 的点，$s=\{2\}$或 $s=\{4\}$

$f_1^*(3, \{2\})=f_0(2, \varnothing)+d_{23}=6+9=15$，$f_1^*(3, \{4\})=f_0(4, \varnothing)+d_{43}=9+5=14$

$P_1(3,\{2\})=2, P_1(3,\{4\})=4$

如果 v_i 是标号为 4 的点，$s=\{2\}$或 $s=\{3\}$

$f_1^*(4, \{2\})=f_0(2, \varnothing)+d_{24}=6+7=13$，$f_1^*(4, \{3\})=f_0(3, \varnothing)+d_{34}=7+8=15$，

$P_1(4,\{3\})=3, P_1(4,\{2\})=2$

当 $k=2$ 时，计算从城市 v_1 出发，中间经过 2 个城市到达 v_i 的最短距离。

如果 v_i 是标号为 2 的点，$s=\{3, 4\}$

$f_2^*(2, \{3, 4\})=\min(f_1^*(3, \{4\})+d_{32}, \quad f_1^*(4, \{3\})+d_{42})=\min(14+8, 15+5)=20$

所以 $P_2(2, \{3, 4\})=4$，

如果 v_i 是标号为 3 的点，$s=\{2, 4\}$

$f_2^*(3, \{2, 4\})=\min(14+9, 13+5)=18$，所以 $P_2(3, \{2, 4\})=4$，

如果 v_i 是标号为 4 的点，$s=\{2, 3\}$

$f_2^*(4, \{2, 3\})=\min(15+7, 15+8)=22$，所以 $P_2(4, \{2, 3\})=2$

当 $k=3$ 时，计算从城市 v_1 出发，中间经三个城市回到 v_1 的最短距离，此时 $s=\{2, 3, 4\}$

$$f_3^*(1, \{2, 3, 4\})=\min(f_2^*(2, \{3, 4\})+d_{21}, f_2^*(3, \{2, 4\})+d_{31}, f_2^*(4, \{2, 3\})+d_{41})$$
$$=\min(20+8, 18+5, 22+6)=23$$

所以 $P_3(1, \{2, 3, 4\})=3$。

逆推回去，最短路线是 1→2→4→3→1，最短距离为 23。

当城市数目增加时，用动态规划方法求解 TSP 问题，无论是计算量还是存储量都会大大增加，所以本方法只适合于 n 较小的情况。

习题

1. 设某厂有同种机器 100 台，用这种机器可以做甲、乙两种工作。根据以往的经验可知，用该种机器做甲种工作一季度将损坏机器总数的 1/3，所得利润为每台 10 000 元；做乙种工作一季度将损坏机器总数的 1/10，所得利润为每台 7 000 元。如何分配这 100 台机器做甲、乙两种工作使工作一年后所获得的总利润最大？

2. 某工厂生产三种产品，运送各种产品的重量与利润关系如表 10－12 所示。现将三种产品运往市场销售。运输能力总量不超过 10 t，如何安排运输使得总利润最大？

表 10－12　运送各种产品的重量与利润关系

种　类	重量/(t/件)	利润/(元/件)
1	2	100
2	3	140
3	4	180

3. 某公司打算在城东、城南、城西新设 4 个连锁经营超市。根据前期的市场调查，在不同地区设置不同数量的超市，每月的营业利润不同，具体如表 10－13 所示。连锁经营超市如何分布，才能使总利润最大？

表 10－13　不同地区不同数量的连锁经营超市月利润　　万元

地区	连锁经营超市			
	1	2	3	4
城东	16	20	30	32
城南	12	15	20	24
城西	10	13	16	17

4. 图10－2为一给定的网络图。图中两点之间连线上的数字表示距离，用动态规划方法求解从A到E的最短路线。

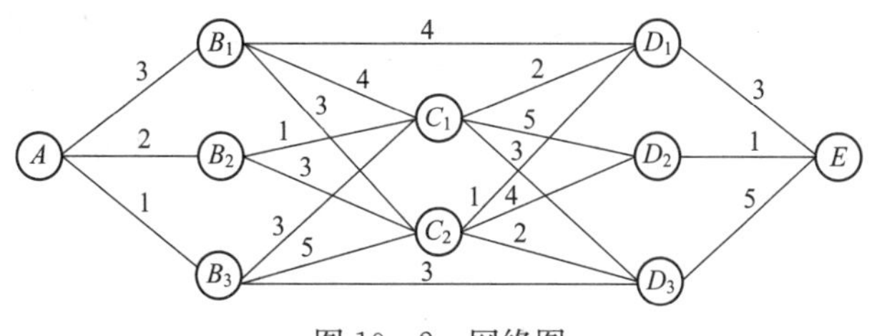

图10－2　网络图

5. 设某公司要从驻地1城市出发到2，3，4这三个城市举办新产品推介会。由于4个城市之间来去的运输方式不同，因而来去的运输费用各不相同。4个城市之间的运输费用如表10－14所示。该公司应如何选择行进路线，使从驻地1城市出发到其他城市一次且仅一次，再回到驻地，总的运输费用最少？

表10－14　4个城市之间的运输费用表

城市j	城市i			
	1	2	3	4
1	0	6	7	8
2	9	0	5	6
3	7	4	0	7
4	8	5	6	0

6. 用动态规划求解极大值问题

(1) $\max z=x_1x_2^2x_3$

$$\text{st}\begin{cases}2x_1+3x_2+x_3=4\\x_i\geqslant 0,\quad i=1,2,3\end{cases}$$

(2) $\max z=4x_1^2-x_2^2+2x_3^2+12$

$$\text{st}\begin{cases}3x_1+2x_2+x_3=9\\x_i\geqslant 0,\quad i=1,2,3\end{cases}$$

7. 某公司决定投资60万元（以10万元为单位），以提高三种主要产品A，B，C的产量。现决定每种产品至少要投资10万元，各种产品投资不同资金后可获得的期望利润如表10－15所示，确定对各种产品的投资数为多少，可获得最大期望利润？

表10－15　投资利润表　　万元

分配的投资金额	利　润		
	产品A	产品B	产品C
10	14.5	16.2	15.9
20	16.4	18.4	18.4
30	18.0	19.9	22.6
40	19.6	24.1	24.2

8. 某公司去一所大学招聘一名管理专业应届毕业生。从众多应聘学生中，初选三名依次单独面试。面试规则为：当对第1人或第2人面试时，如满意（记3分），并决定聘用，面试不再继续；如不满意（记1分），决定不聘用，找下一人继续面试；如较满意（记2分），有两种选择：或决定聘用，面试不再继续；或不聘用，面试继续。但对决定不聘用者，

不能同在后面面试的人比较后再回过头来聘用。故在前两名面试者都决定不聘用时，第三名面试者不论属于何种情况均需聘用。根据以往经验，面试中满意者占20%，较满意者占50%，不满意者占30%。要求用动态规划方法帮助该公司确定一个最优策略，使聘用到的毕业生期望的分值最高。

9. 某鞋店出售橡胶雪靴，热销季节是从10月1日至次年3月31日，销售部门对这段时间的需求量预测如表10-16所示。每月订货数目只有10，20，30，40，50几种可能，所需费用相应的为48，86，118，138，160元。每月月末的存货不应超过40双，存储费用按月末存靴数计算，每月每双为0.2元。因为雪靴季节性强且样式要变化，希望热销前后存货均为零。假定每月的需求率为常数，储存费用按月存货量计算，订购一次的费用为10元。求使热销季节的总费用为最小的订货方案。

表10-16 各月需求量

月份	10	11	12	1	2	3
需求/双	40	20	30	40	30	20

10. 考虑一个总期限为 $N+1$ 年的设备更新问题。已知一台新设备的价值为 C 元，其 T 年年末的残值为

$$S(T)=\begin{cases} N-T, & N\geqslant T \\ 0, & N<T \end{cases}$$

又对 T 年役龄的该设备，年创收益为

$$P(T)=\begin{cases} N^2-T^2, & N\geqslant T \\ 0, & N<T \end{cases}$$

要求：(1) 建立动态规划模型；(2) 当 $N=3$，$C=10$ 时求数值解。

第11章

本章要求了解图和树的有关概念；掌握网络最小生成树问题的算法；掌握网络最短路问题的算法；掌握网络最大流的算法；了解网络最小费用最大流的算法；掌握网络模型的应用及计算机解法。

图与网络分析

瑞士数学家欧拉（E. Euler）在1736年发表了一篇题为“移居集合位置的解题方法”的论文，有效地解决了“哥尼斯堡七桥”难题，这是有记载的第一篇图论论文，欧拉被公认为图论的创始人。18世纪的哥尼斯堡城中流过一条河，河上有7座桥连接着河两岸和河中两个小岛，如图11-1所示。当时那里的人们热衷于这样的游戏：一个人怎样才能一次连续走过这7座桥而每座桥只走一次，回到原出发点。没有人想出这种走法，又无法说明走法不存在，这就是著名的“七桥”难题。欧拉将这个问题归结为如图11-2所示的问题。他用A，B，C，D 4点表示河的两岸和小岛，用两点间的连线表示桥。“七桥问题”变为从A，B，C，D任一点出发，能否通过每条边一次且仅一次，再回到该点。欧拉证明了这样的走法不存在，并给出了这类问题的一般结论。

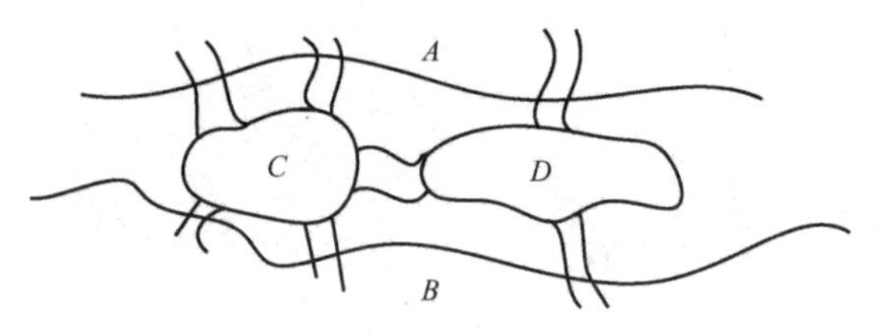

图11-1　哥尼斯堡七桥

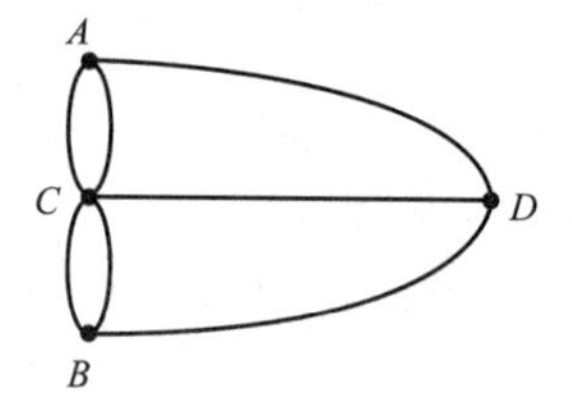

图11-2　七桥问题欧拉模型

1857年，英国数学家哈密顿（Hamilton）发明了一种游戏，他用一个实心正12面体象征地球，正12面体的20个顶点分别表示世界上20座名城，要求游戏者从任意一个城市出发，寻找一条可经每个城市一次且仅一次再回到原出发点的路，这就是“环球旅行”问题，如图11-3所示。它与“七桥问题”不同，前者要求在图中找一条经过每边一次且仅一次的路，通称欧拉回路；而后者是要在图中寻找一条经过每个点一次且仅一次的路，通称哈密顿回路。哈密顿根据这个问题的特点，给出了一种解法，如图11-4粗箭头所示。

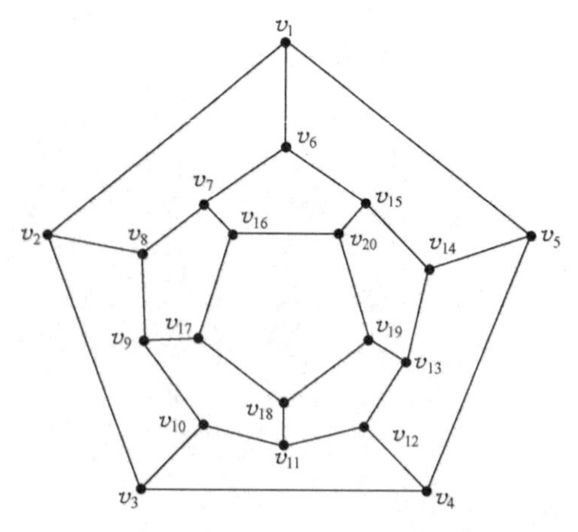

图11-3　环球旅行问题

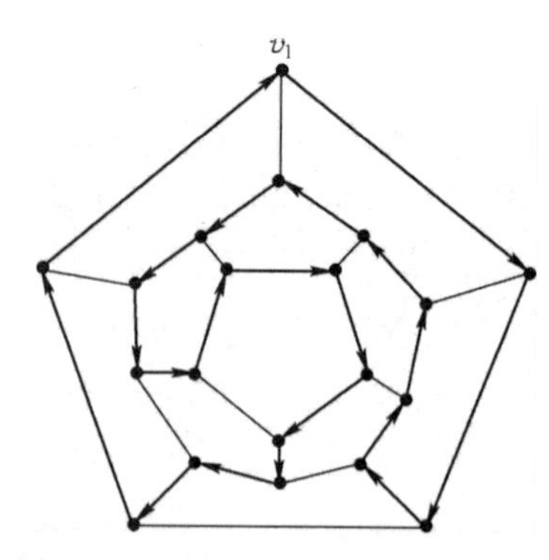

图11-4　环球旅行问题的图解法

在这一时期，还有许多诸如迷宫问题、博弈问题，以及棋盘上马的行走路线之类的游戏难题，吸引了许多学者。这些看起来似乎无足轻重的游戏却引出了许多有实用意义的新问题，开辟了图论这门新学科。

运筹学中的“中国邮路问题”：一个邮递员从邮局出发要走遍他所负责的每条街道去送信，问应该如何选择适当的路线可使得邮递员所走的总路程最短。这个问题就与欧拉回路有着密切的关系；而著名的“货郎担问题”则是一个带有权值的哈密顿回路问题。

图论的第一本专著是匈牙利数学家 O. Kŏnig 写的“有限图与无限图的理论”，发表于 1936 年。从 1736 年欧拉的第一篇论文到这本专著，前后经历了 200 年之久，这一时期图论的发展是缓慢的。直到 20 世纪中期，电子计算机的发展使得图论得以迅速发展，图论成为运筹学中十分活跃的重要分支。目前图论被广泛地应用于管理科学、计算机科学、信息论、控制论、物理、化学、生物学、心理学等各个领域，并取得了丰硕的成果。本章在简单介绍图论的基本概念的基础上，主要介绍图论在管理中的应用，如最小支撑树、最短路、最大流和最小费用最大流问题。

11.1　图与网络的基本概念

11.1.1　基本概念

1. 图及其分类

在自然界和人类社会中，大量的事物及事物之间的关系常可以用图形来描述。例如，为了反映 5 家企业的业务往来关系，可以用点间连线表示两家企业有业务联系，如图 11－5 所示；又例如工作分配问题，可以用点表示工人与需要完成的工作，点间连线表示每个人可以胜任哪些工作，如图 11－6 所示。

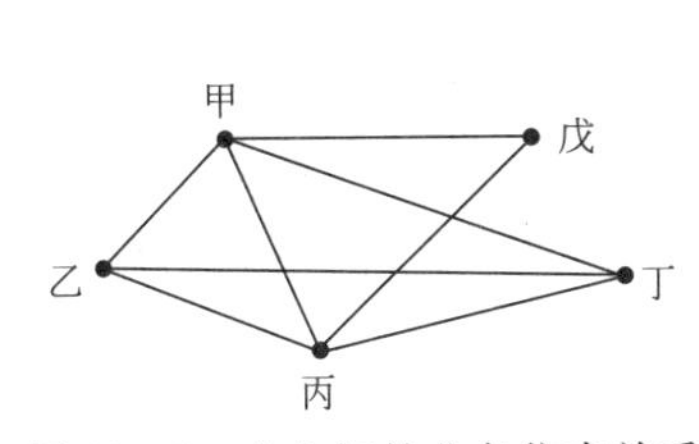

图 11－5　企业间的业务往来关系

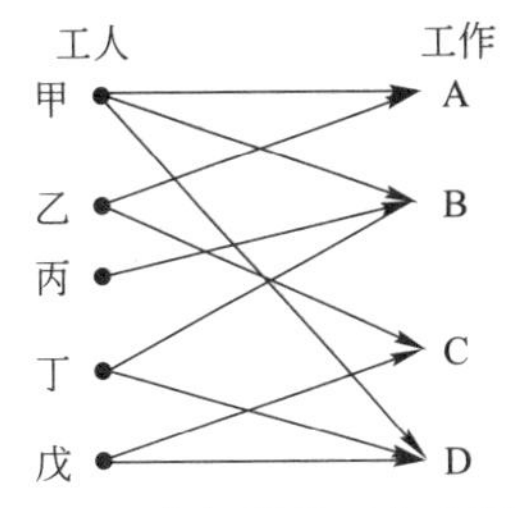

图 11－6　工人与所做工作之间的关系

这样的例子很多，物质结构、电路网络、城市规划、交通运输、信息传递、物资调配等都可以用点和连线连接起来的图进行模拟。如果用点表示研究的对象，用这些点之间的连线来表示对象之间的联系，则这些点和线所形成的整体就是图。

由上面的例子可以看出，这里所研究的图与平面几何中的图不同：这里只关心图中有多少个点及点与点之间的关系。点与点之间的关系用连线表示，至于连线的方式是直线还是曲线，点与点之间的相对位置如何，这些都是无关紧要的。总之，这里所讲的图是反映对象之间关系的一种工具。图的理论和方法，就是从形形色色、具体的图及与它们相关的实际问题中，抽象出共同性的东西，找出其规律、性质、方法，再应用到要解决的实际问题中去。

定义 1　一个图 G 是由一个非空点集 V 和其中某两个元素的无序对组成的集合 E 构成的二元组，记为 $G=(V, E)$，其中 $V=\{v_1, v_2, \cdots, v_n\}$ 称为图 G 的顶点集或节点集，V 中的每一个元素 $v_i(i=1, 2, \cdots, n)$ 称为该图的一个顶点或节点；$E=\{e_1, e_2, \cdots, e_m\}$ 称为图 G 的边集，用来记录顶点与顶点之间的关系，E 中的每一个元素 e_k（即 V 中某两个元素 v_i，v_j 的无序对）记为 $e_k=(v_i, v_j)$ 或 $e_k=v_iv_j=v_jv_i$（$k=1, 2, \cdots, m$），称为该图的一条从 v_i 到 v_j 的边。

当 V，E 为有限集合时，G 称为有限图；否则，G 称为无限图。本章只讨论有限图。

例 11-1 在图 11-7 中，$V=\{v_1, v_2, v_3, v_4, v_5\}$，$E=\{e_1, e_2, e_3, e_4, e_5, e_6\}$，其中：$e_1=(v_1, v_1)$，$e_2=(v_1, v_2)$，$e_3=(v_1, v_3)$，$e_4=(v_2, v_3)$，$e_5=(v_2, v_3)$，$e_6=(v_3, v_4)$。

设点 u，v 属于 V，如果边 (u, v) 属于 E，则称 u，v 两点相邻，u，v 称为边 (u, v) 的端点。

设边 e_i，e_j 属于 E，如果它们有一个公共端点 u，则称 e_i，e_j 相邻，边 e_i，e_j 称为点 u 的关联边。

用 $m(G)=|E|$ 表示图 G 中的边数，用 $n(G)=|V|$ 表示图 G 中的顶点个数，分别简记为 m，n。

对于任一条边 (v_i, v_j)，如果边 (v_i, v_j) 端点无序，则称它是无向边，此时图 G 称为无向图，图 11-7 就是无向图。如果边 (v_i, v_j) 的端点有序，即它表示以 v_i 为始点，v_j 为终点的有向边（或称弧），这时图 G 称为有向图，图 11-6 就是有向图。

一条边的两个端点如果相同，称此边为环（或称自回路），如图 11-7 中的 e_1。两个点之间多于一条边的，称为多重边，如图 11-7 中的 e_4，e_5。

定义 2 不含环和多重边的图称为简单图，含有多重边的图称为多重图，如图 11-8 所示。

以后我们讨论的，如不特别说明，都是简单图。

有向图中两点之间有不同方向的两条边，不是多重边。

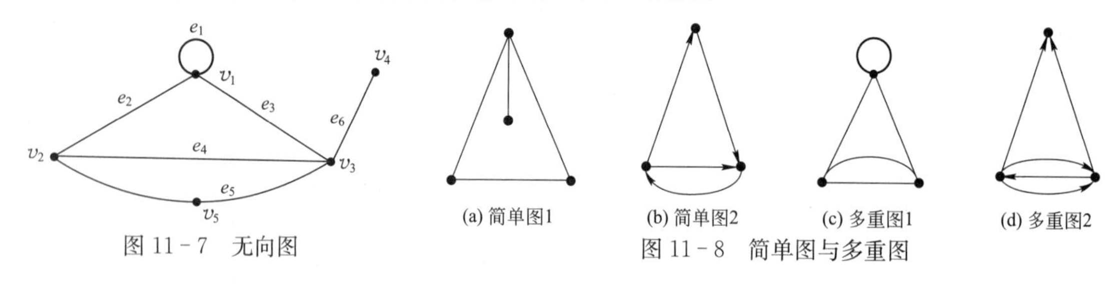

图 11-7 无向图

图 11-8 简单图与多重图

2. 顶点次数

定义 3 以点 v 为端点的边数叫作 v 的次数，记作 $\deg(v)$，简记为 $d(v)$。

如图 11-7 中的点 v_1 的次数 $d(v_1)=4$，因为边 e_1 要计算两次；点 v_3 的次数 $d(v_3)=4$。

次数为 1 的点称为悬挂点，连接悬挂点的边称为悬挂边，如图 11-7 中的 v_4，e_6。次数为零的点称为孤立点，如图 11-7 中的点 v_5。次数为奇数的点称为奇点，次数为偶数的点称为偶点。

定理 1 任何图中，顶点次数的总和等于边数的 2 倍。

定理 2 任何图中，次数为奇数的顶点必为偶数个。

定义 4 在有向图中，以 v_i 为始点的边数称为点 v_i 的出次数，以 v_i 为终点的边数称为点 v_i 的入次数，v_i 点的出次数和入次数之和就是该点的次数。

容易证明在有向图中，所有顶点的入次数之和等于所有顶点的出次数之和。

3. 子图

定义 5 图 $G=(V, E)$，若 E' 是 E 的子集，V' 是 V 的子集，且 E' 中的边仅与 V' 中的顶点相关联，则称 $G'=(V', E')$ 是 G 的一个子图。特别地，若 $V'=V$，则 G' 称为 G 的一个支撑子图（又称生成图）。在图 11-9 中，(b) 是 (a) 的一个子图，(c) 是 (a) 的支撑图。支撑图是子图，但子图不一定是支撑图。

子图在描述图的性质和图的局部结构中有重要作用。

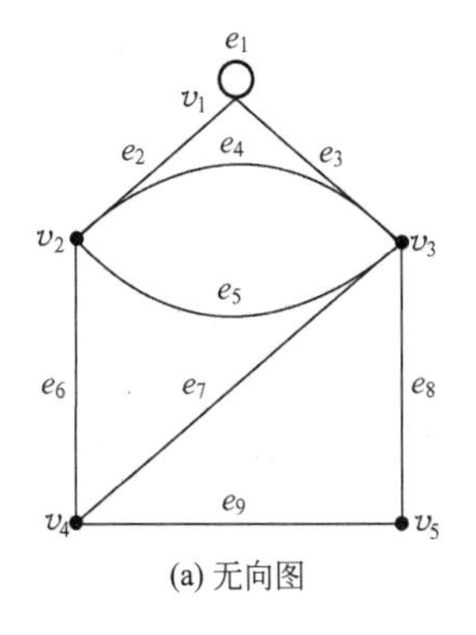

(a) 无向图

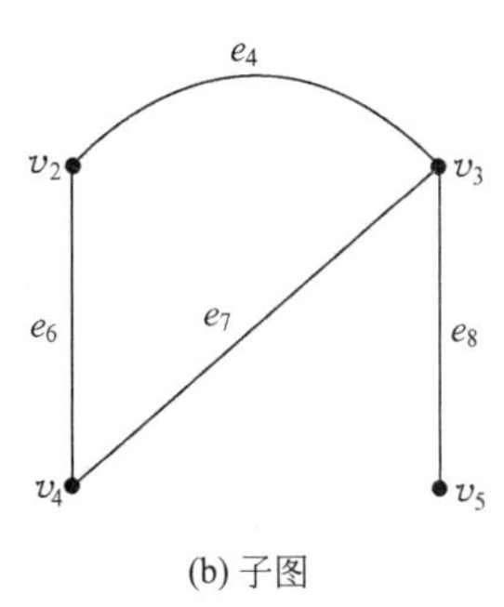

(b) 子图

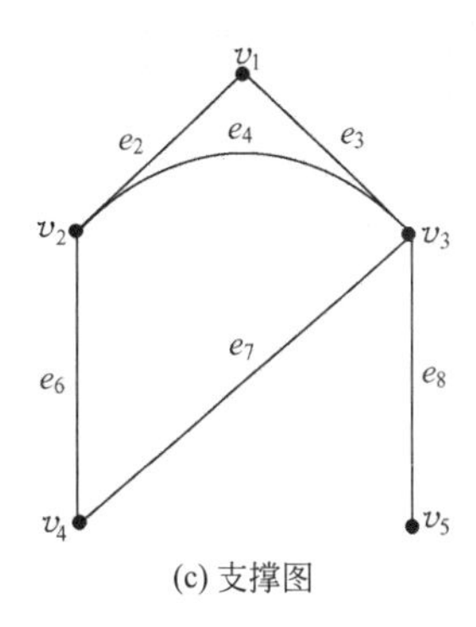

(c) 支撑图

图 11－9　支撑图与子图

4. 网络

在实际问题中，只用图来描述所研究对象之间的关系往往还不够。与图联系在一起的，通常还有与点或边有关的某些数量指标，通常称之为“权”，权可以代表距离、费用、时间、容量等。这种点或边带有某种数量指标的图称为网络（赋权图）。与无向图和有向图相对应，网络又分为无向网络和有向网络，图 11－10 是常见的网络。

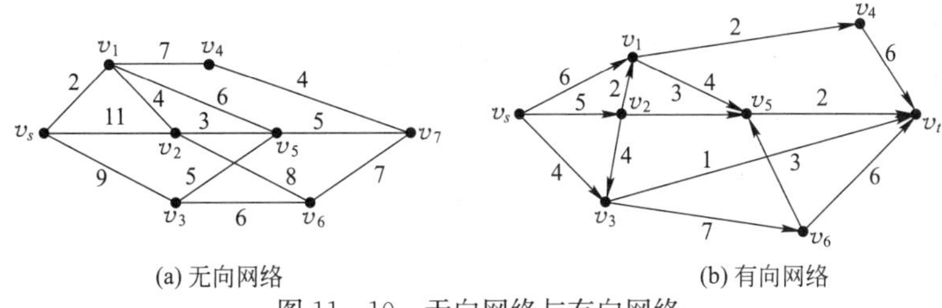

图 11－10　无向网络与有向网络

11.1.2　连通图

定义 6　无向图 $G=(V, E)$，若图 G 中某些点与边的交替序列可以排列成（v_{i_0}，e_{i_1}，v_{i_1}，e_{i_2}，…，$v_{i_{k-1}}$，e_{i_k}，v_{i_k}）的形式，且 $e_{i_{t-1}}=(v_{i_{t-1}}, v_{i_t})$（$t=1, 2, \cdots, k$），则称这个点边序列为连接 v_{i_0} 与 v_{i_k} 的一条链，链长为 k。点边序列中没有重复的点和重复边的称为初等链。

图 11－11 中，$S=\{v_6, e_6, v_5, e_7, v_1, e_8, v_5, e_7, v_1, e_9, v_4, e_4, v_3\}$ 为一条连接 v_6，v_3的链。$S_1=\{v_6, e_6, v_5, e_5, v_4, e_4, v_3\}$ 为初等链。

定义 7　无向图 G 中，连接 v_{i_0} 与 v_{i_k} 的一条链，当 v_{i_0} 与 v_{i_k} 是同一个点时，称此链为圈。圈中既无重复点也无重复边的为初等圈。

图 11－12 中，$\{v_1, e_7, v_5, e_8, v_1, e_9, v_4, e_{10}, v_2, e_2, v_1\}$ 为一个圈。

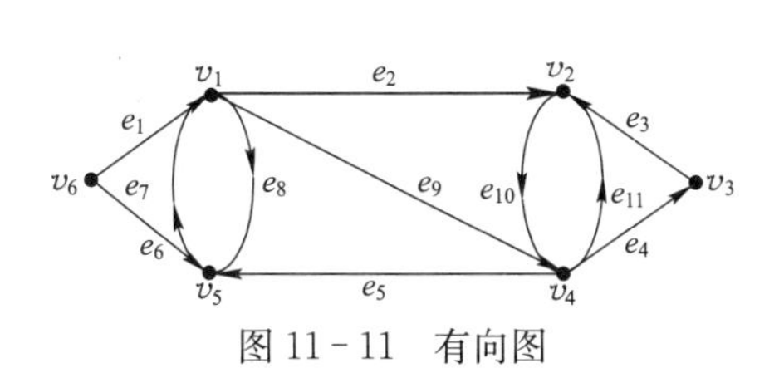

图 11－11　有向图

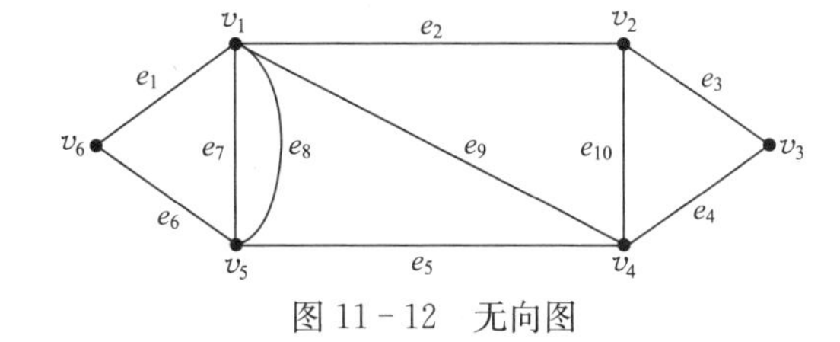

图 11－12　无向图

有向图可以类似于无向图定义链、圈、初等链和初等圈，此时不考虑边的方向。而当链（圈）上的边的方向相同时，称为道路（回路）。

图 11－11 中，$S=\{v_6, e_6, v_5, e_8, v_1, e_9, v_4, e_{10}, v_2, e_3, v_3\}$为一条链；$S_1=\{v_6, e_6, v_5, e_7, v_1, e_9, v_4, e_4, v_3\}$ 为一条道路；$S_2=\{v_1, e_2, v_2, e_{11}, v_4, e_5, v_5, e_8, v_1\}$ 为一个圈；$S_3=\{v_1, e_2, v_2, e_{10}, v_4, e_5, v_5, e_7, v_1\}$ 为一个回路。对于无向图来说，道路与链、回路与圈意义相同。

定义 8 若一个图中任意两点间至少有一条链相连，则称此图为连通图。任何一个不连通图都可以分为若干个连通子图，每一个连通子图称为原图的一个分图。

11.1.3 欧拉回路与中国邮路问题

1. 欧拉道路与欧拉回路

定义 9 连通图 G 中，若存在一条道路，经过每边一次且仅一次，则称这条路为欧拉道路；若存在一条回路，经过每边一次且仅一次，则称这条回路为欧拉回路。

具有欧拉回路的图称为欧拉图（E 图）。在前面提到的“哥尼斯堡七桥”难题就是要在图中寻找一条欧拉回路。

定理 3 无向连通图 G 是欧拉图，当且仅当 G 中无奇点。

推论 1 无向连通图 G 为欧拉图，当且仅当 G 的边集可划分为若干个初等回路。

推论 2 无向连通图 G 有欧拉道路，当且仅当 G 中恰有两个奇点。

根据定理 3 来检查“哥尼斯堡七桥”难题，从图 11－2 中可以看到：

$$d(A)=3,\ d(B)=3,\ d(C)=5,\ d(D)=3$$

有 4 个奇点，所以不是欧拉图，即给出了“哥尼斯堡七桥”难题的否定回答。

与“七桥问题”类似的还有一笔画问题：给出一个图形，要求判定是否可以一笔画出。一种是经过每边一次且仅一次到另一点停止；另一种是经过每边一次且仅一次回到原来开始点。这两种情况可以分别用关于欧拉道路和欧拉回路的判定条件加以解决。

定理 4 连通有向图 G 是欧拉图，当且仅当它的每个顶点的出次数等于入次数。

2. 中国邮路问题

一个邮递员，负责某一地区的信件投递。他每天要从邮局出发，走遍该地区所有街道再返回邮局，问应该如何安排送信的路线可以使所走的总路程最短？这个问题是我国学者管梅谷教授在 1962 年首先提出的，因此国际上统称为中国邮路问题。用图论的语言描述：给定一个连通图 G，每边有非负权 $l(e)$，要求一条回路经过每一边至少一次，且要满足总权最小。

由定理 3 可知，如果 G 没有奇点，则它是一个欧拉图，显然欧拉回路就是满足要求的经过每边至少一次且总权最小的回路。

如果 G 有奇点，要求连续走过每边至少一次，必然有些边不止一次走过，这相当于在图 G 中对某些边增加一些重复边，使所得到的新图 G^* 没有奇点且满足总路程最短。由于总路程的长短完全取决于所增加重复边的长度，所以中国邮路问题也可以转化为如下问题：

在连通图 $G=(V, E)$ 中，求一个边集 $E_1 \subset E$，把 G 中属于 E_1 的边均变为二重边，得到图 $G^*=G+E_1$，使其满足 G^* 无奇点，且 $L(E_1)=\sum\limits_{e \in E_1} l(e)$ 最小。

定理 5 已知图 $G^*=G+E_1$，无奇点，则 $L(E_1)=\sum\limits_{e \in E_1} l(e)$ 最小的充分必要条件为：

(1) 每条边最多重复一次；

(2) 对图 G 中每个初等圈来讲，重复边的长度和不超过圈长的一半。

定理 5 给出了中国邮路问题的一种算法，称为“奇偶点图上作业法”。例 11－2 说明了这个算法。

例 11－2　求解图 11－13 所示网络的中国邮路问题。

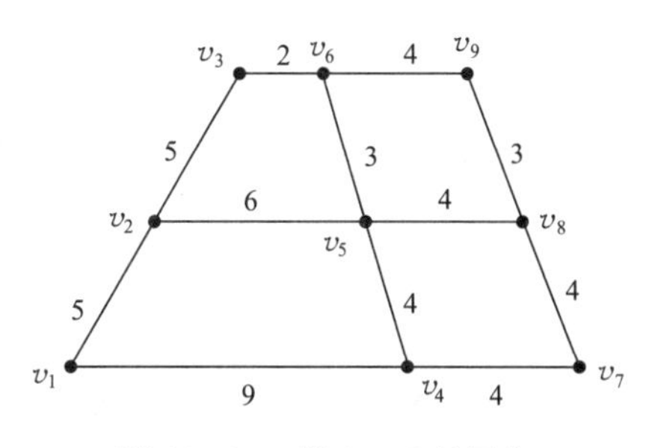

图 11－13　例 11－2 的网络

步骤 1：确定初始可行方案。

先检查图中是否有奇点，如无奇点则已是欧拉图，找出欧拉回路则可。如有奇点，由前知奇点的个数必为偶数，所以可以两两配对。每对点间选一条路，使这条路上均为二重边。

图 11－13 中有 4 个奇点 v_2，v_4，v_6，v_8，将 v_2 与 v_4，v_6 与 v_8 配对，连接 v_2 与 v_4 的路有好几条，任取一条，如 $\{v_2, v_3, v_6, v_9, v_8, v_7, v_4\}$。类似地，对 v_6 与 v_8 取 $\{v_6, v_3, v_2, v_1, v_4, v_7, v_8\}$，得图 11－14，已是欧拉图。对应这个可行方案，重复边的总长度为

$$2l_{23}+2l_{36}+l_{69}+l_{98}+2l_{87}+2l_{74}+l_{41}+l_{12}=51$$

其中，l 为任意 2 个点之间的长度。

步骤 2：调整可行方案，使重复边最多为一次。

去掉边 (v_2, v_3)，(v_3, v_6)，(v_4, v_7)，(v_7, v_8) 各两条得到图 11－15，重复边总长度下降为

$$l_{12}+l_{14}+l_{69}+l_{98}=21$$

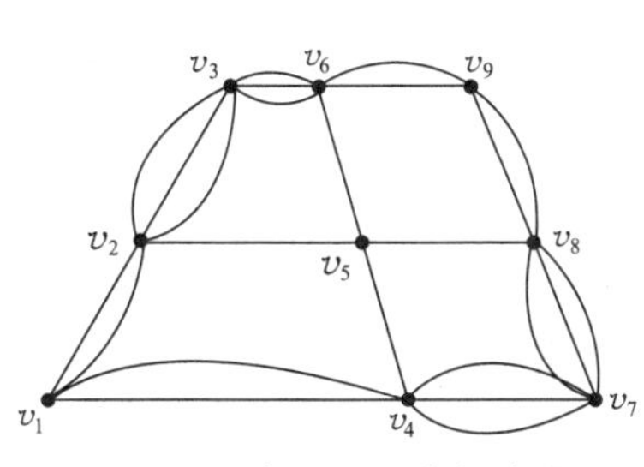

图 11－14　例 11－2 求解步骤 1

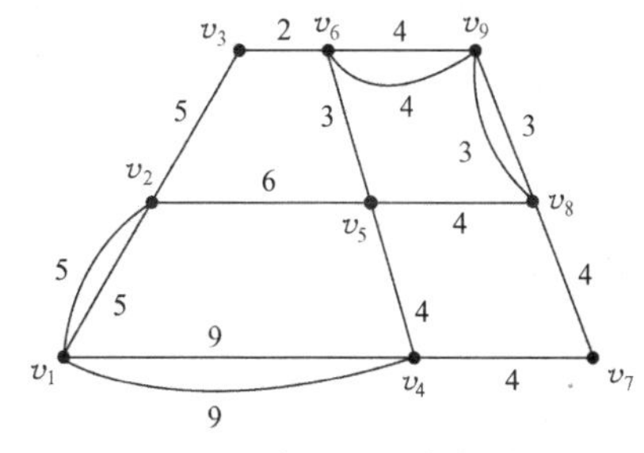

图 11－15　例 11－2 求解步骤 2

步骤 3：检查图中每个初等圈是否满足定理 5 的条件 (2)。如不满足则进行调整，直至满足为止。

检查图 11－15，发现圈 $\{v_1, v_2, v_5, v_4, v_1\}$ 总长度为 24，而重复边长为 14，大于该圈总长度的一半，可以做一次调整：以边 (v_2, v_5)，(v_5, v_4) 分别代替边 (v_1, v_2)，(v_1, v_4)，得到图 11－16，重复边总长度下降为：$l_{25}+l_{45}+l_{69}+l_{98}=17$。

再检查图 11－16，圈 $\{v_2, v_3, v_6, v_9, v_8, v_5, v_2\}$ 总长度为 24，而重复边长为 13。再次调整得图 11－17，重复边总长度为 15。

检查图 11－17，定理 5 的条件 (1)、(2) 均满足，得到最优方案。图中任意一条欧拉回路即为最优邮路。

这种方法虽然比较容易，但要检查每个初等圈，当 G 的点数或者边数较多时，运算量极大。Edmods 和 Johnson 于 1973 年给出了一种比较有效的算法，即化为最短路及最优匹

配问题求解。

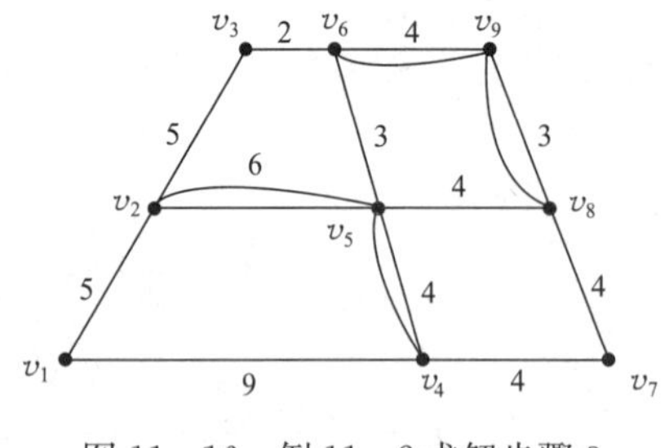

图 11-16　例 11-2 求解步骤 3

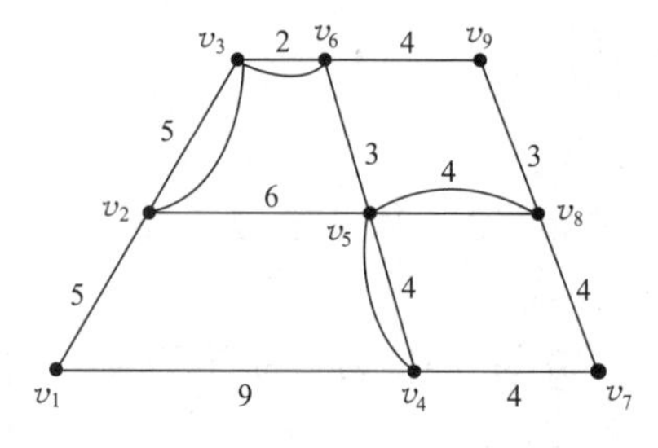

图 11-17　例 11-2 的最优邮路

11.2　树与图的生成树

在各式各样的图中，树图（简称树）是一类简单而十分有用的图。树图就是一个无圈的连通图。由于这类图与大自然中树的特征相似，因而得名树图。铁路专用线、管理组织机构、学科分类和一些决策过程往往都可以用树图表示。

11.2.1　树的定义与性质

定义 10　无圈的连通无向图称为树。树中的边称为树的枝，树中次数为 1 的点称为树叶，次数大于 1 的点称为分支点。

根据树的定义，可以推导出树的以下性质，这些性质用定理 6 表示出。

定理 6　图 $G=(V, E)$，$|V|=n$，$|E|=m$，则下列关于树的性质是等价的。

性质 1　任何树中必存在次数为 1 的点。

性质 2　$G=(V, E)$ 是一个树的充分必要条件是：G 不含圈，且恰有 $n-1$ 条边。

性质 3　$G=(V, E)$ 是一个树的充分必要条件是：G 是连通图，且 $m=n-1$。

性质 4　$G=(V, E)$ 是一个树的充分必要条件是：任意两个顶点之间恰有一条链。

性质 5　从一个树中去掉任意一条边，余下的图是不连通的。

性质 6　在树中不相邻的两个点之间添上一条边，恰好得到一个圈。

11.2.2　图的生成树与最小生成树

定义 11　如果图 G 的生成图是一棵树，则称该树是 G 的生成树（支撑树）。一般图 G 含有多个生成树。图 G 中属于生成树的边称为树枝，不在生成树中的边称为弦。

定理 7　图 G 有支撑树的充分必要条件是图 G 是连通的。

定义 12　一般地，设有一个连通图 $G=(V, E)$，每一边 (v_i, v_j) 有一个非负权 $w_{ij}\geqslant 0$，如果 $T=(V, E')$ 是 G 的一个生成树，则称 E' 中所有边的权值之和为生成树 T 的权，记为 $w(T)$，即 $w(T)=\sum\limits_{(v_i, v_j)\in E'} w_{ij}$；如果生成树 T 的权 $w(T^*)$ 是 G 的所有生成树的权中最小者，则称 T 是 G 的最小生成树，记为 T^*，即 $w(T^*)=\min\limits_{T}\{w(T)\}$。

许多网络问题都涉及最小生成树问题，如规划交通路网、铺设煤气管道、架设通信线路等。

11.2.3　最小生成树的求法

为了求出一个连通图的最小生成树，常用的方法有 Kruskal 算法（1956 年提出）和 Prime 算法（1957 年提出）。

1. Kruskal 算法

该算法可叙述为，对所给顶点数为 n 的连通图 G，将图 G 中的边按权值由小到大顺序选取，若选取该边后不形成圈，则将该边保留作为最小生成树的一条边；若选取该边后形成圈，则将其舍去，以后不再考虑。如此进行，直到选够 $n-1$ 条边，即得图 G 的最小生成树。

例 11－3　图 11－18 为某公司的各单位之间安装供水管道的距离图，图中圆圈代表单位，线上的数字代表距离。问该公司怎样铺设管道，才能使所用的管道总长度最短？

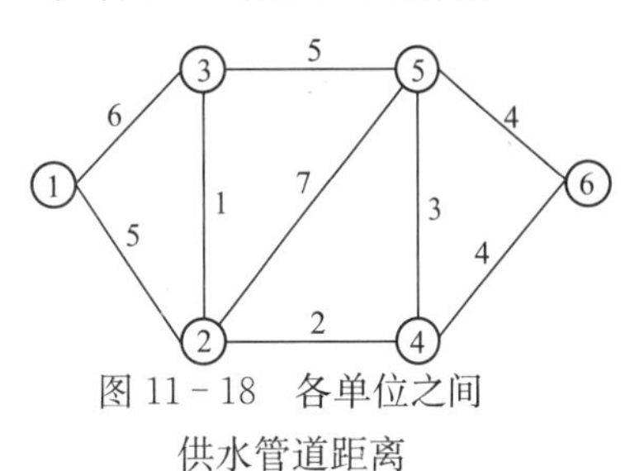

图 11－18　各单位之间供水管道距离

解　这一问题就是最小生成树问题，用 Kruskal 算法求其最小生成树，将边上的权值按照由小到大的顺序列出，如表 11－1 所示。

表 11－1　按边的权值由小到大顺序列表

顶点	②	②	④	⑤	④	①	③	①	②
顶点	③	④	⑤	⑥	⑥	②	⑤	③	⑤
权值	1	2	3	4	4	5	5	6	7

前 4 步按权值由小到大选取边，未形成圈的四条边保留下来。第 5 步选取边（4，6）后，因为形成圈，因此舍去该边。第 6 步以后，由于已选够了 5 条边，算法结束。

从 Kruskal 算法得到启发：求顶点数为 n 的连通图 G 的最小支撑树，就是去掉连通图 G 中权值较大的边，使其剩余的 $n-1$ 条边形成连通的但又不形成圈的树。所以就得到了求最小生成树的破圈法，即在图中任选一个圈，从圈中去掉权值最大的一条边，重复进行直到不含圈为止。

用破圈法求例 11－3 中的最小生成树。

取一个圈①②③①，去掉边（1，3）；取一个圈②③⑤②，去掉边（2，5）；取一个圈②④⑤③②，去掉边（3，5）；取一个圈⑤⑥④⑤，去掉边（5，6）或（4，6）；此时图中无圈。

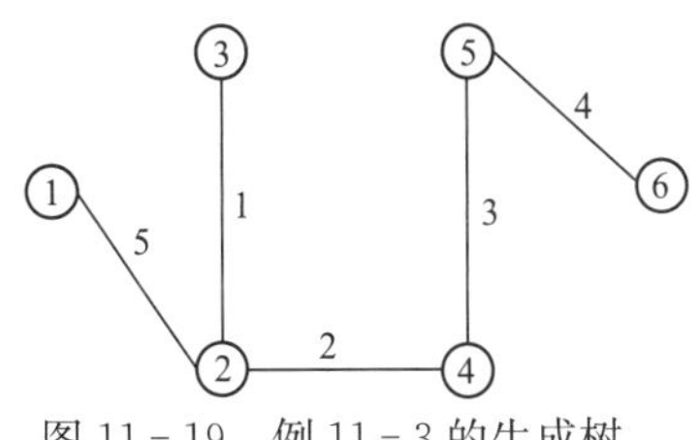

图 11－19　例 11－3 的生成树

2. Prime 算法

该算法是按逐个顶点连通的方法进行的，仅需采用一个顶点集合，这个集合开始是空集，直到全部顶点加入同一集合。

用 Prime 算法求解例 11－3 的最小生成树过程如表 11－2所示，求解最小生成树如图 11－19 所示。

表 11－2　求解例 11－3 的最小生成树过程

集合状态	与集合中顶点有关的边	权值最小的边	留/舍
{1}	(1，2)，(1，3)	(1，2)	留
{1，2}	(1，3)，(2，3)，(2，4)，(2，5)	(2，3)	留
{1，2，3}	(1，3)，(2，4)，(2，5)，(3，5)	(2，4)	留

续表

集合状态	与集合中顶点有关的边	权值最小的边	留/舍
{1，2，3，4}	(1，3)，(2，5)，(3，5)，(4，5)，(4，6)	(4，5)	留
{1，2，3，4，5}	(1，3)，(2，5)，(3，5)，(4，6)，(5，6)	(5，6) 或 (4，6)	留

11.3 最短路线问题及其求解

最短路线问题是网络理论中应用最广泛的问题之一，许多优化问题可以使用这个模型，如设备更新、管道铺设、选址布局等。

最短路线问题描述为：设有一个连通图$G=(V, E)$，每一边（v_i，v_j）有权l_{ij}（$l_{ij}=+\infty$，表示v_i，v_j间无边），v_s，v_t为图中任意两点，求一条道路μ，使得μ是从v_s到v_t间所有路中权值和最小的路，即$L(\mu)=\sum_{(v_i, v_j)\in\mu} l_{ij}$最小。

11.3.1 Dijkstra 算法

Dijkstra 算法是 1959 年提出的，可以用于求解指定两点之间的最短路线，仅适用于权值为正的有向图和无向图，被认为是目前最短路线问题的最好算法。该算法的基本原理是：如果$\{v_s, v_1, \cdots, v_{n-1}, v_n\}$是从$v_s$到$v_n$的最短路线，那么$\{v_1, \cdots, v_{n-1}, v_n\}$一定是从$v_1$到$v_n$的最短路线。

Dijkstra 双标识算法描述如下。

关于标识的说明，如顶点标识为［20，4］：第一个标号数 20 表示从开始节点到该节点的距离，第二个标号数 4 表示到该节点路径上的前一个节点的编号。

步骤 1：假设节点 1 是开始节点，给节点 1 标识［0，S］，0 表示节点 1 到自己的距离为 0，S 表示节点为起始点。称此标识为暂时标识，在所有暂时标识中选取第一个标号最小者标记为永久标识，其含义表示已求得开始节点到该节点的最短距离。

步骤 2：考察从永久标识节点 1 能直接到达的节点，并给出暂时标识。标记暂时标识的方法是：暂时标识第一个标号为永久标识节点 1 的第一个标号的数字加上到该节点的距离，暂时标识第二个标号为永久标识节点 1 的节点编号。

步骤 3：从所有暂时标识节点中选取第一个数最小者标记为永久标识，并且标记该节点为永久标识。永久标识表示已求得开始节点 1 到该节点的最短距离。如果所有节点全部被永久标识，转到步骤 5。

步骤 4：从新标记的永久标识开始，考察从新标记的永久标识所能直接到达的未被标记为永久标识的节点。按照步骤 2 给这些节点进行暂时标识，如果考察的节点已标记有暂时标识，则按照第一个标号数最小者选取一个暂时标识，删去另一个暂时标识；如果第一个标号数相同，则全部保留。转回到步骤 3。

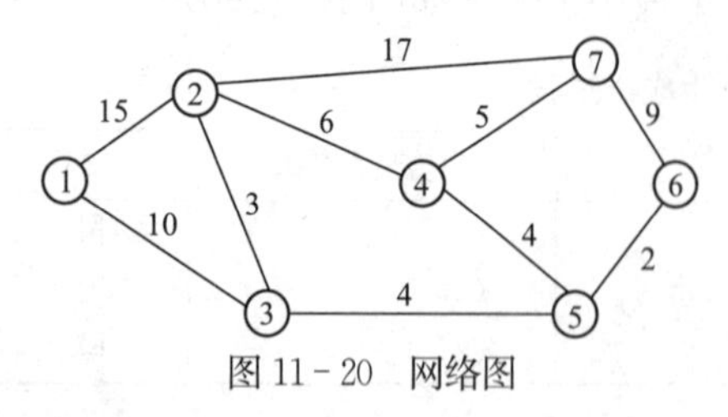

图 11-20 网络图

步骤 5：永久标识既确定了从节点 1 到每一个节点的最短距离，也确定了最短路线。最短路线的确定按照永久标识的第二个标号采用倒推法进行。

例 11－4　求图 11－20 所示无向图从节点 1 到其他节点的最短路线。

解　求解过程如图 11－21 所示，求解结果如表 11－3 所示。节点旁方框表示暂时标识，带有箭头的方框表示永久标识。

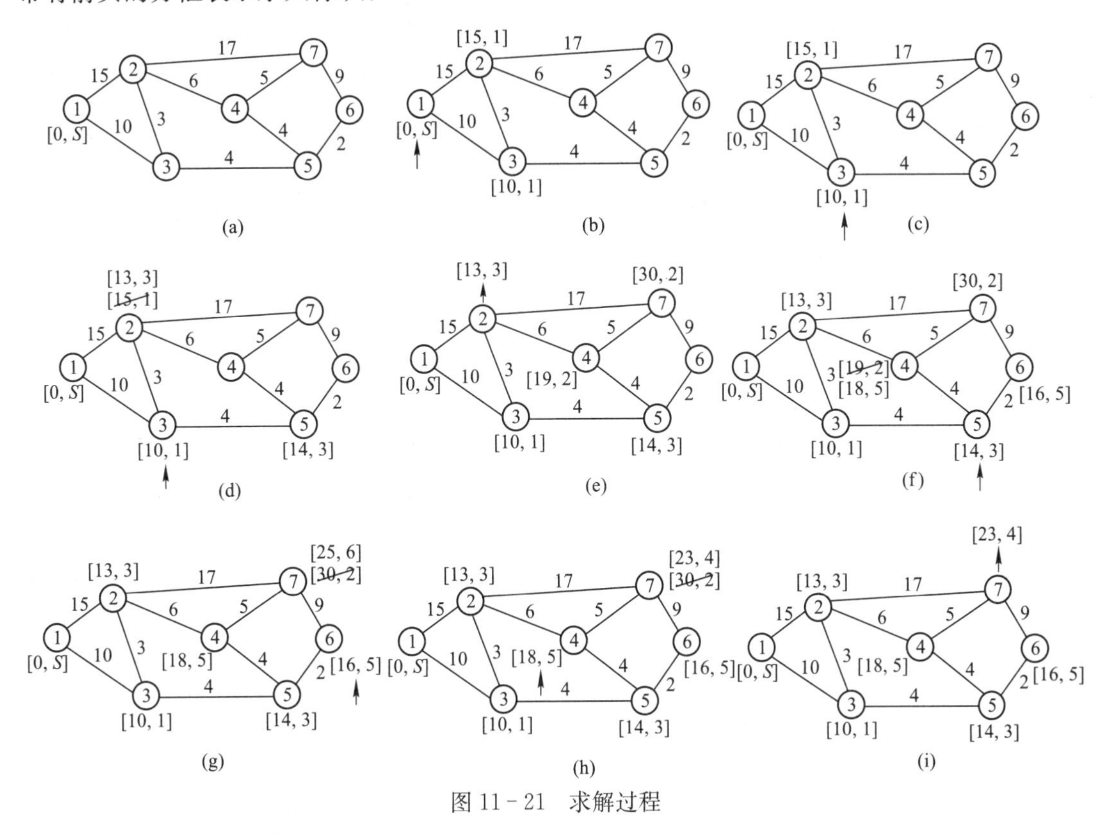

图 11－21　求解过程

表 11－3　各节点到节点 1 的最短路线

节　点	到节点 1 的最短路线	距　离	节　点	到节点 1 的最短路线	距　离
2	1，3，2	13	5	1，3，5	14
3	1，3	10	6	1，3，5，6	16
4	1，3，5，4	18	7	1，3，5，4，7	23

11.3.2　逐次逼近算法

当网络中带有负权的边时，求某指定点到网络中任意点的最短路，不能用 Dijkstra 双标识算法，而要用逐次逼近算法。逐次逼近算法的基本思想为：如果 v_1 到 v_j 的最短路是从 v_1 经过某点 v_i 到达 v_j，那么 v_1 到 v_i 这条路一定是 v_1 到 v_i 的最短路，设 P_{1j} 是 v_1 到 v_j 的最短路，P_{1i} 是 v_1 到 v_i 的最短路，必有方程

$$P_{1j}=\min_{i}(P_{1i}+l_{ij})$$

其中，l_{ij} 是点 v_i 到 v_j 的直接距离，如果 v_i 到 v_j 无弧，则 l_{ij} 为 $+\infty$。

逐次逼近算法是迭代过程，其步骤如下：

步骤 1：令 $P_{1j}^{(1)}=l_{1j}$，　$j=1，2，\cdots，n$。

步骤 2：$P_{1j}^{(k)}=\min\limits_{i}(P_{1i}^{(k-1)}+l_{ij})$，　$k=2，3，\cdots，n$；$i=1，2，\cdots，n$。

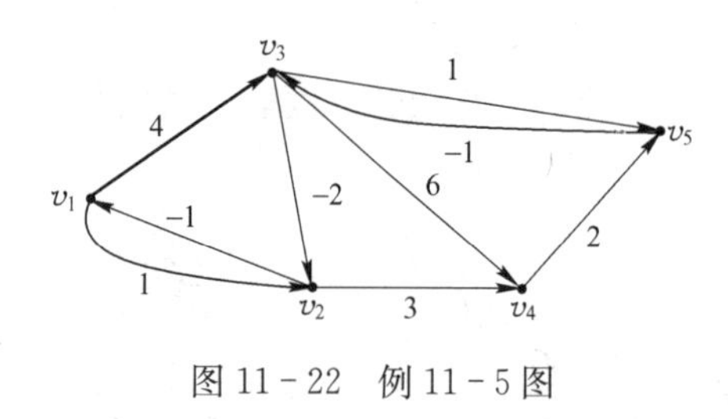

图 11-22 例 11-5 图

如果出现 $P_{1j}^{(t)}=P_{1j}^{(t-1)}(j=1, 2, \cdots, n)$，算法终止，$P_{1j}^{(t)}$ 为 v_1 到各点的距离；否则，转入步骤 2。

例 11-5 求图 11-22 中 v_1 点到其他各点的最短路。

解 初始条件：$P_{11}^{(1)}=0$，$P_{12}^{(1)}=1$，$P_{13}^{(1)}=4$，$P_{14}^{(1)}=+\infty$，$P_{15}^{(1)}=+\infty$

第一轮迭代：

$$P_{11}^{(2)}=\min(P_{11}^{(1)}+l_{11},P_{12}^{(1)}+l_{21},P_{13}^{(1)}+l_{31},P_{14}^{(1)}+l_{41},P_{15}^{(1)}+l_{51})$$
$$=\min(0+0,1+(-1),4+\infty,\infty+\infty,\infty+\infty)=0$$
$$P_{12}^{(2)}=\min(P_{11}^{(1)}+l_{12},P_{12}^{(1)}+l_{22},P_{13}^{(1)}+l_{32},P_{14}^{(1)}+l_{42},P_{15}^{(1)}+l_{52})$$
$$=\min(0+1,1+0,4+(-2),\infty+\infty,\infty+\infty)=1$$
$$P_{13}^{(2)}=\min(P_{11}^{(1)}+l_{13},P_{12}^{(1)}+l_{23},P_{13}^{(1)}+l_{33},P_{14}^{(1)}+l_{43},P_{15}^{(1)}+l_{53})$$
$$=\min(0+4,1+\infty,4+0,\infty+\infty,\infty+(-1))=4$$

类似可得：$P_{14}^{(2)}=4$，$P_{15}^{(2)}=5$

实际上为了简单起见，全部计算可在表上进行，如表 11-4 所示。

表 11-4 顶点之间的直接距离、迭代结果

v	l_{i1}	l_{i2}	l_{i3}	l_{i4}	l_{i5}	P_{1j}		
	v_1	v_2	v_3	v_4	v_5	$P_{1j}^{(1)}$	$P_{1j}^{(2)}$	$P_{1j}^{(3)}$
v_1	0	1	4			0	0	0
v_2	-1	0		3		1	1	1
v_3		-2	0	6	1	4	4	4
v_4				0	2		4	4
v_5			-1		0		5	5

在表 11-4 中，(v_i, v_j) 的距离记为 l_{ij}，空格为$+\infty$。迭代到第 3 步时，$P_{1j}^{(3)}=P_{1j}^{(2)}$，$j=1, 2, 3, 4, 5$，算法终止。表中最后一列表示 v_1 到各点的最短距离。当给出矩阵 $\boldsymbol{D}=(l_{ij})_{5\times5}$ 和 $P_{1j}^{(1)}$ 列后，迭代计算时 $P_{1j}^{(2)}$ 的值就是列向量 $\boldsymbol{P}_{1j}^{(1)}$ 和矩阵 $\boldsymbol{D}$ 中第 j 列向量的对应元素相加取最小，$P_{1j}^{(3)}$ 的值就是 $P_{1j}^{(2)}$ 和矩阵 $\boldsymbol{D}$ 中第 j 列向量的对应元素相加取最小。例如，$P_{11}^{(2)}$ 就是列向量 $\boldsymbol{P}_{1j}^{(1)}$ 和矩阵 $\boldsymbol{D}$ 中第 1 列向量的对应元素相加取最小。路径采用反向追踪法可求得，例如 $P_{15}^{(3)}=5$，是由列向量 $\boldsymbol{P}_{1j}^{(2)}$ 和矩阵 $\boldsymbol{D}$ 中第 5 列向量的对应元素相加取最小，即 $P_{15}^{(3)}=P_{13}^{(2)}+l_{35}=4+1=5$，$v_5$ 的前向节点为 v_3，$P_{13}^{(2)}=P_{11}^{(1)}+l_{13}=4$，$v_3$ 的前向节点为 v_1，因此，v_1 到 v_5 的路径为 v_1，v_3，v_5。

11.3.3 最短路线问题应用举例

1. 设备更新问题

例 11-6 某公司使用一台设备，在每年年初，公司就要决定是购买新的设备还是继续使用旧的设备。如果购置新设备，就要支付一定的购置费，当然新设备的维修费用就低。如果继续使用旧设备，这样可以省去购置费，但维修费用就高。现在需要制订一个 5 年内更新设备的计划，使得 5 年内购置费和维修费总的支付费用最少。已知这种设备每年年初的价格如表 11－5 所示。

表 11－5　设备每年年初的价格

年　份	第一年	第二年	第三年	第四年	第五年
年初价格/万元	11	11	12	12	13

还已知使用不同时间（年）的设备所需要的维修费如表 11－6 所示。

表 11－6　使用不同时间设备所需要的维修费

使用年数	0～1	1～2	2～3	3～4	4～5
每年维修费用/万元	5	6	8	11	18

解　可以把总费用最少的设备更新计划问题转化为最短路径问题。用点 v_i 表示“第 i 年年初购进一台新设备”，假设 v_6 点可以理解为第 5 年年底，从 v_i 到 v_{i+1}，…，v_6 各画一条弧，弧（v_i，v_j）表示在第 i 年年初购进的设备一直使用到第 j 年年初，此最短路径问题如图 11－23 所示。

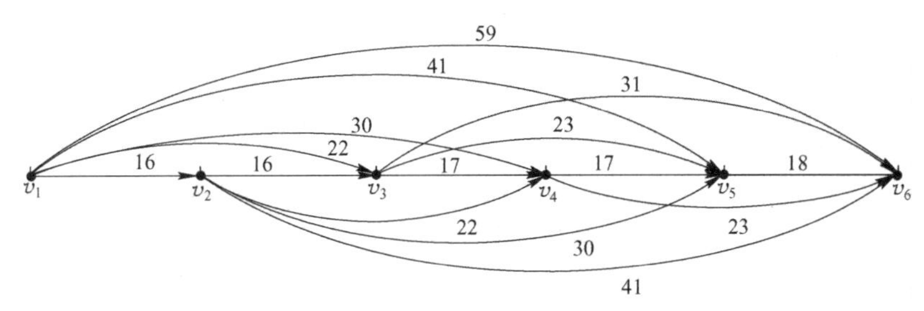

图 11－23　设备更新方案图

对图 11－23 中的每条弧赋予权数。对于弧（v_i，v_j），它的权数即为从第 i 年年初购进设备使用到第 j 年年初所花费的购置费及维修费的总和。例如弧（v_2，v_3）的权数应为第 2 年年初购置设备的价格 11 与从第 2 年年初到第 3 年年初一年的维修费用 5（因为设备使用年数为 0～1）之和，应为 16；而弧（v_1，v_6）的权数应为第 1 年年初购置设备的费用 11 与从第 1 年年初到第 6 年年初 5 年的维修费（5＋6＋8＋11＋18＝48）之和，应为 59。所有的弧（v_i，v_j）的权数 c_{ij} 计算出来如表 11－7 所示。

表 11－7　计算弧的权数列表

年份	v_1	v_2	v_3	v_4	v_5	v_6
第一年		16	22	30	41	59
第二年			16	22	30	41
第三年				17	23	31
第四年					17	23
第五年						18

把权数 c_{ij} 赋到图上，得到图 11－23，这样只要在图 11－23 上求出一条从 v_i 到 v_j 的最短路，就找到了 5 年之内总的支付费用最少的设备更新计划。

用 Dijkstra 双标识算法来求最短路径。其最短路径有两条：一条为 $v_1-v_3-v_6$，另一条为 $v_1-v_4-v_6$，最短距离为 53。也就是说，第一个方案为第 1 年年初的购置新设备使用到第 2 年年底（第 3 年年初），第 3 年年初再购置新设备使用到第 5 年年底（第 6 年年初）；第二个方案为第 1 年年初购置新设备使用到第 3 年年底（第 4 年年初），第 4 年年初再购置新设备使用到第 5 年年底（第 6 年年初），这两个方案使得总的支付费用为最小，均为 53 万元。

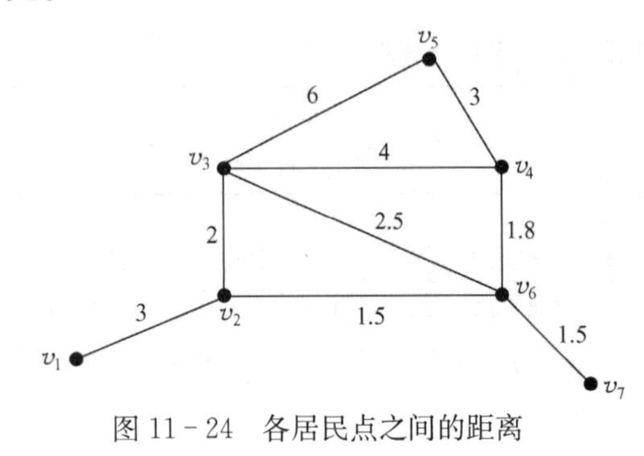

图 11－24　各居民点之间的距离

2. 厂址选择问题

例 11－7　现准备在如图 11－24 所示的 v_1，v_2，…，v_7 7 个居民点中，设置一个中国工商银行网点。各点之间的距离由图 11－24 给出。问中国工商银行网点设在哪个居民点，可使最大的服务距离最小？若要设置两个网点，应设在哪两个点？

解　先求出图 11－24 中任意两点之间的最短路的长度，如表 11－8 所示。

表 11－8　任意两点之间的最短路的长度

	v_1	v_2	v_3	v_4	v_5	v_6	v_7	各行中最大数 $e(v_i)$
v_1	0	3	5	6.3	9.3	4.5	6	9.3
v_2	3	0	2	3.3	6.3	1.5	3	6.3
v_3	5	2	0	4	6	2.5	4	6
v_4	6.3	3.3	4	0	3	1.8	3.3	6.3
v_5	9.3	6.3	6	3	0	4.8	6.3	9.3
v_6	4.5	1.5	2.5	1.8	4.8	0	1.5	4.8
v_7	6	3	4	3.3	6.3	1.5	0	6.3

从表 11－8 最后一列中找出最小的数：$4.8=e(v_6)$。故若设一个银行网点，应设于 v_6，此时最大服务距离最小，为 4.8。

如设两个银行网点，则共有 $C_7^2=21$ 个方案，计算出每一个方案的最大距离并在这 21 个最大距离中选择最小的距离就是应设立银行网点的两个点，具体计算如下。

从表 11－8 前 7 列中任取两列，记这两列为

$$\boldsymbol{v}_j=(a_{1j}, a_{2j}, \cdots, a_{7j})^{\mathrm{T}}, \quad \boldsymbol{v}_k=(a_{1k}, a_{2k}, \cdots, a_{7k})^{\mathrm{T}} \quad ,1\leqslant j\leqslant k\leqslant 7$$

从这两列分量中选取最小的数 $\min(a_{ij}, a_{ik})$，$i=1, 2, \cdots, 7$，再从这 7 个最小的数中选出最大者，记为 b_{jk}，即 $b_{jk}=\max\limits_{1\leqslant i\leqslant 7}(\min(a_{ij}, a_{ik}))$。

可以算出：

$b_{12}=\max(0, 0, 2, 3.3, 6.3, 1.5, 3)=6.3$

$b_{13}=\max(0, 2, 0, 4, 6, 2.5, 4)=6$

$b_{14}=\max(0, 3, 4, 0, 3, 1.8, 3.3)=4$

$b_{15}=\max(0, 3, 5, 3, 0, 4, 5, 6)=6$

$b_{16}=\max(0, 1.5, 2.5, 1.8, 4.8, 0, 1.5)=4.8$

$b_{17}=\max(0, 3, 4, 3.3, 6.3, 1.5, 0)=6.3$

b_{23}=max(3，0，0，3.3，6，1.5，4)=6

b_{24}=max(3，0，2，0，3，1.5，3)=3

b_{25}=max(3，0，2，3，0，1.5，3)=3

b_{26}=max(3，0，2，1.8，4.8，0，1.5)=4.8

b_{27}=max(3，0，2，3.3，6.3，1.5，0)=6.3

b_{34}=max(5，2，0，0，3，1.8，3.3)=5

b_{35}=max(5，2，0，3，0，2.5，4)=5

b_{36}=max(4.5，1.5，0，1.8，4.8，0，1.5)=4.8

b_{37}=max(5，2，0，3.3，6，1.5，0)=6

b_{45}=max(6.3，3.3，4，0，0，1.8，3.3)=6.3

b_{46}=max(4.5，1.5，2.5，0，3，0，1.5)=4.5

b_{47}=max(6，3，4，0，3，1.5，0)=6

b_{56}=max(4.5，1.5，2.5，1.8，0，0，1.5)=4.5

b_{57}=max(6，3，4，3，0，1.5，0)=6

b_{67}=max(4.5，1.5，2.5，1.8，4.8，0，0)=4.8

从以上 21 个数字中选出最小者即表明若设两个银行网点，应设于点 v_2，v_4 或者点 v_2，v_5，此时最大服务距离最小，为 3。

例 11-8　图 11-25 是一个地区的示意图，点代表城市、原料产地和农业区，实直线表示铁路，虚直线表示公路，每条线旁边的数字表示里程（km）。现在准备在这个地区建立一个钢铁联合企业，问应建在何处（限定在 v_1，v_2，…，v_7 附近），才能使投产后的总运费最少？已知 v_1 是一石灰石矿，每年供给该企业石灰石 30 万t；v_2 是一城市，每年用该企业的钢铁 15 万t，并供给该企业 5 万t 蔬菜；v_3 是一工业城市，每年用该企业的钢铁 40 万t，且每年有 15 万t 废钢铁给该企业，其附近可供 5 万t 蔬菜、5 万t 粮食，另外其附近有一小煤矿，每年可供煤 5 万t；v_4 是一小城市，可供给 10 万t 粮食；v_5 是一大铁矿，每年供给该企业矿石 50 万t；v_6 是一工矿城市，每年用钢铁 5 万t，并产铁矿 5 万t；v_7 是一大煤矿，每年可供该企业 50 万t 煤。另外，公路运价是铁路运价的两倍。

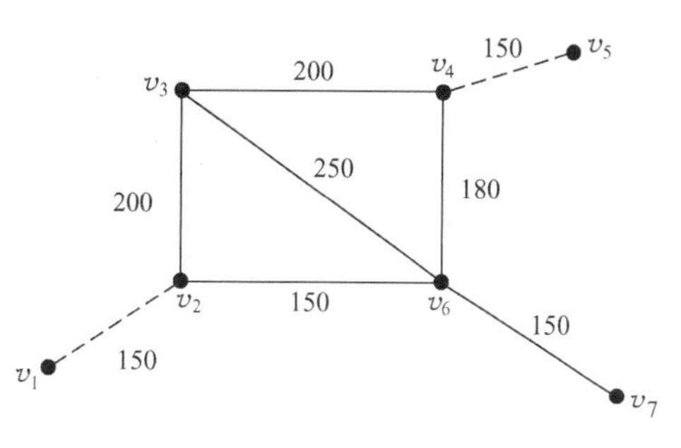

图 11-25　例 11-7 地区示意图

解　每个点需运输物资的总量作为该点的权：

$w(v_1)=30$；$w(v_2)=15+5=20$；$w(v_3)=40+15+5+5+5=70$；$w(v_4)=10$；$w(v_5)=50$；$w(v_6)=5+5=10$；$w(v_7)=50$

每条路的距离作为该路的权，但由于公路运价是铁路运价的两倍，因此把公路的长度乘以 2 作为该路的长；再把虚直线改为实直线，得到赋权图如图 11-26 所示。

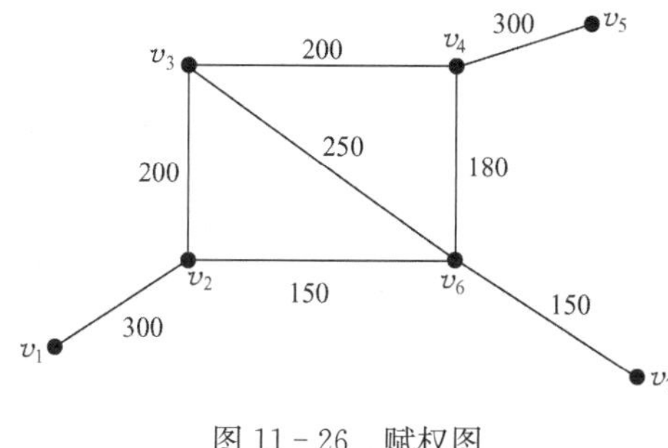

图 11-26　赋权图

计算每对点之间的最短路，得到如下矩阵：

$$
\boldsymbol{D}=\begin{pmatrix}
0 & 300 & 500 & 630 & 930 & 450 & 600\\
300 & 0 & 200 & 330 & 630 & 150 & 300\\
500 & 200 & 0 & 200 & 500 & 250 & 400\\
630 & 330 & 200 & 0 & 300 & 180 & 330\\
930 & 630 & 500 & 300 & 0 & 480 & 630\\
450 & 150 & 250 & 180 & 480 & 0 & 150\\
600 & 300 & 400 & 330 & 630 & 150 & 0
\end{pmatrix}
$$

而 $\boldsymbol{w}=(30，20，70，10，50，10，50)^{\mathrm{T}}$，则

$$
\boldsymbol{D}\boldsymbol{w}=\begin{pmatrix}
6\,000+35\,000+\ 6\,300+46\,500+\ 4\,500+30\,000\\
9\,000+14\,000+\ 3\,300+31\,500+\ 1\,500+15\,000\\
15\,000+\ 4\,000+\ 2\,000+25\,000+\ 2\,500+20\,000\\
18\,900+\ 6\,600+14\,000+15\,000+\ 1\,800+16\,500\\
27\,900+12\,600+35\,000+\ 3\,000+\ 4\,800+31\,500\\
13\,500+\ 3\,000+17\,500+\ 1\,800+24\,000+\ 7\,500\\
18\,000+\ 6\,000+28\,000+\ 3\,300+31\,500+\ 1\,500
\end{pmatrix}=\begin{pmatrix}
128\,300\\ 74\,300\\ 68\,500\\ 72\,800\\ 114\,800\\ 67\,300\\ 88\,300
\end{pmatrix}
$$

最小分量 67 300 对应的点是 v_6，所以钢铁联合企业建于 v_6点，投产后总运费最小。

11.4 最大流问题及其求解

11.4.1 最大流问题的数学模型

许多系统中包含了流量问题，例如，公路系统中有车辆流，控制系统中有信息流，供水系统中有水流，金融系统中有现金流等。在一个网络模型中，如果给一个发点和一个收点，在满足弧的能力约束下决定最大的可能流，这样的问题就是最大流问题。

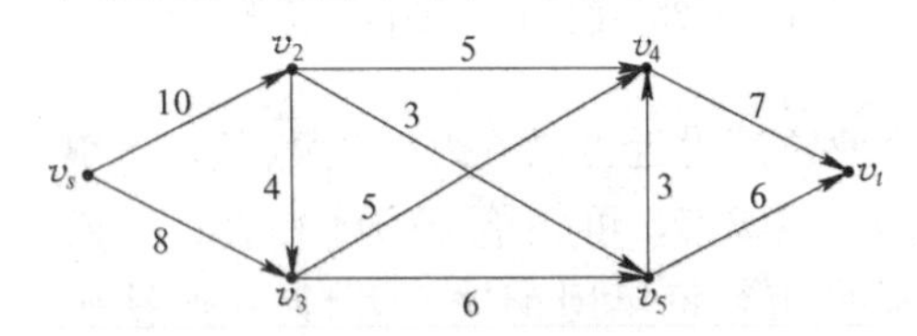

图 11－27　某产地和销地的交通网

图 11－27 是连接某产地和销地的交通网，每一弧（v_i，v_j）代表从 v_i 到 v_j 的运输线，弧旁的数字代表这条运输线的最大通过能力。产品经过交通网从 v_s 运送到 v_t，现在要求制订一个运输方案，使从 v_s 运送到 v_t 的产品数量最多，即求从 v_s 运送到 v_t 的最大运输量是多少？这一问题就是最大流问题。

一般来讲，在一个有起点和终点的网络中，最大流问题是找出在一定时期内由起点进入，通过这个网络在终点输出的最大流量。

1. 网络与流

一般地，对于有向图 $D=(V，A)$，在 V 中指定了一点，称为发点，记为 v_s；另一点称为收点，记为 v_t；其余的点叫作中间点，如图 11－27 所示。对于每一条弧（v_i，v_j）$\in A$，对应有一个 $C_{ij}>0$，称为该弧的容量。通常把这样的有向图叫作一个网络，记为 $D=(V，A，C)$，其中 V 为顶点集，A 为弧集，C 为弧上容量 C_{ij} 构成的集合。

2. 可行流与最大流

对于网络中的流有两个基本要求：一是每个弧上的流量不能超过该弧的最大通过能力（即弧的容量）；二是中间点的流量为零。因为对于网络中的每一个点，把运出该点的总量和运进这点的总量之差称为这一点的流量；中间点只起转运作用，故中间点的流量必为零，易见发点的净流出量和收点流入量必然相等。

因此，满足下述条件的流 f 称为可行流。

容量限制条件：对于每一条弧 $(v_i, v_j)\in A$

$$0\leqslant f_{ij}\leqslant c_{ij}$$

平衡条件：对于中间点，流出量=流入量，即对每一个 $i(i\neq s, t)$ 有

$$\sum_{(v_i, v_j)\in A} f_{ij}-\sum_{(v_j, v_i)\in A} f_{ji}=0$$

对于发点 v_s，记

$$\sum_{(v_s, v_j)\in A} f_{sj}-\sum_{(v_j, v_s)\in A} f_{js}=v$$

对于收点 v_t，记

$$\sum_{(v_t, v_j)\in A} f_{tj}-\sum_{(v_j, v_t)\in A} f_{jt}=-v$$

上式中的 v 称为这个可行流的流量，即发点的净输出量（或收点的净输入量）。

最大流问题就是求一个流 $\{f_{ij}\}$ 使其流量达到最大，其数学模型为

$$\max v(f)$$

$$0\leqslant f_{ij}\leqslant c_{ij},\quad (v_i, v_j)\in A$$

$$\sum f_{ij}-\sum f_{ji}=\begin{cases}v, & i=s\\ 0, & i\neq s, t\\ -v, & i=t\end{cases}$$

3. 增广链与割集

设网络 $D=(V, A, C)$ 中有一个可行流 $\{f_{ij}\}$，按每条弧上流量的多少，可将弧分为 4 种类型：饱和弧（$f_{ij}=c_{ij}$），非饱和弧（$f_{ij}<c_{ij}$），零流弧（$f_{ij}=0$），非零流弧（$f_{ij}>0$）。

设 μ 是网络中从 v_s 到 v_t 的一条链，沿此方向，μ 上的弧可分为两类：一类是弧的方向与链的方向一致，称为前向弧，前向弧的全体记为 μ^+；另一类是弧的方向与链的方向相反，称为背向弧，背向弧的全体记为 μ^-。如在图 11-27 中，链 $\mu=(v_s, v_2, v_3, v_4, v_5, v_t)$ 中，$\mu^+=\{(v_s, v_2), (v_2, v_3), (v_3, v_4), (v_5, v_t)\}$，$\mu^-=\{(v_5, v_4)\}$。

对于可行流 f，μ 是从 v_s 到 v_t 的一条链，如果 μ^+ 中的每一条弧均为非饱和弧，且 μ^- 中的每一条弧均为非零流弧，则称链 μ 是关于 f 的增广链。如果 μ 是一条增广链，那么在 μ 上可以增加一定的流量。如 $\mu_1=\{(v_s, v_2, v_1, v_3, v_t)\}$ 就是一条增广链，而 $\mu_2=\{(v_s, v_2, v_1, v_4, v_t)\}$ 就不是一条增广链。

如果将网络 $D=(V, A, C)$ 中的 V 分割为两部分：S 和 T，$v_s\in S$，$v_t\in T$，且 $S\cap T=\varnothing$，则把从 S 指向 T 的弧的全体，称为分离 v_s 和 v_t 的一个割集，记为 (S, T)，即 $(S, T)=\{(v_i, v_j), v_i\in S, v_j\in T\}$，割集中所有弧的容量之和，称为该割集的容量，记为 $C(S, T)$，即 $C(S, T)=\sum\limits_{i\in S}\sum\limits_{j\in T} c_{ij}$。

由点的守恒规则对 S 中的所有点求和得

$$v=\sum_{i\in S}(\sum_{j}f_{ij}-\sum_{j}f_{ji})=\sum_{i\in S}\sum_{j\in S}(f_{ij}-f_{ji})+\sum_{i\in S}\sum_{j\in T}(f_{ij}-f_{ji})=\sum_{i\in S}\sum_{j\in T}(f_{ij}-f_{ji})$$

即任意流的值等于通过割的纯流。

但是，$0\leqslant f_{ij}\leqslant c_{ij}$，因此，$C(S,T)=\sum_{i\in S}\sum_{j\in T}c_{ij}\geqslant v$。

如果一可行流 f^* 使得 $v=C(S,T)$，则 f^* 就是最大流，且（S，T）也就是最小割集，从而有以下定理。

定理 8（增广链定理） 一个可行流是最大流当且仅当不存在从 S 到 T 的增广链。

定理 9（最大流最小割集定理） 任意网络 G 中，最大流量等于最小割集（S，T）的容量。

从定理 8 和定理 9 可知，要判断一个可行流是否最大有两条途径。一是能否找出 v_s 到 v_t 的增广链。若能，则说明 f 不是最大流；否则 f 就是最大流。二是看 v 是否等于（S，T）割集的最小容量。若 v 等于（S，T）割集的最小容量，则说明 f 就是最大流；否则就不是最大流。

11.4.2 最大流问题的求解

1. 用线性规划模型进行求解

通过建立最大流问题的线性规划模型，求解该模型就得到最大流问题的解。

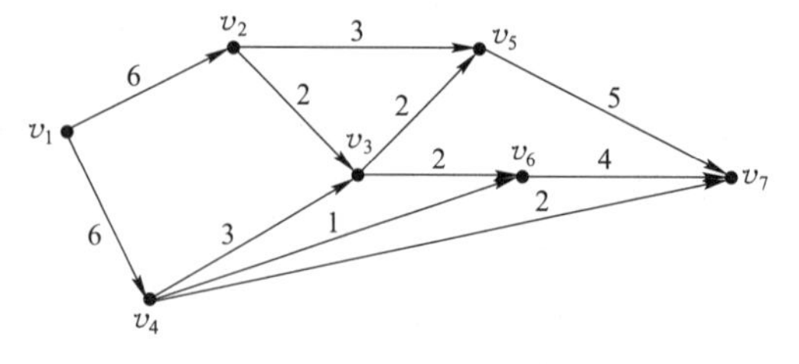

图 11-28 某公司的管道网络

例 11-9 某公司有一个管道网络如图 11-28所示，使用这个网络可以将石油从产地 v_1 送到销地 v_7，每一段管道的容量 c_{ij} 在图的弧上已标出，单位为万加仑/h。如果使用这个网络从产地 v_1 向销地 v_7 运送石油，问每小时最多能运送多少加仑石油？

解 设弧（v_i，v_j）上的流量为 f_{ij}，网络上的总流量为 f，则有

$$\max f=f_{12}+f_{14}$$

$$\text{st}\begin{cases}f_{12}=f_{23}+f_{25}\\ f_{14}=f_{43}+f_{46}+f_{47}\\ f_{23}+f_{43}=f_{35}+f_{36}\\ f_{25}+f_{35}=f_{57}\\ f_{36}+f_{46}=f_{67}\\ f_{57}+f_{67}+f_{47}=f_{12}+f_{14}\\ f_{ij}\leqslant c_{ij}\\ f_{ij}\geqslant 0,\quad i=1,2,\cdots,6;\ j=2,3,\cdots,7\end{cases}$$

将上面的线性规划模型代入 QM 软件包，可得结果为

$$f_{12}=5,\ f_{14}=5,\ f_{23}=2,\ f_{25}=3,\ f_{43}=2,\ f_{46}=1,$$
$$f_{47}=2,\ f_{35}=2,\ f_{36}=2,\ f_{57}=5,\ f_{67}=3$$

最大流量为 10。

2. 求最大流量标号算法

求最大流量的标号算法（Ford-Fulkerson 标号法）是由 Ford 和 Fulkerson 于 1957 年首先给

出的。其基本思想是，从任意一个可行流 f 出发，由发点 v_s 开始，对网络中的每个顶点进行标号以寻找 f 的增广链。若无，则 f 为所求的最大流；若有，则在增广链上进行调整。由定义知，当$(v_i, v_j)\in\mu^+$时，且 $f_{ij}<c_{ij}$；当 $(v_i, v_j)\in\mu^-$时，且 $f_{ij}>0$。此时取调整量

$$\theta=\min(\min_{\mu^+}(c_{ij}-f_{ij}), \min_{\mu^-}f_{ij})$$

且令

$$f'_{ij}=\begin{cases} f_{ij}+\theta, & (v_i, v_j)\in\mu^+ \\ f_{ij}-\theta, & (v_i, v_j)\in\mu^- \\ f_{ij}, & (v_i, v_j)\notin\mu \end{cases} \tag{11.1}$$

得到调整后的可行流为 f'，重复进行直至得到无增广链时的最大流为止。

具体步骤如下。

从一个初始可行流 f 开始（如果网络中没有给出 f，可设 $f=0$）。

顶点编号说明：编号用（v_i，$l(v_j)$）表示，其中第一个标号记录的是路径信息，表示该编号是从哪个顶点得到的，以便能找出增广链 μ；第二个标号记录的是能够增大的流量，是为了确定增广链 μ 的调整量 θ 用的。在标号过程中，每一个顶点属于且仅属于下列三种情况之一：已标号，但未检验的点集，记为 R；已标号，已检验的点集，记为 S；未标号的点集，记为 T。具体标号过程如下。

步骤 1：给 v_s 标号（$-$，∞），此时，$R=\{v_s\}$，$T=\{v_1, \cdots, v_t\}$，$S=\varnothing$。

步骤 2：如果 R 非空，则反复按以下（1）、（2）进行，否则转步骤 4。

（1）在 R 中任选一元素 v_i，检查 v_i 和 T 中的点 v_j 的弧（v_i，v_j），或 T 中的点 v_j 到 v_i 的弧（v_j，v_i），满足以下条件的给 v_j 标号。

① 对于正向弧（v_i，v_j），若非饱和，则给点 v_j 标以（v_i，$l(v_j)$），其中，$l(v_j)=\min(l(v_i), c_{ij}-f_{ij})$，同时把 v_j 从 T 中除去，并归入 R 中。如果收点 v_t 归入 R 中，说明找到了 f 的增广链 μ，转入步骤 3。

② 对于反向弧（v_j，v_i），若非零弧，则给点 v_j 标以（$-v_i$，$l(v_j)$），其中，$l(v_j)=\min(l(v_i), f_{ij})$，同时把 v_j 从 T 中除去，并归入 R 中。

（2）把已标号已检验的点 v_i 归入 S。

若所有编号都已检查，而标号过程进行不下去时则算法结束。此时的可行流就是最大流。

步骤 3：在增广链 μ 上进行调整，得到新的可行流 f'。

设 v_t 已归入 R 中，利用 v_s 和 v_t 中的标号的第一分量，从 v_t 反向追踪 v_s，得到一条从 v_s 到 v_t 的增广链 μ。按式（11.1）在 μ 上进行调整。增加流量，得新的可行流 f'。返回步骤 2。

步骤 4：写出最大流 $f^*=\{f^*_{ij}\}$ 的流量 $v(f^*)$ 和最小割集（S，T）。

若所有标号点的集合记为 S，所有未标号的点记为 T，则最小割集为（S，T）。

例 11-10　用最大流量标号算法求解图 11-29 有向网络中从点 v_1 到 v_6 的最大流，弧旁的数字是(c_{ij}, f_{ij})。

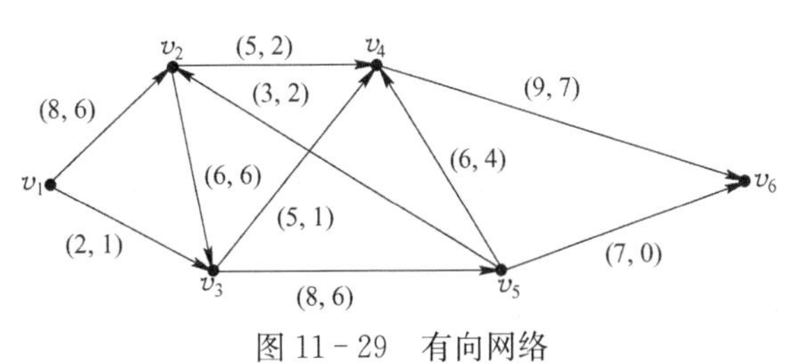

图 11-29　有向网络

解

步骤 1：标号过程。

首先给 v_1标上（$-$，∞），此时，$R=\{v_1\}$，$T=\{v_2, \cdots, v_6\}$，$S=\varnothing$。检查 v_1，没有标号的且与 v_1有关的弧为（v_1，v_2）和（v_1，v_3）。弧（v_1，v_2）上，$c_{12}=8$，$f_{12}=6$，$c_{12}>f_{12}$，故（v_1，v_2）为非饱和的正向弧，则 v_2标号为（$+v_1$，$l(v_2)$），其中

$$l(v_2)=\min(l(v_1), (c_{12}-f_{12}))=\min(+\infty, (8-6))=2$$

弧(v_1，v_3)上，$c_{13}=2$，$f_{12}=1$，$c_{13}>f_{13}$，故（v_1，v_3）为非饱和的正向弧，则 v_3标号为（$+v_1$，$l(v_3)$），其中，$l(v_3)=\min(l(v_1), (c_{13}-f_{13}))=\min(+\infty, (2-1))=1$。

此时，$R=\{v_2, v_3\}$，$T=\{v_4, v_5, v_6\}$，$S=\{v_1\}$，标号如图 11－30 所示。

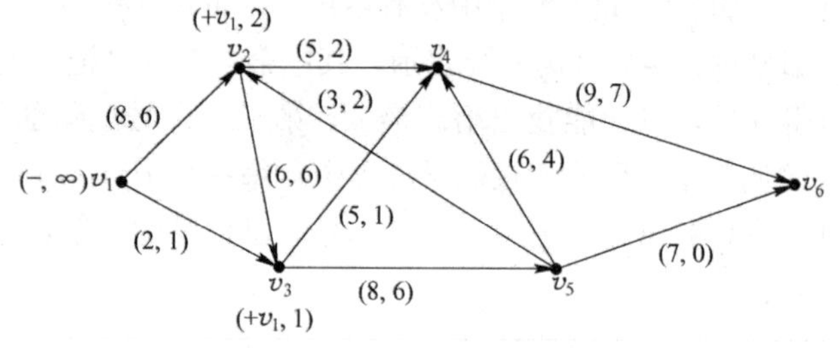

图 11－30　有向网络标号过程

在 R 中任选一个顶点进行检查。无妨检查 v_2，与顶点 v_2 有关且未编号的弧为：(v_2，v_4)在弧（v_2，v_4）上，$c_{24}=5$，$f_{24}=2$，$c_{24}>f_{24}$，故（v_2，v_4）为非饱和的正向弧，则 v_4标号为（$+v_2$，$l(v_4)$）。其中，$l(v_4)=\min(l(v_2), (c_{24}-f_{24}))=\min(2, (5-2))=2$。

在弧（v_2，v_5）上，$f_{25}=2>0$，故（v_2，v_5）为非零流的反向弧，则 v_5 标号为（$-v_2$，$l(v_5)$）。其中，$l(v_5)=\min(l(v_2), f_{24})=\min(2, 2)=2$。

此时，$R=\{v_3, v_4, v_5\}$，$T=\{v_6\}$，$S=\{v_1, v_2\}$，标号如图 11－31 所示。

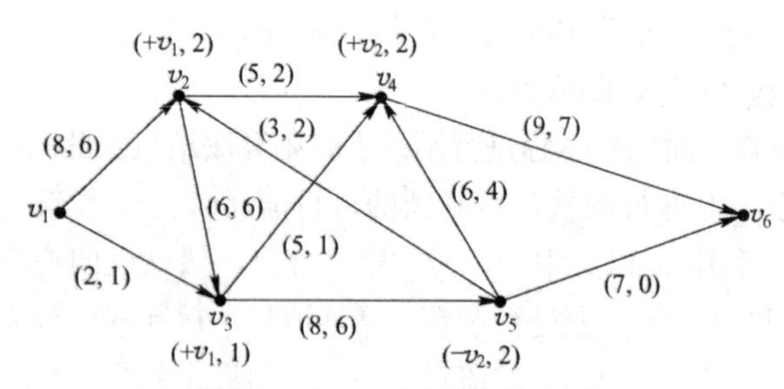

图 11－31　有向网络标号过程

在 R 中任选一个顶点进行检查。无妨检查 v_4，与顶点 v_4 有关且未编号的弧为：(v_4，v_6)在弧（v_4，v_6）上，$c_{46}=9$，$f_{46}=7$，$c_{46}>f_{46}$，故（v_4，v_6）为非饱和的正向弧，则 v_6标号为（$+v_4$，$l(v_6)$）。其中，$l(v_6)=\min(l(v_4), (c_{46}-f_{46}))=\min(2, (9-7))=2$。

此时，$R=\{v_3, v_5, v_6\}$，$S=\{v_1, v_2, v_4\}$，$T=\varnothing$，标号如图 11－32 所示。

因为 v_6有了编号，表明得到了一条增广链 μ，增广链 μ 从 v_6开始，用反向追踪法求得。增广链 μ 为$\{v_1, v_2, v_4, v_6\}$，如图 11－33 中黑粗线所示。

步骤 2：调整过程。

显然，该增广链上的弧全为正向弧，即 $\mu^+=\{(v_1, v_2), (v_2, v_4), (v_4, v_6)\}$。

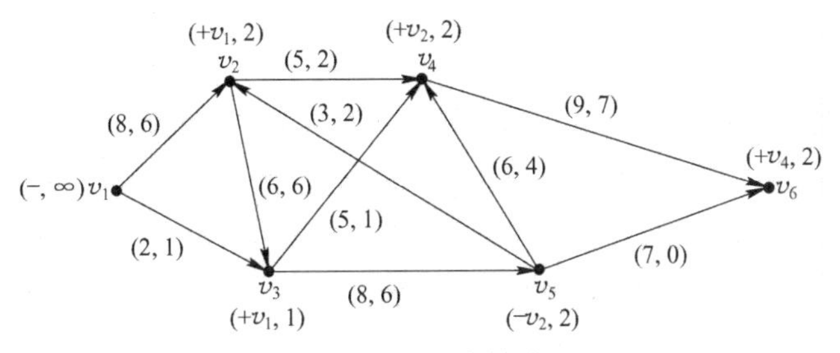

图 11－32　有向网络标号过程

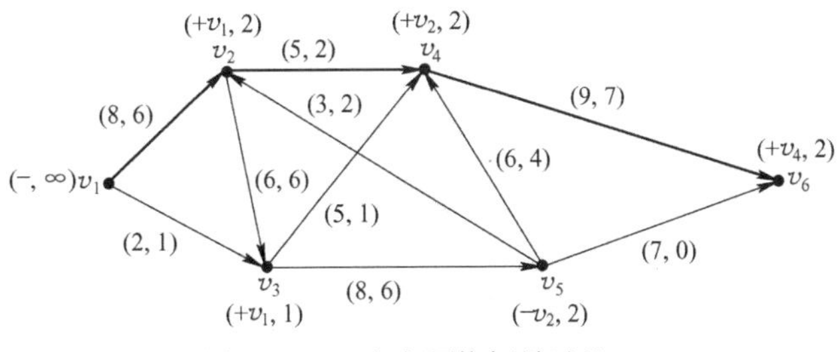

图 11－33　有向网络标号过程

在增广链上的各个顶点的标号中，取第二个标号的最小者作为调整量，即 $\theta=\min(\infty, 2, 2, 2)=2$。

对于增广链上的弧进行调整：

$$f_{12}^{1}=f_{12}+\theta=6+2=8$$

$$f_{24}^{1}=f_{24}+\theta=2+2=4$$

$$f_{46}^{1}=f_{46}+\theta=7+2=9$$

其余弧上的 f_{ij} 不变。调整后的可行流如图 11－34 所示。

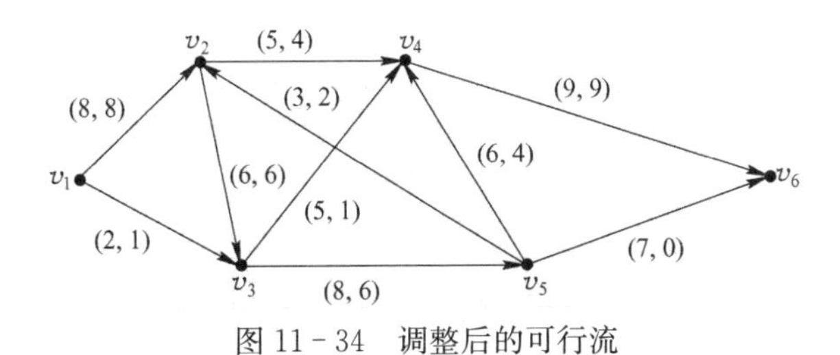

图 11－34　调整后的可行流

步骤 3：对于调整后的网络重复上面的过程。

开始给 v_1 标上（$-$，∞），此时，$R=\{v_1\}$，$T=\{v_2, \cdots, v_6\}$，$S=\varnothing$，检查 v_1，没有标号的且与 v_1 有关的弧为：（v_1，v_2）和（v_1，v_3）。在（v_1，v_2）上，$C_{12}=8$，$f_{12}=8$，$C_{12}=f_{12}$，故（v_1，v_2）为饱和的正向弧，不满足编号条件，因此该点不编号。

在（v_1，v_3）上，$c_{13}=2$，$f_{12}=1$，$c_{13}>f_{13}$，故（v_1，v_3）为非饱和的正向弧，则 v_3 标号为（$+v_1$，$l(v_3)$），其中，$l(v_3)=\min(l(v_1), (c_{13}-f_{13}))=\min(+\infty, (2-1))=1$。

此时，$R=\{v_3\}$，$T=\{v_2, v_4, v_5, v_6\}$，$S=\{v_1\}$。

检查 v_3 与顶点 v_3 有关且未编号的弧为：（v_3，v_2），（v_3，v_4），（v_3，v_5）。在弧（v_3，

v_4）上，$f_{34}=1$，$c_{34}=5$，故（v_3，v_4）为非饱和的正向弧，则 v_4 标号为（$+v_3$，$l(v_4)$）。其中，$l(v_4)=\min(l(v_3),(c_{34}-f_{34}))=\min(1,4)=1$。

在弧（v_3，v_2）上，$f_{32}=6>0$，故（v_3，v_2）为非零流反向弧，则 v_2 标号为（$-v_3$，$l(v_2)$）。其中，$l(v_2)=\min(l(v_3),f_{32})=\min(1,6)=1$。

在弧（v_3，v_5）上，$c_{35}=8$，$f_{35}=6$，$c_{35}>f_{35}$，故（v_3，v_5）为非饱和的正向弧，则 v_5 标号为（$+v_3$，$l(v_5)$）。其中，$l(v_5)=\min(l(v_3),(c_{35}-f_{35}))=\min(1,(8-6))=1$。

此时，$R=\{v_4, v_5\}$，$T=\{v_2, v_6\}$，$S=\{v_1, v_3\}$。

在 R 中选一个顶点进行检查，检查 v_5，在弧（v_5，v_6）上，$c_{56}=7$，$f_{56}=0$，$c_{56}>f_{56}$，故（v_5，v_6）为非饱和的正向弧，则 v_6 标号为（$+v_5$，$l(v_6)$）。其中，$l(v_6)=\min(l(v_5),(c_{56}-f_{56}))=\min(1,(7-0))=1$。

此时，$R=\{v_2, v_4, v_6\}$，$S=\{v_1, v_3, v_5\}$，$T=\{v_2\}$，标号后的图如图 11－35 所示。

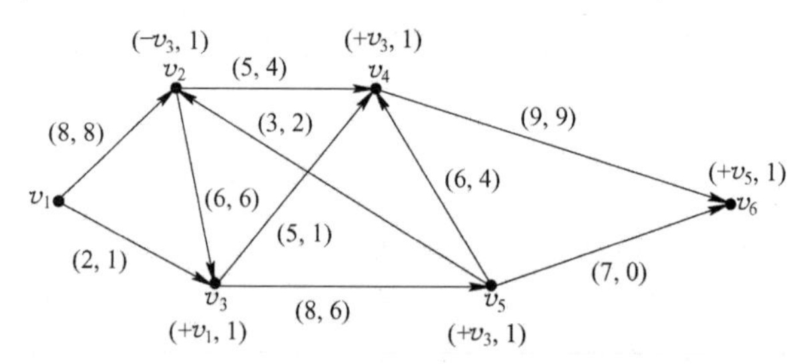

图 11－35　调整后的可行流标号过程

已求得增广链，该增广链上的弧全为正向弧，即

$$\mu^{+}=\{(v_1, v_3), (v_3, v_5), (v_5, v_6)\}$$

在增广链上的各个顶点的标号中，取第二个分量的最小者作为调整量，即

$$\theta=\min(\infty, 1, 1, 1)=1$$

对于增广链上的弧进行调整

$$f_{13}^{1}=f_{13}+\theta=1+1=2$$

$$f_{35}^{1}=f_{35}+\theta=6+1=7$$

$$f_{56}^{1}=f_{56}+\theta=0+1=1$$

其余弧上的 f_{ij} 不变。调整后得如图 11－36 所示的可行流。

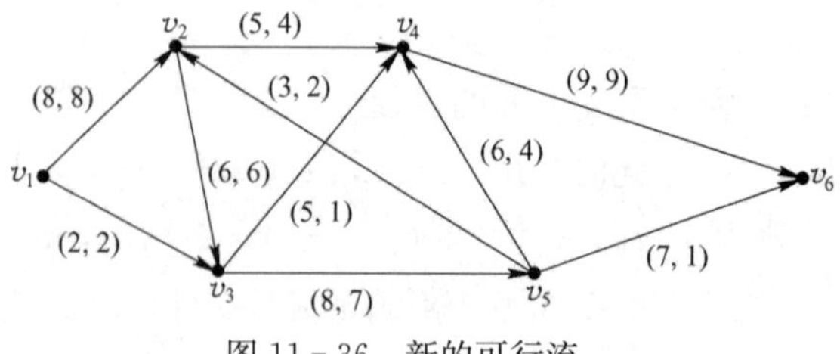

图 11－36　新的可行流

重新寻找增广链，开始给 v_1 标上（$-$，∞），此时，$R=\{v_1\}$，$T=\{v_2, \cdots, v_6\}$，$S=\varnothing$。

与 v_1 有关的弧为（v_1，v_2）和（v_1，v_3），在（v_1，v_2）上，$c_{12}=8$，$f_{12}=8$，$c_{12}=f_{12}$，（v_1，v_2）为饱和的正向弧，不满足编号条件，该点不编号。在（v_1，v_3）上，$c_{13}=f_{12}=$

2，故（v_1，v_3）为饱和的正向弧，不满足编号条件，该点不编号。标号过程无法进行下去，算法结束。

这时的可行流为最大流，最大流量为：$v(f)=f_{12}+f_{13}=f_{46}+f_{56}=10$。

于是可找到最小割集（S，T）。其中，S 为标号且检验的点集，即 $S=\{v_1\}$；T 为未标号的点集，即 $T=\{v_2, v_3, v_4, v_5, v_6\}$。显然，最小割集（$S$，$T$）的容量也为 10。

11.5　最小费用最大流问题及其求解

所谓最小费用最大流问题，就是给定网络，不仅要考虑流量，而且还要考虑流量的费用。对每一条弧（v_i，v_j），除了给出弧的容量 c_{ij} 以外，还给出了这条弧的单位流量的费用 b_{ij}，要求最大流，并使得总运费最小。

11.5.1　最小费用最大流问题的线性规划解法

例 11－11　某公司有一个管道网络如图 11－37 所示，使用这个网络可以将石油从产地 v_1 送到销地 v_7，给出了每一段管道的容量 c_{ij}（单位为：万加仑/ h），此外还给出了每段弧上单位流量的费用 b_{ij}（单位为：百元/万加仑），（c_{ij}，b_{ij}）在图 11－37 的弧上已标出，如果使用这个网络从产地 v_1 向销地 v_7 运送石油，问怎样运送才能运送最多的石油并使总运费最少？并求最大流量和最少运费。

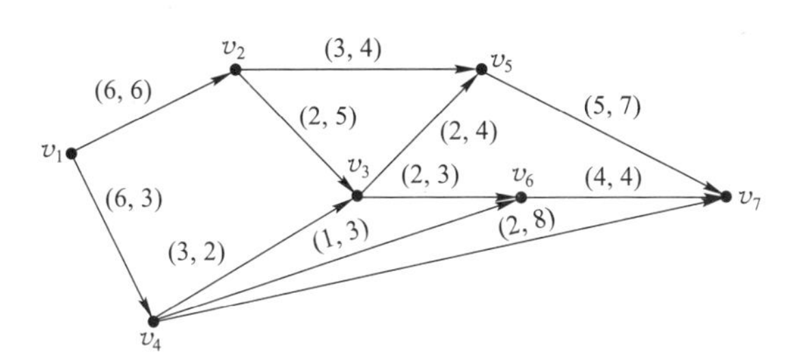

图 11－37　网络容量及单位流量费用

解　用线性规划来求解此题。首先用 Ford-Fulkerson 标号法求得最大流量为 10，在此基础上建立线性规划模型。

设弧（v_i，v_j）上的流量为 f_{ij}，网络上的最大流量 $F=10$，则有目标函数

$$\min z=6f_{12}+3f_{14}+4f_{25}+5f_{23}+2f_{43}+4f_{35}+7f_{57}+3f_{36}+3f_{46}+8f_{47}+4f_{67}$$

$$\text{st}\begin{cases} f_{12}+f_{14}=F=10 \\ f_{12}=f_{23}+f_{25} \\ f_{14}=f_{43}+f_{46}+f_{47} \\ f_{23}+f_{43}=f_{35}+f_{36} \\ f_{25}+f_{35}=f_{57} \\ f_{36}+f_{46}=f_{67} \\ f_{57}+f_{67}+f_{47}=f_{12}+f_{14} \\ f_{ij}\leqslant c_{ij} \\ f_{ij}\geqslant 0,\quad i=1, 2, \cdots, 6;\ j=2, 3, \cdots, 7 \end{cases}$$

用QM软件包求解得：$f_{12}=4$，$f_{14}=6$，$f_{23}=1$，$f_{25}=3$，$f_{43}=3$，$f_{46}=1$，$f_{47}=2$，$f_{35}=2$，$f_{36}=2$，$f_{57}=5$，$f_{67}=3$，最小费用为145百元。

11.5.2 最小费用最大流问题的网络图解法

网络$D=(V, A, C)$，每一弧$(v_i, v_j)\in A$上，除了已给容量c_{ij}外，还给了一个单位流量的费用$b(v_i, v_j)\geqslant 0$（简记为b_{ij}）。所谓最小费用最大流问题，就是求一个最大流f，使流的总运送费用$b(f)=\sum\limits_{(v_i, v_j)\in A} b_{ij}f_{ij}$取极小值。

在网络D中寻求关于f的最小费用增广链就等价于在赋权有向图$W(f)$中，寻求从v_s到v_t的最短路，因此有如下算法。

开始取$f^0=0$，一般情况下若在第$(k-1)$步得到最小费用流f^{k-1}，则构造赋权有向图$W(f^{k-1})$，在$W(f^{k-1})$中，寻求从v_s到v_t的最短路。若不存在最短路（即最短路权是$+\infty$），则f^{k-1}就是最小费用最大流；若存在最短路，则在原网络图D中得到相应的增广链μ，在增广链μ上对f^{k-1}进行调整，调整量为：$\theta=\min(\min\limits_{\mu^+}(c_{ij}-f_{ij}^{k-1}), \min\limits_{\mu^-}(f_{ij}^{k-1}))$

令

$$f_{ij}^k=\begin{cases} f_{ij}^{k-1}+\theta, & (v_i, v_j)\in\mu^+ \\ f_{ij}^{k-1}-\theta, & (v_i, v_j)\in\mu^- \\ f_{ij}^{k-1}, & (v_i, v_j)\notin\mu \end{cases}$$

得到新的可行流f^k，再对f^k重复上述步骤。

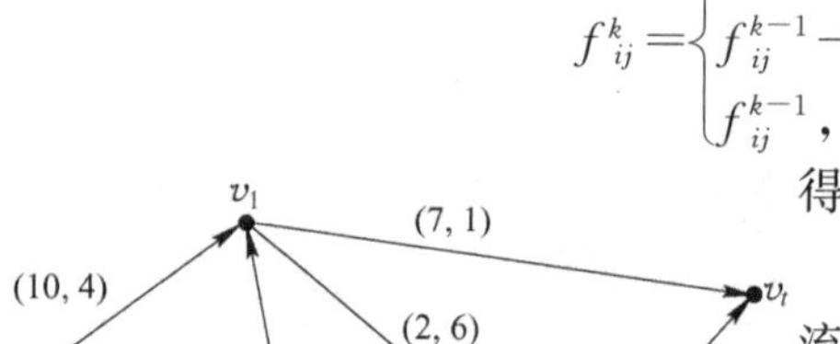

图11-38　例11-11网络图

例11-12　以图11-38为例，求最小费用最大流，弧旁数字为(c_{ij}, b_{ij})。

解

(1) 取$f^0=0$为初始可行流。

(2) 构造赋权有向图$w(f^0)$，$w(f^0)$图中每条弧上的权为费用。用Dijkstra算法求出从v_s到v_t的最短路线(v_s, v_2, v_1, v_t)，如图11-39 (a) 所示（虚线即为最短路线），实际上$w(f^0)$是求得了费用最小的一条路线。

(3) 在网络图11-38中，与这条最短路线相应的增广链为$\mu=(v_s, v_2, v_1, v_t)$。

(4) 在μ上进行调整，$\theta=5$，得到f^1，如图11-39 (b) 所示。

(5) $w(f^1)$的构造方法如下。

① 对于$w(f^0)$中求得的最短路线$v_s-v_2-v_1-v_t$上每一条弧，修改为方向相反的双向弧。当弧上的流量不饱合时，正向弧的数值为单位费用，反向弧的数值为负的单位费用；当弧上的流量饱合时，正向弧上的数值为无穷大(常省略不画)，反向弧上数值为单位运费的负值。

② 对于$w(f^1)$，由于边上含有负数，求最短路时，用11.3节中逐次逼近法，求得最短路线(v_s, v_1, v_t)。

(6) 在$w(f^1)$中，决定了一条增广链$\mu=(v_s,v_1,v_t)$，在μ上进行调整可行流，$\theta=2$，得到f^2，如图11-39(d)所示。然后依据f^2构造赋权有向图$w(f^2)$，求$w(f^2)$的最短距离并

确定增广链，进而调整增广链上的流量得 f^3。依据这样的方法进行其列不存在从 v_s 到 v_t 的最短路 $w(f^4)$，就求得了最小费用最大流，如图 11－39 所示的 f^4。

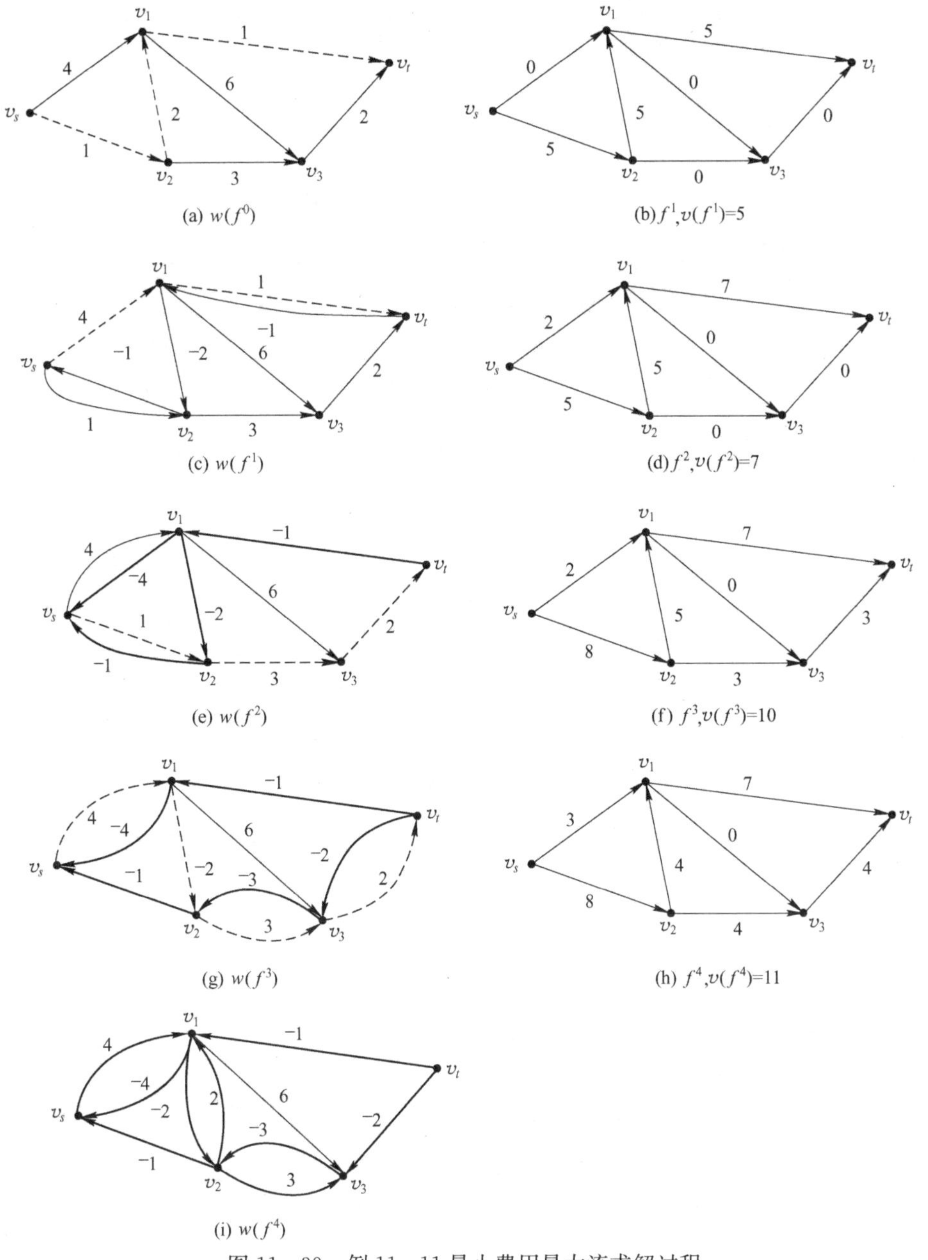

图 11－39　例 11－11 最小费用最大流求解过程

11.6　QM 软件求解

例 11－13　应用 QM 软件对例 11－1 进行求解，结果如图 11－40 所示。

例 11－14　应用 QM 软件对例 11－2 进行求解，结果如图 11－41 所示。

Network Models Results

<untitled> Solution NOTE: The solution is not unique					
Branch name	Start node	End node	Cost	Include	Cost
1	1.	3.	6.		
2	1.	2.	5.	Y	5.
3	2.	3.	1.	Y	1.
4	2.	4.	2.	Y	2.
5	2.	5.	7.		
6	3.	5.	5.		
7	4.	5.	3.	Y	3.
8	4.	6.	4.	Y	4.
9	5.	6.	4.		
Total					15.

图 11-40　例 11-1 计算机求解及结果

例题11. 2 Solution

	1	2	3	4	5	6	7
1	0.	13.	10.	18.	14.	16.	23.
2	13.	0.	3.	6.	7.	9.	11.
3	10.	3.	0.	8.	4.	6.	13.
4	18.	6.	8.	0.	4.	6.	5.
5	14.	7.	4.	4.	0.	2.	9.
6	16.	9.	6.	6.	2.	0.	9.
7	23.	11.	13.	5.	9.	9.	0.

图 11-41　例 11-2 计算机求解及结果

1. 某台机器可连续工作 4 年，也可于每年年末卖掉，换一台新机器，已知各年初购置一台新机器的价格及不同役龄机器年末的处理价如表 11-9 所示，又知新机器第一年运行的维修费为 0.3 万元，使用 1，2，3 年后的维修费分别为 0.8 万，1.5 万，2 万元，制订该机器的最优更新方案，使 4 年内购买、更换及维修的总费用最少。

表 11-9　各年初购置一台新机器的价格及不同役龄机器年末的处理价

	第一年	第二年	第三年	第四年
年初购置价/万元	2.5	2.6	2.8	3.1
使用 j 年的机器处理价/万元 （第 j 年年末的处理价）	2.0	1.6	1.3	1.1

2. 求图 11-42 中 v_1—v_7 的最大流量。

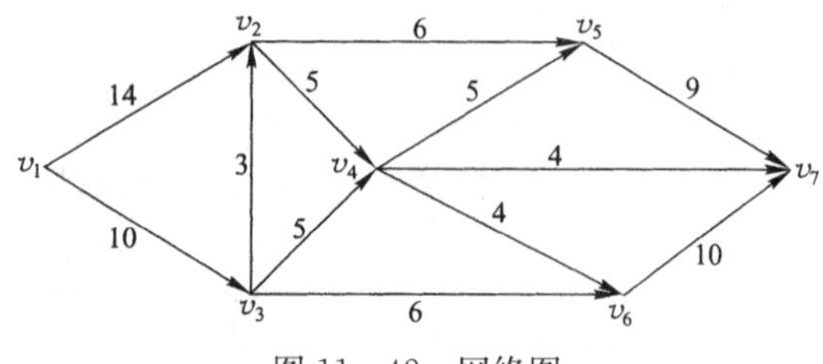

图 11-42　网络图

3. 有 6 口海上油井，相互间距离如表 11-10 所示。1 号井离海岸最近距离为 5 海里。已知，每铺设 1 海里的成本为：人工费 30 万元，油管费 50 万元，其他费用 100 万元。问从海岸经 1 号井铺设油管，把各油井连接起来，应如何铺设使总成本最低，最低总成本是多少？单位为海里。

表 11－10　6 口海上油井相互间距离

油　井	2	3	4	5	6
1	1.3	2.1	0.9	0.7	1.8
2		0.9	1.8	1.2	2.6
3			2.6	1.0	2.5
4				0.8	1.6
5					0.9

4. 如图 11－43 所示，顶点代表村庄，顶点旁边的数字是该村人口数量，线段上的数字是路长，现准备在这一地区的某一村庄设立一个医院。问应将医院建在哪一个村庄，使其居民就医走的总路程最短？

5. 两家工厂 x_1 和 x_2 生产一种商品，商品通过如图 11－44 所示的网络运送到市场 y_1，y_2，y_3，试用标号法确定从工厂到市场所能运送的最大总量。

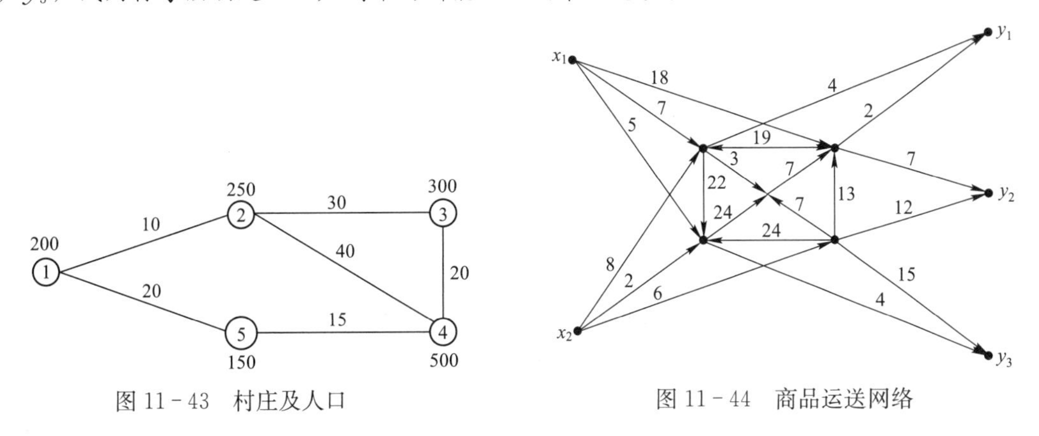

图 11－43　村庄及人口　　　　图 11－44　商品运送网络

6. 有一项工程，要埋设电缆将中央控制室与 15 个控制点连通。图 11－45 中的各线段标出了允许挖电缆沟的地点和距离（单位：km）。若电缆线 10 元/m，挖电缆沟（深 1m，宽 0.6m）土方 3 元/m^3，其他材料和施工费用 5 元/m，完成该工程最少需多少元？

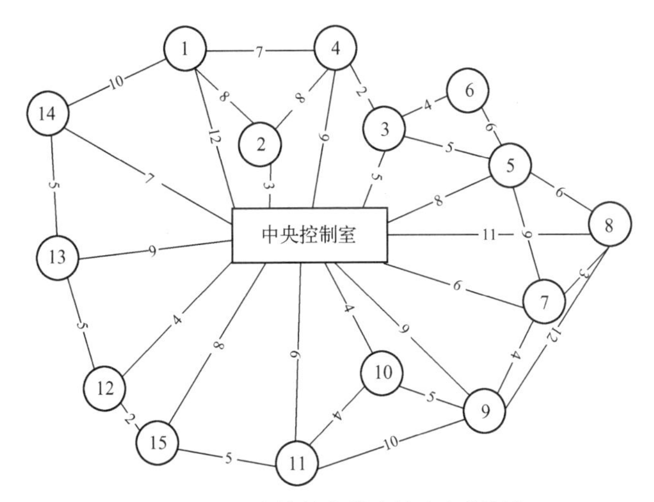

图 11－45　允许挖电缆沟的地点和距离

7. 已知某城市街道分布及各街区的距离（单位：百米）如图 11－46 所示。

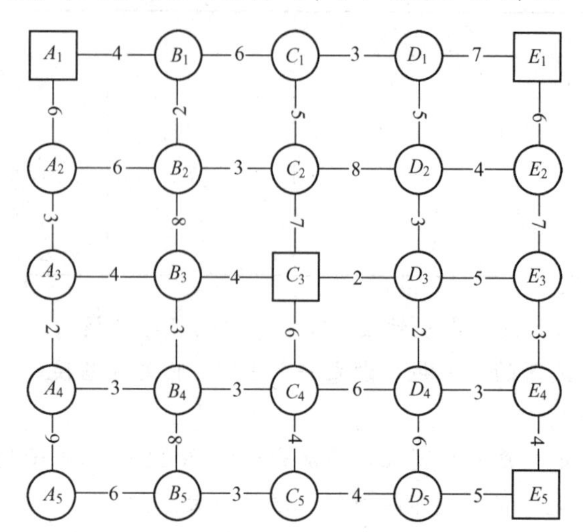

图 11－46　街道分布及各街区的距离

（1）某食品厂（位于 C_3）每天往位于 A_1，B_3，E_1，E_5 的 4 个门市部各送一车食品。设空车由位于 C_4 的车库出发，往各门市部送完食品后直接回车库。试帮助确定一条汽车行驶最短的路线。

（2）又如从 C_4 出发，分别去 A_1，B_3，E_1，E_5 各点拉一车货送到 C_3，最后回车库。汽车怎样行驶其路线最短？

8. 如图 11－47 所示，一个人从顶点 C_3 骑自行车出发去 A_2，C_1，E_2 三处送紧急文件，然后回到 C_3。试帮助设计一条最短路线。图中数字单位为百米，自行车速度为 15 千米/h，送文件时每处耽误 5 分钟，试问从出发算起 30 分钟内该人能否回到出发地点？

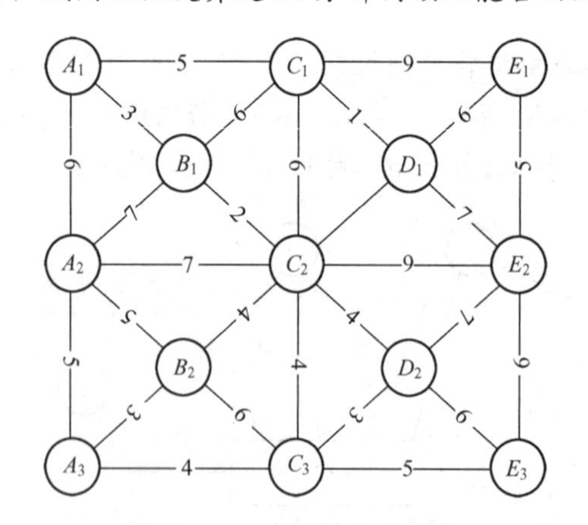

图 11－47　各顶点间的距离

9. 某工程公司在未来 1—4 月份内需完成三项工程。第一项工程工期为 1—3 月份，总计需劳动力 80 人・月；第二项工程工期为 4 个月，总计需劳动力总计 100 人・月；第三项工程工期为 3—4 月份，总计需劳动力 120 人・月。该公司每月可用劳动力为 80 人，但任一项工程上投入的劳动力任意一月内不准超过 60 人。问该工程公司能否按期完成上述三项工程任务，且应如何安排劳动力？试将此问题转化为网络最大流问题。

10. 邮递员投递区域及街道分布如图 11－48 所示。图中数字为街道长度，标 * 处为邮局所在地，试分别就（a）、（b）两种情况为邮递员设计一条最佳的投递路线。

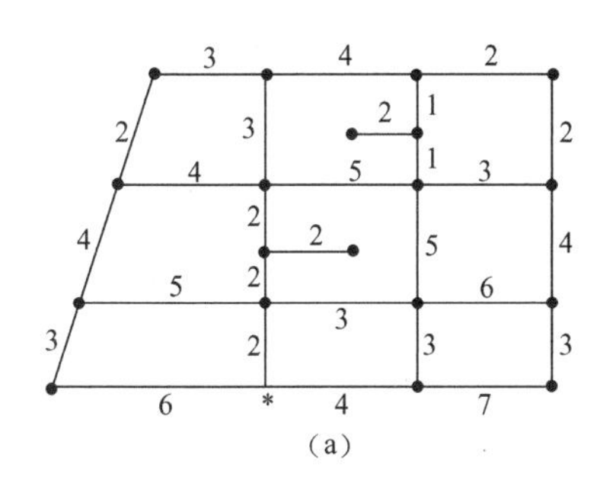

（a）

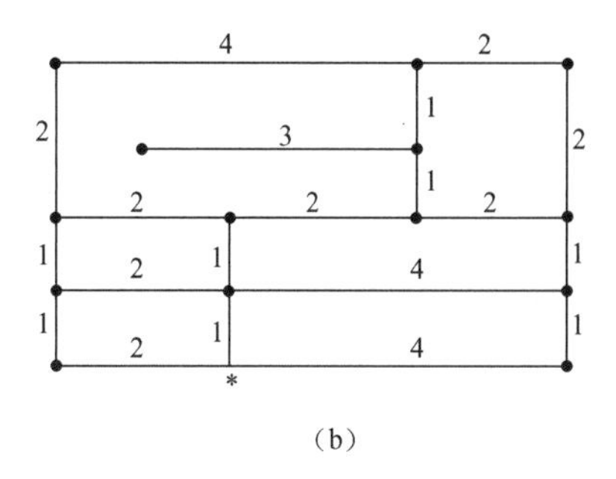

（b）

图 11－48　邮递员投递区域及街道分布图

第12章

本章要求理解应用 PERT&CPM 进行项目管理的作用和意义；了解 PERT&CPM 进行项目管理的步骤；能够正确绘制网络计划图；能够计算网络图中的时间参数；掌握在项目实施过程中对进度和资源利用的优化控制与监督。

网络计划技术

网络计划技术（PERT&CPM）是应用PERT（program evaluation and review technique）和CPM（critical path method）对计划项目进行核算、评价，然后选定最优方案的一种技术，华罗庚先生将这些方法称为统筹方法。PERT&CPM通常被认为是始于20世纪40年代。1956年美国杜邦公司制定企业不同部门系统规划时创立了CPM。1957年杜邦公司把CPM方法应用于设备维修，使维修停工时间由125 h锐减为7 h。1958年美国海军武器局在“北极星”导弹设计中，应用PERT技术，把设计完成时间缩短了2年。20世纪60年代美国阿波罗登月工程耗资300亿美元，2万多家企业参加，40多万人参与，使用了700万个零部件，由于采用PERT&CPM技术，使各项工作进行得有条不紊，取得了很大的成功。美国政府于1962年规定，凡与政府签订合同的企业，都必须采用网络计划技术，以保证工程进度和质量。1974年麻省理工学院调查指出，“绝大部分美国公司采用网络计划技术编制施工计划”。我国应用这一技术是从20世纪60年代初开始的。近几年，网络计划技术得到了广泛的应用，取得了可观的经济效益，如广州白天鹅宾馆在建设中运用网络计划技术，工期提前了4个月，仅投资利息就节约了1 000万港元。随着计算机技术的发展，这一技术将会在更大范围内推广。

网络计划技术在制订计划阶段，以网络图为工具来反映和制订某项工作的计划，选择最优的计划方案；在计划方案的实施阶段，要根据网络计划来控制和调整各项工作的进度和资源的使用，使总的工作按预定的目标最优完成。

12.1 网络图的基本概念

12.1.1 网络图的分类

随着网络技术的发展，已出现许多类型的网络图。

1. 箭线式网络图和节点式网络图

按标注工作名称或工作代号及工序时间的方式分类，有双代号网络图（图12-1）和单代号网络图（图12-2），也分别称为箭线式网络图和节点式网络图。

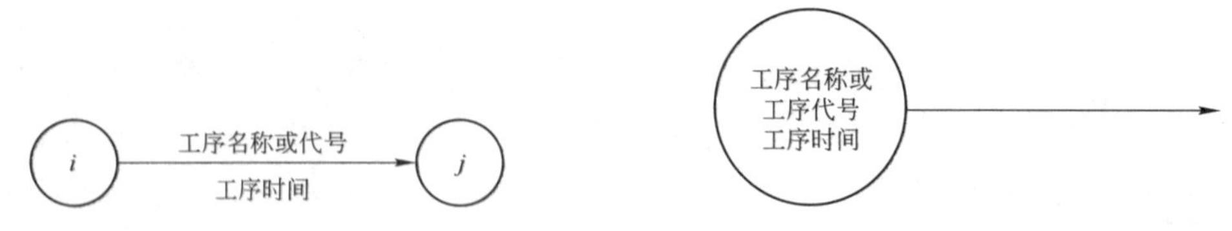

图12-1 箭线式（双代号）网络图　　图12-2 节点式（单代号）网络图

箭线式网络图以箭线表示工序，以节点代表工序的开始和完成。其优点在于布图清晰明朗，应用广泛；不足之处是需要引进虚工序。

节点式网络图以节点代表工序，以箭线表示各工序之间的先后承接关系。其优点在于协调关系比较清楚，系统性强；不足之处是节点较多时使网络图复杂。

2. 肯定型网络图和非肯定型网络图

按工序时间的估计方法分类，有肯定型网络图和非肯定型网络图。

肯定型网络图，由于对任务熟悉，有经验资料积累，对各项工序的时间估计有统计资料参考，估计一个值可以在这个时间内实现，即实现的概率等于或接近 1。

非肯定型网络图，对于新项目、新技术的开发任务，其各工序时间估计无统计资料参考，工序时间估计用三种特定情况下的完成时间（最乐观时间、最可能时间、最保守时间）来估计工序时间，工序完成的概率介于 0 与 1 之间，这种图称为非肯定型网络图。

12.1.2　箭线式网络图的构成

箭线式网络图由工序、节点和线路三部分组成。

1. 工序

工序（也称工作、活动、作业）是指一项需要人力、物力参加，经过一定时间才能完成的生产单元或子项目。有些工序不需要人力、物力但需要时间，也看成一道工序。如水泥养护、油漆干燥。

在箭线式网络图中，工序用带箭头的线表示，箭线的方向表示工序的前进方向，从箭尾到箭头表示一项工序开始到完成的过程；箭线的左侧写上工序的名称，右侧写上工序的时间。

2. 节点

节点表示一项工序的开始或完成。用圆圈表示节点，两个节点之间表示一项工序且只能表示一项工序，整个箭线式网络图中只有一个开始节点和终止节点。

节点不消耗资源，不占用时间。节点要编号，编号原则是箭尾号小于箭头号。

编号方法是，去点去线编号法。具体内容如下。

步骤 1：在箭线式网络图中，没有箭线进入的节点定为一级，编号为 1；然后去掉一级节点和一级节点引出的所有箭线。

步骤 2：在去掉一级节点和箭线的网络图中，没有箭线进入的节点定为二级，编号为 3：然后去掉二级节点和二级节点引出的所有箭线。以这样的方法重复进行，直到所有节点全部编号。

3. 线路

线路是指从始点开始，沿着箭线的方向，经过相互连接的节点和箭线，到网络终点为止的一条连线。在一条线路上，把各个工序时间加起来就称为该线路的总工序时间。在所有线路中，总工序时间最长的线路就称为关键线路。关键线路决定整个网络计划的完工时间，关键路线可能不止一条。

12.2　箭线式网络图的编绘

12.2.1　任务的分解

任务的分解就是把一个计划项目的总任务分解成一定数量的分任务，并确定它们之间的先后承接关系。任务分解可粗可细，这由工作需要而定。对于大型复杂的工程项目，任务的分解可以是多层的，采用层层分解，一直把任务分到每一个生产者为止。分解任务的原则是分工要清晰，职责要明确。既要防止分工过细，网络图过于繁复；又要防止分工不清，互相扯皮。具体原则如下。

(1) 工作的性质不同或由不同单位执行的工作应分开，如产品设计和安装设计要分开。

(2) 同一单位进行的工作，工作时间先后不衔接的要分开。如技术设计与工程图设计要分开，材料采购与外协件采购要分开。

（3）占用时间，不消耗资源，但影响工程完工日期的工序都应作为任务列入网络图。

任务的分解是一项非常重要的工作。编制网络计划的人要熟悉业务，了解工程项目的各个组成部分。另外，要充分发挥其他人员的作用，如技术人员、管理人员等；要进行深入细致的调查工作，不断修改，才能正确反映出各项任务的内在联系和完成任务所需时间。任务分解后，可列出明细表。表 12－1 就是某项目任务分解后的明细表。

表 12－1　某项目任务分解后的明细表

工序	紧接的前项工序	作业时间	工序	紧接的前项工序	作业时间
A	—	2	F	C	3
B	—	3	G	E，F	2
C	A，B	4	H	D，F	7
D	B	1	I	G，H	6
E	A	5	J	I	5

12.2.2　绘制网络计划图的一般规则

在绘制网络计划图（网络图）时，应严格遵守以下规则。

1. 网络图只能有一个总始点和一个总终点

如图 12－3 中项目有两个始点①和⑧，三个终点④，⑥，⑨，不符合规则。当项目开始或完成时存在几个平行工序时，可以用虚工序将它们与起始节点或终止节点连接起来，图 12－3正确的绘制应该是图 12－4 所示。

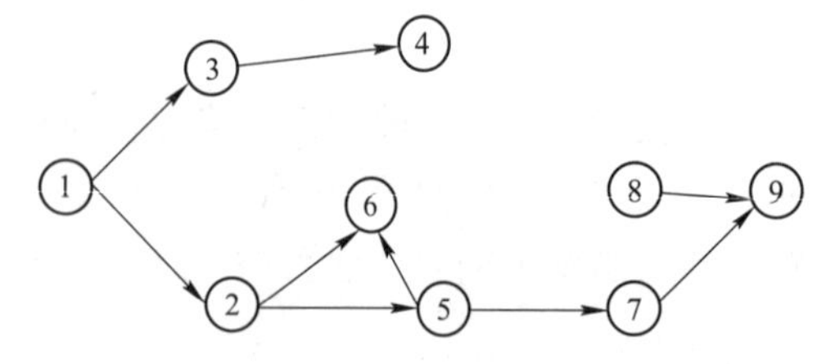

图 12－3　有多个始点和终点的网络图

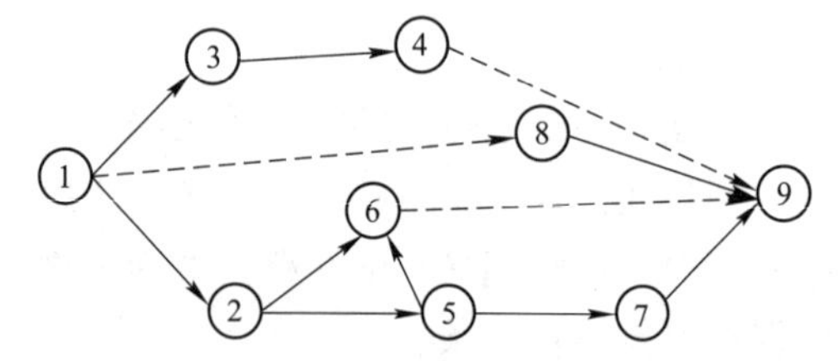

图 12－4　正确绘制的网络图

2. 先后两个节点之间只能连接一项工序

先后两个节点之间不能连接两项以上的工序。如图 12－5 所示节点②和⑥之间有两项工序，不符合规定。即当两个或两个以上工序具有同一个始点和终点时，需引入虚工序，正确绘制如图 12－6 所示。

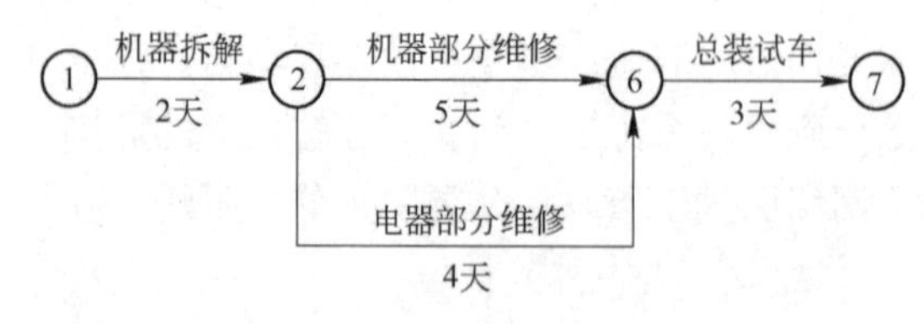

图 12－5　绘制两项工序具有同一始点和终点的网络图

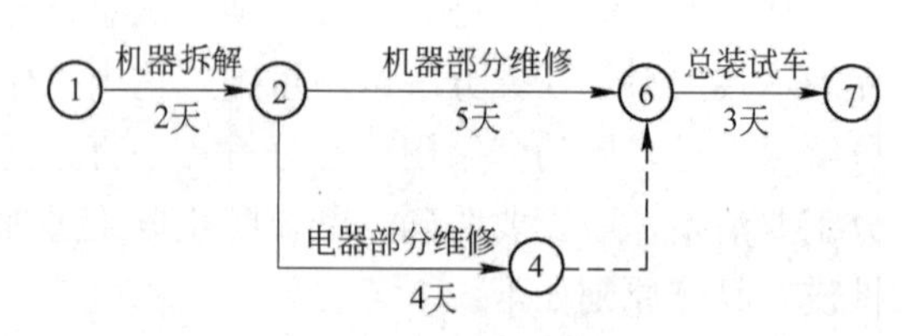

图 12－6　引入虚工序

3. 网络图中不能有回路

如图 12－7 所示，②—④—⑤—②是回路，不符合规则。

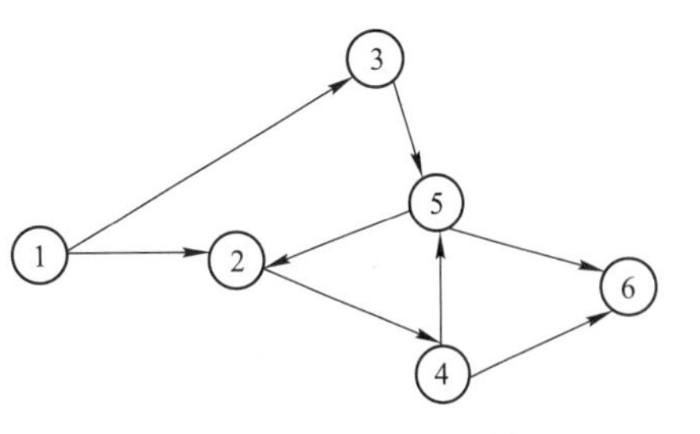

图 12－7　含有回路的网络图

4. 必须引入虚工序

为了正确表示各个工序之间的先后承接关系，必须引入虚工序。

例 12－1　表 12－2 是某一项目任务分解后的工序明细表，根据该明细表绘制网络计划图。

表 12－2　任务分解后的工序明细表

工序名称	紧接的前项工序	工序名称	紧接的前项工序	工序名称	紧接的前项工序
A	—	C	—	E	A，C
B	—	D	A，B	F	A，B，C

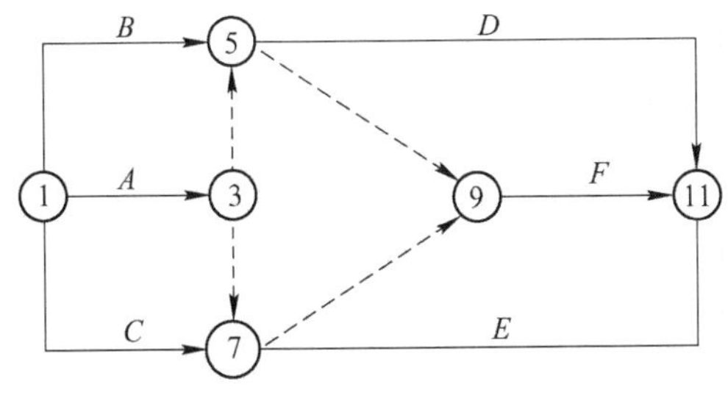

图 12－8　表 12－2 的网络计划图

解　根据表 12－2 绘制的网络计划图如图 12－8所示。由图 12－8 可以看出引入了 4 个虚工序，节点③到节点⑤的虚工序仅表示 A 工序完成后，工序 D 才开始，其他虚工序做同样解释。虚工序常用来表示平行工序和交叉工序，虚工序不占用时间，不消耗资源，虚工序用带箭头的虚线表示。

5. 网络图的布局

尽可能将关键路线布置在网络图的中心位置，按工序的先后顺序将联系紧密的工序布置在邻近的位置。为了在网络图上标注时间等数据，箭线应是水平或具有一段水平的折线，尽量避免箭线之间的交叉。

12.2.3　绘制网络图

根据表 12－1，具体说明绘制网络图的步骤。

步骤 1：先画出没有紧前工序的 A，B 工序，并给网络节点编号①。

步骤 2：在 A 后面画出紧前工序为 A 的 E 工序，在 B 后面画出紧前工序为 B 的 D 工序。并给新增的节点编号③，⑤。在 A，B 后面画出紧前工序为 A，B 的 C 工序（注意画 C 时需引入虚工序）新增节点编号为⑦。

步骤 3：检查知以 A，B 为紧前工序已全部画完。而尚未入网络的工序只有 F，将 F 画在 C 后，编号为⑨。

步骤 4：重复进行，最后检查节点编号是否正确。

对于工序分解表 12－1，应用上面的方法绘制的网络计划图如图 12－9 所示。

例 12－2　某项目经过任务分解后，各工序及其先后承接关系如表 12－3 所示，根据此表绘制箭线式网络计划图。

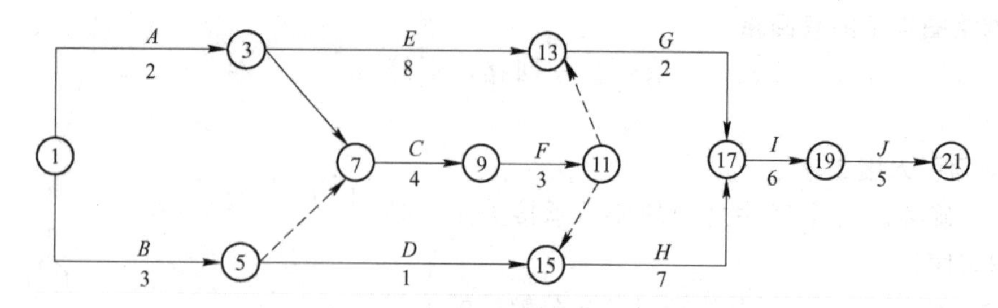

图 12-9　绘制的网络计划图

表 12-3　某项目各工序及其先后承接关系

工序代号	A	B	C	D	E	F	G	H	I	J	K	L
工序内容	市场调研	资金筹备	需求分析	产品设计	产品研制	制订成本计划	制订生产计划	筹备设备	筹备原材料	安装设备	调集人员	开工投产
紧前工序	—	—	A	A	D	C，E	F	B，G	B，G	H	G	I，J，K
工序时间/周	4	10	3	6	8	2	3	2	8	5	2	1

解　应用上面绘制网络图的方法和规则绘制的网络计划图如图 12-10 所示。

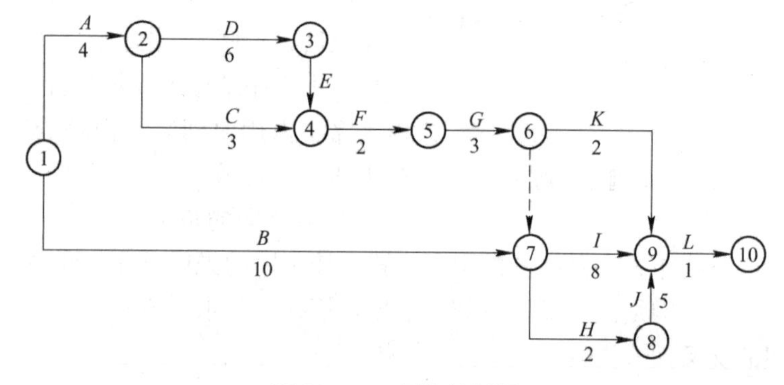

图 12-10　网络计划图

12.3　网络时间计算

12.3.1　作业时间

作业时间就是完成从箭尾节点 i 到箭头节点 j 工序所需的时间，记为 T_{ij}。作业时间确定得越准确，对网络计划在编制过程和执行过程中都会产生越好的影响。确定作业时间有两种常用的方法。

(1) 单一时间法——参照过去从事同类作业的统计资料，确定一个时间值。

(2) 三种时间估计法——$T_{ij}=\dfrac{a+4m+b}{6}$，其中 a，b 和 m 分别表示最乐观时间、最保守时间、最可能时间。方差为：$\sigma_{ij}^{2}=\left(\dfrac{b-a}{6}\right)^{2}$。

12.3.2　节点时间

1. 节点最早时间

节点不占用时间，不消耗资源，仅表示工序的完成或后续工序的开始。因此同一个节点来看，节点最早时间表示节点的最早开始时间或最早完成时间，二者是同一个时间。

节点最早开始时间的计算应从网络的始点开始进行。始点的最早开始时间规定为 0，自左向右，顺着箭线的方向逐个计算，直至终点。节点最早开始时间的递推计算公式为

$$ES_j = \max_{i<j}(ES_i + T_{ij})$$

其中，ES_j 表示箭头节点 j 的最早开始时间；ES_i 表示箭尾节点 i 的最早开始时间；T_{ij} 表示工序 i 到 j 的作业时间。max 表示通向 j 的工序不止一个时，取（$ES_i + T_{ij}$）各数值中最大的一个，也就是说只有完成时间最长的一个工序时，节点 j 后面的工序才能开始。

2. 节点最迟时间

同一个节点，节点最迟时间表示节点的最迟完成时间或最迟开始时间，二者是相同的。一般规定项目的最早完成时间作为项目的总工期。所以计算每个节点的最迟时间时，从网络终点开始，自右向左，逆着箭线方向逐个计算，直至网络的始点。其递推计算公式为

$$LF_i = \min_{i<j}(LF_j - T_{ij})$$

其中，LF_i 表示箭尾节点 i 的最迟完成时间；LF_j 表示箭头节点 j 的最迟完成时间；T_{ij} 表示工序 i 到 j 的作业时间。min 表示当从节点 i 开始的工序不止一个时，取（$LF_i - T_{ij}$）诸数值中最小的一个，也就是说，只有在节点 i 以前的所有工序全部在最迟完成时间完成以后，节点 i 的最迟工序才能开始工作。

12.3.3　工序时间

在箭线式网络图中，要计算 4 个工序时间：工序的最早开始时间、工序的最早完成时间、工序的最迟开始时间、工序的最迟完成时间。工序时间的计算要依赖于节点时间，具体计算公式如下。

（1）工序的最早开始时间。工序 i，j 的最早开始时间就等于节点 i 的最早开始时间，即：$ES_{ij} = ES_i$。

（2）工序的最早完成时间。工序 i，j 的最早完成时间就等于节点 i 的最早开始时间与该工序作业时间之和，即：

$$EF_{ij} = ES_{ij} + T_{ij} = ES_i + T_{ij}$$

（3）工序的最迟完成时间。工序 i，j 的最迟完成时间就等于节点 j 的最迟完成时间，即：

$$LF_{ij} = LF_j$$

（4）工序的最迟开始时间。工序 i，j 的最迟开始时间就等于节点 j 的最迟完成时间与该工序的作业时间之差，即：

$$LS_{ij} = LF_{ij} - T_{ij} = LF_j - T_{ij}$$

12.3.4　时差和关键路线

节点时差是节点最迟完成时间与最早开始时间之差，节点时差为 0 的节点称为关键节点。

$$R_i = LF_i - ES_i$$

工序总时差是不影响工程最短工期的前提下，工序最早开始时间可以推迟的时间，计算公式为

$$D_{ij} = LF_j - T_{ij} - ES_i = LF_{ij} - EF_{ij} = LS_{ij} - ES_{ij}$$

总时差为 0 的工序称为关键工序，关键工序组成的路线称为网络中的关键路线。

工序专用时差：就是只能该工序使用而其他工序不能使用的时差，指在不影响紧后工序最早开工时间条件下，此工序可以延迟其开工时间的最大幅度。其值等于工序的总时差减去该工序的开工节点与完工节点时差的和，计算公式为

$$R_{ij} = D_{ij} - (R_i + R_j)$$

当活动 E 的两个公用时差（节点的时差可以看成是前一个工序或后一个工序的时差）被紧前工序和紧后工序占用时，留给本工序使用的就只有专用时差了。并不是每个活动都有专用时差。

12.4 时间计算举例

网络图时间参数的计算方法很多，如图上计算法、表上计算法、矩阵法等。下面结合箭式网络图 12－9 介绍图上计算法和表上计算法。

12.4.1 网络时间的图上计算法

为了方便计算我们将工序各时间统一列在图 12－11 上，将节点时间列在图 12－12 上。图 12－13 就是网络图 12－9 的工序时间和节点时间计算结果。

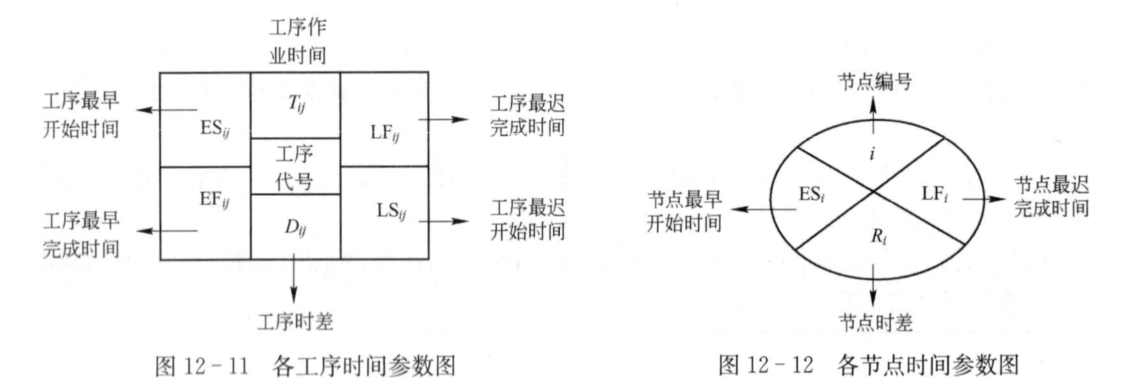

图 12－11　各工序时间参数图　　　图 12－12　各节点时间参数图

图 12－13 中节点时间的计算过程如下。

（1）计算节点的最早开始时间、最早完成时间，从左到右。对于 13，15 号节点计算时要取最大值。

（2）计算节点的最迟开始时间、最迟完成时间，从右到左。对于 3，5，10 号节点计算时要取最小值。

工序时间的计算过程如下。

（1）将箭尾节点的最早开始时间填入工序方框的左上角，并和作业时间相加填入左下角。

(2) 将箭头节点的最迟完成时间填入工序方框的右上角，并减去作业时间填入右下角。

(3) 右上角减去左下角就是该工序的总时差。

(4) * 表示虚工序。

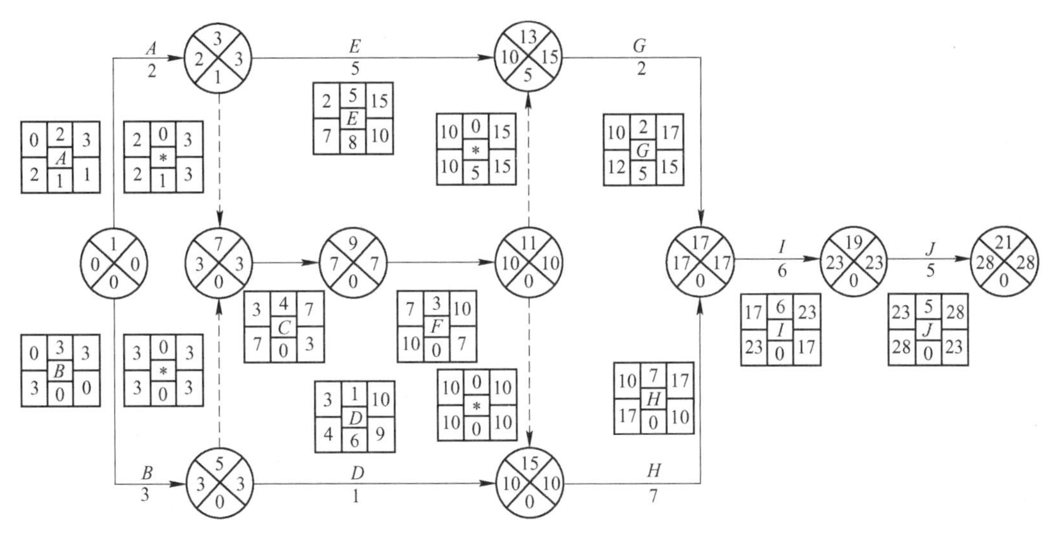

图 12－13　例 12－1 的工序时间和节点时间计算结果图

12.4.2　网络时间的表上计算法

例 12－1 的表上计算法如表 12－4 所示。

表 12－4　工序时间的表上计算法

工序名称 ①	箭尾节点 i ②	箭头节点 j ③	作业时间 T_{ij} ④	最早开始时间 $ES_i=ES_{ij}$ ⑤	最早完成时间 EF_{ij} ⑥=⑤+④	最迟完成时间 $LF_j=LF_{ij}$ ⑦	最迟开始时间 LS_{ij} ⑧=⑦-④	总时差 ⑨=⑦-⑥ =⑧-⑤	关键路线
A	1	3	2	0	2	3	1	1	
B	1	5	3	0	3	3	0	0	是
虚 1	3	7	0	2	2	3	3	1	
虚 2	5	7	0	3	3	3	3	0	是
C	7	9	4	3	7	7	3	0	是
D	5	15	1	3	4	10	9	6	
E	3	13	5	2	7	15	10	8	
F	9	11	3	7	10	10	7	0	是
虚 3	11	13	0	10	10	15	15	5	
虚 4	11	15	0	10	10	10	10	0	是
G	13	17	2	10	12	17	15	5	
H	15	17	7	10	17	17	10	0	是
I	17	19	6	17	23	23	17	0	是
J	19	21	5	23	28	28	23	0	是

从上面的过程看出，要得到一个带参数的实际工程工序流线图，必须经过任务的分解、

作图、计算等步骤，表面看来作图和计算较复杂，实际上这两步比较固定，可以借助计算机完成；真正困难的是任务的分解和分析，在任务分析时，就工序包含的实际内容存在不同的看法，也容易把一些工序的衔接关系漏掉。

12.5 概率型网络图的时间参数计算

绘制网络图时需要预先确定工序的施工时间。不是所有的工程项目都可以根据以往的经验或者同类工程已有的统计资料来预先确定各工序所需要的施工时间。对于新开发工程、新的科研攻关项目，往往很难对它的各工序确定出一个确切的施工时间。一般来说，各工序的施工时间是一个服从某种分布的随机变量。计划评审技术对这样的工程项目只能确定关键路线的可能长度及可能的最早完工日期。

当求出 $T_{ij}=\frac{1}{6}(a+4m+b)$ 作为工序时间，$\sigma_{ij}^2=\left(\frac{b-a}{6}\right)^2$ 作为 T_{ij} 的方差后，就可以确定出网络图上的工程关键路线。

由于工序时间是一个随机变量，所以整个任务的总完工工期也是一个随机变量，整个工序的完工时间是关键路线上各项工序的时间之和，即 $\mu=\sum T_{ij}$，总完工工期的方差就是关键路线上各项工序的方差之和，即方差 $\sigma^2=\sum\sigma_{ij}^2$。

假定各工序的时间是相互独立的随机变量，如果关键路线上工序较多，由中心极限定理知，就可以认为总工期 T 是近似服从正态分布的随机变量，该正态分布的均值 μ 是关键路线上各工序时间均值的总和，方差 σ^2 为关键路线上各工序时间方差之和。为此，可以估计出工程在工期时间 M 内完成的概率：$P(T\leqslant M)=\int_{-\infty}^{M}\frac{1}{\sqrt{2\pi}\sigma}\mathrm{e}^{-\frac{(x-\mu)2}{2\sigma2}}\mathrm{d}x=\Phi\left(\frac{M-\mu}{\sigma}\right)$。其中，$\Phi(x)$ 为标准正态分布函数。

例 12-3 已知一个工程的工序网络图如图 12-14 所示，弧上的数字为 $a-m-b$，求总工期 T 的均值和方差，以及总工期在 50 天内完成的概率。

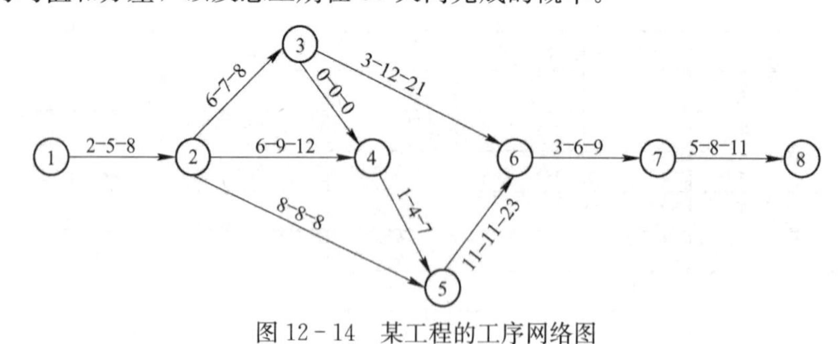

图 12-14 某工程的工序网络图

解 $E(t_{ij})=\frac{1}{6}(a+4m+b)$，$\sigma^2(t_{ij})=\left(\frac{b-a}{6}\right)^2$，可算得各工序时间的均值和方差，在图 12-15上标出，弧上的数字为 $E(t_{ij})$，$\sigma^2(t_{ij})$。可求得关键路线为①→②→④→⑤→⑥→⑦→⑧。均值和 $\sum\mu=\sum E(T)=5+9+4+13+6+8=45$， 方差和 $\sum\sigma^2=\sum V(T)D(T)=1+1+1+4+1+1=9$

所以总工期

$$T \sim N(45, 9), \quad P(T \leqslant 50) = \Phi\left(\frac{50-45}{3}\right) = \Phi(1.67) = 0.95$$

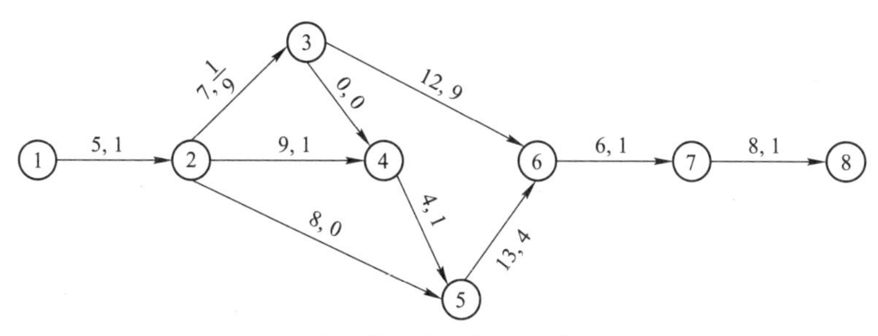

图 12-15　各工序时间的均值及方差

即工程在 50 天内完成的概率为 0.95。

应用类似的方法，可以求出网络图中某一节点 i 在指定日期 t_i 前完成的概率，只需按照下式计算即可

$$P(T \leqslant t_i) = \int_{-\infty}^{M} \frac{1}{\sqrt{2\pi}\sigma} e^{-\frac{(x-ES_i)^2}{2\sigma^2}} dx = \Phi\left(\frac{t_i - ES_i}{\sigma}\right)$$

其中，σ^2 为节点 i 的最长先行工序路线所需时间的方差总和。

计算出每一节点按期完工概率后，具有小概率的节点应特别注意，凡是以该工期为完工时间的工序均应加快工作进度。

12.6　网络计划的优化

网络计划的优化就是对制订出的工程计划方案能最合理地、有效地利用人力、物力、财力，以达到周期短、成本低的目的。网络计划优化的内容有以下三个方面：时间优化；时间与资源优化；时间与成本优化。

12.6.1　时间优化

时间优化就是在人力、材料、设备、资金等有保证的条件下寻求最短的工程周期。缩短工程周期的方法有多种：最积极的措施是大搞技术革新，以缩短工序的作业时间，特别是关键工序的作业时间；做好管理工作，利用非关键工序上的时差，适当调配人力、设备和其他资源，支援关键工序；尽量采用标准件、通用件、预制件等以缩短设计周期和制造周期；组织平行作业；组织交叉作业。

12.6.2　时间与资源优化

时间与资源优化就是在合理利用资源的条件下，寻求最短的工程周期。计划编制人员必须根据有限的资源，合理地分配资源，安排各项工序的进度，也就是说需要综合考虑工程进度和资源限制两个方面的情况，进行资源平衡工作。资源平衡工作主要是针对紧缺的资源、紧缺的设备、技术工人、特种材料等而进行的平衡工作。进行平衡的原则是：首先在分配资源时，优先保证关键工序和时差较小的工序的需求；其次利用非关键工序的总时差，错开各

工序的开始时间，拉平资源需要量的高峰。避免资源使用的突增、突减，从而造成调进调出的困难。下面以人力资源为例，介绍资源平衡工作的一般方法。

例 12 - 4 图 12 - 16 是某项工程的时间人力流线图，图中每一弧上第一个数字表示该工序的作业时间（天数），第二个数字表示该工序每天所需要的人数，试对该时间人力流线进行人力资源平衡分析。

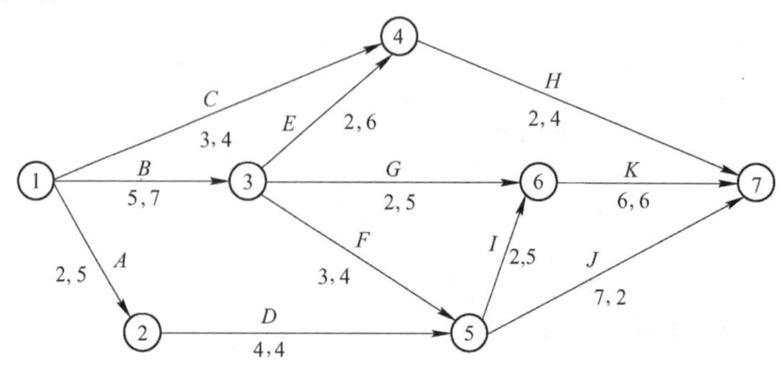

图 12 - 16　某工程的时间、人力流线图

解

(1) 如果给出的是带有资源（人力、材料、设备）信息的任务分解表，要画出带有这些信息的网络计划图。

(2) 可以用图上计算法，也可以用表上计算法计算各参数。表上计算法如表 12 - 5 所示。

(3) 做出最早开工时间的资源横道表，如表 12 - 5 所示。表 12 - 5 是工序最早开工时间的人力横道图。表中数字部分是按最早开工时间开工的工作时间，其长度等于作业时间，中间的数字是每天需要的人数，阴影部分是工序总时差，无阴影的工序是关键工序。

表 12 - 5　利用表上计算法计算最早开工时间的资源横道表

工序编号	开工节点	完工节点	作业时间	ES	LF	D_{ij}（工序时差）	日期															
							1	2	3	4	5	6	7	8	9	10	11	12	13	14	15	16
A	1	2	2	0	4	2	5	5														
B	1	3	5	0	5	0	7	7	7	7	7											
C	1	4	3	0	14	11	4	4	4													
D	2	5	4	2	8	2			4	4	4	4										
E	3	4	2	5	14	7						6	6									
F	3	5	3	5	8	0						4	4	4								
G	3	6	4	5	10	1						2	2	2	2							
H	4	7	2	7	16	7								4	4							
I	5	6	2	8	10	0									5	5						
J	5	7	7	8	16	1									2	2	2	2	2	2	2	
K	6	7	6	10	16	0											6	6	6	6	6	6
每天人数合计							16	16	15	11	11	16	12	10	13	7	8	8	8	8	8	6

从表 12 - 5 看出，由于一些工序同时进行，使得每天需要的人数很不均匀，多时 16 人，少时 6 人，能否做到在不拖延工期的前提下资源使用的均衡就是一个关键问题。

(4) 现假定每天限定的人数是不超过 12 人，并要求在人数分配上较均匀，而不能延长总完工期。调整的原则如下。

充分利用非关键工序的时差，适当推迟一部分非关键工序的开工时间，但又要符合紧前工序最迟完工期小于紧后工序最早开工期；如用上面的方法不能达到每天人数的限额，可以考虑将一些可以分段进行的工序分成几段进行；如还不能达到要求，就只能延长总完工期了。调整结果如表 12 - 6 所示。

表 12 - 6　调整后的结果

工序编号	开工节点	完工节点	作业时间	ES	LF	D_{ij}（工序时差）	日期															
							1	2	3	4	5	6	7	8	9	10	11	12	13	14	15	16
A	1	2	2	0	4	2	5	5														
B	1	3	5	0	5	0	7	7	7	7	7											
C	1	4	3	0	14	11												4	4	4		
D	2	5	4	2	8	2			4	4	4	4										
E	3	4	2	5	14	7							6	6								
F	3	5	3	5	8	0						4	4	4								
G	3	6	4	5	10	1						2	2	2	2							
H	4	7	2	7	16	7															4	4
I	5	6	2	8	10	0									5	5						
J	5	7	7	8	16	1										2	2	2	2	2	2	2
K	6	7	6	10	16	0											6	6	6	6	6	6
每天人数合计							12	12	11	11	11	10	12	12	7	7	8	12	12	12	12	12

表 12 - 6 说明了如何利用非关键工序时差，经过若干次调整以后，拉平资源负荷高峰。这种方法适用于人力、物力、财力等与时间进度相关的综合平衡。

如何评价一个工程计划对资源利用的均衡程度？一般是以日资源利用量的方差为标准。方差值越小，则均衡性越好。

设 λ_t 是第 t 天对资源的需求量，T 是计划工期，则可计算日资源利用量的均值和方差。

均值
$$\bar{\lambda}=\frac{1}{T}\sum_{t=1}^{T}\lambda_t$$

方差
$$\lambda_{\sigma^2}=\frac{1}{T}\sum_{t=1}^{T}(\lambda_t-\bar{\lambda})^2=\frac{1}{T}\sum_{t=1}^{T}(\lambda_t^2-\bar{\lambda}^2)$$

因此资源均衡问题就是要在计划工期固定条件下，寻找一种工程进度计划方案，并使该方案的资源利用方差最小。(读者可计算例 12 - 4 中调整前后的方差)

12.6.3　时间与成本优化

在网络计划的实施过程中，如何使得工程完工的时间短，费用少，也就是在完工时间固定的条件下，需要的费用最少；或者在费用一定的条件下，完工时间最短。这些就是时间与成本优化要研究的问题。

完成一项工程所需要的总费用分为直接费用和间接费用两类。

1. 直接费用

直接费用包括生产工人的工资及附加费、设备能源、工具及材料消耗等直接与完成项目有关的费用。为了缩短工序的作业时间，就要增加直接费用，作业时间越短，直接费用越多。缩短一天而增加的直接费用称为直接费用增长率，用公式表示为

$$直接费用增长率=\frac{极限时间的直接费用-正常时间的直接费用}{正常时间-极限时间}$$

2. 间接费用

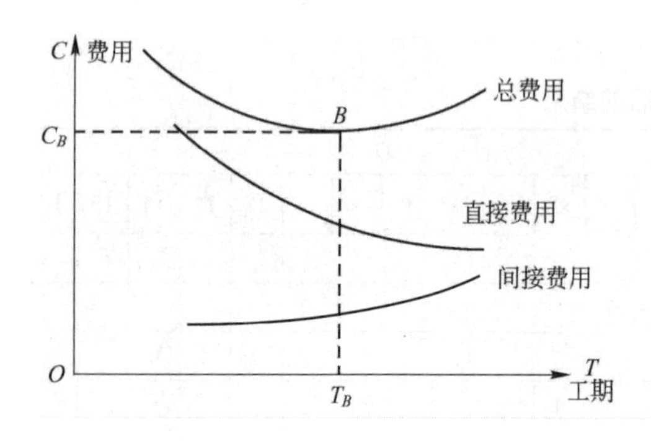

图 12－17　总费用、直接费用、间接费用之间的关系

间接费用包括管理人员的工资、办公费等。工序的作业时间越短，则间接费用越少。总费用、直接费用、间接费用之间的关系如图 12－17 所示。

从图 12－17 可以看出存在一个 B 点，B 点对应的总成本最低。因此与该最低成本对应的工期就为最优工期。时间与成本优化的目的就是要找出总成本变动中的最低点。直接费用占总费用的比重较大，又与工期的长短直接相关，所以时间与成本优化的重点放在分析工期与直接费用的关系上。关于工期与直接费用的分析是以每项工序为基础的，完成每项工序的时间一般处于正常时间和极限时间之间。

所谓正常时间，就是采用正常的工艺方法完成该项活动的时间。对应于正常时间所花费的费用称为正常费用。正常费用是完成该活动的最低费用。如果工期再延长，费用也不可能再降低。

极限时间也称赶工时间，是指采用最先进的工艺方法，完成该项工序的时间。对应于极限时间所花费的费用叫极限费用（也称赶工费用）。

例 12－5　图 12－18 是某工程项目带参数的箭线式网络计划图，图中的粗线表示关键工序。表 12－7 给出的是每一道工序的正常费用、极限费用和直接费用增长率，又已知工程项目的间接费用为 400 元/天。根据以上给定的信息进行时间与成本的优化。

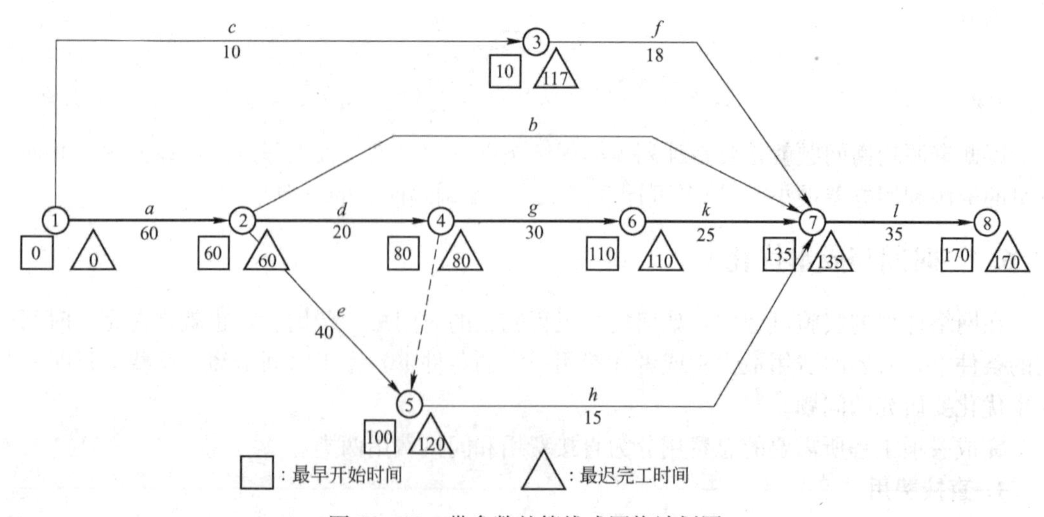

图 12－18　带参数的箭线式网络计划图

表 12-7　各道工序的正常费用、极限费用和直接费用的增长率

工序编号	正常情况		采取各种措施时后		直接费用增长率/(元/天)
	正常时间	正常费用	极限时间	极限费用	
a	60	10 000	60	10 000	
b	45	4 500	30	6 300	120
c	10	2 800	5	4 300	300
d	20	7 000	10	11 000	400
e	40	10 000	35	12 500	500
f	18	3 600	10	5 440	230
g	30	9 000	20	12 500	350
h	15	3 750	10	5 750	400
k	25	6 250	15	9 150	290
l	35	12 000	35	12 000	

解　优化的原则是：要缩短工程的总工期只能在关键路线上进行，且优先考虑缩短直接费用增长率最低的关键工序的作业时间。

如果按照图 12-18 和表 12-7 中的正常时间施工，称为方案 1。则可知该工程的费用如下。

直接费用：(10 000＋4 500＋2 800＋7 000＋10 000＋3 600＋9 000＋3 750＋6 250＋12 000)＝68 900(元)

间接费用：400×170＝68 000(元)

总费用：68 900＋68 000＝136 900(元)

按照上述原则进行赶工。关键路线为 a，d，g，k，l，其中工序 k 的直接费用增长率最低。工序 k 的极限天数为 15，正常天数为 25，因此工序 k 的作业时间只能缩短 10 天，则总工期为 160 天。这时该工程的费用如下。

直接费用：68 900＋2 900（赶工量）＝71 800(元)

间接费用：160×400＝64 000(元)

总费用：135 800 元

此方案称为方案 2。将第 2 方案与第 1 方案比较，第 2 方案比第 1 方案提前了 10 天，费用节省了 136 900－135 800＝1 100(元)。显然，方案 2 比方案 1 好。

此时关键路线仍为：a，d，g，k，l。为了进一步缩短工期，工序 g 可以缩短 10 天。此时工程的费用如下。

直接费用：71 800＋350×10＝75 300(元)

间接费用：64 000－400×10＝60 000(元)

总费用：75 300＋60 000＝135 300(元)

工期：150 天

把这个方案称为方案 3。显然，方案 3 比方案 2 缩短了 10 天，节省了 500 元。此时的关键路线有两条（将 g 的作业时间改为 20 天，重新计算关键路线）：a，d，g，k，l 和 a，e，h，l。在关键路线 a，d，g，k，l 上，a，g，k，l 都达到了极限时间，不能再赶工了。

如果还要继续缩短工期，只能两条线路同时进行，第 1 条关键路线中只有 d 可以缩短 5 天；同时在第 2 条路线中选择一个直接费用增长率最低的，h 工序缩短 5 天（只能缩短 5

天）。此时工程的费用如下。

直接费用：75 300＋400×5＋400×5＝79 300(元)

间接费用：60 000－400×5＝58 000(元)

总费用：79 300＋58 000＝137 300(元)

工期：145 天

把这个方案称为方案 4。方案 4 比方案 3 多 2 000 元，用 2 000 元的工程费可以换来提前 5 天的工期。此时的关键路线有两条：a，d，g，k，l 和 a，e，h，l。在这两条关键路线上 a，g，k，l，h 都达到了极限时间，不能再赶工了。

如果还要继续缩短工期，只能两条线路同时进行：第一条关键路线中只有 d 可以缩短 5 天，同时在第二条路线中只有 e 工序可以缩短 5 天。

直接费用：79 300＋400×5＋400×5＝83 800(元)

间接费用：400×140＝56 000(元)

总费用：83 800＋56 000＝139 800(元)

工期：140 天

把这个方案称为方案 5。方案 5 比方案 3 多 4 500 元，用 4 500 元的工程费可以换来提前 10 天的工期。此时工序 a，d，g，k，l 和 a，e，h，l 都达到了极限时间，不能再赶工了。

这 5 个方案就是该工程的全部方案了。根据上述 5 个方案中工程周期的不同，若能具体计算出每个方案所对应的贷款利息、延误合同期的罚款、工程提前交付使用的经济效益等，就能确定究竟选择哪一个方案经济效益最好。

习题

1. 指出图 12－19 中箭线式网络图中的错误。

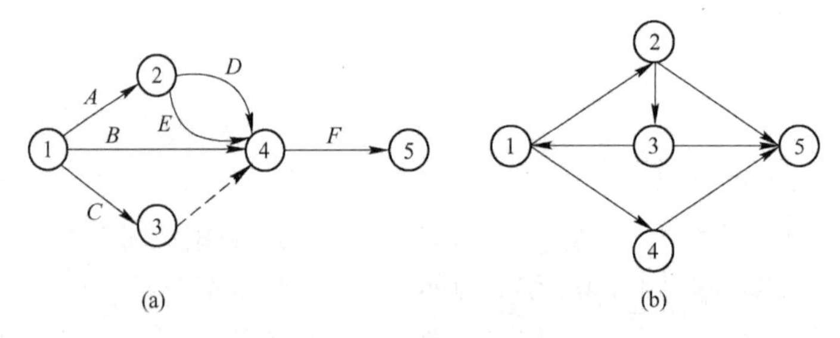

图 12－19 箭线式网络图

2. 对图 12－20 所示的箭线式网络图计算各项的相关参数，包括：(1) 节点时间；(2) 工序时间；(3) 总时差；(4) 找出关键路线并计算工期。

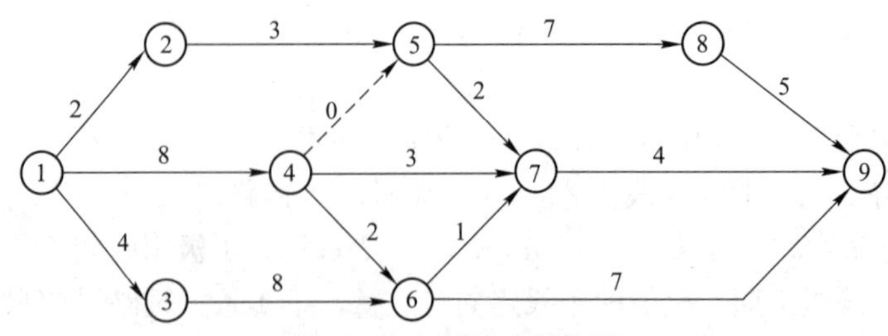

图 12－20 箭线式网络图

3. 已知资料如表 12－8～表 12－10 所示，绘制网络图并确定关键路线。

表 12－8　工序—紧前工序—工序时间表

工序	A	B	C	D	E	F	G	H	I	K	L	M
紧前工序	G，M	H	—	L	C	A，E	B，C	—	A，L	F，L	B，C	C
工序时间/天	3	4	7	3	5	5	2	5	2	1	7	3

表 12－9　工序—紧后作业—作业时间表

工序	A	B	C	D	E	F	G	H
紧后作业	B，C，D	E，F	F	E	G	G	H	—
作业时间/天	3	5	2	7	6	4	8	1

表 12－10　工序—紧前工序—工序时间表

工序	a	b	c	d	e	f	g	h	i	j	k	l	m	n	o	p	q
紧前工序	—	a	a	a	a	a	b，c	e，f	f	d，g	h	j，k	j，k	i，l	n	m	o，p
工序时间/天	60	14	20	30	21	10	7	12	60	10	25	10	5	15	2	7	5

4. 对如图 12－21 所示的网络，各项工作旁边的三个数分别为工作的最乐观时间、最可能时间和最悲观时间，确定其关键路线和最早完工时间的概率。

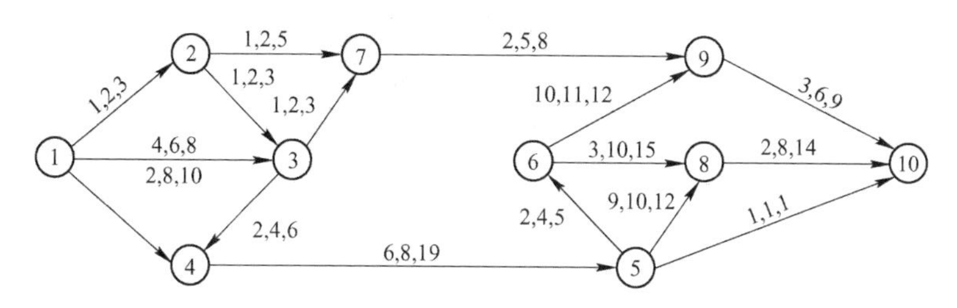

图 12－21　网络图

5. 某项工程各道工序时间及每天需要的人力资源如图 12－22 所示。图中箭线上的英文字母表示工序代号，括号内数值是该工序时差，箭线下左边数为工序工时，括号内为该工序每天需要的人力数。若要求人力资源限制在每天只有 15 人，求此条件下工期最短的施工方案。

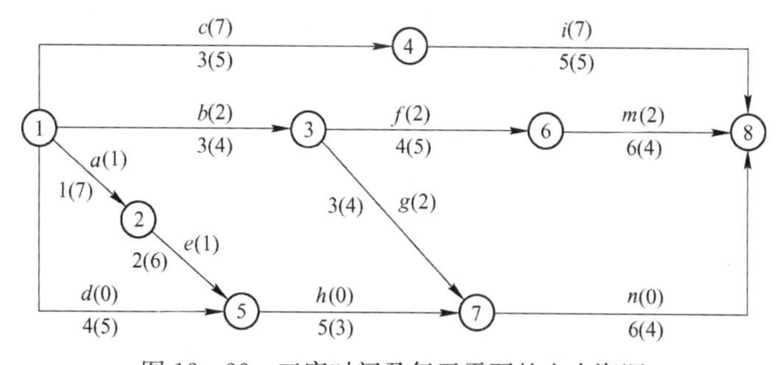

图 12－22　工序时间及每天需要的人力资源

6. 已知一项工程，经工序 A，B，…，K，其工序流线图如图 12-23 所示。各工序时间及各工序所需人数如表 12-11 所示。已知每天至多有 15 人可供这项工程使用，在保证 15 天完成的情况下，如何安排每天的生产？

表 12-11　各工序时间及各工序所需人数

工序	工序时间/天	人数/人	工序	工序时间/天	人数/人
A	1	7	G	3	4
B	3	4	H	5	3
C	3	5	I	5	5
D	4	5	J	6	4
E	2	6	K	5	4
F	4	5			

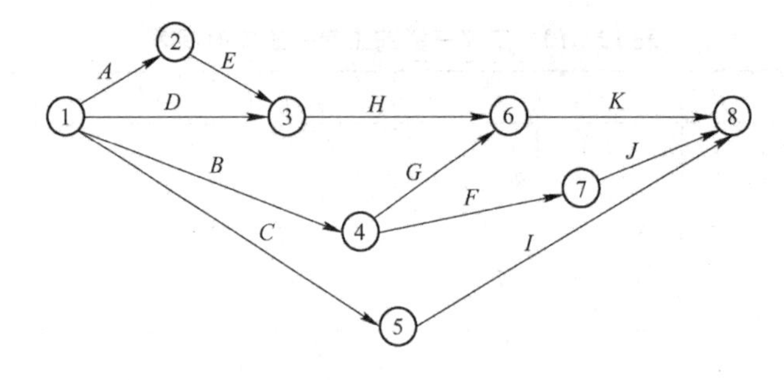

图 12-23　网络图

7. 已知建设一个汽车库及引道的作业明细表如表 12-12 所示。

表 12-12　作业代号、名称、时间明细

工序代号	工序名称	工序时间/天	紧前工序
a	清理场地，准备施工	10	—
b	备料	8	—
c	车库地面施工	6	a，b
d	预制墙及房顶的桁架	16	b
e	车库混凝土地面保养	24	c
f	立墙架	4	d，e
g	立房顶桁架	4	f
h	装窗及边墙	10	f
i	装门	4	f
j	装天花板	12	g
k	油漆	16	h，i，j
l	引道混凝土施工	8	c
m	引道混凝土保养	24	l
n	清理场地，交工验收	4	k，m

要求：

(1) 该项工程从施工开始到全部结束的最短周期；

(2) 若工序 l 拖期 10 天，对整个工程进度有何影响？

(3) 若工序 j 的工序时间由 12 天缩短到 8 天，对整个工程进度有何影响？

(4) 为保证整个工程进度在最短周期内完成，工序 i 最迟必须在哪一天开工？

(5) 若要求整个工程在 75 天完工，要不要采取措施？应从哪些方面采取措施？

8. 在第 7 题中，若要求该项工程在 70 天内完工，又知各道工序按正常进度的工序时间与每天的费用以及赶工作业的工序时间与每天的费用如表 12－13 所示，试确定在保证 70 天内完成，而又使全部费用最低的施工方案。

表 12－13　正常工作和赶工作业时的工序时间与费用

工序代号	正常工作		赶工作业	
	工序时间/天	费用/(元/天)	工序时间/天	费用/(元/天)
a	10	50	6	75
b	8	40	8	40
c	6	40	4	60
d	16	60	12	85
e	24	5	24	5
f	4	40	2	70
g	4	20	2	30
h	10	30	8	40
i	4	30	3	45
j	12	25	8	40
k	16	50	12	80
l	8	40	6	60
m	24	5	24	5
n	4	10	4	10

9. 某项目的网络图如图 12－24 所示，弧上的数字表示工序保守、可能、乐观时间，试计算该项任务在 30 天完成的可能性。如果完成该项任务的可能性要求达到 99.2%，则计划工期应规定为多少天？

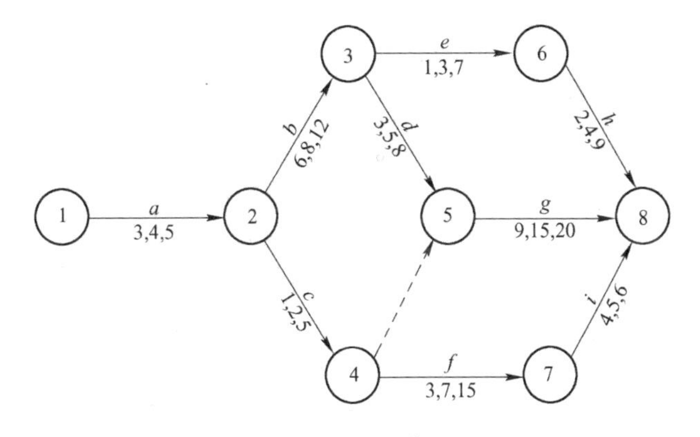

图 12－24　网络图

10. 已知表 12－14 所列资料，求该工程项目得最低成本日程。

表 12-14　各活动的作业时间、紧前活动、完成的费用及赶工费用

活动	作业时间	紧前活动	正常完成进度的直接费用/百元	赶进度一天所需费用/百元
a	4		20	5
b	8		30	4
c	6	b	15	3
d	3	a	5	2
e	5	a	18	4
f	7	a	40	7
g	4	b，d	10	3
h	3	e，f，g	15	6
合计			153	
工程的间接费用			5/(百元/天)	

第 13 章

本章要求理解决策的概念和分类；掌握不确定型决策和风险型决策的原理和方法；掌握贝叶斯决策及信息价值的概念；理解并掌握基于效用曲线的决策方法；掌握层次分析法的原理和方法及计算机软件求解方法。

决策分析

13.1 决策分析问题

决策是人们根据预定目标，在几种不同的行动方案中作出抉择的一种过程，是人们生活和工作中普遍存在的一种活动。在工商管理中，决策的重要性是毋庸置疑的，它是管理过程的核心。假如一个企业在生产中发生一次执行错误，造成产品报废的损失可能只是几百元或几千元；但如果企业一个决策错误则有可能造成几亿元、几十亿元的损失，甚至导致企业一蹶不振、破产倒闭。在一切失误中决策的失误是最大的，因此作为管理者，必须要掌握科学的决策原理和方法。决策分析就是研究怎样从若干个行动方案中，科学地选择最优方案的方法论。

13.2 决策分类和决策步骤

1. 决策分类

(1) 根据决策的结构分类，决策分为程序性决策和非程序性决策。

(2) 根据决策问题的环境条件分类，决策分为确定型决策、风险型决策和不确定型决策。

其中，确定型决策是在决策环境完全确定条件下进行的决策。一个方案只有一种确定的结果，其自然状态是人们所掌握的。如线性规划的问题属于确定情况下的决策问题。

风险型决策和不确定型决策，则是在决策环境不完全确定的情况下进行的决策。由于存在不可控制的自然状态，采取一种方案可能出现几种不同的结果。两者之间的区别在于，前者对于各自然状态发生的概率，决策者可以计算或预先估计出来；后者对于各自然状态发生的概率，决策者是一无所知的，只能靠决策者的主观判断进行决策。

(3) 根据决策问题的重要性分类，决策可划分为战略决策、策略决策和执行决策。

(4) 按决策方法分类，决策可分为定量决策和定性决策。

(5) 按决策过程的连续性分类，决策可分为单项决策和序贯决策。

此外，按时间的长短可分为长期决策、中期决策、短期决策；按要达到的目标分为单目标决策和多目标决策；按决策的阶段分为单阶段决策和多阶段决策；按决策的人数分为单人决策和群体决策等。

2. 决策步骤

决策是一个动态的系统反馈过程，它大致可以分为确定目标、收集信息、提出方案、方案优选和实施并利用反馈信息进行控制等基本步骤，其过程如图 13-1 所示。

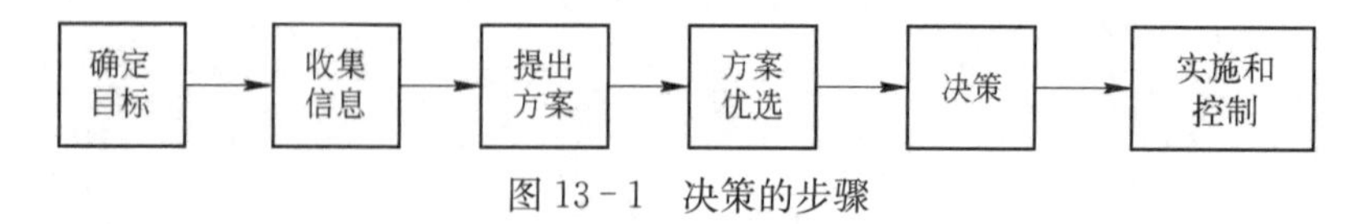

图 13-1　决策的步骤

13.3 决策问题的基本要素

1. 状态集

决策的对象称为一个系统，系统处于不同的状况称为状态，它是不为决策者所控制的客观状态。把自然状态数量化得到一个状态变量，该变量是随机变量。所有自然状态构成的集合称为状态集，记为 $N=\{x\}$，其中 x 为状态变量，它可以是离散的，也可以是连续的，系统中每种状态发生的概率记为 $P(x)$。

2. 决策集

为达到理想的目标提出的每一个行动方案称为决策方案，将其数量化后称为决策变量，记为 s，决策变量全体构成的集合称为决策集，记为 $S=\{s\}$。决策集可以是离散的，也可以是连续的；决策集中的元素可以是有限的，也可以是无限的。

3. 报酬函数

报酬函数是定义在 $S\times N$ 上的一个二元实值函数 $R(s, x)$。报酬函数解释为，在状态 x 出现时，决策者采用方案 s 所获得的收益值或损失值。如果 $R(s, x)=+r$ 表示收益值，$R(s, x)=-r$ 就表示损失值。

4. 决策准则

决策者为了寻找最优方案而采用的准则称为决策准则。决策准则是衡量选择方案的标准，一般选择决策准则是收益尽可能大而损失尽可能小。

5. 决策者的价值观

决策者对收益、风险承受能力等的偏好程度不同，对同一问题不同的决策者的决策准则也不同。

13.4 决策问题的数学模型

一个决策问题的数学模型由状态集 N、决策集 S、报酬函数 $R(s, x)$ 和决策准则构成。设 $N=\{x_1, x_2, \cdots, x_n\}$，$S=\{s_1, s_2, \cdots, s_m\}$，$R(s_i, x_j)=r_{ij}$，$p(x_j)$ 表示状态 $x_j(j=1, 2, \cdots, n)$ 出现的概率，则表 13-1 表示了一个决策问题的数学模型 $R(s, x)$。

表 13-1 决策问题的数学模型

S	N			
	x_1	x_2	$\cdots$	x_n
	$p(x_1)$	$p(x_1)$	$\cdots$	$p(x_1)$
s_1	r_{11}	r_{12}	$\cdots$	r_{1n}
s_2	r_{21}	r_{22}	$\cdots$	r_{2n}
$\vdots$	$\vdots$	$\vdots$		$\vdots$
s_m	r_{m1}	r_{m2}	$\cdots$	r_{mn}

13.5 确定型决策

确定型决策是指决策者对所决策问题的未来情况十分清楚地了解，有关的条件都能准确地引举，只有一种确定的自然状态，这时的分析称为确定型决策分析。

例 13-1 某市自行车厂准备生产一批新产品，现有三种类型的自行车可供选择：载重型、轻便型、山地车。根据以往的数据与情况，产品在畅销、一般和滞销下的损益值如表 13-2所示。该厂如何选择方案使其获利最大?

表 13-2 损益值表

万元

方案	状态		
	畅销	一般	滞销
载重型	70	60	15
轻便型	80	80	25
山地车	55	45	40

解 这是一个面临三种自然状态和三种行动方案的决策问题。该厂通过对市场进行问卷调查及对该市场进行经济趋势分析，得出今后五年内，该市急需自行车且销路极好。因此，问题就从三种自然状态转变成只有一种自然状态（畅销）的确定型决策。由表 13-2 可知，选择轻便型自行车为最优方案，利润为 80 万元。

13.6 不确定型决策

在对外部需求信息不确定情况下，决策者仅知道将采用的若干行动方案在不同需求状态下所获得的收益值，而对各种需求状态出现的概率则无法预先估计或计算出来。决策者只能根据自己的主观倾向进行决策。根据决策者的主观态度不同，将决策准则分为 5 种：最大最小准则、等可能性准则、最大最大准则、折中准则和后悔值准则。决策者可以根据其具体情况，选择一个最合适的准则去进行决策。

例 13-2 夏季某商店打算购进一种新潮服装，新潮服装的销售量预计可能为 1 000，1 500，2 000，2 500 件。每件新潮服装的购进价是 100 元，销售价是 120 元。如果购进的服装夏季卖不完，则处理价为每件 80 元。为获得最大的销售利润，商店应购进多少件服装？

解 这个问题状态集为 $N=\{x_1, x_2, x_3, x_4\}$，其中 x_1，x_2，x_3，x_4分别表示新潮服装的销售量为 1 000，1 500，2 000 件和 2 500 件；而决策集为 $S=\{s_1, s_2, s_3, s_4\}$，其中 s_1，s_2，s_3，s_4分别表示购进新潮服装 1 000，1 500，2 000 件和 2 500 件。在不同状态下，各方案的损益值如表 13-3 所示。

表 13-3 损益值表

万元

S	N			
	x_1 (1 000)	x_2 (1 500)	x_3 (2 000)	x_4 (2 500)
s_1(1 000)	2	2	2	2
s_2(1 500)	1	3	3	3
s_3(2 000)	0	2	4	4
s_4(2 500)	−1	1	3	5

在这个问题中由于不知道各种需求状态发生的概率，即确切的销售数量，因此是一个不确定型决策问题。对于这类问题，存在几种不同的决策准则，这些准则都有其合理性，具体选择哪一种，要取决于决策者的态度和经济实力。下面分别介绍不确定型决策分析的基本方法。

1. 乐观准则

决策者从最乐观的观点出发，对每个方案按最有利的状态发生来考虑问题。即求出每个

方案在各种需求状态下的最大报酬值，然后从中选取最大报酬值的方案为最优方案，即决策准则为

$$\max(\max(R(s,\ x)))$$

例13-2中由表13-3知方案 s_1，s_2，s_3，s_4 在各种需求状态下的最大报酬值分别为2万，3万，4万，5万元，其中最大者为5万元，对应的最优方案应为 s_4，即购进2 500件新潮服装是乐观准则下的最优方案。

2. 悲观准则

决策者从最保守的观点出发，对客观情况作最坏的估计。用这种准则进行决策分析时，首先应计算出每个方案在各种需求状态下的最小报酬值，然后从这些最小值中选出最大值对应的方案为最优方案，决策准则为

$$\max(\min(R(s,\ x)))$$

在例13-2中由表13-3可知，s_1，s_2，s_3，s_4 在需求状态的最小报酬值分别2万，1万，0万，－1万元，其中最大是2万元，对应的最优方案为 s_1，即购进1 000件新潮服装在悲观意义下是最优方案。

3. 乐观系数准则

乐观系数准则也称为Hurwicz决策法。用这种方法进行决策时，先确定一个乐观系数 α，$(0\leqslant\alpha\leqslant 1)$，表示决策者的乐观程度。当 $\alpha=0$ 时，决策者感到完全悲观，该准则就是悲观准则；当 $\alpha=1$ 时，决策者感到完全乐观，该准则就是乐观准则。一般决策者认为最有利状态发生的概率为 α，最不利状态发生的概率为 $1-\alpha$。

决策准则为

$$\max(\alpha\max(R(s,\ x))+(1-\alpha)\min(R(s,\ x)))$$

在例13-2中，设 $\alpha=0.6$，令

$$E(s_i)=\max(\alpha\max(R(s_i,\ x))+(1-\alpha)\min(R(s_i,\ x)))$$

由表13-3中的数据可知

$$E(s_1)=0.6\times 2+0.4\times 2=2.0,\quad E(s_2)=0.6\times 3+0.4\times 1=2.2$$

$$E(s_3)=0.6\times 4+0.4\times 0=2.4,\quad E(s_4)=0.6\times 5+0.4\times(-1)=2.6$$

其中 $E(s_4)$ 值最大，故 s_4 为最优方案，即乐观系数为0.6时，购进2 500件新潮服装是最优方案。

4. 后悔值准则

后悔值准则也称为Savage决策法。这种方法认为决策者作出决策且在需求状态发生之后，可能会后悔，但希望选择一个不十分后悔的方案，于是这种使后悔值尽可能小的方法被提出。采取某种方案的后悔值定义为某种状态下各个方案报酬值中的最大报酬值减去该方案的报酬值，即在状态 x 下 s 方案的后悔值为

$$\mathrm{RV}(s,\ x)=\max_{x}\ (R(s,\ x))\ -R(s,\ x)$$

应用后悔值准则进行决策时，是在所有最大后悔值中选取最小值所对应的方案为最优方案。即决策准则为

$$\min_{s}(\max_{x}(\mathrm{RV}(s,\ x)))$$

在例13-2中，根据表13-3方案 s_i 的后悔值，其最大后悔值计算结果如表13-4所示。

表 13-4 后悔值表 万元

方案	状态				$\max(RV(s,x))$
	x_1	x_2	x_3	x_4	
s_1	0	1	2	3	3
s_2	1	0	1	2	2
s_3	2	1	0	1	2
s_4	3	2	1	0	3

由于 $\min(\max(RV(s,x)))=\min(3,2,2,3)=2$，所以最优方案为 s_2 或 s_3，即购进1 500件或 2 000 件新服装为最优方案。

5. 等可能准则

等可能准则也称 LapLace 决策法。这个方法假定各种自然状态都有相同的机会发生，即它们发生的概率相同，这样就把一个不确定型决策化为一个风险型决策来进行分析，选择期望报酬值最大的方案为最优方案。

由上面的分析可以看出，对同一个不确定型决策问题用不同的准则进行决策时可能得到不同的结果，究竟采取哪种准则，这取决于决策者的态度、财力、物力、目标等。一般来说，如果决策者是个大公司，而决策问题是公司的一个局部问题，它们往往采用乐观准则，一旦失败，也不会给公司造成很大的损失；反之，如果决策者是一个小公司，而决策的问题影响公司的全局，往往倾向于悲观准则，当然如果能设法测定各种自然状态发生的概率，将会得到较好的决策结果。

不确定型决策中是因人、因地、因时选择决策准则的，但在实际中当决策者面临不确定型决策问题时，他首先是获取有关各事件发生的信息，使不确定型决策转化为风险型决策。

13.7 风险型决策

风险型决策是指决策者不仅知道行动方案在各个状态下的损益值，而且还知道状态发生的概率。用数学形式描述就是：设状态集 $N=\{x_1, x_2, \cdots, x_n\}(n\geqslant 2)$，将自然状态看作随机变量，其概率分布 $p(x_j)=p_j(j=1, 2, \cdots, n)$和损益值 $R(s, x)$ 为已知，这就是风险型决策问题。

1. 最大可能准则

由概率论可知，一个事件的概率越大，其发生的可能性就越大。如果在各种状态中，只根据一种状态来进行决策，无疑将选取概率最大的状态，这样就把风险型决策问题变成了确定型决策问题。

例 13-3 某公司预定在某日举行展销会，获利大小除与举办规模大小有关外，还与天气好坏有关。根据天气变化预计，该日天气可能出现三种情况：晴的概率为 0.1，多云的概率为 0.6，下雨的概率为 0.3，其损益情况如表 13-5 所示，试用最大可能准则进行决策。

表13-5 损 益 表

万元

方 案	自然状态		
	x_1（晴）	x_2（多云）	x_3（雨）
	$p(x_1)=0.1$	$p(x_2)=0.6$	$p(x_3)=0.3$
s_1（大规模）	50	25	−2
s_2（中规模）	35	26	1
s_3（小规模）	20	15	2

解 从表13-5可以看出，天气多云的概率最大，为0.6。根据最大可能准则，只考虑天气多云这种状态下的决策，显然 $\max(25, 26, 15)=26$，故采取方案 s_2，即中规模展销为最优方案。

2. 期望值准则

期望值准则就是把每个方案在各自然状态下的收益值看成离散型的随机变量，求出每个方案收益值数学期望，选取一个收益值数学期望最大的行动方案为最优方案。

例13-4 根据例13-3提供的资料，试用期望值准则进行决策。

解 分别求出各方案的收益期望值 $E(s_i)$：

$$E(s_1)=50\times0.1+25\times0.6+(-2)\times0.3=19.4$$

$$E(s_2)=35\times0.1+26\times0.6+1\times0.3=19.4$$

$$E(s_3)=20\times0.1+15\times0.6+2\times0.3=11.6$$

有两个方案 s_1 和 s_2 的收益期望值最大且相等，可以任选一个作为最优方案。如果想进一步考察两者的优劣，则可选两个方案中最小收益值较大的那个方案作为最优方案，这样得到的方案风险小一些。据此，该例题应选取 s_2，即中规模展销为最优方案。

3. 决策树法

在用期望值准则决策时，对于一些较为复杂的风险型决策问题，如多级决策问题，仅用表格的形式是难以表达和分析的，为此引入了决策树方法。决策树方法同样是使用期望值准则进行决策，但是它具有直观形象、思路清晰的优点。

决策树是从决策点□出发，引出几个分枝即方案枝，每枝代表一个方案 s_i；在各方案末端画出方案效果点○，从方案效果点引出若干分枝即概率枝，每枝代表一种状态 x_j，并注明其出现的概率 $p(x_j)$；再在概率枝末端画出结果点△，代表某一方案在某一状态下的结果，收益值标在结果点旁边；除此之外，一般将收益期望值分别标在方案效果点及决策点的上方。由于这种图形似树枝，故称决策树。

例13-5 设有一风险决策问题的损益表如表13-6所示，试用决策树法进行决策分析。

表13-6 损 益 表

方 案	状 态					
	x_1		x_2		x_3	
	利润/万元	概 率	利润/万元	概 率	利润/万元	概 率
s_1	5	0.4	3	0.3	−3.5	0.3
s_2	3.5	0.5	2.5	0.3	1.5	0.2
s_3	4.5	0.6	3.5	0.2	0.1	0.2

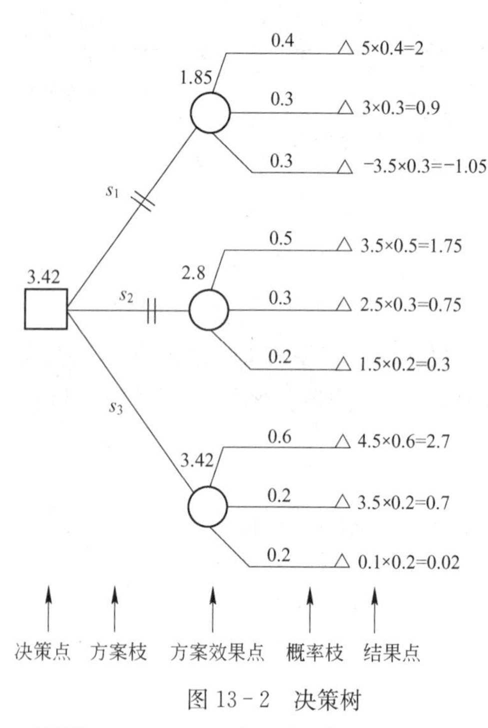

图 13－2　决策树

解　根据表中的信息画出决策树如图 13－2 所示。

计算三种方案的利润期望值：

$E(s_1)=5\times0.4+3\times0.3+(-3.5)\times0.3=1.85$(万元)

$E(s_2)=3.5\times0.5+2.5\times0.3+1.5\times0.2=2.8$(万元)

$E(s_3)=4.5\times0.6+3.5\times0.2+0.1\times0.2=3.42$(万元)

根据以上计算可知，方案 s_3 的利润期望值最大，s_3 为最优方案，图中用“‖”符号表示将其他方案枝剪掉。

在实际工作中，有许多决策问题需要“走一步，看一看”，因为有些问题涉及较长时期的利益，而目前掌握的信息还不够充分，今后情况会有新的变化，所以在决策时最好能分几步走，可以根据新的变化情况来修改原来决策，使决策具有应变能力。

例 13－6　现有两个建厂方案：s_1（一次建成大厂），s_2（先建小厂，3 年后看市场情况再决定是否扩建）。现建大厂需要投资 350 万元；小厂需要投资 20 万元，3 年后扩建所需费用预计为 400 万元。两者的使用期都是 10 年，预计此产品前 3 年销路好的概率为 0.4，销路差的概率为 0.6；后 7 年销路好的概率为 0.7，销路差的概率为 0.3，两个方案的年度收益值如表 13－7 所示，用决策树法进行决策分析。

表 13－7　建厂方案及收益

状　态	概　率		方　案	
	前 3 年	后 7 年	a_1建大厂/万元	a_2建小厂/万元
销路好	0.4	0.7	250	80
销路差	0.6	0.3	−50	15

解　画出决策树如图 13－3 所示。

计算各节点的期望值如下。

节点 C：$[250\times0.7+(-50)\times0.3]\times7=1\ 120$(万元)

节点 D：$[250\times0.7+(-50)\times0.3]\times7=1\ 120$(万元)

节点 A：$[250\times0.4+(-50)\times0.6]\times3+0.4\times1\ 120+0.6\times1\ 120=1\ 330$(万元)

节点 E：$[250\times0.7+(-50)\times0.3]\times7=1\ 120$(万元)

节点 F：$(80\times0.7+15\times0.3)\times7=423.5$(万元)

对于决策点 2：由于扩建可获得 $1\ 120-400=720$(万元)利润，不扩建可获得 423.5 万元，因此选择扩建方案。

节点 G：$[250\times0.7+(-50)\times0.3]\times7=1\ 120$(万元)

节点 H：$(80\times0.7+15\times0.3)\times7=423.5$(万元)

对于决策点 3，依据节点 G 和节点 H 可知选择扩建方案。

节点 B：$(80\times0.4+15\times0.6)\times3+0.4\times720+0.6\times720=843$(万元)

对于最终决策点 1，由于建大厂可获得 $1\ 330-350=980$(万元)的利润，而建小厂可获得 843－20＝823(万元)的利润，因此选择建大厂方案。

从以上计算可以看出：两个方案比较，以方案 s_1 的期望值最大，s_1 为最优方案。在目前进行决策时就要确定后 7 年的需求概率（0.7 和 0.3），显然当前给出的后 7 年需求概率可靠程度很小，如果后 7 年销路好的概率不是 0.7 而是 0.3，则决策树如图 13－4 所示。

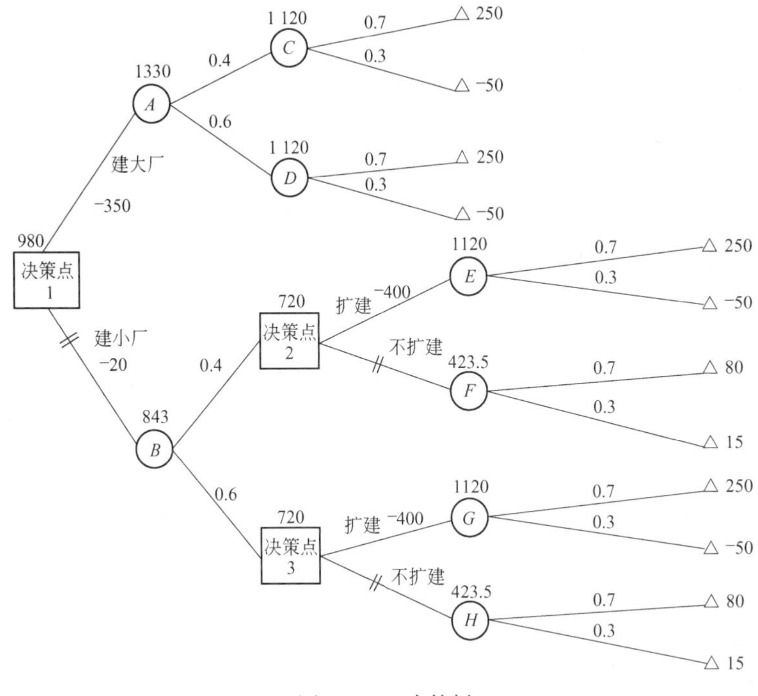

图 13－3　决策树

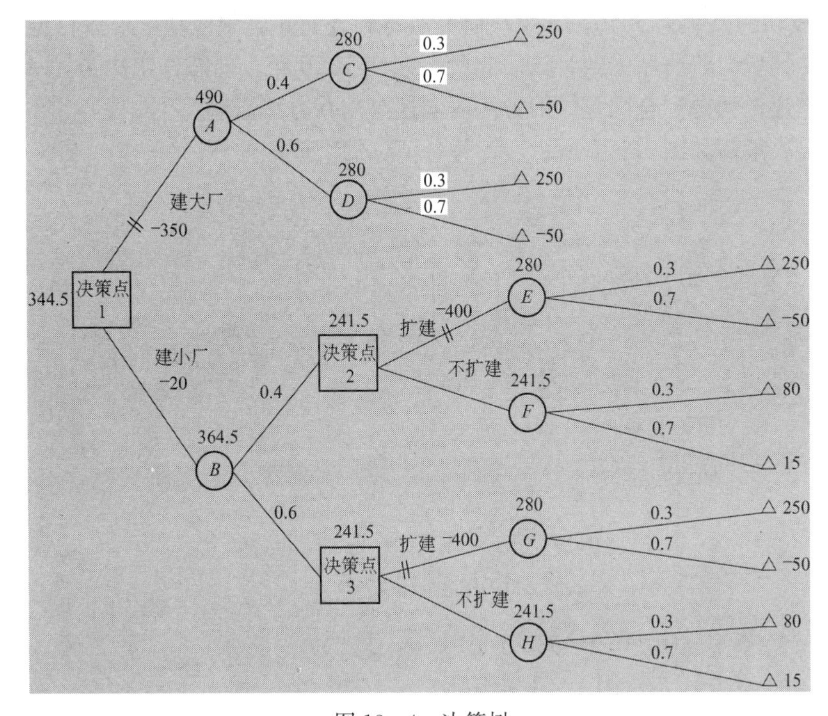

图 13－4　决策树

计算各节点的期望值如下。

节点 C：[250×0.3+(−50)×0.7]×7=280(万元)

节点 D：[250×0.3+(−50)×0.7]×7=280(万元)

节点 A：[250×0.4+(−50)×0.6]×3+0.4×280+0.6×280=490(万元)

节点 E：[250×0.3+(−50)×0.7]×7=280(万元)

节点 F：(80×0.3+15×0.7)×7=241.5(万元)

对于决策点 2，由于扩建方案获利 280−400=−120（万元），不扩建获利 241.5 万元，因此选择不扩建方案。

节点 G：[250×0.3+(−50)×0.7]×7=280(万元)

节点 H：(80×0.3+15×0.7)×7=241.5(万元)

对于决策点 3，由于扩建方案，获利为 280−400=−120(万元)，而不扩建方案获利 241.5 万元，因此，选择不扩建方案。

节点 B：(80×0.4+15×0.6)×3+0.4×241.5+0.6×241.5=364.5(万元)

对于决策点 1：建大厂获利 490−350=140（万元），建小厂获利 364.5−20=344.5(万元)，因此，最终选择建小厂方案。

这样，两个方案相比较，方案 s_2 优于 s_1，可见后 7 年需求概率不同其决策结果也不同，所以在第一年决策时，希望能“走一步，看一看”，避免一下子就把十年的问题定死，这是多级决策的客观需要。

例 13−7 某研究所考虑向某工厂提出开发一种新产品的建议。为了提出此建议需进行初步的研究工作，花费 2 万元。根据该研究所的经验和对市场、产品及竞争者的估计（可能有其他机构向该厂提出开发建议），建议提出后，估计有 60%的可能得到合同。如得到合同，该产品有两种生产方法：旧方法要花费 28 万元，成功的概率为 80%；新方法只需花费 18 万元，但成功的概率为 50%。如果该研究所得到合同并研制成功，厂方将付给研究所 70 万元的技术转让费；若研制失败，该研究所要赔偿 15 万元。现需作出决策，该研究所是否应提出研制建议？如得到合同是用旧方法研制还是用新方法研制？

解 画出决策树如图 13−5 所示，计算各节点的期望值如下。

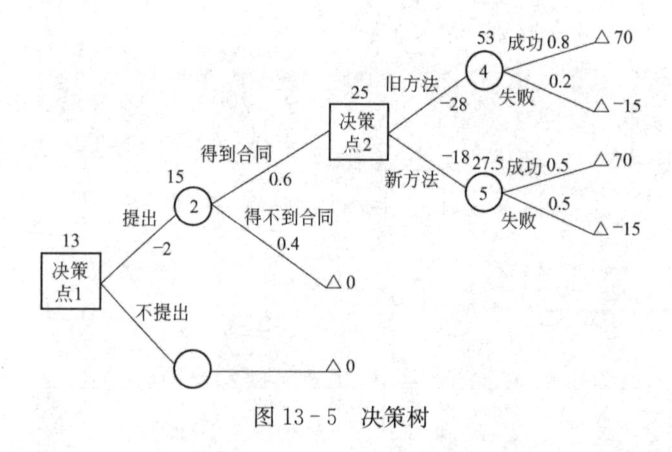

图 13−5 决策树

节点 4：70×0.8−15×0.2=53(万元)

节点 5：70×0.5−15×0.5=27.5(万元)

决策点 2：旧方法期望收益为 53－28＝25(万元)，新方法期望收益为 27.5－18＝9.5(万元)，因此剪掉新方法这一枝，决策点 2 选择旧方法。

节点 2：0.6×25＋0.4×0＝15(万元)

决策点 1：提出建议的期望值为 15－2＝13(万元)，不提出建议的期望值为 0。因此选择提出建议。

13.8　贝叶斯决策及信息价值

解决风险型决策问题需要知道各种外部需求状态发生的概率 $p(x_1)$，…，$p(x_n)$，称这些概率为先验概率。由于许多决策问题的先验信息不够充分，其概率分布又往往只能凭决策者所获得的信息进行主观估计，因此，估计的先验概率很难准确地反映客观真实情况。决策的过程实际上是一个不断收集信息的过程，当信息足够完备时，决策者便不难作出正确决策了。当通过抽样调查、专家估计等各种方法收集到一些与决策有关的新信息 B 以后，原来各种状态发生的概率估计可能会发生变化。变化后的概率记为 $P(x_i|B)$，这是一个条件概率，表示在得到新信息 B 后对原概率 $p(x_i)$ 的修正，故称为后验概率。修正后得到的后验概率比先验概率可靠，可作为决策者进行决策分析的依据。由于这种概率修正主要根据贝叶斯（Bayes）定理，故常称这种决策为贝叶斯决策。

进行贝叶斯决策时，需要解决两方面的问题。

(1) 在根据过去的经验确定各种状态发生的先验概率估计后，如何根据追加的新信息对先验概率进行修正，并根据后验概率进行决策。

(2) 由于获取信息通常要支付一定的费用，这就产生了一个需要将由于获取新信息导致的收益增加值和为获取信息所支付的费用进行比较，当追加信息带来的收益增长大于信息支付的费用时，才有必要去获取新信息，通常将新信息带来的收益称为信息价值。

贝叶斯决策的步骤如下：

(1) 根据过去的经验获得状态发生的先验概率 $p(x_i)$；

(2) 根据调查或试验计算得到条件概率 $P(B|x_i)$；

(3) 用全概率公式计算状态发生的概率：$P(B)=\sum_{i=1}^{n}P(x_i)P(B|x_i)$；

(4) 用贝叶斯公式计算后验概率

$$P(x_i|B)=\frac{P(x_i)P(B|x_i)}{P(B)}=\frac{P(x_i)P(B|x_i)}{\sum P(x_i)P(B|x_i)} \tag{13.1}$$

(5) 用后验概率，按照期望值最大准则进行决策。

例 13-8　某石油公司拥有一块可能有油的土地，根据可能有油的多少，该块土地属于四种类型：可产油 50 万、20 万、5 万桶及无油。公司目前有三个方案可供选择：自己钻井；无条件将土地出租给其他生产者；有条件将土地出租给其他生产者。若自己钻井，打出一口有油油井的费用是 10 万元，打出一口无油油井的费用是 7.5 万元，每桶油的利润是 1.5 元。无条件出租，不管出油多少公司收取固定租金 4.5 万元；若有条件出租，不收取租金但当产量为 20 万～50 万桶时，每桶公司收取 0.5 元。根据以上可计算公司得到的可能利润如

表 13－8 所示。按照过去的经验该土地属于上面四种类型的可能性分别为 10%，15%，25%，50%。该公司应选择哪种方案，可获得最大利润？

表 13－8　石油公司的方案及收益　　元

方　案	状　态			
	50 万桶（x_1）	20 万桶（x_2）	5 万桶（x_3）	无油（x_4）
	0.1	0.15	0.25	0.5
自己钻井（s_1）	650 000	200 000	−25 000	−75 000
无条件出租（s_2）	45 000	45 000	45 000	45 000
有条件出租（s_3）	250 000	100 000	0	0

解　如果用风险型决策中的期望值最大准则进行决策。

$E(s_1)=51\ 250$，$E(s_2)=45\ 000$，$E(s_3)=40\ 000$，应选择 s_1 方案，即自己钻井。

例 13－9　在例 13－8 中，假设该公司在决策前希望进行一次地震试验，以进一步弄清该地区的地质构造。已知地震试验的费用是 12 000 元，地震试验可能的结果是：构造很好、构造较好、构造一般、构造较差，根据过去的统计资料可知地质构造与油井出油量的关系如表 13－9 所示，问是否需要做地震试验？如何根据地震试验的结果进行决策？

表 13－9　地质构造与油井出油量的关系

条件概率 $P(B_i \mid x_j)$	地质构造很好（B_1）	地质构造较好（B_2）	地质构造一般（B_3）	地质构造较差（B_4）
50 万桶（x_1）	0.581	0.33	0.09	0.0
20 万桶（x_2）	0.56	0.19	0.125	0.125
5 万桶（x_3）	0.46	0.25	0.125	0.165
无油（x_4）	0.19	0.27	0.31	0.23

解

（1）由以上的已知条件可知先验概率和条件概率已经获得，因此就用全概率公式计算各种地震试验结果出现的概率。

地质构造很好的概率：$P(B_1)=\sum_{i=1}^{4}P(x_i)P(B_1|x_i)=0.352$

地质构造较好的概率：$P(B_2)=\sum_{i=1}^{4}P(x_i)P(B_2|x_i)=0.259$

地质构造一般的概率：$P(B_3)=\sum_{i=1}^{4}P(x_i)P(B_3|x_i)=0.214$

地质构造较差的概率：$P(B_4)=\sum_{i=1}^{4}P(x_i)P(B_4|x_i)=0.175$

（2）由贝叶斯公式　$P(x_j|B_i)=\dfrac{P(x_j)P(B_i|x_j)}{P(B_i)}$，$i=1, 2, 3, 4$；$j=1, 2, 3, 4$，可得到后验概率，如表 13－10 所示。

表13-10 后验概率表

后验概率 $P(x_j\mid B_i)$	地质构造很好 (B_1)	地质构造较好 (B_2)	地质构造一般 (B_3)	地质构造较差 (B_4)
50万桶 (x_1)	0.165	0.127	0.042	0.000
20万桶 (x_2)	0.240	0.110	0.088	0.107
5万桶 (x_3)	0.325	0.241	0.147	0.236
无油 (x_4)	0.270	0.522	0.723	0.657

(3) 用后验概率进行决策分析，如果地震试验得到的结果为“地质构造很好”，各方案的期望收益为

$$E(s_1)=0.165\times650\ 000+0.24\times200\ 000+0.325\times(-25\ 000)+0.27\times(-75\ 000)$$
$$=126\ 825$$
$$E(s_2)=0.165\times45\ 000+0.24\times45\ 000+0.325\times45\ 000+0.27\times45\ 000=45\ 000$$
$$E(s_3)=0.165\times250\ 000+0.24\times100\ 000+0.325\times0+0.27\times0=65\ 250$$

应选择方案 s_1。

如果地震试验得到的结果为“地质构造较好”，各方案的期望收益为

$$E(s_1)=0.127\times650\ 000+0.11\times200\ 000+0.241\times(-25\ 000)+0.522\times(-75\ 000)$$
$$=59\ 450$$
$$E(s_2)=0.127\times45\ 000+0.11\times45\ 000+0.241\times45\ 000+0.522\times45\ 000=45\ 000$$
$$E(s_3)=0.127\times250\ 000+0.11\times100\ 000+0.241\times0+0.522\times0=42\ 750$$

应选择方案 s_1。

如果地震试验得到的结果为“地质构造一般”，各方案的期望收益为

$$E(s_1)=0.042\times650\ 000+0.088\times200\ 000+0.147\times(-25\ 000)+0.723\times(-75\ 000)$$
$$=-13\ 375$$
$$E(s_2)=0.042\times45\ 000+0.088\times45\ 000+0.147\times45\ 000+0.723\times45\ 000=45\ 000$$
$$E(s_3)=0.042\times250\ 000+0.088\times100\ 000+0.147\times0+0.723\times0=19\ 300$$

应选择方案 s_2。

如果地震试验得到的结果为“地质构造较差”，各方案的期望收益为

$$E(s_1)=0.0\times650\ 000+0.107\times200\ 000+0.236\times(-25\ 000)+0.657\times(-75\ 000)$$
$$=-33\ 775$$
$$E(s_2)=0.0\times45\ 000+0.107\times45\ 000+0.236\times45\ 000+0.657\times45\ 000=45\ 000$$
$$E(s_3)=0.0\times250\ 000+0.107\times100\ 000+0.236\times0+0.657\times0=10\ 700$$

应选择方案 s_2。

根据后验概率进行决策的期望收益为

$$0.352\times126\ 825+0.259\times59\ 450+0.213\times45\ 000+0.175\times45\ 000=77\ 500$$

由例13-8知如果不做地震试验得到的期望收益为51 250元，如果做了试验以后得到的期望收益为77 500元，也就是说地震试验信息价值为77 500−51 250=26 250(元)，地震试验信息价值大于地震试验费用12 000元，因而进行地震试验是合算的。

例13-10 某土建工程施工中使用了一台大型施工设备，现在考虑雨季到来时该设备的处理方案问题。已知资料如下。

(1) 洪水水情及根据过去资料的概率估计。x_1：一般洪水，其发生概率 $p(x_1)=0.73$。x_2：大洪水，发生概率 $p(x_2)=0.25$。x_3：特大洪水，发生概率 $p(x_3)=0.02$。

(2) 对设备的可能处理方案。s_1：运走，需支付运费20万元。s_2：就地放置，并筑围堰保护，需支出费用5万元。s_3：就地放置，不做任何保护，无须支出。

(3) 设备损失费用分析。当采用策略 s_1 时，不管洪水大小，都不会使设备受损。当采用策略 s_2 时，在一般洪水和大洪水情况下设备不会受损；若出现特大洪水，则会冲走设备，造成设备损失500万元。当采用策略 s_3 时，如出现一般洪水设备不会受损，出现大洪水时将损失100万元，出现特大洪水时将损失500万元。

(4) 可专门委托附近的气象部门作洪水预报，其预报的可靠性，根据以往经验示于表13-11中，该气象部门要求支付预报费3万元。

表 13-11　洪水预报情况

$P(B_i \mid x_j)$	一般洪水（B_1）	大洪水（B_2）	特大洪水（B_3）
一般洪水（x_1）	0.7	0.2	0.1
大洪水（x_2）	0.15	0.7	0.15
特大洪水（x_3）	0.1	0.2	0.7

表13-11中的数据意义为：实际为一般洪水时，预报成一般洪水的条件概率 $P(B_1 \mid x_1)=0.7$，预报成大洪水的条件概率 $P(B_2 \mid x_1)=0.2$，预报成特大洪水的条件概率 $P(B_3 \mid x_1)=0.1$，依此类推。根据上述条件，要求选出最优处理方案，以供决策者参考。

解　给出在各种状态下不同方案的损益值计算如表13-12所示。

表 13-12　方案的损益值

方　案	状　态		
	一般（x_1）	大（x_2）	特大（x_3）
	0.73	0.25	0.02
s_1	−20	−20	−20
s_2	−5	−5	−505
s_3	0	−100	−500

如果根据先验概率采用风险决策中的期望值最大准则进行决策，则

$$E(s_1)=-20,\quad E(s_2)=-15,\quad E(s_3)=-35$$

选择方案 s_2 损失最小为15万元。

下面采用后验概率进行决策，利用全概率公式计算各项预报结果的概率：

$$P(B_1)=\sum_{i=1}^{3}P(x_i)P(B_1 \mid x_i)=0.73\times0.7+0.25\times0.15+0.02\times0.1$$

$$=0.511+0.037\,5+0.002=0.550\,5$$

$$P(B_2)=\sum_{i=1}^{3}P(x_i)P(B_2 \mid x_i)=0.325,\quad P(B_3)=\sum_{i=1}^{3}P(x_i)P(B_3 \mid x_i)=0.124\,5$$

用贝叶斯公式计算后验概率为

$$P(x_j|B_i)=\frac{P(x_j)P(B_i|x_j)}{P(B_i)}, \quad i=1, 2, 3; j=1, 2, 3$$

可得到后验概率，如表 13 - 13 所示。

表 13 - 13 后验概率表

$P(x_j\|B_i)$	一般洪水（B_1）	大洪水（B_2）	特大洪水（B_3）
一般洪水（x_1）	0.928 3	0.449 2	0.586 3
大洪水（x_2）	0.063 1	0.538 3	0.301 2
特大洪水（x_3）	0.003 6	0.012 3	0.112 5

用后验概率进行分析。

如果预报得到的结果为"一般洪水"，各方案的期望收益为

$$E(s_1)=0.928\ 3\times(-20)+0.063\ 1\times(-20)+0.003\ 6\times(-20)=-20$$

$$E(s_2)=0.928\ 3\times(-5)+0.063\ 1\times(-5)+0.003\ 6\times(-505)$$
$$=-4.641\ 5+(-0.315\ 5)+(-1.818)=-6.775$$

$$E(s_3)=0.928\ 3\times(0)+0.063\ 1\times(-100)+0.003\ 6\times(-500)=-8.11$$

应选择方案 s_2。

如果预报得到的结果为"大洪水"，各方案的期望收益为

$$E(s_1)=0.449\ 2\times(-20)+0.538\ 3\times(-20)+0.012\ 3\times(-20)=-20$$

$$E(s_2)=0.449\ 2\times(-5)+0.538\ 3\times(-5)+0.012\ 3\times(-505)=-11.15$$

$$E(s_3)=0.449\ 2\times(-0)+0.538\ 3\times(-100)+0.012\ 3\times(-500)=-60$$

应选择方案 s_2。

如果预报得到的结果为"特大洪水"，各方案的期望收益为

$$E(s_1)=0.586\ 3\times(-20)+0.301\ 2\times(-20)+0.112\ 5\times(-20)=-20$$

$$E(s_2)=0.586\ 3\times(-5)+0.301\ 2\times(-5)+0.112\ 5\times(-505)=-61.25$$

$$E(s_3)=0.586\ 3\times(-0)+0.301\ 2\times(-100)+0.112\ 5\times(-500)=-86.37$$

应选择方案 s_1。

根据后验概率进行决策的期望收益为

$$0.550\ 5\times(-6.8)+0.325\times(-11.15)+0.124\ 5\times(-20)=-9.86$$

贝叶斯决策的过程也可以用决策树方法进行，对于本题其决策树如图 13 - 6 所示。

由前面计算可知，如果不做预报的期望收益为−15 万元，如果做了预报以后得到的期望收益为−9.86 万元，也就是说预报信息的价值为 15−9.86=5.14(万元)，大于预报的费用 3 万元，因而进行预报是合算的。

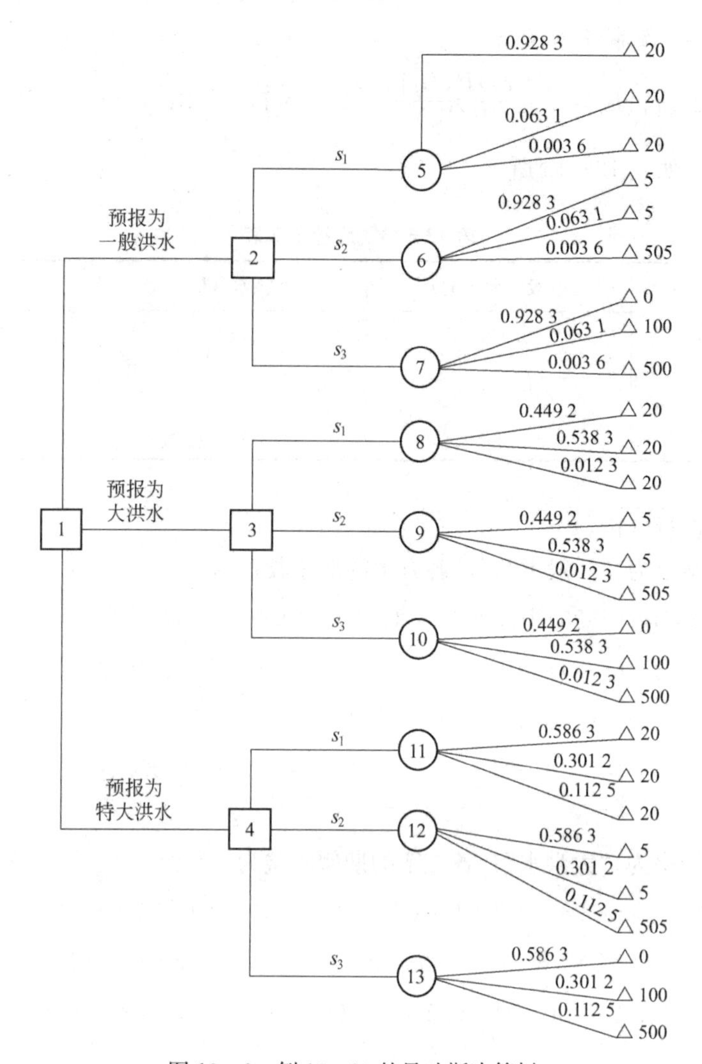

图 13－6　例 13－10 的贝叶斯决策树

13.9　效用理论在决策中的应用

效用是经济学上的一个重要概念，它是用来衡量人们对某些事物的主观价值、态度、偏爱、倾向等的一个重要指标。在前面所讲的风险型决策中，收益指标都是用金额来表示的，把能获得最高金额的收益期望行动方案选为最优方案。然而事实上在很多情况下，决策者认为最有利的方案并不是单由金额来决定的，还有很多其他因素，如决策者风险承受程度、工作地点、工作性质、单位福利等。因此，人们用效用这个概念来量化决策时所要综合考虑的诸多因素，将要考虑的因素都折合为效用值，则得到各方案的综合效用值，然后选择效用值最大的方案，这就是最大效用值决策准则。

例 13－11　某公司是一小型进出口公司，目前有项目 A 和项目 B 两笔进出口生意可做，这两笔生意都需要现金支付。鉴于公司目前财务状况，公司最多可做其中的一个项目。根据以往的经验，各自然状态商品需求量大、中、小发生的概率及在自然状态下做项目 A 或项目 B，以及不做项目的收益如表 13－14 所示，使用效用值决策准则决策。

表 13－14　收　益　表

方　案	自然状态		
	x_1（需求量大）	x_2（需求量中）	x_3（需求量小）
	0.3	0.5	0.2
s_1（做项目 A）/万元	60	40	−100
s_2（做项目 B）/万元	100	−40	−60
s_3（不做项目）/万元	0	0	0

解　对这个问题如果用收益期望值法，得到 $E(s_1)=18$，$E(s_2)=-2$，$E(s_3)=0$。显然，用收益期望值法进行决策，s_1是最优方案，其收益期望值最高为 18 万元。

对每一决策者来说，可以用效用这个指标来量化决策者对风险的态度；测定反映其对风险的态度，也可以用效用曲线。通常假定效用值是一个相对的值。若假定决策者最偏好、最倾向、最愿意的方案的效用为 1，而最不喜欢、最不倾向、最不愿意的方案的效用为 0，则其他方案的效用值就介于 0～1 之间（当然效用值也可以为 0～10），测度效用值的方法一般采用对比提问法。

首先，把表 13－14 中的最高收益 100 万元的效用定为 10，记为 $U(100)=10$，把最低收益值－100 万元的效用定为 0，记为 $U(-100)=0$，然后在此基础上决策者根据公司情况结合收益、风险等因素对表 13－14 中的每一个收益值都定出相应的效用值。

对表 13－14 中的收益值 60 万元，可以按以下的方法来确定其效用值。决策者在下面两项中作出一个选择。

(1) 得到确定的收益 60 万元。

(2) 以 p 的概率得到 100 万元，而以 $(1-p)$ 的概率损失 100 万元。

显然，当 p 非常靠近 1 时，决策者愿意选择 (2)，因为这样实际上可得到 100 万元；而当 p 非常靠近 0 时，决策者愿意选择 (1)。这样随着 p 值从 1 不断地下降到 0 的过程中，决策者从选择 (2) 变为选择 (1)，也就是说在 0 与 1 之间，存在一个数值，当 p 取其值时，决策者认为 (1) 和 (2) 是等值的。假设这时 $p=0.95$，就可以计算出 60 万元的效益值，即

$$U(60)=pU(100)+(1-p)U(-100)=0.95\times10+0.05\times0=9.5$$

这样就可以用 100 万元和－100 万元的效用值，确定了 60 万元的效用值 $U(60)=9.5$。

同样可以用如上的方法来确定 40 万，－40 万，－60 万，0 万元的效用值，假设已求得了各方案的效用期望值如表 13－15 所示。

表 13－15　各方案的效用期望值

方　案	状　态		
	x_1（需求量大）	x_2（需求量中）	x_3（需求量小）
	0.3	0.5	0.2
s_1（做项目 A）/万元	9.5	9.0	0
s_2（做项目 B）/万元	10	5.5	4.0
s_3（不做项目）/万元	7.5	7.5	7.5

从表 13-16 计算各方案效用值的期望值，得

$$E[U(s_1)]=0.3\times9.5+0.5\times9.0+0.2\times0=7.35$$
$$E[U(s_2)]=0.3\times10+0.5\times5.5+0.2\times4.0=6.55$$
$$E[U(s_3)]=0.3\times7.5+0.5\times7.5+0.2\times7.5=7.5$$

可见，s_3的效用值为最大，故 s_3即不做任何项目为该公司的最优方案。在用效用期望值决策时，也可以使用决策树的方法，不过这时要把决策树中所有收益值用其效用值来代替。

13.10 层次分析法

层次分析法是一种应用定量和定性相结合进行多目标决策的方法，该方法将复杂问题分解为若干个层次，在更简单的层次上逐步分析，从而得出一个最佳的决策方案。

层次分析法首先要把问题层次化。根据问题的性质和要达到的总目标，将问题分解为不同的组成因素，并按照这些因素之间的相互关联、影响及隶属关系，将因素按不同层次组合，形成一个多层次的结构模型；并最终归结为最低层相对于最高层的相对重要性权值的确定或者优劣次序的排序问题。

在排序计算中，分为单排序和总排序。每一层的因素相对于上一层因素要进行单排序，单排序可简化为一系列两两因素的判断比较。为了使比较量化，引入 1—9 标度方法，并写成称为判断矩阵的矩阵。然后，通过计算矩阵的最大特征根及相对应的特征向量，计算出某一层相对于上一层某个因素的相对重要性的权值。在计算出某一层相对于上一层各个因素的单排序权值之后，还要计算与上一层总的排序。用上一层因素本身的权值加权综合，可计算出某一层因素相对于上一层整个层的相对重要性权值，即层次总排序权值。以这样的方法从上到下逐层进行，最终可计算出最低层相对于最高层的相对重要性权值或者相对优劣次序的排序。

13.10.1 层次分析模型的构造

例 13-12 每年有关部门要进行科研课题的遴选工作，如何决定课题的当选与否就是一个复杂的决策问题，即申报 S_1，S_2，…，S_n共 n 个课题，从中遴选出 m 个课题（$m\leqslant n$）为经济建设服务。

解 遴选科研课题要考虑的因素很多，主要有：课题的实用价值（经济价值、社会价值），课题的科学意义（科研课题的理论价值及对某个领域的科学技术的推动作用），课题的优势发挥（与本地区、本单位优势的结合），难易程度（科学储备、成熟程度），科研周期（花费的时间），财政支持（科研贡献大小、人才培养、课题的可行性）。

根据以上分析，层次分析模型如图 13-7 所示。通过该例题可以看出，应用层次分析法来解决社会、经济、科学管理等领域的实际问题时，首先对问题要有明确的认识，弄清楚问题的范围，所包含的因素及其因素之间的相互关系，将它们按照是否有某些共同特性分成组，从而构成层次分析模型。

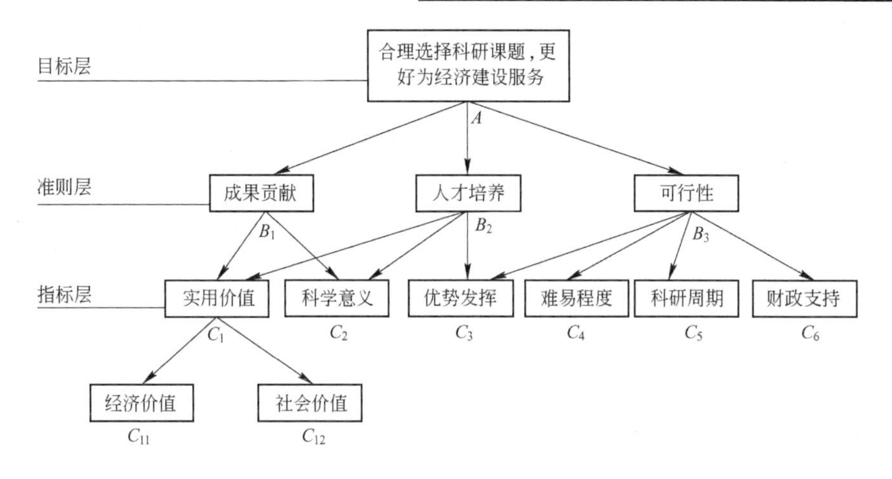

图 13－7　层次分析模型

13.10.2　层次中的排序——特征向量方法

在建立了层次分析模型后，问题就转化为同一层次中排序问题。每一层中的因素排序可以简化为两两因素的比较。下面举例说明计算排序的特征向量方法。

设有 n 个物体，假设质量分别为 w_1，w_2，…，w_n，因为未知量，如何比较它们之间的质量的大小？即按质量排序，如果能得到逐对质量比较的结果，并把结果写成矩阵

$$\boldsymbol{A}=\begin{pmatrix}\frac{w_1}{w_1} & \frac{w_1}{w_2} & \cdots & \frac{w_1}{w_n}\\ \vdots & \vdots & & \vdots\\ \frac{w_n}{w_1} & \frac{w_n}{w_2} & \cdots & \frac{w_n}{w_n}\end{pmatrix}=(a_{ij})_{n\times n}$$

显然，上述矩阵有以下特点：

$$a_{ij}=\frac{1}{a_{ji}},\ a_{ij}=\frac{w_i}{w_j},\quad a_{ii}=1,\quad a_{ij}=\frac{a_{ik}}{a_{jk}},\ k=1,\ 2,\ \cdots,\ n$$

用向量 $\boldsymbol{W}=(w_1,\ w_2,\ \cdots,\ w_n)^{\mathrm{T}}$ 右乘矩阵 $\boldsymbol{A}$，即 $\boldsymbol{AW}=(a_{ij})(w_1,\ \cdots,\ w_n)^{\mathrm{T}}=n\boldsymbol{W}$。

从而可以看出 $\boldsymbol{W}$ 是矩阵 $\boldsymbol{A}$ 对应于特征值 n 的特征向量。根据矩阵理论可知，n 为 $\boldsymbol{A}$ 唯一的非零最大特征根，$\boldsymbol{W}$ 为所对应的特征向量，因此如果知道矩阵 $\boldsymbol{A}$ 就求得了 n 个物体质量，就可以排序。

以上的论述就提示我们，如果一组物体要给出它们之间的排序，可以通过逐对比较，形成判断矩阵；再通过求该矩阵最大特征根对应的特征向量，就求出了它们之间的排序。层次分析法正是运用两两比较的度量方法。

13.10.3　判断矩阵和标度

假定有一因素 a_k，下一层中 B_1，B_2，…，B_n 与之有关，构造的判断矩阵为

$$\left(\begin{array}{c|ccc} a_k & B_1 & \cdots & B_n\\ \hline B_1 & b_{11} & \cdots & b_{1n}\\ B_2 & b_{21} & \cdots & b_{2n}\\ \vdots & \vdots & & \vdots\\ B_n & b_{n1} & \cdots & b_{nn}\end{array}\right)$$

为了使判断矩阵定量化，即形成数值判断矩阵，引用了如表 13－16 所示的 1—9 标度方法。

表 13－16　标度方法列表

标　　度	含　　义
1	两个因素相比，同样重要
3	两个因素相比，一个比另一个稍微重要
5	两个因素相比，一个比另一个明显重要
7	两个因素相比，一个比另一个强烈重要
9	两个因素相比，一个比另一个极端重要
2，4	上述两个相邻判断的中值
6，8	上述两个相邻判断的中值

例 13－13　构造例 13－12 中遴选科研课题的准则层的判断矩阵。

解　相对于总目标的判断矩阵为

A	B_1	B_2	B_3
B_1	1	3	1
B_2	1/3	1	1/3
B_3	1	3	1

该数值判断矩阵是 B_1，B_2，B_3，按照相对于总目标 A 的重要性，应用表 13－16 进行两两比较所得；如 $b_{12}=3$，表示 B_1 比 B_2 相对于总目标 A 稍重要，并可以计算出该判断矩阵的最大特征根及相对应的特征向量：$\lambda_{\max}=3$，$\boldsymbol{W}=(0.43，0.14，0.43)$，即 B_1，B_2，B_3 相对于总目标 A 的相对重要性权值分别为 0.43，0.14，0.43。

同样可以构造 B 层同 C 层之间的判断矩阵，即

B_1	C_1	C_2	W
C_1	1	3	0.75
C_2	1/3	1	0.25

$\lambda_{\max}=2$；

B_2	C_1	C_2	C_3	W
C_1	1	1/5	1/3	0.1
C_2	5	1	3	0.64
C_3	3	1/3	1	0.26

$\lambda_{\max}=3.04$

B_3	C_3	C_4	C_5	C_6	W
C_3	1	1	3	2	0.33
C_4	1	1	3	2	0.33
C_5	1/3	1/3	1	1/2	0.10
C_6	1/2	1/2	2	1	0.24

$\lambda_{\max}=4.08$

以上构造的三个比较判断矩阵是指标层因素对准则层因素的单排序，在层次单排序的基础上还需进行层次总排序计算。

目标层（A 层）只有一个因素，所以准则层（B 层）的单排序也就是该层的总排序，

但是指标层（C 层）相对于 A 层的总排序计算就要复杂一些，计算 C 层总排序规定为：用 B 层各因素本身相对于最高层的排序权值加权综合，就计算出了 C 层相对于整个 A 层的总排序。表 13－17 最后一列为指标层各因素相对于总目标层相对重要性权值。

表 13－17　C 层总排序

	B_1	B_2	B_3	C 层
	0.43	0.14	0.43	总排序
C_1	0.75	0.10	0	0.34
C_2	0.25	0.64	0	0.20
C_3	0	0.26	0.33	0.18
C_4	0	0	0.33	0.14
C_5	0	0	0.10	0.04
C_6	0	0	0.24	0.10

具体考虑的一组待选科研课题，同样可构造出各待选科研课题相对于各选择指标的比较判断矩阵。分别进行上述单排序和总排序计算，即可计算出各待选课题相对于“合理选择科研课题”总目标的相对优劣排序权值。科研单位领导据此即可作出课题选择决策，或科研力量的分配决策。

13.10.4　判断矩阵的一致性检验

1. 层次单排序一致性检验

应用层次分析法保持判断思维的一致性是很重要的。所谓判断的一致性，是指判断矩阵 **A** 有如下关系：

$$a_{ij}=\frac{a_{ik}}{a_{jk}},\ i,\ j,\ k=1,\ 2,\ \cdots,\ n$$

根据矩阵理论可知满足上述完全一致性条件的判断矩阵具有唯一、非零的最大特征根 $\lambda_{max}=n$，且除 λ_{max}以外其余特征根均为零。但是在实际问题中决策者不能给出 $a_{ij}=\frac{w_i}{w_j}$的精确度量，只能给出一个估计值，也就是说 a_{ij} 与$\frac{w_i}{w_j}$有偏差，根据矩阵理论这一偏差的大小用特征根的变化来度量，因此检验判断矩阵的一致性用如下公式：

$$\mathrm{CI}=\frac{\lambda_{max}-n}{n-1}$$

又考虑到不同阶的判断矩阵是否满足一致性，还需引入判断矩阵平均随机一致性指标 RI 的值。1—9 阶的判断矩阵 RI 值如表 13－18 所示。1 阶、2 阶仅是形式上的，永远具有完全一致性。

表 13－18　判断矩阵平均随机一致性指标 RI 的值

1	2	3	4	5	6	7	8	9
0.00	0.00	0.58	0.90	1.12	1.24	1.32	1.41	1.45

因此，判断矩阵的一致性计算公式为

$$\mathrm{CR}=\frac{\mathrm{CI}}{\mathrm{RI}}$$

当 CR<0.10 时，认为判断矩阵具有满意的一致性，否则就要调整判断矩阵。

2. 层次总排序一致性检验

如果 B 层包含 B_1，B_2，…，B_m 个因素，其层次总排序权值为 b_1，…，b_m；下一层 C 包含 n 个因素 C_1，C_2，…，C_n，对于 B_j 的层次单排序权值分别为 c_{1j}，c_{2j}，…，c_{nj}，C 层因素对于 B_j 单排序的一致性指标为 CI_j，相应的平均随机一致性指标为 CR_j，此时，C 层总排序权值为表 13-19的最后一列。

表 13-19　总排序权值

	B_1 … B_m b_1 … b_m	C 层总排序权值
c_1 ⋮ c_n	c_{11} … c_{1m} ⋮ ⋮ c_{n1} … c_{nm}	$\sum_{j=1}^{m} b_j c_{1j}$ ⋮ $\sum_{j=1}^{m} b_j c_{nj}$

C 层总排序的一致性检验为

$$\mathrm{CR}=\frac{\sum_{j=1}^{m} b_j \mathrm{CI}_j}{\sum_{j=1}^{m} b_j \mathrm{RI}_j}$$

当 CR<0.10 时，认为判断矩阵具有满意的一致性，否则就要调整判断矩阵。

例 13-14　求例 13-13 中科研课题遴选问题的一致性检验。

解　$A-B$ 判断矩阵 $\lambda_{\max}=3$，CI=0，CR=0；$W=(0.43, 0.14, 0.43)$

B_1-C 判断矩阵 $\lambda_{\max}=2$，CI=0，RI=0，CR=0

B_2-C 判断矩阵 $\lambda_{\max}=3.04$，CI=0.02，RI=0.58，CR=0.034

B_3-C 判断矩阵 $\lambda_{\max}=4.08$，CI=0.03，RI=0.90，CR=0.03

根据上面计算的 CR 值可知判断矩阵具有满意的单排序一致性。

$$\mathrm{CR}=\frac{\sum_{j=1}^{m} b_j \mathrm{CI}_j}{\sum_{j=1}^{m} b_j \mathrm{RI}_j}=\frac{0.43\times 0+0.14\times 0.02+0.43\times 0.03}{0.43\times 0+0.14\times 0.58+0.43\times 0.90}=0.03$$

CR<0.10 时总排序满足一致性要求。

层次分析法的基本步骤可总结如下。

(1) 建立层次结构模型。

(2) 构造判断矩阵（判断矩阵的值反映了人们对各因素相对重要性的认识；采用 1—9 标度方法)。

(3) 层次单排序及其一致性检验：

$$\mathrm{CI}=\frac{\lambda_{\max}-n}{n-1};\quad \mathrm{CR}=\frac{\mathrm{CI}}{\mathrm{RI}},\quad \mathrm{CR}<0.10$$

(4) 层次总排序及其一致性检验。

$$\mathrm{CR}=\frac{\sum_{j=1}^{m} b_j \mathrm{CI}_j}{\sum_{j=1}^{m} b_j \mathrm{RI}_j}$$

13.10.5　层次分析方法应用举例

例 13-15　某企业有一笔资金待决定如何使用，可选方案有 P_1（奖金），P_2（建职工宿舍办福利设施），P_3（办业余技校），P_4（建图书馆），P_5（引进新技术进行企业技术改造），从实际情况出发给出各方案的排序。

解

（1）分析：资金使用的一切目的是调动职工积极性，提高企业技术水平，改善职工物质文化生活。

（2）构造层次模型结构如图 13-8 所示。

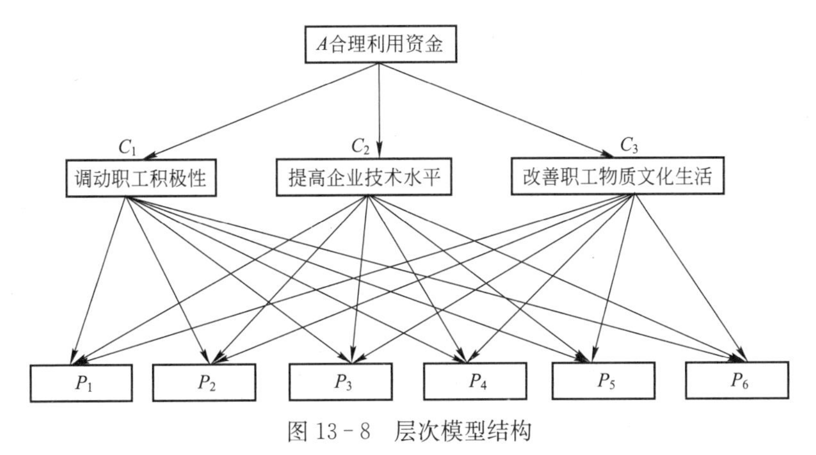

图 13-8　层次模型结构

（3）建立判断矩阵：

$A-C$：

A	C_1	C_2	C_3
C_1	1	$1/5$	$1/3$
C_2	5	1	3
C_3	3	$1/3$	1

$C-P$：

C_1	P_1	P_2	P_3	P_4	P_5
P_1	1	2	3	4	7
P_2	$1/2$	1	3	2	5
P_3	$1/3$	$1/3$	1	$1/2$	1
P_4	$1/4$	$1/2$	2	1	3
P_5	$1/7$	$1/5$	1	$1/3$	1

C_2	P_2	P_3	P_4	P_5
P_2	1	$1/7$	$1/3$	$1/5$
P_3	7	1	5	3
P_4	3	$1/5$	1	$1/3$
P_5	5	$1/3$	3	1

C_3	P_1	P_2	P_3	P_4
P_1	1	1	3	3
P_2	1	1	3	3
P_3	$1/3$	$1/3$	1	1
P_4	$1/3$	$1/3$	1	1

（4）各层次单排序及一致性检验：

$$A-C:\ \boldsymbol{w}=\begin{pmatrix}0.105\\0.637\\0.258\end{pmatrix},\quad \begin{aligned}&\lambda_{\max}=3.038\\&\mathrm{CI}=0.019\\&\mathrm{RI}=0.58\\&\mathrm{CR}=0.033\end{aligned}$$

$$C_1-P:\ \boldsymbol{w}=\begin{pmatrix}0.491\\0.232\\0.092\\0.138\\0.046\end{pmatrix},\quad \begin{aligned}&\lambda_{\max}=5.126\\&\mathrm{CI}=0.032\\&\mathrm{RI}=1.12\\&\mathrm{CR}=0.028\end{aligned}$$

$$C_2-P:\boldsymbol{w}=\begin{pmatrix}0.055\\0.564\\0.118\\0.263\end{pmatrix},\quad \begin{matrix}\lambda_{\max}=4.117\\ \mathrm{CI}=0.039\\ \mathrm{RI}=0.90\\ \mathrm{CR}=0.043\end{matrix}\qquad C_3-P:\boldsymbol{w}=\begin{pmatrix}0.406\\0.406\\0.094\\0.094\end{pmatrix},\quad \begin{matrix}\lambda_{\max}=4.000\\ \mathrm{CI}=0.000\\ \mathrm{CR}=0.000\end{matrix}$$

（5）总排序及一致性检验：

	C_1 0.105	C_2 0.637	C_3 0.258	P 层总排序
P_1	0.491	0	0.406	0.157
P_2	0.232	0.055	0.406	0.164
P_3	0.092	0.564	0.094	0.393
P_4	0.138	0.118	0.094	0.113
P_5	0.046	0.263	0	0.172

P 层总排序一致性检验：$\mathrm{CI}=0.105\times0.032+0.637\times0.039+0.258\times0=0.028$

$$\mathrm{RI}=0.923,\quad \mathrm{CR}=\frac{\mathrm{CI}}{\mathrm{RI}}=0.025$$

单排序和总排序的一致性检验结果满足要求，最终通过计算资金的适用建议为 P_3，P_5，P_2，P_1，P_4。

习题

1. 某公司拟订扩大再生产的三种方案。未来市场需求状态为：无需求（x_1）、低需求（x_2）、中需求（x_3）和高需求（x_4），每个方案在不同自然状态下的损失如表 13 - 20 所示（单位：万元）。

表 13 - 20　不同需求状态下的损益值

方　案	需求状态			
	x_1	x_2	x_3	x_4
s_1	130	65	−70	−160
s_2	40	5	−45	−100
s_3	95	50	−60	−120

分别依据以下决策准则选择扩大再生产的方案。

（1）悲观准则；（2）乐观准则；（3）折中准则（$\alpha=0.7$）；（4）后悔值准则；（5）等可能性准则。

2. 某书店根据市场调研，一新书的销售量可能是 50，100，150，200 本。假定每本书的订购价为 4 元，销售价为 6 元，剩书处理价格为每本 2 元。若该书未来的销量分布如表 13 - 21所示，分别用期望收益最大准则和期望损失最小准则确定订购量。

表 13 - 21　书籍销量分布

销量/本	50	100	150	200
概率/%	20	40	30	10

3. 某企业拟利用剩余生产能力开发新产品。现有 4 个品种（$a_1\sim a_4$）可供选择，市场

销路好、中、差三种情况，销售状态概率及每一品种在不同状态下的收益如表13-22所示，按照最大可能准则进行方案选择。

表13-22 新产品的收益

销路	好	中	差	销路	好	中	差
	0.3	0.5	0.2		0.3	0.5	0.2
a_1	14	14	12	a_3	18	16	10
a_2	22	14	10	a_4	20	12	8

4. 某公司有5万元资金，如用于某项产品开发估计成功率为96%，成功时一年可以获利12%；但是一旦失败，有丧失全部资金的危险。如把资金存放到银行，则可以稳得年利6%。为获取更多情报，该公司可求助于咨询服务，咨询费用为500元，但咨询意见仅仅只供决策参考。据过去咨询公司类似200例咨询意见实施结果，统计结果如表13-23所示（单位：次）。用决策树法分析该公司是否值得求助于咨询服务？该公司多余资金应如何合理使用？

表13-23 咨询统计结果

条件	实施结果		合　计
	投资成功	投资失败	
可以投资	154	2	156
不宜投资	38	6	44
合　计	192	8	200

5. 某钟表公司计划销售一种电子表，预计销售价格为每块10元。生产该表有三个设计方案：方案1需一次性投资10万元，单位经营成本为5元；方案2需一次性投资16万元，单位经营成本为4元；方案3需一次性投资25万元，单位经营成本为3元；对该表确切的市场需求未知，但估计有三种可能（单位：块）：E_1，30 000；E_2，120 000；E_3，200 000。

（1）建立该问题的收益矩阵。

（2）分别依据悲观准则、乐观准则及等可能性准则确定该公司应采用哪种设计方案。

（3）建立该问题的机会损益矩阵，并用最小机会损失准则确定应采用哪一方案。

6. 有一个投资者，面临一个带有风险的投资问题。在可供选择的投资方案中，可能出现的最大收益为20万元，可能出现的最小收益为—10万元。为了确定该投资者在某次决策问题上的效用函数，对投资者进行了以下一系列的询问，现将询问结果归纳如下：

（a）投资者认为，“以50%的机会得20万元，50%的机会失去10万元”和“稳获0元”二者对他来说没有差别；

（b）投资者认为，“以50%的机会得20万元，50%的机会得0元”和“稳获8万元”二者对他来说没有差别；

（c）投资者认为，“以50%的机会得0元，50%的机会失去10万元”和“肯定失去6万元”二者对他来说没有差别。

要求：

（1）根据上述询问结果，计算该投资者关于20万，8万，0万，—6万，—10万元的效用值；

（2）画出该投资者的效用曲线，并说明该投资者是回避风险还是追逐风险。

7. 某一季节性商品必须在销售之前就把产品生产出来。当需求量是 D 时，生产者生产 x 件商品获得的利润（元）为：

$$f(x)=\begin{cases}2x, & 0\leqslant x\leqslant D\\ 3D-x, & x>D\end{cases}$$

设 D 只有 5 个可能的值：1 000，2 000，3 000，4 000，5 000 件，并且它们的概率都是 0.2，生产者也希望商品的生产量是上述 5 个值中的某一个。问：

（1）若生产者追求最大的期望利润，他应选择多大的生产量？

（2）若生产者选择遭受损失的概率最小，他应选择多大的生产量？

（3）生产者欲使利润大于或等于 3 000 元的概率最大，他应选择多大的生产量？

8. 某决策者的效用函数可由下式表示：

$$U(x)=1-\mathrm{e}^{-x},\quad 0\leqslant x\leqslant 10\ 000$$

如果决策者面临下列两份合同，如表 13－24 所示。问决策者应签订哪份合同？

表 13－24　决策者在两份合同下的获利　　元

合　同	概　率	
	$p_1=0.6$	$p_2=0.4$
A	6 500	0
B	4 000	4 000

9. A 先生失去 1 000 元时效用值为 50，得到 3 000 元时效用值为 120，并且在以下事件上无差别：肯定得到 10 元或以 0.4 机会失去 1 000 元和以 0.6 机会得到 3 000 元。

B 先生在－1 000 元与 10 元时的效用值与 A 先生相同，但他在以下事件上态度无差别：肯定得到 10 元或以 0.8 机会失去 1 000 元和以 0.2 机会得到 3 000 元。问：

（1）A 先生 10 元的效用值为多大？

（2）B 先生 3 000 元的效用值为多大？

（3）比较 A 先生与 B 先生对风险的态度。

10. 某人有 20 000 元钱，可以拿出其中 10 000 元去投资，有可能全部丧失掉或第二年获得 40 000 元。

（1）用期望值法计算当全部丧失掉的概率最大为多少时该人投资仍然有利？

（2）如该人的效用函数为 $U(M)=\sqrt{M+50\ 000}$，重新计算全部丧失掉概率为多大时该人投资仍然有利？

11. 某投资者的效用函数为：

$$U(M)=\begin{cases}M^2, & M\geqslant 0\\ M, & M<0\end{cases}$$

该投资者有两个投资方案 A 和 B，其决策树如图 13－9 所示。

（1）当 $p=0.25$ 时，依据期望效用值最大准则分析哪一投资方案更优。

（2）分析 p 为何值时（$0\leqslant p\leqslant 0.5$），按期望效用值计算得到的最优投资方案与（1）的结果相同。

12. 给出如下的判断矩阵，试确定当具有一致性时，该矩阵中的 b_{ij} 应取何值？

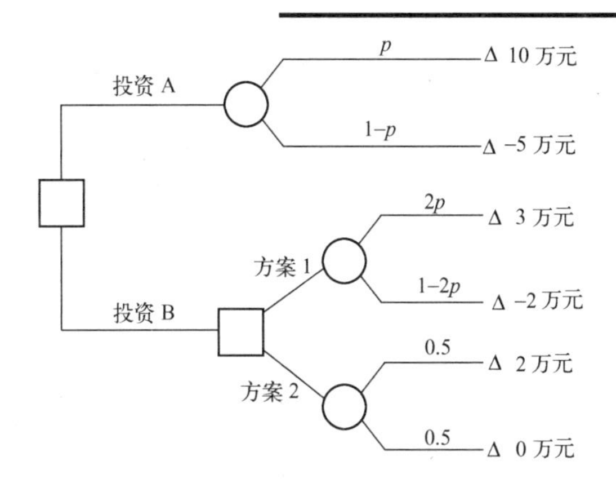

图 13－9　决策树

$$\begin{array}{c|cccc} & B_1 & B_2 & B_3 & B_4 \\ \hline B_1 & 1 & 2 & 1/3 & 5 \\ B_2 & b_{21} & 1 & b_{23} & b_{24} \\ B_3 & b_{31} & b_{32} & 1 & b_{34} \\ B_4 & b_{41} & b_{42} & b_{43} & 1 \end{array}$$

13. 给出如下的判断矩阵，试求 B 层各元素对准则 A 的权重，并检验随机一致性指标。

$$\begin{array}{c|cccc} & B_1 & B_2 & B_3 & B_4 \\ \hline B_1 & 1 & 1/7 & 1/3 & 1/5 \\ B_2 & 7 & 1 & 3 & 2 \\ B_3 & 3 & 1/3 & 1 & 1/2 \\ B_4 & 5 & 1/2 & 2 & 1 \end{array}$$

14. 某企业计划开发 4 种产品，但因力量有限，只能分轻重缓急逐步开发。该企业考虑开发产品的准则为：(1) 投产后带来的经济效益；(2) 满足开发所需资金的可能性；(3) 产业政策是否符合。为用层次分析法确定这 4 种产品开发的重要性程度，构造如图 13－10 所示的层次结构图。

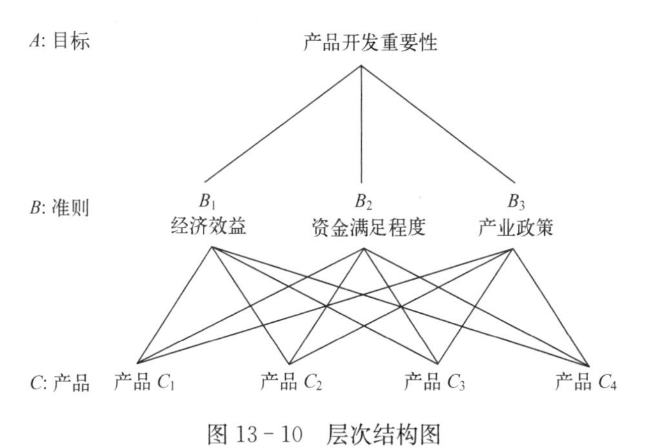

图 13－10　层次结构图

经企业决策层讨论研究及专家咨询论证，得出如下判断矩阵：

$$\boldsymbol{A}$$

$$\begin{array}{c} \\ B_1 \\ B_2 \\ B_3 \end{array} \begin{array}{c} \begin{array}{ccc} B_1 & B_2 & B_3 \end{array} \\ \begin{pmatrix} 1 & 2 & 3 \\ 1/2 & 1 & 1 \\ 1/3 & 1 & 1 \end{pmatrix} \end{array}$$

$$\boldsymbol{B}_1$$

$$\begin{array}{c} \\ C_1 \\ C_2 \\ C_3 \\ C_4 \end{array} \begin{array}{c} \begin{array}{cccc} C_1 & C_2 & C_3 & C_4 \end{array} \\ \begin{pmatrix} 1 & 1/2 & 1/7 & 1/5 \\ 2 & 1 & 1/4 & 1/3 \\ 7 & 4 & 1 & 1 \\ 5 & 3 & 1 & 1 \end{pmatrix} \end{array}$$

$$\boldsymbol{B}_2$$

$$\begin{array}{c} \\ C_1 \\ C_2 \\ C_3 \\ C_4 \end{array} \begin{array}{c} \begin{array}{cccc} C_1 & C_2 & C_3 & C_4 \end{array} \\ \begin{pmatrix} 1 & 1/2 & 1/5 & 1/7 \\ 2 & 1 & 1/3 & 1/5 \\ 5 & 3 & 1 & 1/2 \\ 7 & 5 & 2 & 1 \end{pmatrix} \end{array}$$

$$\boldsymbol{B}_3$$

$$\begin{array}{c} \\ C_1 \\ C_2 \\ C_3 \\ C_4 \end{array} \begin{array}{c} \begin{array}{cccc} C_1 & C_2 & C_3 & C_4 \end{array} \\ \begin{pmatrix} 1 & 2 & 1/5 & 1/4 \\ 1/2 & 1 & 1/7 & 1/3 \\ 5 & 7 & 1 & 2 \\ 4 & 3 & 1/2 & 1 \end{pmatrix} \end{array}$$

试依据上述数据对各产品的重要性进行排序，并进行一致性检验。

第14章

本章要求掌握对策论的基本要素、分类和数学模型等基本概念；掌握矩阵对策的特点及其求解方法；熟悉矩阵对策模型的应用。

对策论

14.1 对策问题及其模型

决策问题是决策者根据各种客观条件来选择最优方案，它是只从决策者自身一方来考虑问题的。但在现实生活中，更多的是有利害冲突的诸方，为了各自的利益需要在某种竞争场合下作出决策，各自的决策互相影响，即决策时不仅要考虑自身，也要考虑对方。这种决策称之为对策。竞争性质的活动是人类生活中常见的现象，如下棋、打牌、体育比赛、军事斗争中双方兵力的对抗、各公司企业之间为争夺市场而进行的竞争等。在竞争过程中，各方为了达到自己的目标，必须考虑对手的各种可能行动方案，并力图选取对自己最为有利或最为合理的方案，也就是说要研究采取对抗其他竞争者的策略。因此，对策问题是企业管理者必须加以重视和解决的一个重要问题。对策论也叫竞赛论或博弈论，是研究对策行为中竞争各方是否存在最合理的行动方案，以及如何找到这个合理行动方案的数学理论和方法，它是运筹学的一个重要分支。

14.1.1 对策问题的三个基本要素

在各种对策现象中，可以抽象出反映对策问题本质的三个概念，称为对策问题的三个基本要素。

1. 局中人

在一个对策行为中，有权决定自己行动方案的对策参加者，称为局中人。局中人可以是单个的自然人，也可以是那些利益完全一致的集体或集团。例如，篮球比赛中，甲队为一个局中人，乙队为另一局中人；打桥牌的参加者，东西方为一局中人，南北方为另一局中人。称只有两个局中人的对策现象为“二人对策”，而多于两个局中人的对策称为“多人对策”。在多人对策中，局中人之间允许合作的称为“结盟对策”，不允许合作的称为“不结盟对策”。

2. 策略集

在一局对策中，可供局中人选择的一个完整行动方案，称为这个局中人的一个策略，而把局中人的策略全体称为局中人的策略集。在一局对策中，各个局中人选定的策略构成的一个策略组，称之为一个局势。如果在一局对策中，各个局中人只有有限的策略，称之为“有限对策”；否则称为“无限对策”。

3. 支付函数

在一局对策结束后，对每个局中人来说，其结果不外乎是赢（得）或输（失）。可以用一个数量来表示竞争的结局，输赢或得失随局中人所选取的局势变化而变化。它是局势的函数，这个函数称之为“支付函数”，可以用一个矩阵来表示，这种矩阵叫“支付矩阵”。

14.1.2 对策问题的分类

根据对策问题三大要素和相关特征可以将对策问题进行分类，如图 14－1 所示。根据对策问题所处环境或时限性可以把对策分为静态对策和动态对策；根据局中人竞争的态度可以把静态对策分为结盟对策和不结盟对策；根据结盟的形式不同又可以把结盟对策分为联合对策与合体对策；如果对于一个局势，所有局中人的赢得函数值之和为 0，则称这种对策为零和对策，否则称为非零和对策。对策论的内容相当丰富，在此只对其中较为基础且常用的矩阵对策作简要的介绍。

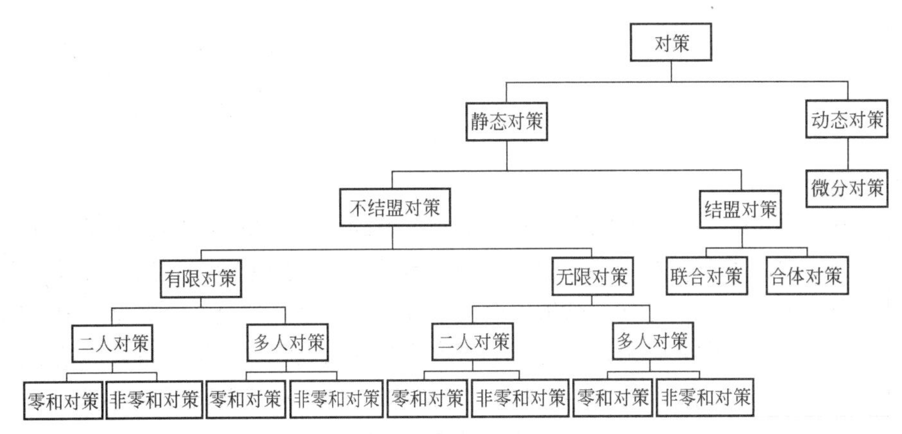

图 14-1 对策问题的分类

14.1.3 矩阵对策的数学模型

在众多对策模型中，占有重要地位的是二人有限零和对策，这类对策问题又称为矩阵对策，它是到目前为止在理论研究和求解方法方面都比较完善的一类对策。即只有两个局中人，且各自的策略集只含有有限个策略，每局中两个局中人的得失总和为零，即一个局中人的赢得值恰为另一个局中人所输掉的值。

例 14-1 （田忌赛马）战国时期，齐王要跟田忌进行赛马比赛。双方约定：每人从自己的上、中、下三个等级的马中，各选出一匹马参加比赛，每一场比赛各出一匹马，一共比三场，每匹马只能参加一场比赛，每场比赛后，输者要付给赢者一千金。就同级的马而言，齐王的马比田忌的马强。

解 局中人为齐王和田忌；以马出场的顺序而言为 3 匹马的全排列，齐王有 6 种对策：先用上等马，再用中等马，最后用下等马，以（上，中，下）表示之。同样，田忌也有 6 种对策，即两位局中人的策略集都含有 6 个策略，齐王的赢得函数就是田忌的支付函数，如表 14-1所示。

表 14-1 齐王的赢得函数

齐王的策略	田忌的策略					
	（上，中，下）	（上，下，中）	（中，上，下）	（中，下，上）	（下，中，上）	（下，上，中）
（上，中，下）	3	1	1	1	1	−1
（上，下，中）	1	3	1	1	−1	1
（中，上，下）	1	−1	3	1	1	1
（中，下，上）	−1	1	1	3	1	1
（下，中，上）	1	1	−1	1	3	1
（下，上，中）	1	1	1	−1	1	3

矩阵

$$\begin{pmatrix} 3 & 1 & 1 & 1 & 1 & -1 \\ 1 & 3 & 1 & 1 & -1 & 1 \\ 1 & -1 & 3 & 1 & 1 & 1 \\ -1 & 1 & 1 & 3 & 1 & 1 \\ 1 & 1 & -1 & 1 & 3 & 1 \\ 1 & 1 & 1 & -1 & 1 & 1 \end{pmatrix}$$

称为齐王的赢得矩阵。

这个对策问题是一个二人有限零和对策问题。就同级马匹相比显然对田忌不利，但是田忌手下的谋士给他出了个主意，谋士让田忌的下等马对齐王的上等马，用中等马对齐王的下等马，用上等马对齐王的中等马。结果反而赢了齐王一千金，这是一个典型的对策问题，它揭示在对策问题中，局中人必须运用智慧，采取恰当的策略，方能取得较好的结果。

一般地，用1，2分别表示两个局中人，设局中人1有 m 个策略 S_1，S_2，…，S_m；局中人2有 n 个策略 N_1，N_2，…，N_n；其策略集分别表示为

$$S=\{S_1, S_2, \cdots, S_m\};\quad N=\{N_1, N_2, \cdots, N_n\}$$

局中人1从 S 中选一个策略 S_i（$i=1, 2, \cdots, m$），同时局中人2从 N 中选一个策略 N_j（$j=1, 2, \cdots, n$），这样就构成一个局势（S_i，N_j），对应于 S 和 N，一共有 $m\times n$ 个局势。在进行对策前，先给出一个赢得矩阵

$$\boldsymbol{A}=(a_{ij})_{m\times n}=\begin{pmatrix} a_{11} & a_{12} & \cdots & a_{1n} \\ a_{21} & a_{22} & \cdots & a_{2n} \\ \vdots & \vdots & & \vdots \\ a_{m1} & a_{m2} & \cdots & a_{mn} \end{pmatrix}$$

$\boldsymbol{A}$ 的元素 a_{ij} 表示在局势（S_i，N_j）下，局中人1的赢得值。显然，$-a_{ij}$ 表示在同一局势（S_i，N_j）下，局中人2的赢得值。把这个对策记为 $G=\{S, N; \boldsymbol{A}\}$，这就是矩阵对策问题的数学模型。

14.2 矩阵对策最优纯策略

1. 矩阵对策最优纯策略解的意义

二人有限零和对策也称为矩阵对策。在矩阵对策中，各局中人应该如何选择对策，使自己获得最好的结果呢？下面举例说明。

例14-2 设 $G=\{S, N; \boldsymbol{A}\}$，其中 $S=\{S_1, S_2, S_3\}$，$N=\{N_1, N_2, N_3\}$，局中人1的赢得矩阵为

$$\boldsymbol{A}=\begin{pmatrix} 8 & 1 & 2 \\ 5 & 3 & 4 \\ -1 & 2 & 1 \end{pmatrix}$$

局中人1，2应如何选择自己的策略，以保证自己在对策中取得有利的地位？

解 局中人1最大的赢得是8，他理所当然地会选择策略 S_1，同时他希望局中人2选择策略 N_1。但是局中人2借助各种手段和方法发现局中人1会采取策略 S_1，他就不会愚蠢地

选择 N_1 导致自己失去8；反之，他会选择 N_2，这样他仅仅失去1。然而，当局中人2选择 N_2 时，局中人1就会选择 S_2，这样做比选择 S_1 和 S_3 有利，可使赢得最大为3。这时，如果局中人1和局中人2都不想冒险，都不存在侥幸心理，而是考虑对方必然会设法使自己所得最少这一点，就应该从各自可能出现的最不利的情形中选择一种最为有利的情形作为决策的依据。这就是对策双方都能接受的一种最为稳妥的方法。

对应于策略 S_2，局中人1的赢得由5降到3，然后又由3升到4；对应于策略 N_2，局中人2的支付由1上升到3，然后又由3下降到2。中间这个数3，从第二行看它形成一个凹槽，从第二列看它形成一个凸脊，正像一个马鞍形，点3处于马鞍的中心，称为鞍点。

根据从各自可能出现的最不利的情形中选择一种最为有利的这一事实出发，如果用矩阵元素大小来描述，就表示局中人1先对矩阵 $\mathbf{A}$ 的每行元素取最小值，有

$$\min(8,1,2)=1;\quad \min(5,3,4)=3;\quad \min(-1,2,1)=-1$$

再从这些最小值中取最大值 $\max(1,3,-1)=3$，也可表示为 $\max\limits_i(\min\limits_j a_{ij})=\max(1,3,-1)=3$。

也就是说，局中人1从最坏的情况中，取得的最好结果是3，这时，他应采取的策略是 S_2，不论局中人2采取什么策略，都可以保证赢得值不会少于3。

同理，局中人2应先对矩阵 $\mathbf{A}$ 的每一列元素中取出最大值，有

$$\max(8,5,-1)=8;\quad \max(1,3,2)=3;\quad \max(2,4,1)=4$$

再从这些最大值中取最小值 $\min(8,3,4)=3$，也可表示为

$$\min_j(\max_i a_{ij})=\min(8,3,4)=3$$

因此，局中人2应采取策略 N_2，则不论局中人1采取什么策略，最大损失不会大于3。

这样一来，局中人1，2只有分别采取 S_2，N_2 才是他们的最优策略，称此策略为最优纯策略，而局势（S_2，N_2）称为对策的鞍点。

定义1 设 $G=(S,N;\mathbf{A})$ 为矩阵对策，其中，$S=\{S_1,S_2,\cdots,S_m\}$，$N=\{N_1,N_2,\cdots,N_n\}$，局中人1的赢得矩阵为 $\mathbf{A}=(a_{ij})_{m\times n}$，如果等式 $\max\limits_i(\min\limits_j a_{ij})=\min\limits_j(\max\limits_i a_{ij})=a_{i^*j^*}$ 成立，记 $V_G=a_{i^*j^*}$，则称 V_G 为对策 G 的值，对应上式成立的局势（S_{i^*}，N_{j^*}）为 G 在纯策略意义下的解，S_{i^*}，N_{j^*} 分别为局中人1，2的最优纯策略。

2. 矩阵对策最优纯策略的存在性

定理1（解的存在性定理） 矩阵对策 $G=(S,N;\mathbf{A})$，在纯策略意义下有解的充分必要条件是：存在局势（S_{i^*}，N_{j^*}）使得对一切 $i=1,2,\cdots,m$；$j=1,2,\cdots,n$ 均有 $a_{ij^*}\leqslant a_{i^*j^*}\leqslant a_{i^*j}$；即 $\max\limits_i(\min\limits_j a_{ij})=\min\limits_j(\max\limits_i a_{ij})=a_{i^*j^*}$。

例14-3 设矩阵对策 $G=(S,N;\mathbf{A})$，其中

$$\mathbf{A}=\begin{pmatrix} 8 & 5 & 9 & 5 \\ 2 & 3 & 4 & -3 \\ 10 & 5 & 7 & 5 \\ -4 & 2 & 8 & 2 \end{pmatrix}$$

解 对于局中人1来说

$$\min_j a_{1j}=5,\ \min_j a_{2j}=-3,\ \min_j a_{3j}=5,\ \min_j a_{4j}=-4$$

故

$$\max_i(\min_j(a_{ij}))=5$$

对于局中人 2 来说

$$\max_i a_{i1}=10,\ \max_i a_{i2}=5,\ \max_i a_{i3}=9,\ \max_i a_{i4}=5$$

由于

$$\max_i(\min_j a_{ij})=\min_j(\max_i a_{ij})=5$$

所以（S_1，N_2），（S_1，N_4），（S_3，N_2）及（S_3，N_4）4 个局势都是对策 G 的最优纯策略解，且对策值 $V_G=5$。

从例 14－3 可以看出，矩阵对策的解可以不是唯一的，但矩阵对策的值却是唯一的。如果矩阵对策有多个解时，这些解有两个重要性质：

（1）无差别性：如果（S_{i1}，N_{j1}）与（S_{i2}，N_{j2}）是矩阵对策 G 的解，则 $a_{i1j1}=a_{i2j2}$。

（2）可交换性：如果（S_{i1}，N_{j1}）与（S_{i2}，N_{j2}）是矩阵对策 G 的解，则（S_{i1}，N_{j2}）与（S_{i2}，N_{j1}）也是矩阵对策 G 的解。

14.3 矩阵对策的最优混合策略

对于矩阵对策问题，并非所有的矩阵对策在纯策略意义下都有解。如例 14－1 中，田忌赛马的对策问题在纯策略意义下是无解的，因为 $\max_i(\min_j a_{ij})=-1$，$\min_j(\max_i a_{ij})=3$，$\max_i(\min_j a_{ij})\neq\min_j(\max_i a_{ij})$。对于这种没有最优纯策略对策问题，局中人如何选择策略来参加对策呢？举例说明。

例 14－4 设矩阵对策 $G=(S，N；\boldsymbol{A})$，其中

$$\boldsymbol{A}=\begin{pmatrix}1 & 5\\ 7 & 3\end{pmatrix}$$

解 由于 $\max_i(\min_j a_{ij})=3$，$\min_j(\max_i a_{ij})=5$，因而不存在鞍点，也就不存在最优纯策略。此时可以设想局中人随机地选取策略来进行对策。例如，局中人 1 以概率 x 选取策略 S_1，以概率 $1-x$ 选取策略 S_2；局中人 2 以概率 y 选取策略 N_1，以概率 $1-y$ 选取策略 N_2，于是对局中人 1 来说，他的赢得可用期望值 $E(x，y)$ 来描述，有

$$E(x，y)=1xy+5x(1-y)+7(1-x)y+3(1-x)(1-y)=-8\left(x-\frac{1}{2}\right)\left(y-\frac{1}{4}\right)+4$$

由上式可以看出，当 $x=1/2$ 时，即局中人 1 以概率 1/2 选取 S_1 策略时，其期望值至少是 4，但不能保证期望值超过 4，这是因为局中人 2 取 $y=1/4$，即以概率 1/4 选取策略 N_1 时，可以控制局中人 1 的赢得不会超过 4。

由上述分析可以看出，不存在最优纯策略时，每个局中人决策时，不是决定选择哪一个策略，而是决定用多大概率选择哪一个策略。

定义 2 设矩阵对策 $G=(S，N；\boldsymbol{A})$，其中 $S=\{S_1，S_2，\cdots，S_m\}$，$N=\{N_1，N_2，\cdots，N_n\}$，支付矩阵为 $\boldsymbol{A}=(a_{ij})_{m\times n}$，则将策略集合对应的概率向量集合

$$S^*=\left\{\boldsymbol{x}\in E^m\,\middle|\,\sum_{i=1}^{m}x_i=1,\ x_i\geqslant 0\right\},\quad N^*=\left\{\boldsymbol{y}\in E^n\,\middle|\,\sum_{j=1}^{n}y_j=1,\ y_j\geqslant 0\right\}，E^m\text{和}E^n$$

分别为 m 维和 n 维欧几里得空间，分别称为局中人 1 与 2 的混合策略集。这里 x_i 是局中人 1 选取 S_i 的概率，y_j 是局中人 2 选取 N_j 的概率，$\boldsymbol{x}$，$\boldsymbol{y}$ 分别称为局中人 1 与 2 的混合策略，称（$\boldsymbol{x}$，$\boldsymbol{y}$）为一个混合局势。

局中人1的支付函数为$E(\boldsymbol{x},\ \boldsymbol{y})=\sum_{i=1}^{m}\sum_{j=1}^{n}a_{ij}x_iy_j$，局中人2的支付函数为$-E(\boldsymbol{x},\ \boldsymbol{y})$。这样得到一个新的对策，记为$G^*=(S^*,\ N^*;\ \boldsymbol{E})$，称$G^*$为对策$G$的混合扩充。

特别地，当

$$x_i=\begin{cases}1, & i=k\\0, & i\neq k\end{cases},\quad y_j=\begin{cases}1, & j=t\\0, & j\neq t\end{cases}$$

就表示局中人1确定性地选取策略S_k，局中人2确定性地选取策略N_t，这就是前面介绍过的纯策略情形。

在混合扩充对策中，局中人1取某种混合策略时，必定要想到局中人2会针对性地选取一种策略，使其期望赢得最小，于是局中人1的目标就是寻求一种以概率$\boldsymbol{x}^*$选取的策略，使局中人2不论采取何种策略时，能使自己的期望赢得值中最小的尽可能大。即局中人1想找到一个最大的数V_S，使其在以概率$\boldsymbol{x}^*$选取策略时，对局中人2的每种策略都有

$$E(\boldsymbol{x}^*,\ \boldsymbol{y})\geqslant V_S \tag{14.1}$$

称$\boldsymbol{x}^*$为局中人1的最优策略。

同理，局中人2也以概率$\boldsymbol{y}^*$寻找最优策略，使局中人1不论采取何种策略时，都能使自己的期望损失中最大的尽可能小，即局中人2找到一个最小的数V_N，使其在以概率$\boldsymbol{y}^*$选取策略时，对局中人1的每种策略都有

$$E(\boldsymbol{x},\ \boldsymbol{y}^*)\leqslant V_N \tag{14.2}$$

称$\boldsymbol{y}^*$为局中人2的最优策略。

可以证明，在任何一个给定的二人零和对策中，对局中人1和2，分别存在最优策略$\boldsymbol{x}^*$和$\boldsymbol{y}^*$，以及V_S和V_N，使得式（14.1）和式（14.2）成立，且$V_S=V_N=V$，称V为对策G的值，而混合局势（$\boldsymbol{x}^*$，$\boldsymbol{y}^*$）称为G在混合策略下的解。这个结论称为冯·诺依曼极小极大定理，该定理可以用下面的形式给出。

任何一个给定的二人零和有限对策G一定有解。设矩阵对策G的值是V，则线性不等式组

$$\begin{cases}\sum_{i=1}^{m}a_{ij}x_i\geqslant V, & j=1,\ 2,\ \cdots,\ n\\ \sum_{i=1}^{m}x_i=1 & \\ x_i\geqslant 0, & i=1,\ 2,\ \cdots,\ m\end{cases}$$

的解$\boldsymbol{x}^*$是局中人1的最优策略，而线性不等式组

$$\begin{cases}\sum_{j=1}^{n}a_{ij}y_j\leqslant V, & i=1,\ 2,\ \cdots,\ m\\ \sum_{j=1}^{n}y_j=1 & \\ y_j\geqslant 0, & j=1,\ 2,\ \cdots,\ n\end{cases}$$

的解$\boldsymbol{y}^*$是局中人2的最优策略。

冯·诺依曼极小极大定理表明，存在局中人1的混合策略，也存在局中人2的混合策略，使得局中人1的期望赢得最少为V_S，局中人2的期望损失最多为V_N，且$V_S=V_N=V$，如果局中人1选用其最优策略，但局中人2未选用其最优策略，则局中人1的期望赢得将高于V_S；

同样，如果局中人 2 选用其最优策略而局中人 1 未选用最优策略，则局中人 2 的期望损失会低于 V_N。当局中人都采用最优策略时，则可以达到某种程度的平衡，即混合策略的一种平衡。

14.4 矩阵对策模型的求解

对于矩阵对策问题的数学模型，首先检查是否存在最优纯策略解，如果已经查明矩阵对策 G 没有纯策略解，一般用混合扩充的办法来解矩阵对策模型，下面介绍几种解法。

14.4.1 代数解法

例 14－5 求例 14－1 中齐王与田忌各自的最优混合策略及对策的值。

解 齐王的赢得矩阵

$$\boldsymbol{A}=\begin{pmatrix} 3 & 1 & 1 & 1 & 1 & -1 \\ 1 & 3 & 1 & 1 & -1 & 1 \\ 1 & -1 & 3 & 1 & 1 & 1 \\ -1 & 1 & 1 & 3 & 1 & 1 \\ 1 & 1 & -1 & 1 & 3 & 1 \\ 1 & 1 & 1 & -1 & 1 & 3 \end{pmatrix}$$

由于矩阵没有鞍点，因此没有纯策略意义下的最优策略，由冯·诺依曼极小极大定理可以给出下面两个不等式组：

$$\begin{cases} 3x_1+x_2+x_3-x_4+x_5+x_6\geqslant V \\ x_1+3x_2-x_3+x_4+x_5+x_6\geqslant V \\ x_1+x_2+3x_3+x_4-x_5+x_6\geqslant V \\ x_1+x_2+x_3+3x_4+x_5-x_6\geqslant V \\ x_1-x_2+x_3+x_4+3x_5+x_6\geqslant V \\ -x_1+x_2+x_3+x_4+x_5+3x_6\geqslant V \\ x_1+x_2+x_3+x_4+x_5+x_6=1 \\ x_i\geqslant 0,\quad i=1,2,\cdots,6 \end{cases} \tag{14.3}$$

$$\begin{cases} 3y_1+y_2+y_3+y_4+y_5-y_6\leqslant V \\ y_1+3y_2+y_3+y_4-y_5+y_6\leqslant V \\ y_1-y_2+3y_3+y_4+y_5+y_6\leqslant V \\ -y_1+y_2+y_3+3y_4+y_5+y_6\leqslant V \\ y_1+y_2-y_3+y_4+3y_5+y_6\leqslant V \\ y_1+y_2+y_3-y_4+y_5+3y_6\leqslant V \\ y_1+y_2+y_3+y_4+y_5+y_6=1 \\ y_j\geqslant 0,\quad j=1,2,\cdots,6 \end{cases} \tag{14.4}$$

这里，每个 x_i，y_j 均不为零，换言之，每个策略都可能被局中人选取。局中人 1 和局

中人2都选用最优策略时，式（14.3）和式（14.4）都应当取等号，将不等式组化成线性方程组求解，则有

$$
\begin{cases}
3x_1+x_2+x_3-x_4+x_5+x_6=V \\
x_1+3x_2-x_3+x_4+x_5+x_6=V \\
x_1+x_2+3x_3+x_4-x_5+x_6=V \\
x_1+x_2+x_3+3x_4+x_5-x_6=V \\
x_1-x_2+x_3+x_4+3x_5+x_6=V \\
-x_1+x_2+x_3+x_4+x_5+3x_6=V \\
x_1+x_2+x_3+x_4+x_5+x_6=1 \\
x_i\geqslant 0,\quad i=1,2,\cdots,6
\end{cases}
\tag{14.5}
$$

$$
\begin{cases}
3y_1+y_2+y_3+y_4+y_5-y_6=V \\
y_1+3y_2+y_3+y_4-y_5+y_6=V \\
y_1-y_2+3y_3+y_4+y_5+y_6=V \\
-y_1+y_2+y_3+3y_4+y_5+y_6=V \\
y_1+y_2-y_3+y_4+3y_5+y_6=V \\
y_1+y_2+y_3-y_4+y_5+3y_6=V \\
y_1+y_2+y_3+y_4+y_5+y_6=1 \\
y_j\geqslant 0,\quad j=1,2,\cdots,6
\end{cases}
\tag{14.6}
$$

化简方程组式（14.5）和式（14.6）得

$$6(x_1+x_2+x_3+x_4+x_5+x_6)=6V$$
$$6(y_1+y_2+y_3+y_4+y_5+y_6)=6V$$

由

$$\sum_{i=1}^{6}x_i=1,\quad \sum_{j=1}^{6}y_j=1$$

故得$V=1$。将$V=1$代入式（14.5）和式（14.6）求解得

$$x_i=\frac{1}{6},\quad i=1,2,3,4,5,6$$

$$y_j=\frac{1}{6},\quad j=1,2,3,4,5,6$$

所以齐王的最优策略是

$$\boldsymbol{x}^*=\left(\frac{1}{6},\frac{1}{6},\frac{1}{6},\frac{1}{6},\frac{1}{6},\frac{1}{6}\right)$$

田忌的最优策略是

$$\boldsymbol{y}^*=\left(\frac{1}{6},\frac{1}{6},\frac{1}{6},\frac{1}{6},\frac{1}{6},\frac{1}{6}\right)$$

对策值$V=1$。总的结果是齐王赢一千金。

14.4.2 图解法

对于局中人只有两个策略的对策问题，可以利用图解法来求各方的最优策略。

例 14-6 用图解法解例 14-4 的对策问题。

解 支付矩阵

$$\boldsymbol{A}=\begin{pmatrix}1 & 5\\ 7 & 3\end{pmatrix}$$

设局中人 1 取策略 S_1，S_2 的概率分别为 x_1，$1-x_1$，$x_1\geqslant 0$。如果局中人 2 取策略 N_1，则局中人 1 赢得的期望值为 L_1：$V=x_1+7(1-x_1)=7-6x_1$。如果局中人 2 取策略 N_2，则局中人 1 赢得的期望值为 L_2：$V=5x_1+3(1-x_1)=3+2x_1$。

现以 x_1 作为横坐标，V 作为纵坐标，分别画出局中人 2 取策略 N_1 和 N_2 时，局中人 1 所能获得的赢得 V 的变动直线 L_1，L_2。如图 14-2 所示。

显然，只有以直线 L_1，L_2 的交点 M 处相应的概率值（x_1，x_2）分别取对应的策略 S_1 和 S_2，才是局中人 1 所选取的最优混合策略。这时不论局中人 2 选择何种策略，局中人 1 的赢得总是$V=4$。由图知 $x_1=0.5$，进而知 $x_2=0.5$，所以局中人 1 的最优混合策略：$\boldsymbol{x}^*=(0.5，0.5)$。

同理，当局中人 1 以概率 y_1 取策略 S_1 时，局中人 2 损失的期望值为 L_1：$V=y_1+5\times(1-y_1)=5-4y_1$。

当局中人 1 以概率 $1-y_1$ 取策略 S_2 时，局中人 2 损失的期望值为 L_2：$V=7y_1+3\times(1-y_1)=3+4y_1$。用同样的方法作图如图 14-3 所示，由图中可知无论局中人 1 选择何种策略，只要局中人 2 选择以交点 M 相对应的概率值（y_1，y_2），对应的策略 N_1，N_2，损失值总是 4。即得局中人 2 的最优混合策略 $\boldsymbol{y}^*=(0.25，0.75)$，对策值 $V=4$。

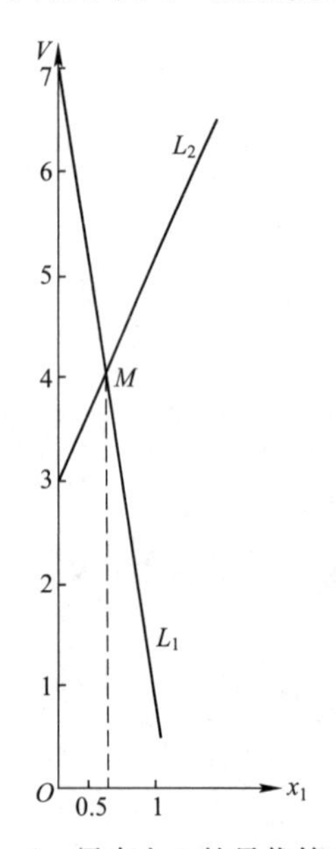

图 14-2 局中人 1 的最优策略图解法

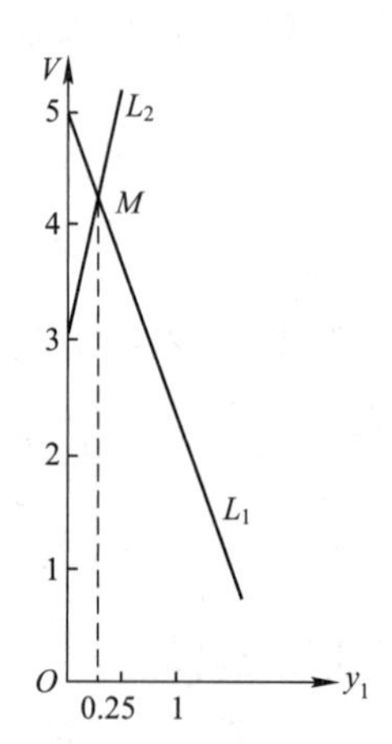

图 14-3 局中人 2 的最优策略图解法

14.4.3 优超原理

例 14-7 设给定一个对策 $G=\{S，N；\boldsymbol{A}\}$，其中

$$\boldsymbol{A}=\begin{pmatrix}-3 & 3 & 2 & 6\\ 1 & 2 & 5 & 3\\ -1 & 4 & 3 & 2\\ 7 & 8 & 3 & 9\end{pmatrix}$$

求其最优策略及对策值。

解 由于矩阵 $\boldsymbol{A}$ 的第2列各数大于第一列对应各数，也就是无论局中人1选取什么策略，局中人2选取策略 N_2 的损失都比选取策略 N_1 的损失要大，故局中人2绝不会去选取策略 N_2，他可以把 N_2 从策略集 N 中删去，并把第二列从 $\boldsymbol{A}$ 中删去，即局中人2只用到策略 N_1，N_3，N_4，所以只要考虑矩阵

$$\boldsymbol{A}_1=\begin{pmatrix} -3 & 2 & 6 \\ 1 & 5 & 3 \\ -1 & 3 & 2 \\ 7 & 3 & 9 \end{pmatrix}$$

同理，$\boldsymbol{A}_1$ 中的第三列也可以去掉，得

$$\boldsymbol{A}_2=\begin{pmatrix} -3 & 2 \\ 1 & 5 \\ -1 & 3 \\ 7 & 3 \end{pmatrix}$$

从局中人1考虑，$\boldsymbol{A}_2$ 中第二行各元素比第三行对应各元素大，也就是无论局中人2选取什么策略，局中人1选取策略 S_2 比选取策略 S_3 有利，这样，局中人1删去策略 S_3，同理可删去策略 S_1，得

$$\boldsymbol{A}_3=\begin{pmatrix} 1 & 5 \\ 7 & 3 \end{pmatrix}$$

利用例14-6的结果可得 $x_2^*=0.5$，$x_4^*=0.5$，$y_1^*=0.25$，$y_3^*=0.75$，即 $\boldsymbol{x}^*=(0,\ 0.5,\ 0,\ 0.5)^{\mathrm{T}}$，$\boldsymbol{y}^*=(0.25,\ 0,\ 0.75,\ 0)^{\mathrm{T}}$。

这种利用降低支付矩阵维数求最优混合策略的原理称为优超原理，其方法如下。

在支付矩阵 $\boldsymbol{A}=(a_{ij})_{m\times n}$ 中，如果第 i 行元素都不小于第 k 行对应各元素，即 $a_{ij}\geqslant a_{kj}$，则称局中人1的策略 S_i 优超于策略 S_k，记为 $S_i\geqslant S_k$，这时局中人2无论选取哪种策略 N_j，局中人1选取 S_i 总比选取 S_k 好。那么，可将第 k 行元素从支付矩阵中删去，即将策略 S_k 从策略集 S 中删去；如果 $\boldsymbol{A}$ 中的第 j 列各元素都不大于第 k 列对应的各元素，即 $a_{ij}\leqslant a_{ik}$，则称局中人2的策略 N_j 优超于策略 N_k，记为 $N_j\leqslant N_k$。这时，局中人1无论选取哪一种策略 S_i，局中人2选取 N_j 总比选取 N_k 好。那么，可将第 k 列从 $\boldsymbol{A}$ 中删去，即将策略 N_k 从策略集 N 中删去。

14.4.4 线性规划解法

从冯·诺依曼极小极大定理的表示形式可以看出，求解矩阵对策混合策略问题可以用线性规划方法。因为求 $\boldsymbol{x}^*$，$\boldsymbol{y}^*$ 相当于解

$$\max V$$

$$\text{st}\begin{cases} \sum\limits_{i=1}^{m} a_{ij}x_i \geqslant V, \quad j=1,\ 2,\ \cdots,\ n \\ \sum\limits_{i=1}^{m} x_i=1 \\ x_i\geqslant 0, \quad i=1,\ 2,\ \cdots,\ m \end{cases} \tag{14.7}$$

$$\min V$$

$$\text{st}\begin{cases}\sum_{j=1}^{n} a_{ij}y_j \leqslant V, \quad i=1,\ 2,\ \cdots,\ m \\ \sum_{j=1}^{n} y_i = 1 \\ y_j \geqslant 0, \quad j=1,\ 2,\ \cdots,\ n\end{cases} \tag{14.8}$$

不妨设 $V>0$，引进新的变量 x_i' 和 y_j'，令

$$x_i' = \frac{x_i}{V},\ i=1,\ 2,\ \cdots,\ m; \quad y_j' = \frac{y_j}{V},\ j=1,\ 2,\ \cdots,\ n$$

于是式（14.7）变成

$$\frac{1}{V} = \max \sum_{i=1}^{m} x_i'$$

$$\begin{cases}\sum_{i=1}^{m} a_{ij}x_i' \geqslant 1, \quad j=1,\ 2,\ \cdots,\ n \\ x_i' \geqslant 0, \quad i=1,\ 2,\ \cdots,\ m\end{cases} \tag{14.9}$$

式（14.8）变成

$$\frac{1}{V} = \min \sum_{j=1}^{n} y_j'$$

$$\begin{cases}\sum_{j=1}^{n} a_{ij}y_j' \leqslant 1, \quad i=1,\ 2,\ \cdots,\ m \\ y_j' \geqslant 0, \quad j=1,\ 2,\ \cdots,\ n\end{cases} \tag{14.10}$$

可以看出，这就是线性规划的典型问题，线性规划式（14.10）又恰好是式（14.9）的对偶规划问题。根据对偶性定理知，这两个线性规划的最优解都存在，而且最优值相等。

例 14－8 设给定一个对策 $G=\{S,\ N;\ \boldsymbol{A}\}$，其中

$$\boldsymbol{A} = \begin{pmatrix} 2 & 5 & 4 \\ 6 & 1 & 3 \\ 4 & 6 & 1 \end{pmatrix}$$

求其最优策略及对策值。

解 此矩阵对策既无鞍点，又不能用优超原理简化，可用线性规划求解。

$$\frac{1}{V} = \min(x_1' + x_2' + x_3')$$

$$\text{st}\begin{cases}2x_1' + 6x_2' + 4x_3' \geqslant 1 \\ 5x_1' + x_2' + 6x_3' \geqslant 1 \\ 4x_1' + 3x_2' + x_3' \geqslant 1 \\ x_1',\ x_2',\ x_3' \geqslant 0\end{cases}$$

及

$$\frac{1}{V} = \max(y_1' + y_2' + y_3')$$

$$
\text{st}\begin{cases}2y_1'+5y_2'+4y_3'\leqslant 1\\6y_1'+y_2'+3y_3'\leqslant 1\\4y_1'+6y_2'+y_3'\leqslant 1\\y_1',\ y_2',\ y_3'\geqslant 0\end{cases}
$$

解之得，$V=124/35$

$$
x_1'=\frac{13}{124},\ x_2'=\frac{10}{124},\ x_3'=\frac{12}{124};\quad y_1'=\frac{21}{124},\ y_2'=\frac{13}{124},\ y_3'=\frac{1}{124}
$$

从而

$$
x_1=\frac{13}{35},\ x_2=\frac{10}{35},\ x_1=\frac{12}{35};\quad y_1=\frac{21}{35},\ y_2=\frac{13}{35},\ y_3=\frac{1}{35}
$$

因此，局中人1的最优混合策略为$\boldsymbol{x}^*=(13/35,\ 10/35,\ 12/35)$。

局中人2的最优混合策略为$\boldsymbol{y}^*=(21/35,\ 13/35,\ 1/35)$，对策值为$V=124/35$。

习题

1. 求解下列矩阵对策，其中赢得矩阵分别为

$$
\boldsymbol{A}_1=\begin{pmatrix}6&4&5&4\\5&4&6&4\\0&2&7&3\\8&3&2&-1\end{pmatrix},\quad \boldsymbol{A}_2=\begin{pmatrix}4&-4&-5&6\\-3&-4&-9&-2\\6&7&-8&-9\\7&3&-9&5\end{pmatrix}
$$

2. 给定矩阵对策$G=\{S_1,\ S_2;\ \boldsymbol{A}\}$，求混合策略及对策值。

$$
\boldsymbol{A}_1=\begin{pmatrix}4&2&3&-1\\-4&0&-2&-2\end{pmatrix},\quad \boldsymbol{A}_2=\begin{pmatrix}4&2&5\\1&5&-1\end{pmatrix},\quad \boldsymbol{A}_3=\begin{pmatrix}5&7&-6\\-6&0&4\\7&8&-5\end{pmatrix},\quad \boldsymbol{A}_4=\begin{pmatrix}2&8\\4&6\\5&2\end{pmatrix}
$$

3. 设一矩阵对策的赢得矩阵为$\boldsymbol{A}$，先尽可能利用优超原则简化，再用图解法确定双方的最优策略和对策值。

$$
\boldsymbol{A}_1=\begin{pmatrix}-1&3&-5&7&-9\\2&-4&6&-8&10\end{pmatrix},\quad \boldsymbol{A}_2=\begin{pmatrix}16&14&6&11\\-14&4&-10&-8\\0&-2&12&-6\\22&-12&6&10\end{pmatrix}
$$

$$
\boldsymbol{A}_3=\begin{pmatrix}3&-2&5\\-3&6&-1\\1&-1&4\\0&4&2\end{pmatrix},\quad \boldsymbol{A}_4=\begin{pmatrix}2&-1&0&-2\\1&0&3&2\\-3&-2&-1&4\end{pmatrix}
$$

4. 用线性方程组法求解矩阵对策，其赢得矩阵为

$$
\boldsymbol{A}=\begin{pmatrix}1&7&14\\4&2&1\end{pmatrix}
$$

5. A，B两位游戏者双方各持一枚硬币，同时展示硬币的一面，如均为正面，A赢2/3

元；如均为反面，A赢1/3元；如为一正一反，A输1/2元。试确定双方的最优策略，并说明此游戏对双方是否合理公平。

6. 今有甲、乙两厂生产同一种产品，它们都想通过改革与内部挖潜，获得更多的市场份额。已知两厂分别拥有三种策略，据推断当双方采取不同的策略后甲厂的市场份额占有情况变动如表14－2所示，请确定双方的最优策略。

表14－2 甲厂的市场份额占有情况变动 %

甲厂策略	乙厂策略		
	N_1	N_2	N_3
S_1	10	−1	3
S_2	12	10	−5
S_3	6	8	5

7. A，B两家公司各自控制市场的50%。最近这两家公司都改进了各自的产品，并准备进行新的广告宣传，以争取潜在顾客。若双方都不做广告，那么平分市场的局面不会改变；但若单方发动一次强大的广告宣传，则对方将按比例损失一定数量的顾客。市场调查表明，潜在顾客的50%可以通过电视广告争取到，30%通过报纸广告争取到，其余的20%可通过无线电广播广告的形式争取到。问A，B两家公司的最优广告策略各是什么？对策值为多少？

8. 某市有两家超市相互竞争，超市A有三种广告策略。超市B也有三种广告策略。据预测当双方采用不同的广告策略时，双方所占市场份额增加的百分数如表14－3所示。试将此对策问题表示为一线性规划模型，并求出最优策略。

表14－3 双方采用不同的广告策略市场份额的改变情况 %

策略		B		
		1	2	3
A	1	3	0	2
	2	0	2	0
	3	2	−1	4

9. 两个游戏者分别在纸上写0，1，2这三个数字中的任一个，且不让对方知道。先让第一个人猜两人所写数字总和，再让第二个人猜，但规定第二个人猜的数不能与第一个人相同。猜中者从对方赢得1元；如谁都猜不中，算和局。试回答两个游戏者各有多少个纯策略。

10. A和B进行一种游戏。A先在横坐标x轴的[0，1]区间内选一个数，但不能让B知道；然后B在纵坐标轴y的[0，1]区间内任选一个数。双方选定后，B对A的支付为

$$p(x,y)=\frac{1}{2}y^2-2x^2-2xy+\frac{7}{2}x+\frac{5}{4}y$$

求A，B各自的最优策略和对策值。

11. A手中有两张牌，分别为2点和5点。B从两组牌中随机抽取一组：一组为1点和4点各一张；另一组为3点和6点各一张。然后A，B两人将手中牌分两次出，例如A可以

先出2点再出5点，或先出5点再出2点；B也将抽到的一组牌，先出大的点或先出小的点。每出一次，当两人所出牌的点数和为奇数时A获胜，B付给A相当于两张牌点数和的款数；当点数和为偶数时，A付给B相当于两张牌点数和的款数。两张牌出完后算一局，再开局时，完全重复上述情况和规则。要求确定：

(1) A，B各自的策略集；(2) 列出对A的赢得矩阵；

(3) 找出A，B各自的最优策略，计算对策值并说明对双方是否公平合理。

12. 有一种赌博游戏，游戏者Ⅰ拿两张牌：红1和黑2；游戏者Ⅱ也拿两张牌：红2和黑3。游戏时，两人各同时出示一张牌，如颜色相同，Ⅱ付给Ⅰ钱；如果颜色不同，Ⅰ付给Ⅱ钱。并且规定，如Ⅰ打的是红1，按两人牌上点数差付钱；如Ⅰ打的是黑2，按两人牌上点数和付钱。求游戏者Ⅰ，Ⅱ的最优策略，并回答这种游戏对双方是否公平合理。

第15章

本章要求了解排队论的基本概念；掌握排队系统的分类；熟悉单服务台系统模型、多服务台系统模型及一般排队模型的特点；掌握各种模型的求解与分析方法；掌握各模型的应用及计算机解法。

排　队　论

15.1 排队问题与排队论

1. 排队问题与排队论（queuing theory）研究内容

排队是日常生活中常遇到的现象，如顾客到商店去买东西，病人到医院去看病，当售货员、医生的数量满足不了顾客或病人能得到及时服务需要时，就出现了排队现象。出现这样的排队现象，使人感到讨厌；但由于顾客到达人数和服务时间的随机性，排队现象又是不可避免的。当然，增加服务设施能减少排队现象，但这样势必增加投资，有时会出现供大于求，使设施常常空闲，导致浪费，因此，不是一个经济的解决问题的办法。管理人员就要研究排队问题，把排队时间控制在一定限度内，在服务质量提高和成本降低之间寻求平衡，找到最适当的方案。排队论就是解决这类问题的一门科学，它被广泛地用于解决诸如车站、码头、机场等交通枢纽堵塞与疏导，以及故障机器停机待修、水库存储调节等具有有形无形排队现象等问题。其研究的内容有：

（1）性态问题，研究各种排队系统的概率分布（队长分布、等待时间分布、忙期分布）；

（2）最优化问题，分静态最优化和动态最优化，静态最优化指最优设计，动态最优化指现有排队系统的最优运营；

（3）排队系统的统计推断，即判断一个给定的排队系统符合哪种类型，以便根据排队论进行分析研究。

2. 排队系统的三个基本组成部分

一个排队系统的基本组成部分为输入过程、排队规则和服务机构。

（1）输入过程。输入是指顾客按怎样的规律到达排队系统，其特征如下。

① 顾客总体数，是有限的还是无限的；

② 顾客到达的方式，是一个一个地还是成批到达。

③ 顾客相继到达的间隔时间可以是确定的，也可以是随机的。对于随机的情形，要知道单位时间内顾客到达数或相继到达间隔时间的概率分布。

④ 顾客的到达可以是独立的，以前的到达对以后的到达没有影响，否则就是关联的。

（2）排队规则。排队规则是排队系统的一个重要组成部分。当顾客到达时，若所有服务台都被占用，在有些排队系统里顾客即离去，如电话呼唤系统；在另一些排队系统里顾客会排队等待服务，如机场候机排队系统。前者称为损失制系统，后者称为等待制系统。

对于等待制系统，为顾客进行服务的次序可以采用以下一些规则：先到先服务（FCFS），这是最常见的情况；后到先服务（LCFS），如乘用电梯的顾客常是先入后出；随机服务（RS），如邮局分信常常是随机分拣的；有优先权的服务（WS），如医院对于病情严重的患者给予优先治疗。

（3）服务机构。从机构形式和工作情况看有以下几种：

① 服务机构可以没有服务台，也可以有一个或多个服务台（服务员、窗口、通道）；

② 在有多个服务台的情形中，排队可以是并列的，可以是串列的，也可以是混合的；

③ 服务方式可以是单个的，也可以是成批的；

④ 服务时间可以是确定的，也可以是随机的；对于随机的要知道其概率分布。

3. 排队模型的分类

D. G. Kendall 在 1953 年提出一个排队模型分类方法：按照排队系统中最主要的特征进

行分类，并用符号 $X/Y/Z$ 表示，该符号称为 Kendall 符号。在 1971 年关于排队论符号标准化会议上决定，将 Kendall 符号扩充为：$X/Y/Z/A/B/C$。

其中，各符号的含义为：X 表示相继到达时间间隔的分布；Y 表示服务时间的分布；Z 表示服务台个数；A 表示系统中允许的最大顾客容量，缺省值为∞；B 表示顾客源数目，缺省值为∞；C 表示服务规则，如果省略该项则为 FCFS。

相继到达时间间隔分布和服务时间分布的符号表示为：M 表示负指数分布；D 表示确定型；GI 表示相互独立的时间间隔分布；G 表示正态分布。例如 M/M/1/∞表示顾客到达时间为负指数分布、服务时间为负指数分布、单服务台、系统容量为无限、顾客源无限、采用先到先服务规则的排队模型。D/G/3/N 则表示确定型输入、一般服务时间分布、有三个服务台、系统容量为 $N(N\geqslant 3)$、顾客源无限、采用先到先服务规则的排队模型。

4. 排队问题的求解

排队问题的求解，首先要研究它属于哪个模型，其中只有顾客到达的间隔时间分布和服务时间分布需要实测数据来确定，其他因素都是在问题提出时给定的。求解排队问题的目的，是研究排队系统运行的效率，估计服务质量，确定系统参数的最优值，以决定系统的结构是否合理，设计改进措施。所以必须确定用以判断系统优劣的基本数量指标，这些重要的数量指标通常如下。

(1) 队长：指在系统里的平均顾客数，记为 L_s。

(2) 队列的长度：即排队等待服务的平均顾客数，记为 L_q，显然，$L_s=L_q+$正在被服务的顾客数。

(3) 系统空闲时间：在系统里没有顾客的概率，即所有服务设施空闲的概率，记为 P_0。

(4) 平均等待时间：一位顾客花在排队上的平均时间，记为 W_q。

(5) 平均逗留时间：一位顾客花在系统里的平均逗留时间，它包括排队时间和被服务的时间，记为 W_s。

(6) 顾客到达系统时得不到及时服务，必须排队等待的概率，记为 P_w。

(7) 在系统里正好有 n 个顾客的概率，这 n 个顾客包括排队的和正在被服务的顾客，这个概率记为 P_n。

15.2　排队论中常用的概率分布及最简单流

1. 定长分布

若顾客到达时间间隔为一常数 a，此时称输入分布为定长分布。用随机变量 ξ 表示顾客到达时间间隔，则 $P(\xi=a)=1$，用分布函数表示为

$$F(t)=P(\xi\leqslant t)=\begin{cases}0, & t<a\\ 1, & t\geqslant a\end{cases},\quad E(\xi)=a$$

2. 负指数分布

一个随机变量 ξ，它的分布密度函数为

$$f(t)=\begin{cases}\lambda e^{-\lambda t}, & t\geqslant 0\\ 0, & t<0\end{cases}$$

λ 为常数，称 ξ 服从负指数分布。分布函数为

$$F(t)=\begin{cases}1-e^{-\lambda t}, & t\geqslant 0\\ 0, & t<0\end{cases},\quad E(\xi)=\frac{1}{\lambda},\quad V(\xi)=\frac{1}{\lambda^2}$$

排队论中的服务时间和顾客到达间隔时间的分布，常服从负指数分布，负指数分布的特点是无后效性；当输入过程呈泊松分布时，顾客相继到达间隔时间服从负指数分布。

3. 泊松分布

一个随机变量 ξ，它的分布密度函数为

$$P(\xi=k)=\frac{\lambda^k}{k!}e^{-\lambda},\quad k=0,1,2,\cdots$$

称 ξ 服从泊松分布；$E(\xi)=\lambda$，$V(\xi)=\lambda$。

4. 最简单流

通常把随机时刻出现的事件组成的序列称为随机事件过程，例如用 $N(t)$ 表示 $(t_0, t_0+t]$ 时间内顾客到达系统的顾客人数就是一个随机事件过程。最简单流（又称 poisson 过程）是排队论中经常用来描述顾客到达规律的特殊随机过程，如果随机事件过程满足以下三个条件就称为最简单流。

（1）平稳性：以任何时刻为起点，$(t_0, t_0+t]$ 内出现事件数仅与时间长度 t 有关，而与起点 t_0 无关。

（2）普通性：时间间隔越长，顾客到达的概率越大，并且当时间间隔 Δt 充分小时，有一个顾客到达概率与 Δt 的长度成正比例；两个顾客同时到达的概率极小，可以忽略不计。

（3）无后效性：在 $(t_0, t_0+t]$ 时间内出现事件数与 $(t_0, t_0+t]$ 以前出现的事件数无关。

排队论的模型主要描述排队系统的平稳状态。

15.3 单服务台排队模型 M/M/1

排队模型 M/M/1 描述的是排队系统中只设一个服务台，并假定顾客到达系统的时间间隔服从负指数分布，服务时间服从负指数分布。M/M/1 模型常见的有以下形式。

（1）标准的 M/M/1 模型：M/M/1/∞/∞。

（2）系统容量有限制的 M/M/1 模型：M/M/1/N/∞。

（3）顾客源有限制的 M/M/1 模型：M/M/1/∞/m。

15.3.1 M/M/1/∞/∞模型

在模型 M/M/1/∞/∞中，第一项的 M 表示顾客到达系统的间隔时间服从负指数分布，第二项的 M 表示服务时间服从负指数分布，第三项的 1 表示一个服务台，第四项的∞表示队长没有限制，第五项的∞表示顾客来源是无限，排队规则为单队，先到先服务。这个模型可简记为 M/M/1。

设 λ 为单位时间顾客平均到达率，μ 为单位时间平均服务率，在平稳状态下，系统状态为 n 的概率为

$$P_0=1-\rho,\qquad \rho<1$$
$$P_n=(1-\rho)\rho^n,\quad n\geqslant 1$$

排队系统的各项效率指标如下。

（1）队长（在系统中的平均顾客数）L_s：$L_s=\frac{\rho}{1-\rho}(0<\rho<1)$，或者 $L_s=\frac{\lambda}{\mu-\lambda}$。

（2）队列的长度（在队列中等待的平均顾客数）L_q：$L_q=\frac{\rho^2}{1-\rho}$，或者 $L_q=\rho L_s$。

（3）一位顾客在系统里的平均逗留时间 W_s：$W_s=\frac{1}{\mu-\lambda}$。

（4）平均等待时间 W_q：$W_q=\frac{\rho}{\mu-\lambda}$。

上述指标间的关系（little 公式）：$L_s=\lambda W_s$，$L_q=\lambda W_q$，$W_s=W_q+\frac{1}{\mu}$，$L_s=L_q+\frac{\lambda}{\mu}$。

（5）顾客到达系统时，得不到及时服务，必须排队等待服务的概率 P_w：$P_w=\frac{\lambda}{\mu}$。其中：$\rho=\lambda/\mu$，它是平均到达率与平均服务率之比。在上面的公式中，总认定 $\lambda<\mu$，即到达率小于服务率。如果没有这个条件，则排队的长度将无限制地增加，服务机构没有能力处理所有到达的顾客。当 $\rho=(1/\mu)/(1/\lambda)$ 时，它表示的是对一个顾客的服务时间与到达间隔时间之比，称为 M/M/1 系统的服务强度。

例 15-1　某汽车检修所，每检测一辆汽车的平均时间为 1.6 min，假设来到该检修所车辆的到来规律符合泊松分布，泊松分布 $\lambda=0.5$ 辆/min，检修工作时间间隔服从负指数分布。试求该汽车检修所各种效率指标。

解　根据题设，该问题可归结为 M/M/1 排队模型，且已知 $\lambda=0.5$ 辆/min，$\frac{1}{\mu}=1.6$ min，$\mu=0.625$ 次/min，$\rho=\frac{\lambda}{\mu}=\frac{0.5}{0.625}=0.8$。

根据上述公式，可求得该汽车检修所的各种效率指标如下。

（1）系统中平均车辆数：$L_s=\frac{\lambda}{\mu-\lambda}=\frac{0.5}{0.125}=4$(辆)

（2）系统中等待服务的平均车辆数：$L_q=\frac{\rho^2}{1-\rho}=\frac{0.64}{0.2}=3.2$(辆)

（3）车辆平均逗留时间：$W_s=L_s/\lambda=8$(min)

（4）车辆平均等待时间：$W_q=L_q/\lambda=6.4$(min)

（5）汽车检修所处于繁忙的概率：$P\{n>0\}=\rho=0.8$

（6）汽车检修所处于空闲的概率：$P\{n=0\}=1-\rho=0.2$

一般地，当系统的服务强度 ρ 增加时，各参数都随着增加，因而为了提高效率，需要关注服务强度 ρ 与各参数间的关系，由平均队长 L_s 和平均停留时间 W_s 与 ρ 的关系可知，当服务强度 ρ 大于 0.7 时，平均队长 L_s 和平均停留时间 W_s 都将急剧增加，所以对 M/M/1 模型来说，一般将 ρ 控制在 0.7 以下为宜。

15.3.2　系统的容量有限制的模型（M/M/1/N/∞）

该模型在标准 M/M/1 的基础上限制排队系统的最大容量为 N。由于系统中排队等待的顾客数量最多为 $N-1$，在某一时刻顾客到达时，如果系统中已有 N 个顾客，那么这个顾客就被拒绝进入系统。当 $N=1$ 时为损失制系统；当 $N\to\infty$ 时，为等待制系统，即 M/M/1/∞/∞情形；当 $1<N<\infty$ 时，为混合制系统。在平稳状态下，系统状态为 n 的概率为

$$P_0=\frac{1-\rho}{1-\rho^{N+1}},\quad \rho\neq1;\quad P_n=\frac{1-\rho}{1-\rho^{N+1}}\rho^n,\quad n\leqslant N。$$

排队系统的各项效率指标（当 $\rho\neq1$ 时）如下。

（1）队长 L_s（在系统中的平均顾客数）：$L_s=\frac{\rho}{1-\rho}-\frac{(N+1)\rho^{N+1}}{1-\rho^{N+1}}$

（2）队列长 L_q（在队列中等待的平均顾客数）：$L_q=L_s-(1-P_0)$

（3）单位时间内损失顾客的平均数 λP_N。

（4）有效到达率：平均到达率 λ 是指系统中顾客数不到 N 时的平均到达率，当系统已满即 $n=N$ 时，则到达率为 0，故有效到达率为：$\lambda_e=\lambda(1-P_N)$ 或 $\lambda_e=\mu(1-P_0)$

（5）平均逗留时间 W_s：$W_s=\frac{L_q}{\lambda(1-P_N)}+\frac{1}{\mu}$

（6）平均等待时间 W_q：$W_q=W_s-\frac{1}{\mu}$

其中，$\rho=\frac{\lambda}{\mu}$，ρ 可取不等于 1 的任何正值。这里，没有 $\rho<1$ 的限制，因为当 $\rho>1$ 时，不会使队长变为无穷大；但当 $\rho>1$ 时，表示损失率 P_N 是很大的。

例 15－2 某修理所只能容纳 4 台待修的机器。若超过 4 台，后来的机器只能到别处修理，设待修机器按照泊松分布到达，平均每小时 1 台，修理时间服从负指数分布，平均每台修理时间为 1.25 h，试求系统的相关效率指标。

解 由题意知这是一个 M/M/1/4/∞系统。平均到达率 $\lambda=1$，平均服务率 $\mu=\frac{1}{1.25}=0.8$，所以 $\rho=\frac{\lambda}{\mu}=\frac{1}{0.8}=1.25$，由此可得系统的各项指标如下。

（1）队长（在系统中的平均顾客数）：

$$L_s=\frac{\rho}{1-\rho}-\frac{(N+1)\rho^{N+1}}{1-\rho^{N+1}}=\frac{1.25}{1-1.25}-\frac{5\times(1.25)^5}{1-(1.25)^5}=2.44(台)$$

（2）队列长（在队列中等待的平均顾客数）：

$$L_q=L_s-(1-P_0)=2.44-0.88=1.56(台)$$

（3）损失率：$P_N=\frac{1-\rho}{1-\rho^5}\rho^4=\frac{1-1.25}{1-(1.25)^5}\times(1.25)^4=0.297\approx0.30(台)$

（4）有效到达率：$\lambda_e=\lambda(1-P_N)=1\times(1-0.30)=0.70$

（5）平均逗留时间：$W_s=\frac{1}{\lambda_e}\cdot L_s=\frac{1}{0.70}\times2.44=3.49(h)$

（6）平均等待时间：$W_q=W_s-\frac{1}{\mu}=3.49-1.25=2.24(h)$

（7）修理工空闲的概率：$P_0=\frac{1-\rho}{1-\rho^{N+1}}=\frac{1-1.25}{1-(1.25)^5}=0.12$

（8）修理工繁忙的概率（平均正在修理的机器台数）：$1-P_0=1-0.12=0.88$

15.3.3 顾客源为有限的模型（M/M/1/∞/m）

该模型为在标准 M/M/1/∞/∞的基础上限制排队系统的队长最多为 m，模型的符号中第四项表示对系统的容量没有限制，但实际上它永不会超过 m，所以与 M/M/1/m/m 的意义相同。

参数 λ 即平均到达率，在无限源和有限源的情形下，λ 的意义有所不同。在无限源的情况下，顾客的到来是按整个顾客的全体来考虑的，这时 λ 表示平均单位时间来自顾客源的顾客数；在有限源的情况下，顾客的到来是按每个顾客来考虑的，故此处的 λ 是有限源中每个顾客在单位时间内来到系统的平均数。为简单起见，设每个顾客的到达率是相同的 λ（在这里 λ 的含义是每台机器单位运转时间内发生故障的平均次数），这时在系统外的顾客平均数为 $m-L_s$，对系统来说，其有效到达率为：$\lambda_e=\lambda(m-L_s)$，在平稳状态下，系统状态为 n 的概率为

$$P_0=\frac{1}{\sum_{i=1}^{m}\frac{m!}{(m-i)!}\left(\frac{\lambda}{\mu}\right)^i},\quad P_n=\frac{m!}{(m-i)!}\left(\frac{\lambda}{\mu}\right)^n P_0,\quad 1\leqslant n\leqslant m$$

系统的各项效率指标如下。

(1) 队长 L_s（在系统中的平均顾客数）：$L_s=m-\frac{\mu}{\lambda}(1-P_0)$

(2) 队列长 L_q（在队列中等待的平均顾客数）：$L_q=L_s-(1-P_0)$

(3) 平均逗留时间 W_s：$W_s=\frac{m}{\mu(1-P_0)}-\frac{1}{\lambda}$

(4) 平均等待时间 W_q：$W_q=W_s-\frac{1}{\mu}$

(5) 系统外的平均顾客数 k：$k=m-L_s$

15.4 多服务台排队模型 M/M/n

设有 c 个服务台并列，顾客以泊松流到达，即顾客到达间隔时间服从负指数分布，服务时间服从负指数分布，记作 M/M/c 模型。将此模型仍分为三类来讨论：

(1) 标准的 M/M/n 模型（M/M/c/∞/∞）；

(2) 系统容量有限制（M/M/c/N/∞）；

(3) 有限顾客源（M/M/c/∞/m）。

15.4.1 M/M/c/∞/∞模型

M/M/c/∞/∞模型的输入过程、排队规则同标准的 M/M/1 模型的规定相同，其服务机构为 c 个服务台并列，一个服务台为一个顾客服务。顾客到达时，若有空闲服务台便立刻接受服务；若没有空闲的服务台，则排成一个队列等待，等到有空闲服务台时，按照先到先服务的原则为队列中的顾客服务。每个服务台的工作相互独立且平均服务率相同，即：$\mu_1=\mu_2=\cdots=\mu_c=\mu$，服从参数为 μ 的负指数分布。服务系统如图 15-1 所示。

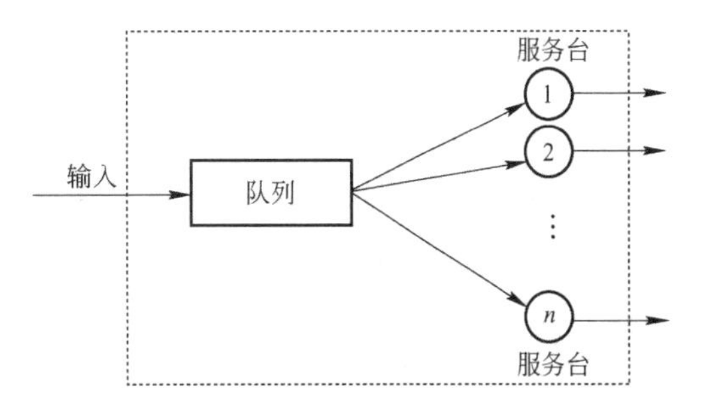

图 15-1 服务系统

整个服务机构的平均服务率为 $c\mu$，只有 $\rho=\frac{\lambda}{c\mu}<1$ 时才不会形成无限长的队列，称 ρ 为这个系统的服务强度或称服务台的平均利用率。在平稳状态下，系统状态为 n 的概率为

$$P_0=\left[\sum_{k=0}^{c-1}\frac{1}{k!}\left(\frac{\lambda}{\mu}\right)^k+\frac{1}{c!}\cdot\frac{1}{1-\rho}\cdot\left(\frac{\lambda}{\mu}\right)^c\right]^{-1},\quad P_n=\begin{cases}\frac{1}{n!}\left(\frac{\lambda}{\mu}\right)^n P_0, & n\leqslant c\\ \frac{1}{c!\ c^{n-c}}\left(\frac{\lambda}{\mu}\right)^n P_0, & n>c\end{cases}$$

系统的各项效率指标如下。

(1) 队列长 L_q（在队列中等待的平均顾客数）：$L_q=\frac{(c\rho)^c\cdot\rho}{c!(1-\rho)^2}P_0$。

(2) 队长 L_s（在系统中的平均顾客数）：$L_s=L_q+c\rho$，这是系统中顾客总数的平均值。

(3) 顾客平均等待时间 W_q：$W_q=\frac{L_q}{\lambda}$。

(4) 顾客平均逗留时间 W_s：$W_s=W_q+\frac{1}{\mu}$。

上述指标间的关系为（Little 公式）

$$L_q=\frac{(c\rho)^c\cdot\rho}{c!(1-\rho)^2}P_0,\quad L_s=L_q+c\rho,\quad W_q=\frac{L_q}{\lambda},\quad W_s=W_q+\frac{1}{\mu}$$

例 15-3 设 20 架敌机向我方阵地突袭，进入火力控制区域的速率为 $\lambda=1.5$ 架/min，我方以 4 个防空导弹发射架进行阻击，每具武器平均 2 min 毁伤一架敌机，敌机通过火力控制区域的时间为 8 min，试确定阻击效率。（设敌机的突袭过程服从泊松分布，我方每个发射架的有效射击时间间隔服从负指数分布。）

解 根据题意，我方防空系统可抽象成 M/M/4 系统。由条件知 $\lambda=1.5$ 架/min，$\mu=1/2=0.5$架/min，$c=4$，则 $\rho=\frac{\lambda}{4\mu}=0.75(<1)$。

状态概率为

$$P_0=\frac{1}{\sum_{k=0}^{c-1}\frac{(c\rho)^k}{k!}+\frac{c^c}{c!}\cdot\frac{\rho(\rho^c-\rho^n)}{1-\rho}}$$

$$=\left[1+3+\frac{1}{2}\cdot 3^2+\frac{1}{6}\cdot 3^3+\frac{1}{4!\ (1-0.75)}\cdot 3^4\right]^{-1}=0.038$$

$$P_n=\frac{1}{n!}\left(\frac{\lambda}{\mu}\right)^n P_0,\quad n=1,2,3,4$$

得

$$P_1=3\times 0.038=0.114,\quad P_2=\frac{1}{2}\times 3^2\times 0.038=0.171,$$

$$P_3=\frac{1}{6}\times 3^3\times 0.038=0.171,\quad P_4=\frac{1}{24}\times 3^4\times 0.038=0.128$$

因为目标数大于 4 个，全部防空导弹进行射击，所以全部防空武器射击的概率为

$$P(n\geqslant 4)=1-(P_0+P_1+P_2+P_3)=0.506$$

敌机受不到防空武器射击的概率为 $P(n>4)=1-\sum_{n=0}^{4}P_n=0.378$

没受到射击的平均数为 $L_q=\frac{\rho^{c+1}c^c}{(1-\rho)^2c!}P_0=\frac{0.75^5\times 4^4\times 0.038}{0.25^2\times 4!}=1.54$(架)

敌机的平均等待时间为 $W_q=\frac{L_q}{\lambda}=\frac{1.54}{1.5}=1.03(\min)$

敌机的平均队长为 $L_s=L_q+c\rho=1.54+3=4.54$(架)

敌机平均逗留时间为 $W_s=W_q+\frac{1}{\mu}=1.03+2=3.03(\min)$

用于射击的防空武器平均数为

$$M=\left[\sum_{n=0}^{c-2}\frac{1}{n!}\left(\frac{\lambda}{\mu}\right)^n+\frac{1}{(c-1)!\ (1-\rho)}\left(\frac{\lambda}{\mu}\right)^{c-1}\right]\left(\frac{\lambda}{\mu}\right)P_0$$
$$=\left(1+3+\frac{1}{2}\times 3^2+\frac{1}{3!\ \times 0.25}\times 3^3\right)\times 3\times 0.038$$
$$=3.02(\text{架})$$

每个防空发射装置的平均负荷率为 $F=\frac{100M}{c}=\frac{302}{4}=75.5\%$。

15.4.2 M/M/c/N/∞模型

此模型为系统的最大容量为 N，顾客源无限的 M/M/c 系统（$N\geqslant c$），当系统中顾客数 n 已达到 N（即队列中顾客数为 $N-c$）时，再来的顾客将被拒绝，其他条件与标准的 M/M/c 模型相同。在平稳状态下，系统状态为 n 的概率为

$$P_0=\frac{1}{\sum_{k=0}^{c}\frac{(c\rho)^k}{k!}+\frac{c^c}{c!}\cdot\frac{\rho(\rho^c-\rho^n)}{1-\rho}},\quad \rho\neq 1;\quad P_n=\begin{cases}\frac{(c\rho)^n}{n!}P_0, & 0\leqslant n\leqslant c\\ \frac{c^c}{c!}\rho^n P_0, & c<n\leqslant N\end{cases}$$

其中，$\rho=\frac{\lambda}{c\mu}$。系统的各项效率指标如下。

(1) 队列长 L_q（在队列中等待的平均顾客数）：

$$L_q=\frac{P_0\rho(c\rho)^c}{c!\,(1-\rho)^2}[1-\rho^{N-c}-(N-c)\rho^{N-c}(1-\rho)]$$

(2) 队长 L_s（在系统中的平均顾客数）：

$$L_s=L_q+\frac{\lambda_c}{\mu}=L_q+\frac{\lambda}{\mu}\cdot(1-P_N)=L_q+c\rho(1-P_N)$$

$\left(\text{因为此系统的服务强度为}\frac{\lambda_c}{c\mu}，\rho=\frac{\lambda}{c\mu}\right)$

(3) 平均等待时间 W_q：$W_q=\frac{L_q}{\lambda(1-P_N)}$。

(4) 平均逗留时间 W_s：$W_s=W_q+\frac{1}{\mu}$。

特别地，当 $N=c$（即损失制）时，即不允许排队等待的情形，如在街道的停车场就不允许排队等待空位。系统的状态概率及主要指标为

$$P_0=\frac{1}{\sum_{k=0}^{c}\frac{(c\rho)^k}{k!}};\quad P_n=\frac{1}{n!}\left(\frac{\lambda}{\mu}\right)^n P_0;\quad W_q=0;\quad W_s=\frac{1}{\mu};\quad L_q=0;\quad L_s=c\rho(1-P_c)$$

系统中使用的服务台数与 L_s 相同，$M=L_s=c\rho(1-P_c)$。

系统中每个服务台的平均负荷率 $F=\frac{100M}{c}\%$。

15.4.3 M/M/c/∞/m 模型

设顾客源为有限数 m，且 $m>c$，和单服务台情形一样，顾客到达率 λ 是按每个顾客来考虑的。

在机器修理问题中，共有 m 台机器、c 个维修人员，机器出了故障就表示顾客到达，而每个顾客的到达率 λ 是指每台机器每单位使用时间出故障的平均次数。有效到达率应等于每个顾客的到达率 λ 乘以在系统外（即正常状态的）机器的期望数：$\lambda_e=\lambda(m-L_s)$。在机器修复问题中，它是每单位时间 m 台机器平均出现故障的次数。

系统中顾客数 n 就是出故障的机器台数，当 $n\leqslant c$ 时，所有的故障机器都在被修理，有 $c-n$ 个维修人员空闲；当 $c<n\leqslant m$ 时，有 $n-c$ 台机器在等待维修，而维修人员都处在繁忙状态。假定这 c 个维修人员修理时间都服从参数为 μ 的负指数分布，并假定故障的修复时间和使用的机器是否发生故障是相互独立的。在平稳状态下，系统状态为 n 的概率为

$$P_0=\frac{1}{m!}\cdot\left[\sum_{k=0}^{c}\frac{1}{k!\ (m-k)!}\left(\frac{\lambda}{\mu}\right)^k+\frac{c^c}{c!}\cdot\sum_{k=c+1}^{m}\frac{1}{(m-k)!}\cdot\left(\frac{\lambda}{c\mu}\right)^k\right]^{-1}$$

$$P_n=\begin{cases}\dfrac{m!}{(m-n)!n!}\left(\dfrac{\lambda}{\mu}\right)^n P_0,\ 0\leqslant n\leqslant c\\[2ex] \dfrac{m!}{(m-n)!c!c^{n-c}}\left(\dfrac{\lambda}{\mu}\right)^n P_0,\ c+1\leqslant n\leqslant m\end{cases}$$

系统的运行指标如下。

（1）队列长 L_q（在队列中等待的平均故障台数）：$L_q=\sum_{n=c+1}^{m}(n-c)P_n$

（2）队长 L_s（在系统中的平均故障台数）：$L_s=\sum_{n=1}^{m}nP_n$

（3）平均等待时间 W_q：$W_q=\frac{L_q}{\lambda_e}$

（4）平均逗留时间 W_s：$W_s=\frac{L_s}{\lambda_e}$

15.5 一般服务时间的排队模型 M/G/1

现将服务时间的分布予以扩大，不作任何限制，即服务时间服从任何一种分布，这就是所谓的一般分布，但服务时间的概率规律仍应满足不随时间而变化这一要求。当然，对任何情形，下面关系都是正确的。

E[系统中的顾客数]$=E$[队列中的顾客数]$+E$[服务机构中顾客数]

E[在系统中的逗留时间]$=E$[排队等候时间]$+E$[服务时间]

其中，E[]表示求期望值，用符号表示，即

$$L_s=L_q+\bar{n} \tag{15.1}$$

$$W_s=W_q+E[T] \tag{15.2}$$

其中，T 表示服务时间（随机变量），当 T 服从负指数分布时，$E[T]=1/\mu$ 前面已讨论过的。$L_s=\lambda W_s$，$L_q=\lambda W_q$ 也是常被利用的，所以上面的7个数中只要知道三个就可以求出其余，不过在有限源和队长有限的情况下，λ 应该换成有效到达率 λ_e。

15.5.1 Pollaczek－Khintchine（P－K）公式

对于M/G/1模型，顾客到达间隔时间服从负指数分布，服务时间 T 服从一般分布，期望值 $E[T]$ 和方差值 $V[T]$ 都存在，其他条件和标准的M/M/1模型相同。为了达到稳态，$\rho<1$ 这一条件是必要的，其中 $\rho=\lambda E[T]$。

在上述条件下，有

$$L_s=\rho+\frac{\rho^2+\lambda^2V[T]}{2(1-\rho)}$$

这就是P－K公式。只要知道 λ，$E[T]$ 和 $V[T]$，不管 T 是什么分布，就可求出 L_s，然后通过式（15.1）、式（15.2）可求出 L_q，W_q，W_s。

例15－4 有一汽车冲洗台，来冲洗的汽车按平均18辆/h的泊松分布到达。冲洗时间 T 根据过去的经验表明 $E[T]=0.05$ 和 $V[T]=0.01$，求各运行指标并对服务机构进行评价。

解 由题意知 $\lambda=18$，$E[T]=0.05$，$V[T]=0.01$，所以 $\rho=\lambda E[T]=18\times0.05=0.9$。

（1）$L_s=\rho+\frac{\rho^2+\lambda^2V[T]}{2(1-\rho)}=0.9+\frac{(0.9)^2+18^2\times0.01}{2(1-0.9)}=21.5$（辆）

（2）$W_s=\frac{L_s}{\lambda}=\frac{21.15}{18}=1.175$（h）

（3）$W_q=W_s-E[T]=1.175-0.05=1.125$（h）

（4）$L_q=\lambda W_q=18\times1.125=20.25$（辆）

（5）顾客的时间损失系数 $R=\frac{W_q}{E[T]}=\frac{1.125}{0.05}=22.5$

顾客的时间损失系数表明，平均等待时间是服务时间的22.5倍，所以这个服务机构很难令顾客满意。

15.5.2 定长服务时间M/D/1模型

所谓M/D/1模型，是指服务时间是确定常数，可看作M/G/1模型的特例。例如自动作业线上完成一件工作的时间就应是常数；车辆自动检测仪检测一辆车的时间是常数，这时

$$T=E[T]=1/\mu\text{（常量）},\quad V[T]=0;\quad L_s=\rho+\frac{\rho^2}{2(1-\rho)}$$

由此能求出其他运行指标。

例15－5 将例15－4中的汽车冲洗台改为一个自动汽车冲洗台，则 $V[T]=0$（h/辆），其他条件不变，求其运行指标。

解 由题意知 $\lambda=18$，$E[T]=0.05$，$V[T]=0$，$\rho=\lambda E[T]=18\times0.05=0.9$

（1）$L_s=\rho+\frac{\rho^2}{2(1-\rho)}=0.9+\frac{(0.9)^2}{2(1-0.9)}=4.95$（辆）

(2) $W_s=\frac{L_s}{\lambda}=\frac{4.95}{18}=0.275(\text{h})$

(3) $W_q=W_s-E[T]=0.275-0.05=0.225(\text{h})$

(4) $L_q=\lambda W_q=18\times0.225=4.05$(辆)

(5) 车辆（顾客）的时间损失系数 $R=\frac{W_q}{E[T]}=\frac{0.225}{0.05}=4.5$

15.5.3 埃尔朗服务时间 M/E$_k$/1 模型

如果服务工作分为 k 个相互独立的子工作（即顾客必须经过 k 个服务站，且在每个服务站的服务时间 T_i 相互独立），并且服务时间 T_i 服从相同的负指数分布$\left(\text{参数为 } k\mu,\ E[T_i]=\frac{1}{k\mu}\right)$，那么 $T=T_1+T_2+\cdots+T_k$ 服从 k 阶埃尔朗分布。

$$E[T_i]=\frac{1}{k\mu},\quad V[T_i]=\frac{1}{k^2\mu^2},\quad E[T]=\frac{1}{\mu},\quad V[T]=\frac{1}{k\mu^2}$$

模型 M/E$_k$/1（除服务时间外，其他条件与标准的 M/M/1 模型相同）可以看作是 M/D/1 模型的一个特例，所以其运行指标为

$$L_s=\rho+\frac{(k+1)\rho^2}{2k(1-\rho)},\quad L_q=\frac{(k+1)\rho^2}{2k(1-\rho)},\quad W_s=L_s/\lambda$$

15.6 QM 软件求解

例 15－6 某储蓄所通过分析顾客到达的数据，得到每小时顾客平均到达的人数为 36 人，如果将时间单位确定为分钟，平均每分钟顾客到达人数 $\lambda=\frac{36}{60}=0.6$，并且储蓄所认为负指数概率分布能近似地反映储蓄所服务时间的概率分布，并统计出这一个服务窗口平均每小时能处理 48 位顾客的业务，也就是说每分钟平均能处理 $\mu=\frac{48}{60}=0.8$（位）顾客的业务。

Parameter	Value
M/M/1 (exponential	
Arrival rate(lambda)	0.6
Service rate(mu)	0.8
Number of servers	1.

图 15－2 数据输入

根据题意输入参数 $\lambda=0.6$，$\mu=0.8$，$n=1$，如图 15－2 所示，计算结果如图 15－3 所示。

Parameter	Value	Parameter	Value
M/M/1 (exponential		Average server utilization	0.75
Arrival rate(lambda)	0.6	Average number in the queue(Lq)	2.25
Service rate(mu)	0.8	Average number in the system(Ls)	3.
Number of servers	1.	Average time in the queue(Wq)	3.75
		Average time in the system(Ws)	5.

图 15－3 计算结果

从图 15－3 知顾客到达储蓄所得不到及时服务，必须排队等待服务的概率为 $P_w=0.75$，排队的平均长度为 $L_q=2.25$ 个人，在系统里的平均顾客数为 $L_s=3$ 人，一位顾客花在排队上的平均时间为 $W_q=3.75$ min，一位顾客在系统里的平均逗留时间为 $W_s=5$ min。图 15－4

显示了系统里顾客人数的概率分布情况。

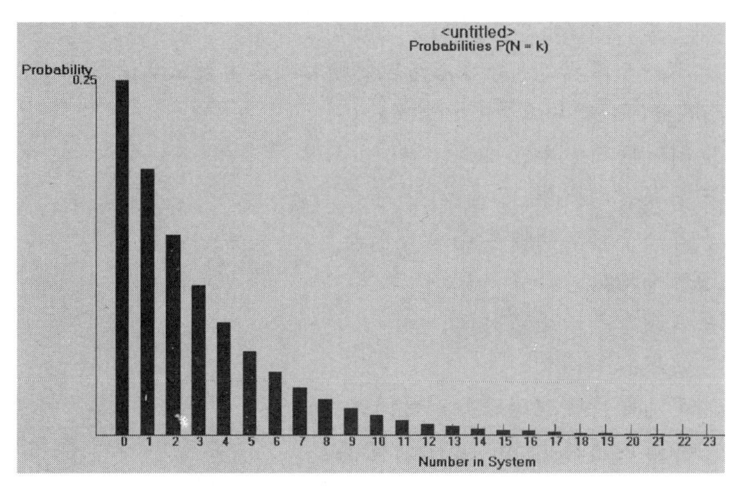

图 15-4 系统里顾客人数的概率分布

一般对系统改进的方法有两种：一种是减少服务时间，提高服务效率；另一种是增加服务台。如采用第一种方法，每小时平均服务的顾客数从原来的 48 人提高到 60 人，即改变 $\mu=\frac{60}{60}=1$。求解结果如图 15-5 所示。

Parameter	Value	Parameter	Value
M/M/1 (exponential		Average server utilization	0.6
Arrival rate(lambda)	0.6	Average number in the queue(Lq)	0.9
Service rate(mu)	1.	Average number in the system(Ls)	1.5
Number of servers	1.	Average time in the queue(Wq)	1.5
		Average time in the system(Ws)	2.5

图 15-5 第一种改进方法的计算机求解结果

如果采用第二种方法，再设一个窗口。排队的规则为每个窗口排一个队，由于顾客到达以后起到了分流作用，$\lambda=\frac{0.6}{2}=0.3$。求解结果如图 15-6 所示。

Parameter	Value	Parameter	Value
M/M/1 (exponential		Average server utilization	0.375
Arrival rate(lambda)	0.3	Average number in the queue(Lq)	0.225
Service rate(mu)	0.8	Average number in the system(Ls)	0.6
Number of servers	1.	Average time in the queue(Wq)	0.75
		Average time in the system(Ws)	2.

k	Prob (num in sys = k)	Prob (num in sys <= k)	Prob (num in sys >k)
0	0.625	0.625	0.375
1	0.2344	0.8594	0.1406
2	0.0879	0.9473	0.0527
3	0.033	0.9802	0.0198
4	0.0124	0.9926	0.0074
5	0.0046	0.9972	0.0028
6	0.0017	0.999	0.001
7	0.0007	0.9996	0.0004
8	0.0002	0.9999	0.0001
9	0.0001	0.9999	0.0001

图 15-6 第二种改进方法的计算机求解结果

习题

1. 某修理店只有一个修理工人，来店修理的顾客到达次数服从泊松公布，平均为 4 人/h；修理时间服从负指数分布，平均需要 6 min。试求：

(1) 修理店空闲时间的概率；

(2) 店内有三个顾客的概率；

(3) 店内至少有一个顾客的概率；

(4) 在店内顾客平均数；

(5) 在店内每名顾客平均逗留时间；

(6) 等待服务的顾客平均数；

(7) 每名顾客平均等待修理（服务）时间；

(8) 顾客必须在店内消耗 15 min 以上的概率。

2. 某公用电话站有一台电话机，来打电话的人服从泊松公布，平均为 24 人/h；假定每次电话的通话时间服从负指数分布，平均为 2 min，求该系统各项指标。又若打电话人的到达情况与通话时间的概率分布均不变，而电话机增加到两台时，系统的各项指标又有什么变化?

3. 某医院有一台心电图机，要求做心电图的病人按泊松分布到达，平均为 5 人/h。每个病人做心电图的时间服从负指数分布，平均每人 10 min。设心电图室有 5 把等候的椅子，当病人到达而无椅子时将自动离去，去其他医院就诊。试分别计算 L_s，L_q，W_s，W_q 及由于无等候座椅自动离去的病人占病人总数的比例。

4. 一个车间有三名修理工，送到车间修理的机器按泊松分布到达，平均每天 4 台，又每台机器需要修理的时间服从负指数分布，平均每台需修理半天时间。假如每台机器由一位修理工单独修理，机器一律按先送先修理的原则安排。

(1) 求在该修理间积压 n 台机器（包括正在修理的）的概率；

(2) 计算这个系统的 L_s，L_q，W_s，W_q。

5. 汽车按泊松分布到达某高速公路收费口，平均为 90 辆/h。每辆汽车通过收费口平均需时 35 s，服从负指数分布。为缩短收费等待时间，管理部门考虑采用自动收款装置，这样可以使收费时间缩短到 30 s。但采用的条件是原收费口平均等待车辆不超过 6 辆，且新装置的利用率不低于 75%。问新装置能否被采用?

6. 某加油站有一台油泵，来加油的汽车按照泊松分布到达，平均为 20 辆/h，但当加油站中已经有 n 辆汽车时，新来汽车中将有一部分不愿等待而离去，离去的概率为 $\frac{n}{4}$，($n=0$，1，2，3，4)。油泵给一辆汽车加油所需要的时间服从具有均值为 3 min 的负指数分布。

(1) 求出加油站中汽车数的稳态概率分布；

(2) 求那些在加油站的汽车的平均逗留时间。

7. 存货按照泊松分布被用完和再补充足，用完和再补充足之间的平均时间分别等于 $\frac{1}{\mu}$ 和 $\frac{1}{\lambda}$。如果库存不足时每单位时间每件的惩罚成本为 C_2，n 件存货在库存时的单位时间成本为$C_1 \cdot n$，此处$C_2 > C_1$。试求：

(1) 每单位时间平均总成本TC的表达式；

(2) ρ为何值时，平均总成本最小？

8. 一个有两名服务员的排队系统，该系统最多容纳4名顾客。当系统处于稳定状态时，系统中恰好有n名顾客的概率为：$p_0=\frac{1}{16}$，$p_1=\frac{4}{16}$，$p_2=\frac{6}{16}$，$p_3=\frac{4}{16}$，$p_4=\frac{1}{16}$。试求：

(1) 系统中的平均顾客数L_s；

(2) 系统中平均排队的顾客数L_q；

(3) 某一时刻正在被服务的顾客的平均数；

(4) 若顾客的平均到达率为2人/h，求顾客在系统中的平均逗留时间W_s；

(5) 若两名服务员具有相同的服务效率，利用(4)的结果求服务员为一名顾客服务的平均时间($1/\mu$)。

9. 某停车场有10个停车位置，车辆按泊松分布到达，平均为10辆/h。每辆车在该停车场存放时间服从平均值为10 min的负指数分布。试求：

(1) 停车场平均空闲的车位；

(2) 一辆车到达时找不到空闲车位的概率；

(3) 该停车场的有效到达率；

(4) 若该停车场每天营业10 h，则平均有多少辆汽车因找不到空闲车位而离去？

10. 某医院门前有一出租车停车场，因场地限制，只能同时停放5辆出租车，当停满5辆后，后来的车就自动离去。从医院出来的病人在有车时就租车乘坐；停车场无车时，就向附近出租汽车站要车。设医院门口的出租汽车的到达服从$\lambda=8$辆/h的泊松分布，从医院依次出来的病人的间隔时间为负指数分布，平均间隔时间为6 min。又设每辆车每次只载一名病人，并且汽车按到达先后次序排列接客。试求：

(1) 出租汽车开到医院门口时，停车场有空闲停车的概率；

(2) 汽车进入停车场到离开医院的平均停留时间；

(3) 从医院出来的病人在医院门口要到出租车的概率。

11. 在某机场着陆的飞机服从泊松分布，平均为18架次/h，每次着陆需占用机场跑道的时间为2.5 min，服从负指数分布。试问该机场应设置多少条跑道，使飞机需要在空中等待的概率不超过5%？并求这种情况下跑道的平均利用率。

第 16 章

本章要求了解存储论研究的问题和基本概念；掌握确定型存储问题的 5 个数学模型；理解单周期随机存储模型和其他随机存储模型的特点；掌握确定型存储模型的应用及计算机解法。

存 储 论

存储论是管理运筹学的重要组成部分，在生产、经营、商业、物流等社会经济活动中具有广泛的应用。本章介绍存储论的基本概念和最基本的 10 个存储模型，这些内容反映了存储论的基本思想和基本技术。

16.1 存储问题及其基本概念

16.1.1 存储问题

存储问题是人们在经济活动和生产过程中最常见和最需要研究的问题之一。例如工厂存储的原材料，存储量太少，不足以满足生产的需要，将使生产过程中断；存储太多，超过了生产的需要，将造成资金和资源的积压浪费。商店存储商品，存储太少，以致商品脱销，将影响销售利润和销售能力；存储太多，将影响资金周转并带来积压商品的有形或无形损失。水库蓄水，蓄水太少，遇上旱季，将影响水电站运行及农田灌溉；蓄水太多，遇上洪涝，将影响水坝及流域环境安全。凡此种种，一方面说明了存储问题的重要性和普遍性，另一方面又说明了存储问题的复杂性和多样性。

一般来说，存储是协调供需关系的常用手段。存储由于需求（输出）而减少，通过补充（输入）而增加。存储论研究的基本问题是，对于特定的需求类型，以怎样的方式进行补充，才能最好地实现存储管理的目标。由于存储论研究中经常以存储策略的经济性作为存储管理的目标，所以费用分析是存储论研究的基本方法。

16.1.2 存储模型中的基本概念

存储模型必须也只能反映存储问题的基本特征。同存储模型有关的基本概念有需求、补充、费用和存储策略。

1. 需求

存储的目的是为了满足需求。随着需求的发生，存储将减少。根据需求的时间特征，可将需求分为连续性需求和间断性需求。在连续性需求中，随着时间的变化，需求连续地发生，因而存储也连续地减少；在间断性需求中，需求发生的时间极短，可以看作瞬间发生，因而存储是跳跃性地减少。根据需求的数量特征，可将需求分为确定型需求和随机型需求。在确定型需求中，需求发生的时间和数量是确定的，如生产中对各种物料的需求，或在合同环境下对商品的需求；在随机型需求中，需求发生的时间和数量是不确定的，如在非合同环境中对产品或商品的对立性需求，很难事先知道需求发生的时间及数量。对于随机型需求，要了解需求发生时间和数量的统计规律性。

2. 补充

通过补充来弥补因需求而减少的存储。没有补充，或补充不足、不及时，当存储量耗尽时，就无法满足新的需求。从开始订货到存储的实现（入库并处于随时可供输出以满足需求的状态）需要经历一段时间，这段时间可分为以下两部分。

(1) 开始订货到开始补充（开始生产或货物到达）为止的时间。这部分时间如从订货后何时开始补充的角度看，称为拖后时间；如从为了按时补充需要何时订货的角度看，称为提前时间。在同一存储问题中，拖后时间和提前时间是一致的，只是观察的角度不同而已。在实际存储问题中，拖后时间可能很短，可以忽略，即拖后时间为零，此时可以认为补充能立即开始。若托后时间较长，它可能是确定的，也可能是随机的。

(2) 开始补充到补充完毕为止的时间。这部分时间和拖后时间一样，可能很短（因此可以忽略)，也可能很长；可能是确定的，也可能是随机的。

对存储问题进行研究的目的是给出一个存储策略，用以回答在什么情况下需要对存储进行补充，什么时间补充，补充多少。

3. 费用

在存储论研究中，常以费用标准来评价和优选存储策略。为了正确地评价和优选存储策略，不同存储策略的费用计算必须符合可比性要求。最重要的可比性要求是时间可比和计算口径可比。所谓时间可比，是指各存储策略的费用发生时间范围必须一致。实际计算时，常用一个存储周期内的总费用或单位时间平均总费用来衡量；所谓计算口径比，是指存储策略费用统计项目必须一致。经常考虑的费用项目有存储费、订货费、生产费、缺货费等。在实际计算存储策略费用时，对于不同存储策略都是相同的费用可以省略。

各费用项目的构成和属性大致如下。

(1) 生产费。自行生产需存储物资的费用。其构成有两类：一类是装配费用（准备结束费用)，如组织或调整生产线的有关费用，它同组织生产的次数有关，而和每次生产的数量无关；另一类是与生产的数量有关的费用，如原材料和零配件成本、直接加工费等。

(2) 存储费。存储物资资金利息、保险及使用仓库、保管货物、物资损坏变质等支出的费用，一般和物资存储数量、时间成比例。

(3) 缺货费。存储不能满足需求而造成的损失。如失去销售机会的损失、停工待料的损失、延期交货的额外支出、对需方的损失赔偿等。当不允许缺货时，可将缺货费做无穷大处理。

(4) 订货费。向外采购物资的费用。其构成有两类：一类是订购费用，如手续费、差旅费等，它与订货次数有关，而与订货数量无关；另一类是物资进货成本，如货款、运费等，它与订货数量有关。

在具体问题中，上述各项费用可以有各自的特点，应当具体分析和估计。

4. 存储策略

所谓存储策略，就是指在什么情况下对存储系统进行补充，以及补充数量多少的具体操作原则。比较常见的存储策略如下。

(1) t 循环策略。不论实际的存储状态如何，总是每隔一个固定的时间 t，补充一个固定的存储量 Q。

(2) (t，S) 策略。每隔一个固定的时间 t 补充一次使存储数量达到 S。因此，每次补充的数量是不固定的，要视实际存储量而定。当存储（余额）为 I 时，补充数量为 $Q=S-I$。

(3) (s，S) 策略。当存储（余额）为 I，若 $I>s$，则不对存储进行补充；若 $I\leqslant s$，则对存储进行补充，补充数量为 $Q=S-I$，补充后存储量 S。s 称为订货点（或保险存储量、安全存储量、警戒点等)。在很多情况下，实际存储量需要通过盘点才能得知。若每隔一个固定的时间 t 盘点一次，得知当时存储 I，然后根据是否超过订货点 s，决定是否订货、订多少，这样的策略称为 (t，s，S) 策略。

16.1.3　存储问题的分类和研究方法

在不同假设下，采取不同的存储策略就会产生不同的存储问题。根据需求和补充中是否包含随机性因素，存储问题分为确定型和随机型两种；根据补充的条件可以分为不需缺货和允许缺货两种；还可以根据存储策略进行分类。研究存储问题是在对存储量随时间变化机理的分析的基础上建立存储模型，求解存储决策，得到存储策略。建立存储模型都是在追求经济目标的前提下进行的。对于不同的存储问题可以建立不同的存储模型。

通常，对于确定型存储问题建立模型时都运用 t 循环策略，在随机型存储问题中都采用（t，S）策略和（s，S）策略。

一个存储系统中，存储量因需求而减少，随补充而增加。通常，在直角坐标系中，以时间 T 为横轴，实际存储量 Q 为纵轴，则描述存储系统实际存储量动态变化规律的图称为存储状态图。对于同一个存储问题，不同存储策略的存储状态图是不同的，存储状态图是存储论研究的重要工具。

16.2　确定型存储问题

确定型存储模型是存储问题研究的基础和基本内容。对于确定型存储问题建立模型时都运用 t 循环策略。本节介绍根据需求和补充情况的不同组合得到的 4 个模型和 1 个价格刺激机制模型。

16.2.1　无缺补短模型

这种情形是存储过程中不允许缺货，当货物输出而使得需要补充时可以得到及时补充，而且补充时间极短。为了便于描述和分析，对模型作如下假设：

（1）需求是连续均匀的，即需求速度（单位时间的需求量）R 是常数；

（2）补充可以瞬间实现，即补充时间（拖后时间和生产时间）近似为零；

（3）单位存储费（单位时间内单位存储物的存储费用）为 C_1；

（4）由于不允许缺货，所以单位缺货费（单位时间内每缺少一单位存储物的损失）C_2 为无穷大，订货费（每订购一次的固定费用）为 C_3，货物（存储物）单价为 K。

设补充间隔时间为 t，补充时存储已用尽，每次补充量（订货量）为 Q，则存储状态见图 16－1。

一次补充量 Q 必须满足 t 时间内的需求，故 $Q=Rt$。因此，订货费为 C_3+KRt，t 时间内的平均订货费为 $\frac{C_3}{t}+KR$。由于需求是连续均匀的，故 t 时间内的平均存储量为

$$\frac{1}{t}\int_0^t Rt\,\mathrm{d}t=\frac{1}{2}Rt \tag{16.1}$$

此结果由图 16－1 中利用几何知识易得出，平均存储量为三角形高的 1/2。单位时间内单位物品的存储费为 C_1，t 时间内的所需平均存储费为 $\frac{1}{2}RtC_1$。

由于不允许缺货，故不需要考虑缺货费。所以 t 时间内的平均总费用为

$$C(t)=\frac{C_3}{t}+KR+\frac{1}{2}C_1Rt$$

$C(t)$ 随时间 t 的变化而变化，其图形见图 16－2。从图 16－2 可见，当 $t=t^*$ 时，$C(t^*)=C^*$ 取最小值。

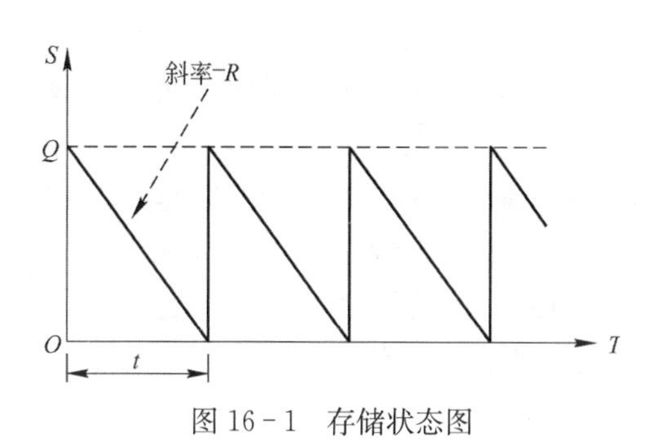

图 16－1　存储状态图

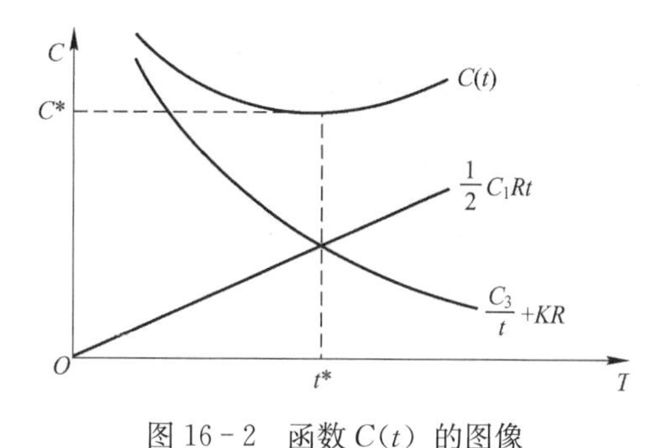

图 16－2　函数 $C(t)$ 的图像

为了求得 t^*，令 $\frac{\mathrm{d}C(t)}{\mathrm{d}t}=-\frac{C_3}{t^2}+\frac{1}{2}C_1R=0$，得

$$t^*=\sqrt{\frac{2C_3}{C_1R}} \tag{16.2}$$

$$Q^*=Rt^*=\sqrt{\frac{2C_3R}{C_1}} \tag{16.3}$$

$$C^*=C(t^*)=\sqrt{2C_1C_3R}+KR \tag{16.4}$$

所以按照 t 循环策略，应当每隔 t^* 时间补充存储量 Q^*，这样平均总费用为 C^*，是最经济的。

由于存储物单价 K 和补充量 Q 无关，它是一常量，因此存储物总价 KQ 和存储策略的选择无关。所以，为了分析和计算的方便，在求费用函数 $C(t)$ 时，常将这一项费用略去，因此得

$$C^*=C(t^*)=\sqrt{2C_1C_3R} \tag{16.5}$$

该模型是存储论研究中最基本的模型。式（16.3）称为经济订购批量（economic ordering quantity）公式，有时也称为经济批量（economic lot size）公式。

$K=5$ 元/件，$C_1=5\times0.1\%=0.005$ 元/（件·日），$C_3=10$ 元，$R=100$ 件/日，则由式（16.2）、式（16.3）和式（16.5），有

$$t^*=\sqrt{\frac{2C_3}{C_1R}}=\sqrt{\frac{2\times10}{0.005\times100}}=6.32(\text{日})$$

$$Q^*=Rt^*=100\times6.32=632(\text{件})$$

$$C^*=\sqrt{2C_1C_3R}=\sqrt{2\times0.005\times10\times100}=3.16(\text{元/日})$$

与以前得到的结果相同。

16.2.2　可缺补长模型

这种情形就是存储过程中可以允许缺货，当货物输出而使得需要补充时可以进行生产得到补充，然而补充时间较长。具体地讲，就是对模型做如下假设。

（1）需求是连续均匀的，即需求速度 R 为常数。

(2) 补充需要一定时间。不考虑拖后时间，只考虑生产时间，即一旦需要，生产可立刻开始，但生产需要一定的周期。设生产是连续均匀的，即生产速度 P 为常数。同时，设 $P>R$。

(3) 单位存储费为 C_1，单位缺货费为 C_2，订购费为 C_3。不考虑货物价值。

存储状态图如图 16-3 所示。

$[0, t]$ 为一个存储周期，t_1 时刻开始生产，t_2 时刻结束生产；$[0, t_1]$ 时间内存储为零，t_1 时达到最大缺货量 B；$[t_1, t_2]$ 时间内产量一方面以速度 R 满足需求，另一方面以速度 $(P-R)$ 弥补 $[0, t_1]$ 时间内的缺货，至 t_2 时刻缺货补足。

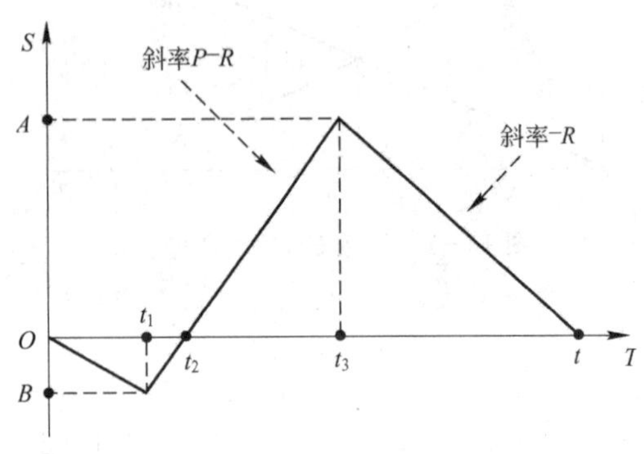

图 16-3　可缺补长模型的存储状态图

$[t_2, t_3]$ 时间内产量一方面以速度 R 满足要求，另一方面以速度 $(P-R)$ 增加存储，至 t_3 时刻达到最大存储量 A，并停止生产；$[t_3, t]$ 时间内存储满足，存储以速度 R 减少，至 t 时刻存储量将为零，进入下一个存储周期。

根据模型假设条件和存储状态图，可以首先导出 $[0, t]$ 时间内的平均总费用（即费用函数），然后确定最优存储策略。

从 $[0, t_1]$ 看，最大缺货量 $B=Rt_1$；从 $[t_1, t_2]$ 看，最大缺货量 $B=(P-R)(t_2-t_1)$。故有 $Rt_1=(P-R)(t_2-t_1)$，从中解得

$$t_1=\frac{P-R}{P}t_2 \tag{16.6}$$

从 $[t_2, t_3]$ 看，最大存储量 $A=(P-R)(t_3-t_2)$；从 $[t_3, t]$ 看，最大存储量 $A=R(t-t_3)$。故有 $(P-R)(t_3-t_2)=R(t-t_2)$，从中解得

$$t_3-t_2=\frac{R}{P}=(t-t_2) \tag{16.7}$$

易知，在 $[0, t]$ 时间内，存储费为 $\frac{1}{2}C_1(P-R)(t_3-t_2)(t-t_2)$，缺货费为 $\frac{1}{2}C_2Rt_1t_2$，订购费为 C_3。故 $[0, t]$ 时间内平均总费用为

$$C(t, t_2)=\frac{1}{t}\left[\frac{1}{2}C_1(P-R)(t_3-t_2)(t-t_2)+\frac{1}{2}C_2Rt_1t_2+C_3\right]$$

将式 (16.6) 和式 (16.7) 代入，整理后得

$$C(t, t_2)=\frac{(P-R)R}{2P}\left[C_1t-2C_1t_2+(C_1-C_2)\frac{t_2^2}{t}\right]+\frac{C_3}{t} \tag{16.8}$$

解方程组

$$\begin{cases}\dfrac{\partial C(t, t_2)}{\partial t}=0\\[2ex]\dfrac{\partial C(t, t_2)}{\partial t_2}=0\end{cases}$$

可得

$$t^*=\sqrt{\frac{2C_3}{C_1R}}\sqrt{\frac{C_1+C_2}{C_2}}\sqrt{\frac{P}{P-R}},\quad t_2^*=\left(\frac{C_1}{C_1+C_2}\right)t^*$$

容易证明，此时的费用 $C(t^*, t_2^*)$ 是费用函数 $C(t, t_2)$ 的最小值。因此，该模型的最优存储策略各参数值如下。

最优存储周期：
$$t^*=\sqrt{\frac{2C_3}{C_1R}}\sqrt{\frac{C_1+C_2}{C_2}}\sqrt{\frac{P}{P-R}} \tag{16.9}$$

经济生产批量：
$$Q^*=Rt^*=\sqrt{\frac{2C_3R}{C_1}}\sqrt{\frac{C_1+C_2}{C_2}}\sqrt{\frac{P}{P-R}} \tag{16.10}$$

缺货补足时间：
$$t_2^*=\frac{C_1}{C_1+C_2}t^* \tag{16.11}$$

开始生产时间：
$$t_1^*=\frac{P-R}{P}t_2^* \tag{16.12}$$

结束生产时间：
$$t_3^*=\frac{R}{P}t^*+\left(1-\frac{R}{P}\right)t_2^* \tag{16.13}$$

最大存储量：
$$A^*=R(t^*-t_3^*) \tag{16.14}$$

最大缺货量：
$$B^*=Rt_1^* \tag{16.15}$$

平均总费用：
$$C^*=2C_3/t^* \tag{16.16}$$

例 16-1 企业生产某种产品，正常条件下每天可生产 10 件。根据供货合同，需按每天 7 件供货。存储费每件每天 0.13 元，缺货费每件每天 0.5 元，每次生产准备费用（订购费）为 80 元，求最优存储策略。

解 依题意，符合可缺补长模型的条件，且 $P=10$ 件/天，$R=7$ 件/天，$C_1=0.13$ 元/(天·件)，$C_2=0.5$ 元/(天·件)，$C_3=80$ 元/次。利用式（16.16）～式（16.9），可得

$$t^*=\sqrt{\frac{2\times 80}{0.13\times 7}}\sqrt{\frac{0.13+0.5}{0.5}}\sqrt{\frac{10}{10-7}}=27.6(\text{天})；\ Q^*=7\times 27.6=193.2(\text{件/次})$$

$$t_2^*=\frac{0.13}{0.13+0.5}\times 27.6=5.5(\text{天})；\ t_1^*=\frac{10-7}{10}\times 5.5=1.7(\text{天})$$

$$t_3^*=\frac{7}{10}\times 27.6+\left(1-\frac{7}{10}\right)\times 5.5=21.0(\text{天})；\ A^*=7\times(27.6-21.0)=46.2(\text{件})$$

$$B^*=7\times 1.7=11.9(\text{件})；\ C^*=(2\times 80)/27.6=5.8(\text{元/天})$$

实际应用时，为了方便生产过程的组织，应当在保证供需动态平衡的基础上，对最优存储策略各参数作适当调整。一般来说，费用函数对最优存储策略的微小变化并不敏感，所以，最优存储策略各参数作适当调整并不会显著影响其最优性。

实际上，可以把无缺补短模型看作可缺补长模型的特殊情况。在后者中，取消允许缺货和补充需要一定时间的条件，即 $C_2\to\infty$，$P\to\infty$，则后者就变成为前者。事实上，如将 $C_2\to\infty$ 和 $P\to\infty$ 代入可缺补长模型的最优存储策略各参数公式，就可得到无缺补短模型的最优存储策略。只是必须注意，按照无缺补短模型的假设条件，应有

$$t_1^*=t_2^*=t_3^*=0,\quad A^*=Q^*,\quad B^*=0$$

16.2.3 无缺补长模型

在可缺补长模型的假设条件下，取消允许缺货条件（即设 $C_2\to\infty$，$t_2=0$）就可以得到无缺补长模型。也就是说，不允许缺货，补充时间较长。存储状态图和最优存储策略可以从可缺补长模型直接导出。该模型的存储状态图见图 16-4。其最优存储策略的各个参数分别如下。

最优存储周期：
$$t^*=\sqrt{\frac{2C_3P}{C_1R(P-R)}} \tag{16.17}$$

经济生产批量：
$$Q^*=Rt^*=\sqrt{\frac{2C_3RP}{C_1(P-R)}} \tag{16.18}$$

结束生产时间：
$$t_3^*=\frac{R}{P}t^* \tag{16.19}$$

最大存储量：
$$A^*=R(t^*-t_3^*)=\frac{R(P-R)}{P}t^* \tag{16.20}$$

平均总费用：
$$C^*=2C_3/t^* \tag{16.21}$$

例 16-2 商店经销某商品，月需求量为 30 件，需求速度为常数。该商品每件进价 300 元，月存储费为进价的 2%。向工厂订购该商品时订购费每次 20 元，订购后需 5 天才开始到货，到货速度为常数，每天 2 件。求最优存储策略。

解 本例的特点是补充除需要入库时间（相当于生产时间）外，还需要考虑拖后时间。因此，订购时间应在存储量降为零之前的第 5 天。除此之外，本例和无缺补长模型的假设条件完全一致。本例的存储状态图如图 16-5 所示。

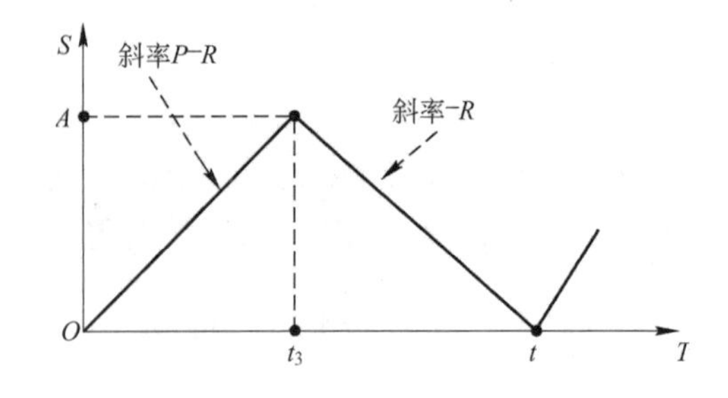

图 16-4 无缺补长模型的存储状态图

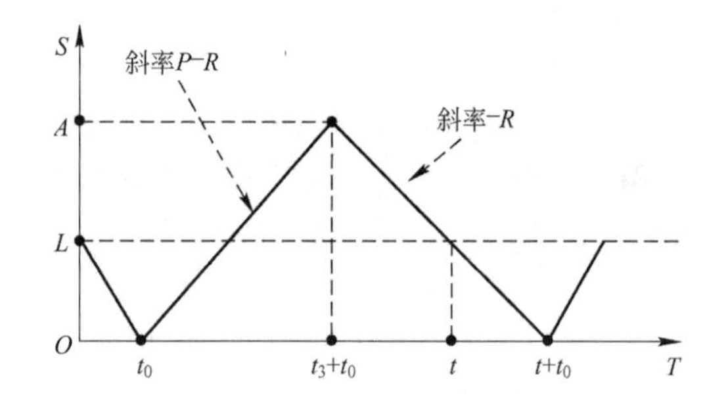

图 16-5 例 16-2 的存储状态图

从图 16-5 可见，拖后时间为 $[0, t_0]$，存储量 L 应恰好满足这段时间的要求，故 $L=Rt_0$。根据题意，有 $P=2$ 件/天，$R=1$ 件/天，$C_1=300\times2\%\times\frac{1}{30}=0.2$ 元/（天·件），$C_3=20$ 元/次，$t_0=5$ 天，$L=1\times5=5$ 件。代入式（16.7）～式（16.21）可算得：$t^*=20$ 天，$Q^*=20$ 件，$A^*=10$ 件，$t_3^*=10$ 天，$C^*=2$ 元。

在本例中，L 称为订货点，其意义是每当发现存储量降到 L 或更低时订购。在存储管理中，称这样的存储策略为"定点订货"。类似地，称每隔一个固定时间就订货的存储策略为"定时订货"；称每次订购量不变的存储策略为"定量订货"。

16.2.4 可缺补短模型

在可缺补长模型的假设中，取消补充需要一定时间的条件（即设 $P\to\infty$），就可以得到可缺补短模型，即允许缺货，补充时间极短。那么，该模型的存储状态图和最优存储策略也可以从可缺补长模型中直接导出。

该模型的存储状态图如图 16-6 所示。

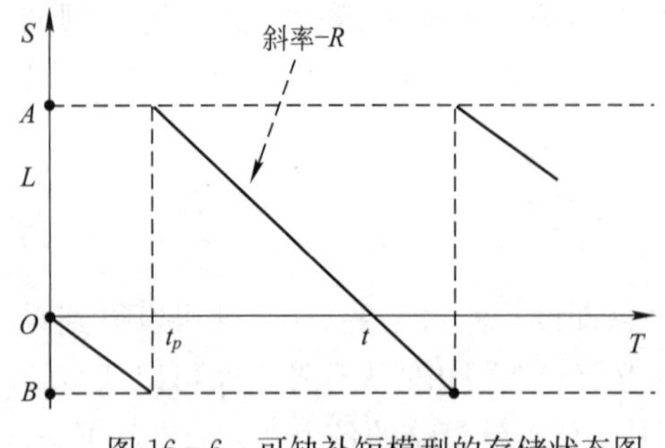

图 16-6 可缺补短模型的存储状态图

该模型的最优存储策略的各参数如下。

最优存储周期：
$$t^*=\sqrt{\frac{2C_3(C_1+C_2)}{C_1C_2R}} \tag{16.22}$$

经济生产批量：
$$Q^*=Rt^*=\sqrt{\frac{2RC_3(C_1+C_3)}{C_1+C_2}} \tag{16.23}$$

生产时间：
$$t_p^*=t_1=t_2=t_3=\frac{C_1}{C_1+C_2}t^* \tag{16.24}$$

最大存储量：
$$A^*=\frac{C_2R}{C_1+C_2}t^*=\sqrt{\frac{2C_2C_3R}{C_1(C_1+C_2)}} \tag{16.25}$$

最大缺货量：
$$B^*=\frac{C_1R}{C_1+C_3}t^*=\sqrt{\frac{2C_1C_3R}{C_2(C_1+C_3)}} \tag{16.26}$$

平均总费用：
$$C^*=2C_3/t^* \tag{16.27}$$

至此，需要说明的是，对于确定型存储问题，上述4个模型是最基本的模型。其中，无缺补短模型、无缺补长模型、可缺补短模型又可看作可缺补长模型的特殊情况。在每个模型的最优存储策略的各个参数中，最优存储周期 t^* 是最基本的参数，其他各个参数和它的关系在各个模型中都是相同的。根据模型假设条件的不同，各个模型的最优存储周期 t^* 之间也有明显的规律性。因子 $\left(\frac{C_1+C_2}{C_2}\right)$ 对应了是否允许缺货的假设条件，因子 $\left(\frac{P}{P-R}\right)$ 对应了补充是否需要时间的假设条件。

一个存储问题是否允许缺货或补货、是否需要时间，完全取决于处理实际问题的角度，不存在绝对意义上的不允许缺货或绝对意义上的补充不需要时间。如果缺货引起的后果或损失十分严重，则从管理的角度应当提出不允许缺货的建模要求；否则，可视为允许缺货的情况。至于缺货损失的估计，应当力求全面和精确。如果补充需要的时间相对于存储周期是微不足道的，则可考虑补充不需要时间的假设条件；否则，需要考虑补充时间。在考虑补充时间时，必须分清楚拖后时间和生产时间，因为两者在概念上是不同的。

16.2.5　价格激励模型

在实际操作中，存储货物的价格可能与存储批量有关。为了鼓励大批量订货，供货方常对需求方实行价格优惠。订货批量越大，货物价格就越便宜。在无缺补短模型的假设条件下增加这样的价格刺激机制为条件，即为下面要讨论的价格激励模型。

一般地，设订货批量为 Q，对应的货物单价为 $K(Q)$。当 $Q_{i-1}\leqslant Q\leqslant Q_i$ 时，$K(Q)=K_i$（$i=1, 2, \cdots, n$）。其中，Q_i 为价格折扣的某个分界点，且

$$0\leqslant Q_0\leqslant Q_1<Q_2<\cdots<Q_n,\ K_1>K_2>\cdots>K_n$$

由式（16.1），在一个存储周期内该模型的平均总费用（费用函数）为

$$C(t)=\frac{1}{2}C_1Rt+\frac{C_3}{t}+RK(Q)$$

其中，$Q=Rt$。当 $Q_{i-1}\leqslant Q=Rt<Q_i$ 时，$K(Q)=K_i$（$i=1, 2, \cdots, n$）。

$C(t)$ 为关于 t 的分段函数。为了解它的性质，以 $n=3$ 为例，画出其图形，如图 16-7 所示。

从图 16-7 可见，如不考虑货物总价 $RK(Q)$，则总费用点为 $\bar{t}$。但考虑货物总价时，费用曲线呈逐段递降趋势，故 $\bar{t}$ 未必真是最小费用点。推广到一般情况，得该模型的最小平均总费用订购批量 Q^* 可按以下步骤来确定。

(1) 计算 $\tilde{Q}=Rt=\sqrt{\dfrac{2C_3R}{C_1}}$。若 $Q_{j-1}\leqslant\tilde{Q}<Q_j$，则平均总费用 $\tilde{C}=\sqrt{2C_1C_3R}+RK_j$。

(2) 计算 $C^{(i)}=\dfrac{1}{2}C_1R\cdot\dfrac{Q_i}{R}+\dfrac{C_3R}{Q_i}+RK_i=\dfrac{1}{2}C_1Q_i+\dfrac{C_3R}{Q_i}+RK_i$，$i=j, j+1, \cdots, n$。

(3) 若 $\min(\tilde{C}, C^{(j)}, C^{(j+1)}, \cdots, C^{(n)})=C^*$，则 C^* 对应的批量为最小费用订购批量 Q^*。

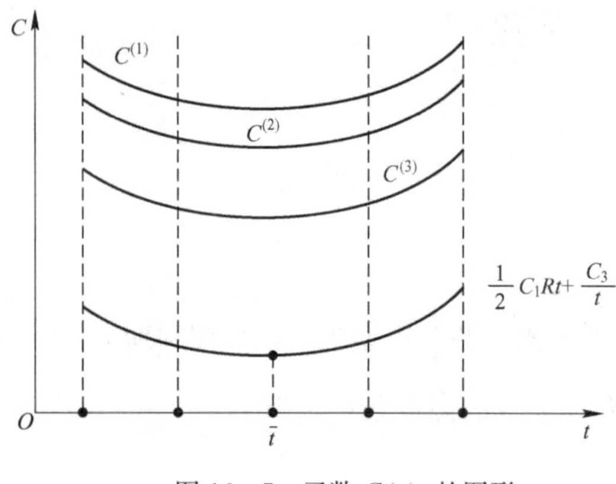

图 16-7 函数 $C(t)$ 的图形

相应地，和最小费用 C^* 对应的订购周期 $t^*=Q^*/R$。

例 16-3 工厂每周需零配件 32 箱，存储费每周每箱 1 元。每次订购费 25 元，不允许缺货。零配件进货时若 (1) 订货量 1～9 箱时，每箱 12 元；(2) 订货量 10～49 箱时，每箱 10 元；(3) 订货量 50～99 箱时，每箱 9.5 元；(4) 订货量 99 箱以上时，每箱 9 元。求最优存储策略。

解

$$\tilde{Q}=\sqrt{\frac{2C_3R}{C_1}}=\sqrt{\frac{2\times25\times32}{1}}=40(\text{箱})$$

因 $\tilde{Q}=40$ 在 10～49 之间，故每箱价格为 $K=10$ 元，平均总费用为

$$\tilde{C}=\sqrt{2C_1C_3R}+RK_2=\sqrt{2\times1\times25\times32}+32\times10=360(\text{元/周})$$

又因为

$$C^{(3)}=\frac{1}{2}\times1\times50+\frac{25\times32}{50}+32\times9.5=345(\text{元})$$

$$C^{(4)}=\frac{1}{2}\times1\times100+\frac{25\times32}{100}+32\times9=346(\text{元})$$

$$\min(360, 345, 346)=345=C^{(3)}$$

故最优订购批量 $Q^*=50$ 箱，最小费用 $C^*=345$ 元/周，订购周期 $t^*=Q^*/R=50/32\approx1.56$ 周$\approx$11 天。

16.3 单周期的随机存储模型

在随机型存储问题中，常见的随机性因素是需求和拖后时间。它们的统计规律性往往需要通过历史统计资料的频率分布来估计。对于随机型存储问题，有几种基本的订货策略。如按决定是否订货的条件划分，有订购点订货法和定期订货法；如按订货量的决定方法划分，

有定量订货法和补充订货法。应用时，可以将上述基本订货法组合起来，构成适当的存储策略。在对存储策略进行评价时，常采用损失期望最小或获利期望值最大的准则。本节讲述单周期的存储模型，采用（t，S）存储策略。周期中只能提出一次订货，发生短缺时也不允许再提出订货，周期结束后剩余货可以处理。

16.3.1　需求是离散随机变量的存储模型

该模型是最简单、最基本的随机型存储模型，常用来解决独立的一次性订货问题。

报童问题：报童每天售出的报纸份数 r 是一个离散随机变量，其概率 $P(r)$ 已知。报童每售出一份报纸能赚 k 元，如剩一份报纸赔 h 元。问报童每天应准备多少份报纸？

设报童每天售出 r 份报纸的概率为 $P(r)$，则 $\sum_{r=0}^{\infty} P(r)=1$。设报童每天准备 Q 份报纸，现采用损失期望值最小的准则来确定 Q。

当供过于求($r\leqslant Q$）时，因报纸未售完，而遭到的损失期望值为

$$\sum_{r=0}^{Q} h(Q-r)P(r)$$

当供不应求（$r\geqslant Q$）时，因失去销售机会而少赚钱的损失期望值为

$$\sum_{r=Q+1}^{\infty} k(r-Q)P(r)$$

因此，每天准备 Q 份报纸时，报童每天总的损失期望值为

$$C(Q)=h\sum_{r=0}^{Q}(Q-r)P(r)+k\sum_{r=Q+1}^{\infty}(r-Q)P(r)$$

该模型的最佳订购量 Q^* 可由关系式来确定，即

$$\sum_{r=0}^{Q-1} P(r)<\frac{k}{k+h}\leqslant\sum_{r=0}^{Q} P(r) \tag{16.28}$$

如果采用获利期望值最大准则，可以证明确定最佳订购量 Q^* 的关系式仍是式（16.28）。当 $P(0)\geqslant N$ 时，类似地可知 $Q^*=0$，且可看作式（16.28）的特殊情况。

例 16-4　某商品每件进价 40 元，售价 73 元。商品过期后将削价为每件 20 元并一定可以售出。已知该商品的销售 r 服从泊松分布

$$P(r)=\frac{e^{-\lambda}\lambda^r}{r!}，\ r=1，2，\cdots$$

根据以往经验，平均销售量 $\lambda=6$ 件。商店应采购多少件该商品？

解　每件商品销售赢利（边际收益）$k=73-40=33$ 元，滞销损失（边际损失）$h=40-20=20$ 元。损益转折概率 $N=\frac{33}{33+20}=0.632$。

销售量 r 积累概率 $F(Q)=\sum_{r=0}^{Q}\frac{e^{-6}\cdot 6^r}{r!}$。查泊松分布累计概率值表，可得

$$F(6)=0.606\,3<0.623<F(7)=0.744\,0$$

所以商店应采购 7 件该商品，可使损失期望值最小。

16.3.2　需求是连续的随机变量的存储模型

与上一个模型一样，该模型也属于最简单、最基本的随机型存储模型，常用来解决独立

的一次性订货问题。问题描述为：设单位货物进价为 k，售价为 p，存储费为 C_1。又设货物需求 r 是连续性随机变量，其密度函数为 $\Phi(r)$，分布函数为 $F(a)=\int_0^a \Phi(r)\mathrm{d}r\ (a>0)$。问货物的订购量（或生产量）$Q$ 为何值时，能使赢利期望值最大？

$$F(Q)=\int_0^Q \Phi(r)\mathrm{d}r=\frac{p-k}{p+C_1} \tag{16.29}$$

由式（16.29）确定的 Q 记为 Q^*，所以 Q^* 就是最佳订货量。

当 $p-k<0$ 时，式（16.29）不成立。但这种情况表示订购货物无利可图（$p<k$），故不应生产或订购，即 $Q^*=0$。

例 16-5 工厂生产某产品，成本为 220 元/t，售价为 320 元，每月存储费为 10 元。月销售量为正态分布，平均值为 60 t，标准差为 3 t。工厂应每月生产该产品多少，使获利的期望值最大？

解 根据题意，$k=220$，$p=320$，$C_1=10$。销售量 $r\sim N(60,3^2)$。由式（16.29）知

$$F(Q)=\int_0^{\frac{Q-60}{3}} \frac{1}{\sqrt{2\pi}}\mathrm{e}^{\frac{r2}{2}}\mathrm{d}r=\frac{p-k}{p+C_1}=\frac{320-220}{320+10}=0.3030$$

查正态分布函数的累计值表，得

$$\frac{Q-60}{3}=-0.515$$

从而解得

$$Q^*=58.455\approx 58.5$$

因此，工厂每月应生产这种产品约 58.5 t，可使获利的期望值最大。

16.4 QM 软件求解

例 16-6 一自动化工厂的组装车间从本厂的配件车间订购各种零件。估计下一年度的某种零件的需求量为 20 000 单位，车间年存储费为其存储量价值的 20%，该零件每单位价值 20 元，所有订货均可及时送货。一次订货的费用为 100 元，车间每年工作日 250 天。

（1）计算经济订货批量；

（2）每年订货多少次？

计算机求解过程如下。

应用 QM 软件中的 Inventory 模块，输入数据后得到如图 16-8 所示的计算结果。订货批量和各成本之间的关系如图 16-9 所示。

Inventory Results

PARAMETER	VALUE		PARAMETER	VALUE
Demand rate(D)	20000		Optimal order quantity (Q*)	1,000.
Setup/Ordering cost(S)	100		Maximum Inventory Level	1,000.
Holding cost(H)	4		Average inventory	500.
Unit cost	20		Orders per period(year)	20.
			Annual Setup cost	2,000.
			Annual Holding cost	2,000.
			Unit costs (PD)	400,000.
			Total Cost	404,000.

图 16-8 计算结果

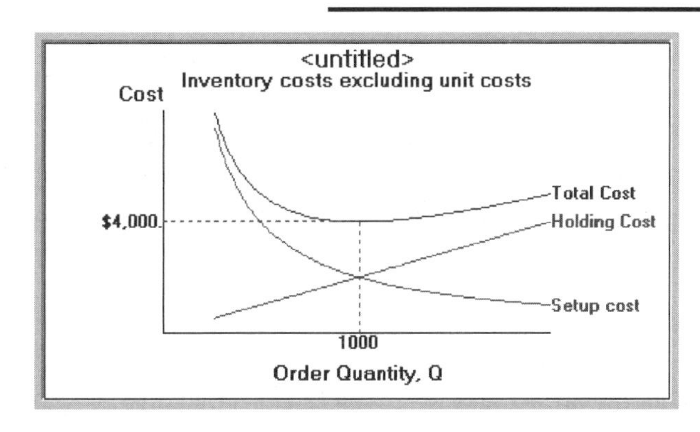

图 16－9　订货批量和各成本之间的关系图

从图 16－9 可以看出：经济订货批量 Q^* =1 000(件)，每年订货次数为 20 次。

例 16－7　有一个生产和销售图书馆设备的公司，经营一种图书专用书架，基于以往的销售记录和今后市场的预测，估计今年一年的需求量为 4 900 个，由于占用资金的利息及存储库房和其他人力、物力的费用，存储一个书架一年要花费 1 000 元，每年生产这种书架的生产能力为 9 800 个，而组织一次生产要花费设备调试等生产准备费 500 元，该公司为了把成本降到最低，应如何组织生产？求出最优生产批量 Q^*、相应的周期、最少的每年总费用及每年生产次数。

解　应用 QM 软件中的 Inventory 模块，输入数据后得到如图 16－10 所示的计算结果。生产批量和各成本之间的关系如图 16－11 所示。

PARAMETER	VALUE		PARAMETER	VALUE
Demand rate(D)	4900		Optimal order quantity (Q*)	98.99
Setup/Ordering cost(S)	500		Maximum Inventory Level	49.5
Holding cost(H)	1000		Average inventory	24.7487
Daily production rate(p)	39.2		Orders per period(year)	49.5
Days per year (D/d)	250		Annual Setup cost	24,748.74
Daily demand rate	19.6		Annual Holding cost	24,748.74
Unit cost	0			
			Unit costs (PD)	0.
			Total Cost	49,497.48

图 16－10　计算结果

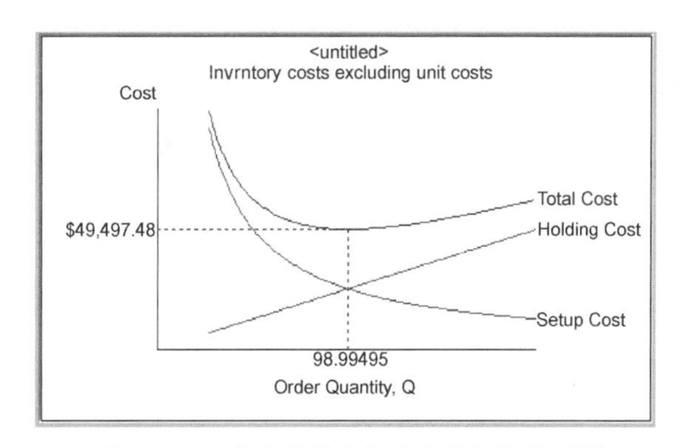

图 16－11　生产批量和各成本之间的关系图

由图 16－11 可以看出：经济订货批量 Q^* =98.99≈99(个)，每年的生产次数为 49.5≈

50 次；则容易知道相应的周期为$\frac{250}{49.5}=5.051\approx 5$；一年最少的总费用为 49 497.48 元。

例 16-8 应用 QM 软件对价格有折扣的存储问题进行求解。

某厂每年需某种元件 5 000 个，每次订购费为 500 元，保管费每件每年 10 元，不允许缺货。元件单价 K 随采购数量的不同而有变化，该厂每次应订购多少个元件？

$$K(Q)=\begin{cases}20 \text{ 元}, & Q<1\,500 \\ 19 \text{ 元}, & 1\,500\leqslant Q\end{cases}$$

解 利用 QM 软件 Inventory 模块对这一价格有折扣的存储问题求解，如图 16-12 所示。求解结果如图 16-13 所示。

价格有折扣问题 Solution						
PARAMETER	VALUE				PARAMETER	VALUE
Demand rate(D)	5000	xxxxxxx	xxxxxxx		Optimal order quantity	1,500.
Setup/Ordering	500	xxxxxxx	xxxxxxx		Maximum Inventory	707.11
Holding cost(H)	10	xxxxxxx	xxxxxxx		Average inventory	353.5534
					Orders per period(year)	3.33
	From	To	Price		Annual Setup cost	1,666.67
	1	1,499.	20.		Annual Holding cost	7,500.
	1500	5,000.	19.			
	0	0.	0.		Unit costs (PD)	95,000.
	0	0.	0.		Total Cost	104,166.7

图 16-12 折扣存储问题求解结果

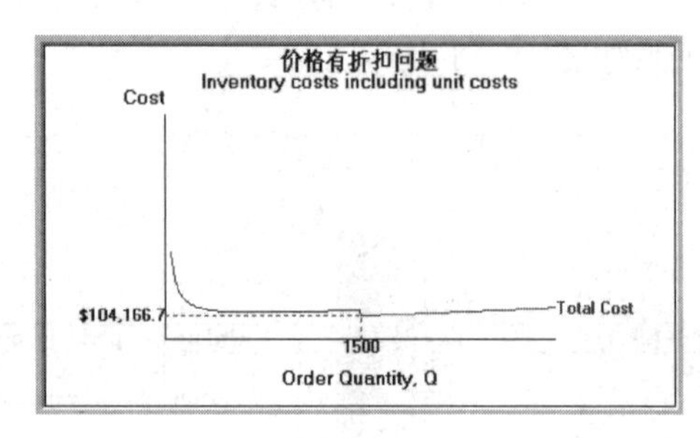

图 16-13 订购批量和总成本之间的关系图

由图 16-13 可以看出，该厂最佳订购量 $Q=1\,500$（个）；除此还可以看出最大库存量为 707 个，每年订购次数为 3.33 次，等等。

习题

1. 某一汽车公司每年使用某种零件 150 000 件，每件每年保管费 0.2 元，不允许缺货，试比较每次订购费为 1 000，100 元两种情况下的经济订购批量。

2. 某拖拉机厂生产一种小型拖拉机，每月可生产 1 000 台，但对该拖拉机的市场需求量为每年 4 000 台，以致每次生产的准备费为 15 000 元，每台拖拉机每月存储费为 10 元，如不允许供应短缺，求经济生产批量。

3. 某产品某月生产量为 8 件，生产准备费为 100 元，存储费为每月每件 5 元。在不允许缺货的条件下，比较生产速度分别为每月 20 件和 40 件两种情况下的经济生产批量和最小费用。

4. 对某种电子元件每月需求量为 400 件，每件成本为 150 元，每年的存储费为成本的

10%，每次订购费为500元。求：

(1) 不允许缺货条件下的最优策略；

(2) 允许缺货（缺货费为每件每年100元）条件下的最优存储策略。

5. 某农机维修站需购一种农机配件，其每月需要量为150件，订购费为每次400元，存储费为每月每件0.96元，并不允许缺货。

(1) 求EOQ（经济批量）。

(2) 该厂为少占用流动资金，希望进一步降低存储量，因此决定使订购和存储总费用可以超过原最低费用的10%，求这时的最优存储策略。

6. 某工厂对某种物料的年需要量为10 000个单位，每次订购费为2 000元，存储费率为20%。该物料采购单价和采购数量有关，当采购数量在2 000个单位以下时，单价为100元；当采购数量在2 000个及以上单位时，单价为80元。求最优采购策略。

7. 某制造厂在装配作业中需用一种外购件，需求率为常数，全年需要量为300万件，不允许缺货，一次订购费为100元，存储费为每月每件0.1元，库存占用资金每年利息、保险等费用为年平均库存金额的20%，外购件进货单价和订购批量Q有关，具体关系见表16-1，求经济订购批量。

表16-1 批量与进货单价关系表

批量/件	$0 \leqslant Q < 10\ 000$	$10\ 000 \leqslant Q < 30\ 000$	$30\ 000 \leqslant Q < 50\ 000$	$Q > 50\ 000$
单价/元	1.00	0.98	0.96	0.94

8. 一个允许缺货的EOQ模型的费用，绝不会超过一个具有相同存储费、订购费，但又不允许缺货的EOQ模型的费用，请加以说明。

9. 某商品冬季每件进价25元，售价45元。订购费每次20元，单位缺货费为45元，单位存储费5元。起初无存货，该商品的需求量r的概率分布如表16-2所示。为取得最大利润，该商品在冬季来临前应订购多少件这种商品？

表16-2 商品需求量的概率分布

需求量r/件	100	125	150
概率$p(r)$	0.4	0.4	0.2

10. 某厂生产需要某种部件。该部件外购价每只850元，订购费每次2 825元；若自产，每只成本1 250元，单位存储费45元。该部件需求量的概率分布如表16-3所示。

表16-3 部件需求量的概率分布

需求量r/只	80	90	100	110	120
概率$p(r)$	0.1	0.2	0.3	0.3	0.1

在选择外购策略时，若发生订购数少于实际需求量的情况，差额部分工厂将自产。假定期初存货为零，求工厂的订购策略。

11. 某企业对某种材料需求量的概率分布如表16-4所示。每次订购费500元，每吨材料进价400元，存储费50元，缺货费600元，求(s, S)存储策略。

表 16-4　材料需求量的概率分布

需求量 r/t	20	30	40	50	60
概率 $p(r)$	0.1	0.2	0.3	0.3	0.1

12. 加工制作羽绒服的某厂预测下年度的销售量为 15 000 件，准备在全年的 300 个工作日内均衡组织生产。假如为加工制作一件羽绒服所需的各种原材料成本为 48 元，又制作一件羽绒服所需原料的年存储费为其成本的 22%，提出一次订货所需费用为 250 元，订货提前期为零，不允许缺货，试求经济订货批量。

13. 某电子设备厂对一种元件的需求为每年 2 000 件，订货提前期为零，每次订货费为 25 元。该元件每件成本为 50 元，年存储费用为成本的 20%。如发生供应短缺，可在下批货到达时补上，但缺货损失为每件每年 30 元。试求：

(1) 经济订货批量及全年的总费用；

(2) 如不允许缺货，重新求经济订货批量，并同 (1) 中结果进行比较。

14. 对某产品的需求量为每年 350 件（设一年以 300 工作日计），已知每次订货费为 50 元，该产品的存储费为每件每年 13.75 元，缺货时的损失为每件每年 25 元，订货提前期为 5 天。该种产品由于结构特殊，需由专门车辆运送，在向订货单位发货期间，每天发货量为 10 件。试求：

(1) 经济订货批量及最大缺货量；

(2) 年最小费用。

参 考 文 献

[1] 韩伯棠．管理运筹学．2 版．北京：高等教育出版社，2005.
[2] 胡运权，郭耀煌．运筹学教程．2 版．北京：清华大学出版社，2003.
[3] 徐玖平，胡知能．数据・模型・决策．北京：科学出版社，2006.
[4] 刁在筠．运筹学．2 版．北京：高等教育出版社，2001.
[5] 魏权龄，胡显佑，严颖．运筹学通论．修订本．北京：中国人民大学出版社，2000.
[6] 运筹学教材编写组．运筹学．修订版．北京：清华大学出版社，1990.
[7] BERTSIMAS D R，FREUND R M. 数据、模型与决策．北京：中信出版社，2002.
[8] DAVID R，ANDERSON D R，SWEENEY D J，et al. 数据、模型与决策．北京：机械工业出版社，2003.
[9] 薛声家，左小德．管理运筹学．广州：暨南大学出版社，2002.
[10] 谢胜智，陈戈止．运筹学．成都：西南财经大学出版社，1999.
[11] 朱德通．运筹学．上海：上海人民教育出版社，2001.
[12] 陈戈止．管理运筹学．成都：西南财经大学出版社，2006.
[13] 韩中庚．实用运筹学：模型、方法与计算．北京：清华大学出版社，2007.
[14] 邱菀华．运筹学教程．北京：机械工业出版社，2006.
[15] 刘满凤．运筹学模型与方法教程例题分析与题解．北京：清华大学出版社，2001.
[16] 牛映武．运筹学．2 版．西安：西安交通大学出版社，2006.
[17] 魏权龄．评价相对有效的 DEA 方法．北京：科学出版社，1996.
[18] 徐玖平，胡知能，李军．运筹学：Ⅱ类．北京：科学出版社，2004.
[19] 吴祈宗．运筹学．北京：机械工业出版社，2005.
[20] 赵玮．随机运筹学．北京：高等教育出版社，1993.